Mary Wanless

BIOMECHANIK
des Reiters

Müller Rüschlikon

Die Erfolgsmethode für einen perfekten Sitz und optimale Einwirkung

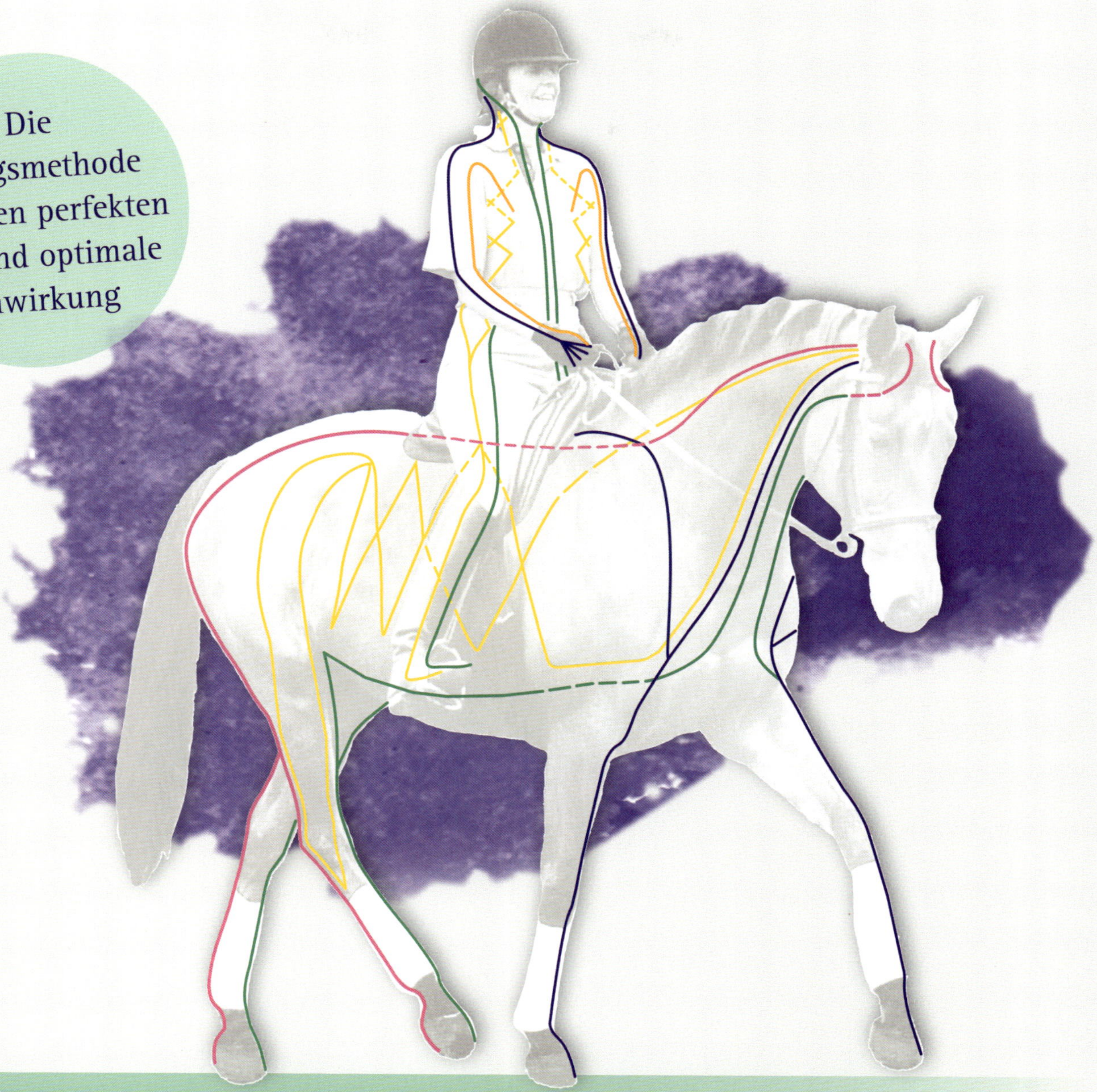

BIOMECHANIK des Reiters

Müller Rüschlikon

IMPRESSUM

Einbandgestaltung: r2 | Ravenstein, Verden

First published in the UK in 2017
by Kenilworth Press, an imprint of Quiller Publishing Ltd

Titel der englischen Originalausgabe: Rider Biomechanics

Deutschsprachige Ausgabe: Aus dem Englischen übersetzt von Rosa Knight.

ISBN 978-3-275-02136-9

Postfach 103743, 70032 Stuttgart
Ein Unternehmen der Paul Pietsch Verlage GmbH & Co. KG

1. Auflage 2019

Sie finden uns im Internet unter www.mueller-rueschlikon-verlag.de

Textredaktion und Übersetzung: Angela de Rise
Fotos: Peter Dove
Diagramme: Manjo Bhargav, Inger Recht
Innengestaltung: r2 | Ravenstein, Verden
Druck und Bindung: Druck und Bindung: F&W Druck- und Mediencenter GmbH, 83361 Kienberg
Printed in Germany

INHALT

INHALT

INHALT

INHALT

VORWORT

Von Thomas Myers

Ich verliebte mich in meine Frau, als ich sie und ihr Pferd in wilder, aber koordinierter Hingabe einen Strand in Maine, wo ich wohne, entlanggaloppieren sah. Sie und Dakota waren eins; es war wie Zauberei. Obwohl ich damals schon an der Entwicklung der »Anatomy Trains« arbeitete, sah ich dieses Ereignis nicht aus den Augen der Biomechanik. Es war reine Liebe – zwischen ihr und ihrem Pferd, und bald zwischen ihr und mir. Ihre Verbindung sah intuitiv aus, und da ich kein Reiter bin, konnte ich mir nicht vorstellen, dass man diesem Können durch Analyse auf den Grund gehen kann.

Ich sah und traf Mary Wanless das erste Mal bei der Arbeit, als sie Reitunterricht in einer Reithalle auf dem englischen Land gab, zufällig in der Nähe von dem Ort, an dem ich einen Kurs gab. Hier, viele Jahre später, erkannte ich, wie falsch ich lag. Einiges von dem, was ich an dem Tag zwischen meiner Frau und Dakota sah, war natürlich reine Liebe, und diese zu analysieren liegt mir fern. Doch da war Mary, eindeutig eine Meisterin ihres Fachs, die die »Einheit mit dem Pferd« in kleine Komponenten herunterbrach, indem sie meine »Karte« nutzte. Es war eine Revolution.

Liebe bleibt ein Mysterium für die Poeten und Mystiker, doch das Buch, das Sie in Ihren Händen halten, löst das Rätsel, wie man eins mit seinem Pferd wird. Marys langjährige Erfahrung darin, unterschiedlichste Reiter, vom Anfänger bis zum Olympiateilnehmer, zu beobachten und zu unterrichten, wurde in dieses wunderschöne, praktische und umfassende Buch gegossen. Es ist für Reiter gedacht, die diese Verbundenheit, die Liebe zwischen Mensch und Tier erleben wollen. Die Bewegung der Tiere – und Menschen sind Tiere – ist ein nicht ganz so großes Mysterium wie die Liebe. Jedoch ist die gegenwärtige wissenschaftliche Erklärung – dass einzelne Muskeln mit Sehnen über Gelenke, eingeschränkt durch die Form der Knochen und die Begrenzung durch die Bänder arbeiten – unzureichend. Die tatsächlichen Vorgänge, die beim Reiten eine Rolle spielen – oder bei jeglicher anderen komplexen Bewegung – brauchen eindeutig eine neue Auffassung jenseits der Hebel und Vektoren von Newtons Kraft- und Bewegungsgesetzen. Ich habe die Karte der anatomischen Bahnen, verbunden mit myofaszialen Meridianen, entwickelt, um das Geheimnis von Stabilität einerseits und flüssiger Beweglichkeit andererseits als Bestandteilen tierischer Bewegungen in der wissenschaftlichen Analyse einen Schritt weiter zu bringen. Dabei greift ein stärker relativistisches Verständnis über die Entstehung und Modulation von Bewegung.

Dieses Verständnis erfordert, die Aufmerksamkeit auf den »vergessenen« Stoff des im ganzen Körper zu findenden Gewebes zu richten, den man meist als »Faszie« bezeichnet. Zu sehen, wie die Muskeln als verbundene Organe in dem faszialen Netz funktionieren, gibt uns ein neues Verständnis davon, wie Agonisten, Antagonisten und Synergismen nahtlos zusammenarbeiten, um die koordinierte Bewegung zu generieren, die gebraucht wird, um ein Pferd zu steuern (oder auch nicht, wie bei mir, als ich das Reiten begann). Zusammen mit den dänischen Tierärztinnen Vibeke Sødring Elbrønd und Rikke Schultz, auf die hier noch Bezug genommen wird und die die Schwerstarbeit geleistet haben, meine Theorien der myofaszialen Verbindungen auf das Pferd zu übertragen, ist es Mary auf faszinierende Weise gelungen, die Anatomie des Reiters mit der des Pferdes zu verbinden, und sie hat eine Methode entwickelt, in der viele »Fehler« des Pferdes auf die fehlerhafte Biomechanik des Reiters zurückzuführen ist. Dieses Buch erklärt in Einzelheiten die Korrekturen, die der Reiter vornehmen kann, um eins mit seinem Pferd zu werden und die Fehler bei sich und dem Pferd abzustellen. Es ist eine persönliche Freude zu sehen, wie das System der anatomischen Bahnen sich so schön, praktisch und akkurat in eine Richtung erweitert, mit der ich nie gerechnet hätte. Es ist eine große berufliche Freude zu sehen, wie Marys viele Jahre der gewissenhaften und detaillierten Arbeit sich jetzt zu diesem Buch geformt haben, so dass viele andere die »Einheit« zu schätzen lernen, die im Herzen der Kunst, Wissenschaft und im Handwerk guten Reitens liegt.

Thomas Myers

Autor der Anatomy Trains
Clarks Cove, Maine

DANKSAGUNG

Vor über zehn Jahren war es eine zufällige Begegnung, die mich zu Thomas Myers' Werk brachte. Augenblicklich wusste ich, dass seine in die Tiefe gehenden Informationen über die Funktion des Körpers meine eigenen intuitiven Eingebungen bestätigen und weit darüber hinausgehen. Der Umfang und die Ausdehnung von Toms Arbeit, wie auch der Einfluss in vielen verschiedenen Fachgebieten, ist eine beeindruckende Hommage an ihn. Ich bin eine von vielen Menschen, mit denen er seine Zeit und Expertise großzügig geteilt hat: Ich denke, dass er dachte, dass diese leicht verrückte englische Frau mit dem Anliegen, bei einer Reihe von Artikeln übers Reiten zusammenzuarbeiten, aus dem Blickfeld verschwinden oder nicht dabeibleiben würde! Doch er ist mir treu geblieben, als die Artikel sich in dieses Buch verwandelten, und als Resultat ist meine Arbeit – und das Fachgebiet der Biomechanik des Reiters – so viel reicher geworden. Danke Tom, für deine Hilfe mit den ursprünglichen Artikeln, für das Lesen des Manuskripts dieses Buches, die Korrekturvorschläge und Einblicke und für das Vorwort.

Ich bin ebenfalls den dänischen Tierärztinnen Vibeke Sødring Elbrønd und Rikke Schultz dankbar, deren Arbeit grundlegend für dieses Buch ist. Danke Rikke für deine Beratung bei den Abbildungen und für das Beantworten meiner vielen Fragen; ich hoffe, dieses Buch bringt deine Arbeit zu einem breiteren Publikum von Reitern, als sie es sonst geschafft hätte. Ich würde mich auch gerne bei Professorin Emerita Hilary Clayton und Dr. Andrew McLean bedanken für ihre Bereitschaft, meine Fragen zu beantworten. Beide bringen wissenschaftliche Denkweisen in die Traditionen des Reitens, und kümmern sich auch darum, diese Ansätze für Reiter zugänglicher zu machen.

Danke auch an meine Illustratoren Manoj Bhargov und Inger Recht für ihre Geduld während meiner vielen Änderungen der Illustrationen. Peter Dove war bei unseren photographischen Bemühungen für dieses Buch so professionell wie großzügig, wobei seine Tochter Millie Dove und ihr Pony Tinker als wunderbar geduldige Models tätig waren. (Einen Großteil dieser Zeit stand Tinker auf allen vier Beinen und Millie lächelte!) Ich danke ihnen allen auch für ihre Beteiligung an der Erstellung der Videos, die dieses Buch begleiten (www.riderbiomechanics.co.uk). Ich möchte mich auch bei Peter dafür bedanken, dass er mein Ansprechpartner war, wenn mein Computer mir Steine in den Weg legte, und der als Technik-Zauberer zuständig für meinen Internetauftritt ist. Dies beinhaltet auch mary-wanless.com und dressagetraining.tv.

Viele Menschen spielen hinter den Kulissen ihre Rolle, während ich mich im Schreiben und diversen anderen Projekten vergrabe. Wenn ich zum Unterrichten auf Reisen gehe, weiß ich, dass mein Haus, meine Pferde und mein Reitstall in sicheren Händen sind. Dies macht die wundervolle Lise Twyman zusammen mit Karen Major und ihrem Team möglich. Danke.

Ein Team von Trainern auf fünf Kontinenten begründet seine Arbeit auf diesem und meinen vorherigen Büchern. Ich bin sehr dankbar, dass ich nicht mehr länger eine »einsame Stimme in der Wildnis« bin, und danke ihnen für ihren Glauben an mich und für ihre harte Arbeit, die sie in die Entwicklung ihres Könnens investieren. Ich weiß, dass sie jetzt alle viel zufriedener mit ihrer Arbeit sind als vorher, als sie auf einer traditionelleren Grundlage arbeiteten. Bleibt dran, ihr alle, und lernt weiter!

Ein Dank geht auch an meinen Herausgeber Kenilworth Press und meinen Lektor Martin Diggle.

EINLEITUNG

Wir leben in einer aufregenden Zeit. Die letzten ungefähr zehn Jahre haben großartige neue Erkenntnisse darüber gebracht, wie das Gehirn lernt und wie unser Körpergefühl die Wahrnehmungsfähigkeit entwickelt und anwendet, die die Grundlage für Hochleistungen sind. (Das Wort Körpergefühl verdeutlicht, dass wir Körper und Geist nicht voneinander trennen können; sie bilden ein System, auch wenn unser Sprachgebrauch impliziert, dass sie unterschiedliche Einheiten sind.) Wir wissen auch mehr darüber, wie Coaching unseren natürlichen Lernprozess verbessern kann. Gleichzeitig erfahren wir weit mehr über das Gewebe des Körpers selbst und enttarnen biomechanische Mythen, die Missverständnisse in der Reiterwelt und in der breiteren Welt des Sports entfaltet haben.

Dieses neue Wissen löst eine Revolution im Verständnis dessen aus, wie sich Fähigkeiten in Yoga, Kampfsport, Sport, Musik und anderen körperlichen Fertigkeiten entwickeln lassen. Mit diesem Wissen verstehen wir die Fundamente des talentierten Reitens viel besser und auch, wie Reiter ihren Körper strukturieren müssen, um ihr Pferd strukturieren zu können. Aus diesem Grund sind wir alle weniger darauf angewiesen, talentiert geboren zu werden und es gibt uns die Möglichkeit, zu den (bisherigen) Geheimnissen, zum instinktiven Wissen der wenigen Talentierten, Zugang zu erhalten.

Viele Reiterinnen arbeiten mit der Illusion, dass Talent eine »Sache« ist, die sie irgendwie versäumt haben. Der Begriff bestätigt – ja, er legitimiert – unsere Unfähigkeit zu beschreiben, wie die besten Reiterinnen ihren Körper und Geist einsetzen. Doch Talent ist eigentlich nur der Prozess dessen. Neue Forschungen zeigen, dass Talent durch Erarbeitung der Fertigkeiten Schritt für Schritt wachsen kann.[1] Meine über 40-jährige Lern- und Coaching-Erfahrung bestätigt das.

Um die Prozesse eines Talents zu reproduzieren, müssen wir diese Prozesse kennen. Die traditionelle Pferdewelt leidet unter einer sehr großen Lücke zwischen den Fähigkeiten, die auf Expertenwissen fußen, und wie diese erklärt werden. Die Sprache ist schwammig, offen für Fehlinterpretationen und basiert oft auf Annahmen über die Bewegungen von Mensch und Pferd, von denen wir jetzt wissen, dass sie in die falsche Richtung führen.

Um den richtigen Sitz zu lernen und das Pferd wie Elitereiterinnen zu beeinflussen, brauchen durchschnittliche Reiterinnen Zugang zu einem umsetzbaren Modell der Biomechanik des Reiters und der Reiter-Pferd-Interaktion. Das letztere erklärt, wie sich die Partner gegenseitig beeinflussen. Durch viele Jahre empirischer Untersuchungen (also Untersuchungen auf der Basis von Versuch und Irrtum bei der Arbeit in der realen Welt mit Reitern und Pferden, beeinflusst von meinem wissenschaftlichen Hintergrund) habe ich ein Modell entwickelt, das in der Praxis äußerst gut funktioniert. Dies hat sowohl durchschnittlichen als auch Weltklassereiterinnen geholfen, ihr Können zu verbessern. Darunter waren auch schon eine Menge verzweifelte Reiterinnen!

Dieser Kundestamm gewährte mir einen einzigartigen Einblick in die Herausforderungen, vor denen Reiterinnen auf den aufeinanderfolgenden Niveaus standen, während ihr Können sich entfaltete. Die wenigsten Herausforderungen sind einzigartig für ein Individuum – die meisten werden vom ganzen Spektrum der Reiterinnen geteilt. Diese Herausforderungen werden mehr oder weniger leicht bewältigt, abhängig von der Hartnäckigkeit und vom Talent des Individuums (beim Lernen wie auch beim Reiten). Hieraus habe ich geschlossen, dass es ein umsetzbares Modell der reiterlichen Fähigkeiten geben muss, das für alle Reiterinnen anwendbar ist und nicht nur entweder für Elitereiterinnen oder durchschnittliche Reiterinnen. Die Gesetze der Physik und der Biomechanik bleiben konstant, sie verändern sich nicht bei mehr oder weniger fortgeschrittenen Reiterinnen und mehr oder weniger teuren Pferden. Wenn wir nur auf die Probleme der Reiterinnen am einen Ende des Spektrums eingehen können, haben wir kein vollständiges Modell.

In meinem Modell der Reiterbiomechanik ersetzt Stabilität die Entspannung als Trumpfkarte des Reiters. Es ist eine zentrierte Stabilität, die Elitereiterinnen die Körperkontrolle verleiht, um ruhig, elegant und effektiv auf einem sich bewegenden Pferd zu sitzen. Die Fähigkeit, Pferde zu trainieren, hat darin eine stabile Grundlage. Ohne innere Stabilität sind wir dazu geneigt, eine äußere Stabilität zu erschaffen, indem wir an den Zügeln ziehen; aber auch das wird möglicherweise nicht die Stöße, das Wackeln oder Ziehen verhindern, die für ein Pferd unmöglich zu interpretieren sind.

Stabil sitzende Reiterinnen haben das Verhältnis von Rauschen zu Signal verkleinert, welches von ihrem Sitz ausgeht – sie sitzen im Verhältnis zu den Kräften der Bewegung ihres Pferdes neutral. Dies erspart es dem Pferd, sich zu fragen, welche der Bewegungen der Reiterin bedeutsam sind und welche nur ein Rauschen sind – wie ein Körperteil, das sich versehentlich bewegt hat, der Verlust der Balance oder auch ein verzweifelter Griff nach Stabilität.

Einhergehend mit der Stabilität brauchen wir auch »Gefühl«. Sehen, Hören, Geschmack, Geruch und Berührungen unserer Haut sind uns alle viel bewusster als unser Sinn für Bewegung, der beschreibt, was unter unserer Haut geschieht – unser kinästhetischer und propriozeptiver Sinn aus unseren Muskeln und Sehnen. Alle Reiterinnen können das Gefühl entwickeln; es ist für manche leichter als für andere, jedoch wird hierfür nicht vorausgesetzt, dass wir mit Talent geboren werden. Man muss lediglich lernen, wie man seine Aufmerksamkeit am sinnvollsten einsetzt. Wir könnten das Ergebnis dieses Lernens »kinästhetische Intelligenz« oder KQ nennen. Diese in Verbindung mit Ihrem IQ und EQ (emotionale Intelligenz) machen Sie zu einem erfüllteren, ausgewogenen Menschen.

Als Berufseinsteiger verbrachte ich Stunden damit, in denen ich dachte: »Es gibt etwas, was meine Lehrer mir nicht sagen.« Ich las jedes Buch, das ich finden konnte, das die Antwort liefern könnte. Jetzt weiß ich, dass niemand mir vorsätzlich Information vorenthalten hat, sondern dass das Können von Elitereiterinnen so unbewusst abläuft, dass es keiner in Worte fassen kann. Dies ist der Grund, wieso sie sich so selten »klonen« können und ihre Kompetenzen nicht an andere weitergeben können.

Es hat mich viele Jahre gekostet, die fehlenden (unausgesprochenen) Teile im Puzzle zu finden, zu entdecken, wie Elitereiterinnen machen, was sie machen. Wir werden uns bei unserer Erkundungstour zuerst einmal anschauen, wie unser Inneres funktioniert und wie das Gewebe in unserem Körper uns erlaubt, sowohl Stabilität wie auch Gefühl zu erzeugen. Ich verspreche, Sie nicht mit Wissenschaft zu blenden, während ich die neueste Forschung erkläre, die uns sagt, dass ausbalanciertes Reiten nicht mit unseren Muskeln oder Nerven beginnt. Es beginnt mit unserem biologischen Gewebe, der »Faszie«.

Wenn Sie sich Ihre Muskeln wie Würstchenketten vorstellen, dann wären Ihre Faszien die Haut, die die Würstchen zu einer Kette verbindet. Somit bildet das

Fasziengewebe »Zuglinien« im Körper, die sich von Kopf bis Fuß erstrecken. Bis vor kurzem wurden diese von der Wissenschaft nicht beachtet; jetzt jedoch haben sie ihren ersten Auftritt, da sie unser Verständnis von Fertigkeiten in vielen Bereichen revolutionieren.

Während Sie sich mit dem Reiten abgemüht haben, haben Sie sich vielleicht manchmal gefühlt wie eine Marionette mit dem Pferd als Marionettenspieler, der an Ihren Fäden zieht. Wenn ja war Ihre Fantasie gar nicht so weit weg von der Wahrheit, und auch wenn dies eine extreme Form von »Kontrollverlust« ist, ist Körperkontrolle für viele Reiterinnen ein hartes Stück Arbeit.

Viele von uns lassen sich von der Bewegung des Pferdes sehr leicht im Körper verformen und dann ist eine meiner Lieblingsfragen: »Bringt der organisierte Reiter das unorganisierte Pferd in Ordnung, oder bringt das unorganisierte Pferd den organisierten Reiter in Unordnung?«

Die Wissenschaft zeigt, dass wir wirklich »Stränge« im Körper haben und dieses Buch ist eine Landkarte der wichtigsten Zuglinien des Reiters und des Pferdes. Schon immer haben es talentierte Reiterinnen geschafft, die Spannung dieser Stränge so auszubalancieren, dass sie ihre Spannung auch auf das Pferd übertragen konnten, wodurch sie die »Stränge« des Pferdes organisieren und somit die Bewegung und Haltung des Pferdes formen können. Doch die Geheimnisse dieses Zusammenspiels waren tief in ihrem Unterbewusstsein versteckt – und auch in den Geheimnissen der Faszien. Diese Geheimnisse zu lösen macht es viel leichter, ethisches, einflussreiches und elegantes Reiten zu lernen und zu reproduzieren.

In dem Kapitel, das von einer bestimmten Linie handelt, wird diese beim ersten Vorkommen mit vollem Namen benannt. Danach wird sie abgekürzt. Die Abkürzungen finden sich im Glossar. Wenn auf eine Linie in einem nachfolgenden Kapitel noch einmal verwiesen wird, wird der Name komplett ausgeschrieben. Ich versuche, mich kurz zu fassen und Ihrem Gedächtnis trotzdem Höchstleistungen zu ersparen.

Willkommen zu einer neuen Dimension auf Ihrer Reise zum besseren Reiten. Sie hat das Potential, Ihr Können und Ihre Erfahrung über alle Maßen zu bereichern.

BITTE BEACHTEN SIE:

Dieses Buch folgt den Konventionen meiner vorherigen Bücher und benutzt das Wort »Reiterinnen« in der weiblichen Form. Dies vereinfacht das Schreiben und nimmt zur Kenntnis, dass die große Mehrheit meiner Leser weiblich ist. Natürlich möchte ich damit keinem männlichen Reiter zu nahe treten.

Fußnote: 1
Siehe: Coyle, Daniel: The Talent Code, Random House Books (2009)

TEIL 1

Das Netzwerk der Faszien und das Gefühl

KAPITEL 1: DIE FASZIEN IN UNSEREM KÖRPER – EINE EINFÜHRUNG

Faszien werden oft als »Klarsichtfolie« beschrieben, die unsere Muskeln einhüllt. Sie haben dies wahrscheinlich schon mal als weiße Schicht gesehen, die die Muskeln eines Hähnchenschenkels bedeckt, oder auch in Form der weißen Linien, die ein Stück Rindfleisch in einzelne Segmente aufteilen. (siehe Abb. 1.1) Die Faszie ist jedoch viel mehr als das. Sie bildet ein Netzwerk, das sich durch den ganzen Körper zieht und nicht nur Muskeln, sondern auch alle Organe umhüllt und von der Haut bis zu den Knochen reicht. Dieses Netzwerk

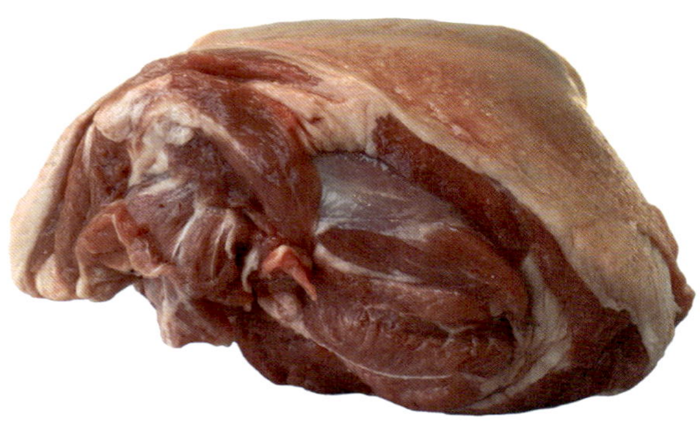

Abb. 1.1 (a): Die fasziale Schicht unter der Haut ist lose (areolar) und bildet einen Rahmen für Fettzellen – Netz und Fettzellen gemeinsam fühlen sich schwammartig an. Unter der Haut liegt eine dünne, zähe Haut wie eine Wurstpelle für den ganzen Körper (Fascia profundis). Mehr dieser zähen, glänzenden Faszie umhüllt jeden Muskel und verläuft zwischen und in den Muskeln, erkennbar im Querschnitt als weiße fasziale Einheiten. Die kleinsten Arten der Faszien umfasst jede Muskelzelle. Wenn Sie das Muskelgewebe auswaschen könnten, würden die Faszien dieses Schenkels in Form bleiben und einem fein gemaserten Luffaschwamm ähneln.

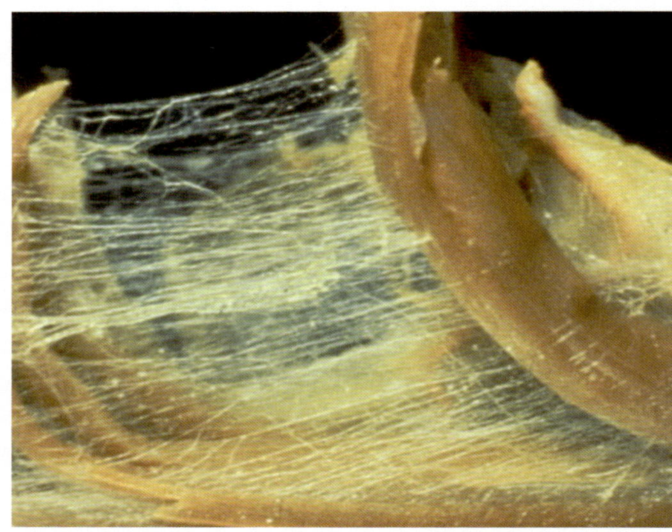

(b) Präparat eines aufgelockerten Muskelgewebes, das die umliegenden und innen liegenden Faszien zeigt. (Abbildung mit freundlicher Genehmigung von Ronald Thompson.)

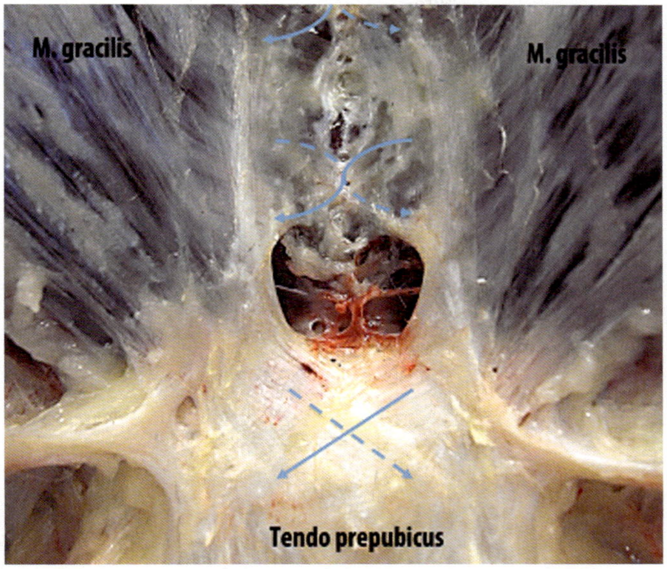

(c) Präparat der Faszie, die den inneren Oberschenkel, das Schambein und den Unterleib des Pferdes bedeckt. Die Pfeile zeigen die Kreuzungen im Gewebe, die von rechts nach links etc. kreuzen. Dies ist Teil der »Functional Line« des Pferdes (siehe Kapitel 6). (Copyright Elbrønd and Schultz.)

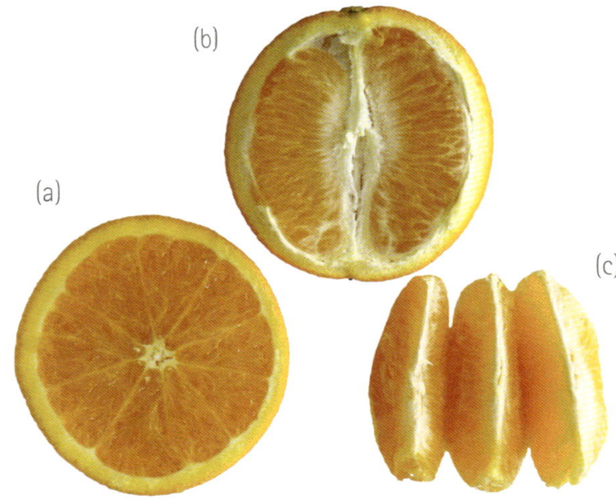

Abb. 1.2:
(a) Wenn man eine Orange halbiert, kann man die Segmente sehen, aber man sieht nicht, dass zwei Hautlagen diese trennen.
(b) Die äußere Hautschicht ist mit dem Zentrum verbunden.
(c) Werden die Segmente auseinandergezogen, wird klar, dass jedes Segment seine eigene Haut hat.

umhüllt nicht nur – es durchdringt und bekleidet fast jeden Winkel und jede Ritze mit einem dreidimensionalen Spinnennetz, das uns und unsere Zellen in einer erkennbaren Gestalt zusammenhält.

Stellen Sie sich eine Orange vor, um eine grundsätzliche Vorstellung zu bekommen. Sie hat eine äußere Haut und eine innere weiße Haut (siehe Fig. 1.2). Diese ist mit dem mittig liegenden Stiel verbunden, genau wie Ihre Haut mit den Knochen. Jedes Segment der Orange ist von Haut überzogen, so dass nebeneinanderliegende Teile von zwei Lagen Haut separiert sind und ganz leicht auseinandergezogen werden können. In diesen Segmenten sind alle Safttröpfchen nochmal von Haut umhüllt. Eine Orange besteht aus Verpackungen in Verpackungen in einer großen Verpackung in einem unter Druck stehendem System. Eine Orange sieht ansprechend aus und schmeckt köstlich. Wenn sie ausgetrocknet ist, ist ihr Geschmack allerdings eine Enttäuschung. Wenn dies passiert, ist der Druck in den Tröpfchen weniger geworden; die Segmente der Orange werden kleiner – fast verwelkt – und können nicht sonderlich leicht auseinandergezogen werden. Wir Menschen sind ebenfalls mehr oder weniger »saftig« und der Prozess des Alterns wurde schon öfter als Verwandlung von einer frischen in eine vertrocknete Pflaume beschrieben. Wenn der Körper austrocknet, fangen die diversen Lagen und Verpackungen an, aneinander zu kleben und der Druck in unseren inneren Teilen wird weniger. Obwohl dieses Buch also in erster Linie vom Reiten handelt, geht es auch darum, saftig, »voll« und jung zu bleiben!

Jeder unserer Muskeln ist umhüllt, so wie jedes Segment der Orange, genau wie unsere Muskelzellen, vergleichbar mit den Tröpfchen des Orangensafts. In der nächst tieferen Lage umhüllt ein Film jede einzelne

Muskelfaser, der am Ende zu einer Sehne verschmilzt. Diese führt wiederum in die Gelenkkapsel und in die Bänder, die das Gelenk umgeben. Somit ist es die gleiche Verpackung, die zu der nächsten Sehne führt, die dann zum nächsten Muskel führt, und so weiter. Die Muskeln werden also durch das Fasziengewebe zusammengehalten und zu langen kinetischen Ketten, die sich von Kopf bis Fuß erstrecken können (siehe Abb. 1.3). Allerdings basiert die traditionelle Technik des Sezierens (und die anatomischen Texte darüber) auf der Voraussetzung, dass wir den Körper in immer kleinere Teile aufteilen und die Funktion jedes einzelnen Muskels anschauen müssen (die Faszien werden dabei außer Acht gelassen). Somit sagen uns die Konventionen der Anatomie, dass unsere Muskeln einzelne Instanzen sind, und dass die Faszie nur »Verpackungsmaterial« ist – wie die kleinen Styropor-»Erdnüsse« in einem Verpackungskarton.

Seitdem der französische Philosoph René Descartes begann, unseren Körper als Maschine zu betrachten,

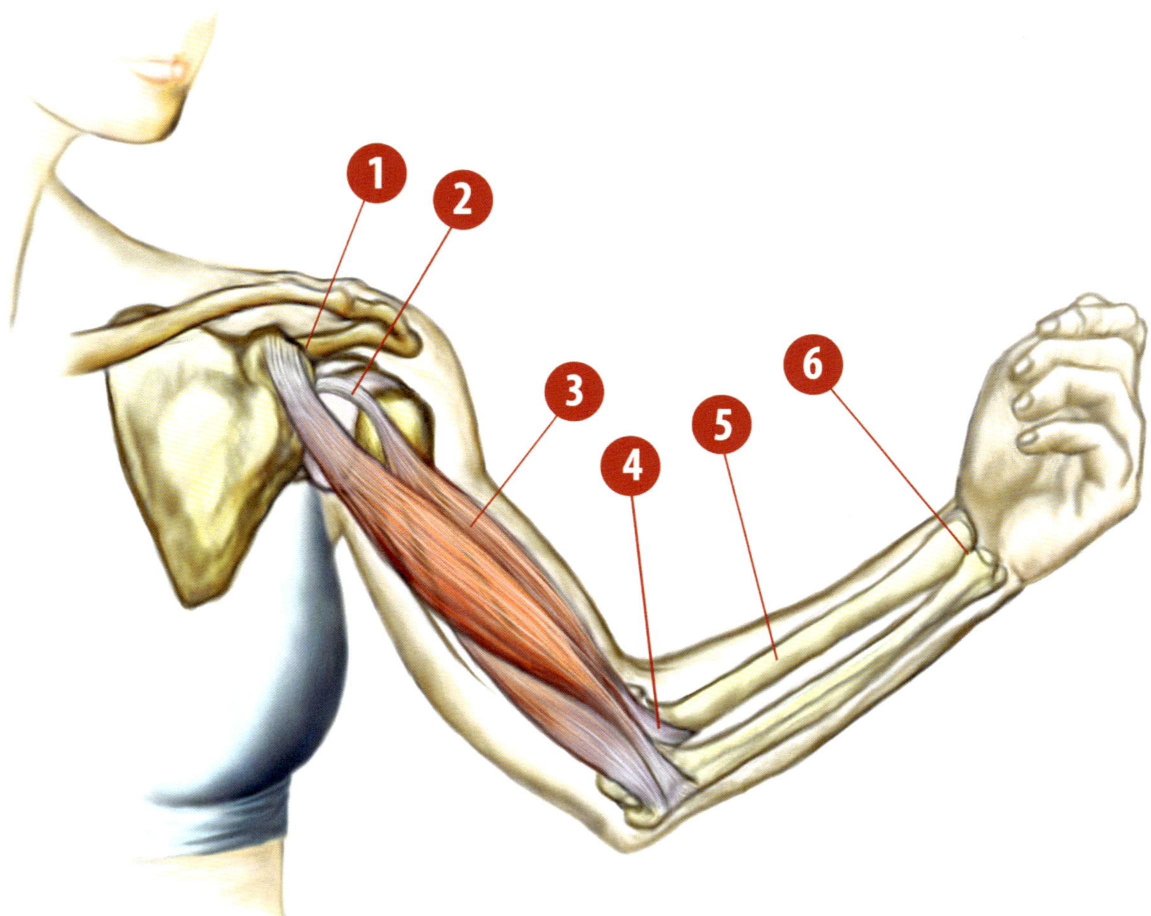

Abb. 1.3:
Der dehnbare Teil der mechanischen Kraft wird durch die verbindenden Gewebe übertragen. Die Gelenkkapsel (1) geht über in den Muskelansatz (2), der in die Faszie übergeht (3), die in die Sehne übergeht (4), die in die Knochenhaut übergeht, die den Knochen ummantelt (5) und wiederum in die Gelenkkapsel übergeht (6).

haben wir versucht ihn zu verstehen, indem wir ihn auseinandernehmen. Während wir jeden einzelnen Muskel, seinen Ursprung, seinen Ansatz und seine Richtung untersuchten, haben wir ihn auf seine lokale Funktion begrenzt und weitestgehend den Blick dafür verloren, wie die Muskeln gemeinsam funktionieren. Erst vor kurzer Zeit hat man angefangen, über diese »Theorie der isolierten Muskeln« hinauszublicken. Es war eine simple, aber radikale Bewegung: Indem das Skalpell auf die Seite gedreht wurde, konnte man es zwischen die faszialen Lagen gleiten lassen, welche normalerweise durchgeschnitten wurden. Das zeigte einen Körper, in dem die verbundenen Muskellinien und Faszien lange und spezifische Zuglinien formen. Wie in der Einleitung erwähnt kann man sich diese »myofaszialen (bedeutet Muskeln plus Faszien) Meridiane« vorstellen wie lange Würstchenketten!

Thomas Myers, der die Pionierarbeit dieses Sezierens leistete, ging so weit, dass er den Körper so beschreibt, dass er »einen Muskel hat, der sich in über 600 Segmente aufteilt«![1] Das ist eine komplexe Orange – und genau wie diese Orange brauchen wir alle Faszien, um sicherzustellen, dass wir keine Pfütze unter unseren eigenen Füßen werden.

SCHLINGEN, MEMBRANE, RIEMEN UND TASCHEN

Bemerkenswerterweise ist dieses robuste Netzwerk aus widerstandsfähigem und elastischem Knorpel stärker als Stahl, und noch beeindruckender ist, dass es überwiegend flüssig ist. Es besteht aus Wasser und vielseitigen Formen eines biologischen »Klebers« oder Gels, in dem sich starke faserige Proteinstränge, auch Collagen genannt, zusammen mit elastischeren Fasern finden. Diese »extrazellulare Matrix« wird an Ort und Stelle von Fibroblasten (kleine Faserfabriken) »hergestellt«. Diese wandern durch die Zwischenräume zwischen den anderen Zellen und sondern Kollagen ab, ähnlich wie eine Schnecke, die eine Schleimspur hinterlässt. Wenn mehr myofasziale Verschnürungen gebraucht werden, zum Beispiel bei einer Verletzung oder einer wiederholten mechanischen Beanspruchung, werden die Zellen tätig.

Die Textur des so entstehenden faszialen Gewebes unterscheidet sich deutlich in Form und Funktion, um die richtige Balance zwischen Stabilität und Flexibilität zu bieten. Das Gewebe zwischen den einzelnen Muskelfasern ist lose, (siehe Abb. 1.1 (b), Seite 18), um die Muskeln herum ist es dichter. Die Sehnen und Bänder sind stärker verflochten und das »Leder«, das die Basis von Knorpeln und Knochen bildet, ist am dichtesten. Von der »Zuckerwatte« in Ihren Wangen bis zu Ihren robusten Fußsohlen, umhüllen Faszien Ihre Muskeln und alle Ihre Organe vom Gehirn bis ganz nach unten und formen auch die innere Struktur. Es ist tatsächlich ein körperweites Netzwerk, das ein einheitliches, dreidimensionales Spinnennetz bildet.

Bewegung, auch das Reiten, entsteht aus einer Idee, die aus den Nerven austritt und die Muskeln »anschaltet«, also bezeichnen wir Bewegung als »neuromuskulär«. Jetzt erkennen wir jedoch, dass diese Muskeln innerhalb des körperweiten faszialen Netzwerks arbeiten, welches steuert und beschränkt, wohin die Kraft der Muskeln gehen kann. Also wäre es vielleicht zutreffender zu sagen, dass die Bewegung innerhalb des »neuromyofaszialen Netzwerks« geschieht.[2]

Ich benutze hier den Begriff »Faszie« im Singular, da ich betonen möchte, dass es ein einziges System ist. Nur mit einem Messer können wir die Mehrzahl erzeugen – Faszien. In der Medizin wird der Begriff »Faszie« benutzt, um sich auf spezifische heraustrennbare Teile von biologischem Gewebe zu beziehen – Sie haben sicher schon von der Plantarfaszie gehört, die die Fußsohle bildet, oder von der thorakolumbalen Faszie im unteren Rücken. Hier und im Zusammenhang mit Therapie und Training verweist der Begriff Faszie allerdings auf die gesamte körperweite Anordnung von Fäden, Bahnen, Säcken, Taschen, Riemen und Netzen, die Umfeld und Struktur für die 100 Trillionen Zellen des Körpers bietet.

Wenn Sie alles in Ihrem Körper auflösen könnten und nur Ihre Faszien blieben, würden Sie immer noch als Sie selbst erkannt werden. Dieses dreidimensionale Netz der Faszien beginnt sein Leben ungefähr in der dritten Woche der embryonalen Entwicklung als ein einziges System – ähnlich wie Froschlaich –, das im komplexen Origami der menschlichen Entwicklung immer wieder neu gefaltet wird. Es ist unvermeidlich, dass es im Alter ausfransen und austrocknen wird und auf dem Weg dahin vielleicht durch Verletzungen reißt, mit dem Skalpell eines Chirurgen zerschnitten wird oder auch durch falschen Einsatz, Nichtgebrauch oder Misshandlung abgenutzt wird. Doch bis zu Ihrem letzten Atemzug wird es ein ganzheitliches System bleiben, das Ihre einzigartige Form ausdrückt.

Wie Dr. Robert Schleip sagt war das Fasziengewebe das »Aschenputtel« unter den Körpergeweben[3] - systematisch ignoriert, herausseziert und weggeworfen, da es als passiv und leblos abgetan wurde. Das ist es nicht. Myers hat zwölf bedeutende myofasziale Meridiane oder Zuglinien innerhalb des Körpers identifiziert. (Diese Meridiane wurden aus der westlichen Anatomielehre abgeleitet und sind nicht dasselbe wie die Akupunkturmeridiane, auch wenn sie sich teilweise überschneiden.)

Im Laufe dieses Prozesses schreibt Myers die Anatomiebücher neu: Wir müssen uns nicht länger auf entweder die übliche, aber einschränkende »Theorie der isolierten Muskeln« oder auf die genauso wenig dienliche New-Age-Banalität, »alles ist mit allem verbunden« verlassen. Obwohl die letztere Aussage der Wahrheit entspricht – Quantenmechanik zeigt uns, dass wirklich alles mit allem verbunden ist –, hilft sie nicht dabei, medizinische oder Trainingsentscheidungen zu treffen, die unser Reiten verbessern!

Die Arbeit von Myers hat entscheidend dafür gesorgt, das Konzept der Faszien für jedermann zugänglich zu machen. Sein Buch, Anatomy Trains[4], benutzt diesen Begriff, um die Karte der »myofaszialen Meridiane« zu benennen. Mit seiner Beschreibung macht er das Thema lebendiger und verständlicher, indem er eine Analogie zum Linienverlauf von Zügen schafft. Diese beinhalten »Bahnhöfe« (üblicherweise Muskelansätze genannt), wo die myofaszialen »Schienen« mit den Gelenkkapseln verschmelzen und somit Knochen bewegen.

Begriffe wie »regional« und »überregional« unterscheiden kürzere Muskeln, die nur ein Gelenk überspannen, von den längeren oberflächlicheren Muskeln, die mehr als ein Gelenk überspannen. Zwei oder mehr lokale spiegeln die gesamte Wirkung der einzelnen Überregionalen wider, wobei die tiefliegenden »Regionalzüge« die größte Auswirkung auf unsere Körperhaltung haben.

Myers entwickelte seinen Ansatz der anatomischen Bahnen, um Ungleichgewicht in der Haltung und die daraus resultierenden Einschränkungen in unserer Bewegung erkennen und für andere sichtbar machen zu können (siehe Abb. 1.4). Er sagt: »Stabilität, Belastung, Spannung, Fixierung, Widerstandsfähigkeit und Haltungsausgleich sind alle entlang dieser Linien verteilt.«[5] So manifestieren sich die Gewohnheiten, wie wir unseren Körper benutzen und missbrauchen, im Gewebe und verursachen dabei sichtbare Muster der Asymmetrie und der Kompensation, die uns auch beim Reiten begleiten. Hier werden sie durch die Kräfte der Bewegung des Pferdes verstärkt – und ebenso von den Gewohnheiten des Pferdes.

Myers hat seit über 40 Jahren viele Formen der Bewegung und manuelle Therapie studiert, und sein Wissen hat sich weitgehend durch Lernen, Üben, Lehren und die Entwicklung seiner wichtigsten Modalität entwickelt, der strukturellen Integration. Dies ist eine Form der Körperarbeit, die speziell die Faszie anspricht (anstatt Muskeln und Knochen), und kommt ursprünglich von Dr. Ida Rolf (1896–1979).

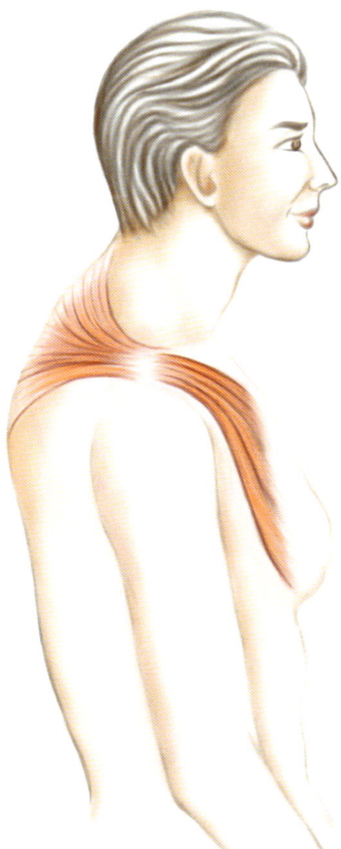

Abb. 1.4:
Ein Beispiel für ein sehr häufig vorkommendes Ungleichgewicht in der Haltung. Wenn Körperteile aus dem Gleichgewicht gezogen werden, sind Muskeln gezwungen, in einer statischen Position zu bleiben, in der sie andauernd angespannt oder belastet sind.

Praktisch daran zu arbeiten, die »Zuglinien« in der Faszie zu normalisieren, kann das ganze System wieder in Balance bringen und den Bedarf für wiederholte Behandlungen, die eigentlich nur die Symptome des Problems behandeln, verringern. Ich liebe die Geschichte von Myers, wie er im Unterricht von Dr. Rolf am Rücken eines Patienten, mit all seiner Kraft arbeitet, ohne wirklich etwas zu erreichen. Dann kam Dr. Rolf – die in der Zeit schon eine gebrechliche alte Dame im Rollstuhl war – hinter die Patientin und legte ihre Finger auf beide Seiten der Wirbelsäule. Als sie dann mit ihren Fingern durch das Gewebe fuhr, rief die Patientin aufgeregt: »Das ist die Stelle! Sie haben sie!« Die Patientin hatte den Therapeutenwechsel nicht bemerkt: Myers wurde bewusst, dass die Fertigkeit, die er lernte, nicht nur eine Frage der Stärke war, sondern dass es etwas anderes geben müsse!

Diese Vorstellung klingt für viele Reiterinnen wahrscheinlich bekannt, und Myers hat wie ich Jahre damit verbracht, die Feinheiten einer Fertigkeit zu verstehen und zu lehren, die seiner Generation nicht gründlich beigebracht wurde. Als er die Arbeit von Dr. Rolf entwickelte und erweiterte, gründete er seine eigene Schule und nannte seine Arbeit »Kinesis der myofaszialen Integration« (KMI). In erster Linie bildet seine Schule Physiotherapeuten aus, aber seine Reichweite hat sich auf Fitness-Trainer, Pilates-Lehrer, Yoga-Lehrer, Kampfkünstler, Sport-Trainer und Tanzlehrer ausgedehnt, denen er das Wissen über myofasziale Meridiane nahebringt.[6] Wenn Myers diesen Praktikern beibringt, das Ungleichgewicht in der Haltung zu beobachten, verwendet er einfache Übungen, um die myofaszialen Meridiane in Aktion zu zeigen. Er hatte einen weltweiten Einfluss und änderte die Sicht vieler Praktiker auf den Körper, den sie trainieren – eine wirklich bemerkenswerte Errungenschaft.

Das größte Interesse an Faszien entstand außerhalb der akademischen und medizinischen Gemeinschaften in der Gruppe, die Dr. Rolf trainierte. Sie war selbst Forscherin, bevor sie ihre Methode entwickelte, und sie trieb die wissenschaftliche Untersuchung voran, die die Methode validieren konnte. Einige dieser Praktiker haben stärkeren Einfluss genommen, indem sie Akademiker geworden sind, und eine zunehmende Anzahl von Wissenschaftlern studieren jetzt Faszien als ein komplett eigenständiges, bemerkenswertes und anpassungsfähiges regulatorisches Organ. Sie erforschen die Eigenschaften der Faszie und widerlegen die traditionelle Ansicht, dass sie nichts anderes als ein untätiges Verpackungsmaterial ist.[7] Es stellt sich heraus, dass die Eigenschaften der Faszien in der Tat bemerkenswert sind. Das Faszien-System zeigt angeborene Anpassungsfähigkeit und »Intelligenz«, auch ohne Input aus dem Gehirn oder Nervensystem. Wie wir jedoch sehen werden, ist es eine sehr wirkmächtige Quelle von Informationen über die Belastungen, denen es ausgesetzt ist, und meldet diese Informationen über sensorische Nerven dem Gehirn zurück. Ihr Gehirn kann die Faszie nicht bewegen, außer durch die Muskeln; aber das Gehirn hört genau zu, was sich im faszialen Gewebe abspielt. Dies ist unser reichhaltigstes sensorisches Organ – es gibt mehr Nervenenden in der Faszie als in den Augen.

Bemerkenswerterweise überträgt die Faszie mechanische Informationen mit Schallgeschwindigkeit durch den Körper, also schneller, als sich elektrische Signale durch die Nerven bewegen! Bis vor kurzem haben Wissenschaft und Medizin übersehen, wie, während sich mechanische Kräfte innerhalb des Körpers ändern, diese Informationen durch das Gewebe des Fasziennetzes und besonders entlang der bedeutendsten Zuglinien kommuniziert werden. Wir als Reiter unterwerfen unseren Körper großen mechanischen Kräften. Das gesunde Funktionieren unseres Fasziennetzes ist deshalb von größter Relevanz!

Myers hat seine Arbeit hauptsächlich auf die Kartierung der wichtigsten Zuglinien innerhalb des myofaszialen Netzes konzentriert, und obwohl er über viele Jahre zahlreiche Sektionen durchgeführt hat, betrachtet er sich nicht als Forscher. Er glaubt, dass die praktische Arbeit der manuellen und Bewegungstherapeuten dem immer größer werdenden Fundus von Peer-Review-Forschung (Kreuzgutachten) über Faszien vorausläuft. Fast überall auf der Welt schreiben Menschen über Faszienfitness[8], Faszienstretching[9] und Faszien-»MELTing«[10] (Selbstbehandlung durch Massieren/Faszienrolle) und haben auch Kurse dazu entwickelt. Sie tragen zur Dynamik jener Ansätze bei, die wahrscheinlich die nächste Welle in der Fitness-Industrie werden – und auch darüber hinaus, denn wir beginnen zu verstehen, was für eine Rolle die Faszie bei chronischen Schmerzen spielen kann, dabei, wie wir uns entwickeln und reifen und wie gut wir altern.

FASZIEN BEI PFERD UND REITER

Obwohl sich die Anatomie von Pferden und Menschen unterscheidet, sind wir im Grunde in der gleichen Weise und mit dem gleichen »Material« konstruiert. 2015 wurden die myofaszialen Meridiane im Pferd im Rahmen einer Peer-Review-Forschung beschrieben. Die dänischen Veterinärchirurginnen Vibeke Sødring und Rikke Schultz veröffentlichten ihre Arbeit nach der Durchführung der ersten Sektion, die nach den Linien suchte. Sie wollten die Ähnlichkeiten und Unterschiede zwischen den Zuglinien bei Pferden und Menschen herausstellen, und es zeigt sich, dass beide bemerkenswerte Parallelen haben.

Das traditionelle Verständnis der Dressurwelt hat intuitiv erspürt, wie einige der Linien arbeiten; allerdings gibt es auch viele Ungenauigkeiten in unseren traditionellen Denkweisen. Ich freue mich, dass die Kapitel dieses Buches, die sich auf eine spezifische Linie konzentrieren, sich auf diese Forschung beziehen können, um so über die Linie beim Pferd wie auch beim Menschen zu sprechen.

Wie gute Physiotherapeuten haben auch gute Trainer der Reiterbiomechanik ein sehr gut ausgebildetes »Auge« für den menschlichen Körper und auch für den Körper des Pferdes. Sie sehen, wie die Verzerrungen, die die Reiterin »aus der Bahn« ziehen, auch dazu führen, dass Verzerrungen beim Pferd auftreten und umgekehrt, denn Verzerrungen in den Zuglinien des Pferdes verziehen auch die Reiterin. Meine Beobachtung ist, dass der Unterschied zwischen durchschnittlichen und Elitereiterinnen in der Qualität der Verbindung und des Bewusstseins zwischen Pferd und Reiter liegt – was mit bewusster Aufmerksamkeit auf jede myofasziale Linie verbessert werden kann.

Wenn wir die von Myers so genannte »Linienanalyse« bei der Haltung, Bewegung und Funktion von Pferd und Mensch durchführen, sehen wir, wie Elitereiterinnen ihren stabileren und besser ausgerichteten Körper nutzen, um ihr Pferd auszurichten und dabei das Risiko minimieren, dass das Pferd sie verzerren kann. Sie gleichen die Spannung innerhalb ihrer verschiedenen Zuglinien aus, trainieren sogar den Tonus durch die Linien, um sich selbst und ihr Pferd in einer Haltung zu stabilisieren, die kontrollierte und dennoch uneingeschränkte Bewegung erlaubt. »Einheitliches Gleichgewicht« bildet die Basis des guten Sitzes beim Reiter und der guten Selbsthaltung des Pferdes. Es entsteht, wenn alle Zuglinien ausgeglichen sind.

Die meisten herkömmlichen Trainer haben ein besseres »Auge« für den Körper des Pferdes als des Reiters und behandeln selten beide Partner als ein System. Wie bei anderen reiterlichen Disziplinen wird bei der Dressur die Leistung des Pferdes bewertet. Das Können der Reiterin wird zumindest nach der Prüfung, wenn alle Noten zusammengezählt werden, anerkannt und beurteilt. Aber trotzdem verbleibt so die Reitkultur insgesamt blind für die Macht der Biomechanik der Reiterin und für die Fähigkeit, das Pferd dadurch zu beeinflussen, dass sie Einfluss auf die Interaktion (und Funktion) zwischen ihrem eigenen Fasziennetz und dem des Pferdes nimmt. Dieses Buch setzt neue Maßstäbe, indem es Pferd und Reiter als eine lebende Einheit behandelt.

Als ich meine Fähigkeiten als Reiterin und Trainerin entwickelte, hatte ich begonnen zu erahnen, dass Muskeln in verknüpften Ketten arbeiten, und etwa zehn Jahre vor Beginn dieses Buches war ich begeistert, in Anatomy Trains eine Beschreibung genau dieser kinetischen Ketten zu entdecken. Ich habe enorm von der Teilnahme an einigen der Einführungskurse von Myers profitiert und auch von einigen Therapieeinheiten bei einem seiner Therapeuten. (Ich habe ihn sogar bei einem Sektionskurs besucht, um den menschlichen Körper mit meinen eigenen Augen zu sehen!) Als Myers einmal meiner Kollegin Heather Blitz (eine Olympia-Dressurreiterin mit außergewöhnlicher Biomechanik) beim Reiten und Unterrichten zusah, war er in der Lage sofort seine ersten Einblicke darauf zu geben, wie der Körper einer Elitereiterin funktioniert und wie er die Tragkraft des Pferdes und seine Bewegung beeinflusst.

Seitdem hat unsere Zusammenarbeit Exaktheit in meine eigene Arbeit gebracht, meinen Entdeckungen über die Reiter-Pferd-Interaktion einen theoretischen Rahmen gegeben und die zugrunde liegenden Struktur von Talent definiert. Es hat mir auch gezeigt, dass ich recht hatte, traditionellen Erklärungen zu misstrauen, die Begriffe wie Spannung, Entspannung, Beweglichkeit etc. verwendeten, jedoch ohne ein wirkliches Verständnis für ihre Bedeutung und Grenzen zu haben. Myofasziale Meridiane und die Eigenschaften der Faszie geben uns eine viel bessere Erklärung für Talent und reiterliches Können und auch dafür, wie diese Fähigkeiten am besten weiterentwickelt werden können.

TENSEGRITÄT – DIE BALANCE ZWISCHEN »DRUCK« UND »ZUG«

Bevor Myers in manueller Therapie ausgebildet wurde, war er als Praktikant bei Buckminster Fuller, dem berühmten Ingenieur und Architekt, der die Systemtheorie in die Bauplanung brachte. Seine Entwürfe beinhalteten die sogenannten Druckglieder und Zugglieder (siehe Abb. 1.5, Seite 27). Letztere sind die Schnüre, die die Druckglieder auseinanderziehen und sie in einem elastischen Gleichgewicht halten. Buckminster Fuller prägte den Begriff »tensegrity« – eine verkürzte Form der Wörter »tension« und »integrity«, auf Deutsch Spannung und Ganzheit, um die Art der Konstruktion zu beschreiben. So betrat Myers den Bereich der Körperarbeit bereits mit Gedanken an Spannung, Kompression, Systeme und wie der Körper möglicherweise auf eine Art und Weise entworfen ist oder auch nicht, die die traditionelle Bauweise widerspiegelt.

Wir stellen uns unser Skelett oft als den Teil von uns vor, der sich dem Druck der Schwerkraft widersetzt. Wenn der Körper in der Tat wie ein traditionelles Gebäude gebaut wäre, mit einem Baustein auf dem anderen, würden die Gesetze der Physik voraussagen, dass weder unser unterer Rücken noch unsere Knie die nach unten drückende Last aushalten würden. Doch unser Körper als Tensegritätsstruktur kann durch die Spannung der Faszien-»Bänder« unsere Knochen in einem minimalen Abstand auseinanderhalten. Hierdurch »schweben« unsere Knochen im Fasziennetzwerk, ohne dass sie sich jemals berühren, außer bei einer Verletzung oder bei einer degenerativen Erkrankung.

Tensegrität findet in einem sehr sensiblen Gleichgewicht statt. Wenn das Tensegritätssystem zusammenbricht, so dass seine Bänder an einigen Stellen locker und an anderen straff sind, wird das Körpergewicht nach unten auf die Gelenke gedrückt, welche unter großen Druck geraten und im Laufe der Zeit verformt werden. Es wird weniger Gelenkflüssigkeit in ihnen produziert, und der Knorpel, der die Enden der Knochen bedeckt und schützt, wird abgenutzt. Ein Hüft- oder Knieersatz wird schließlich die letzte Antwort auf die quälenden Schmerzen sein, die daraus resultieren. Unsere Aufgabe mit der Hilfe dieses Buches ist es, diese Prozesse durch die Verbesserung des Gleichgewichts des Muskeltonus im Körper des Reiters und des Pferdes im Keim zu ersticken.

Wenn man das Problem früh genug erkennt, wird es mit gutem Training oder (falls erforderlich) Physiotherapie möglich sein, die Tensegrität des Systems wiederherzustellen, so dass die Bänder der »Zugglieder« die »Druckglieder« auseinanderziehen und so den Druck von den empfindlichen Gelenken nehmen. Dies beweist den Wert der Verteilung der Kräfte innerhalb des Tensegritätssystems und die Anfälligkeit eines Kompressionssystems, in dem die Kräfte lokal gebündelt werden.

In den Modellen der Abb. 1.5 sind die Faszienbänder unter gleichmäßiger Spannung, während sie ein Netzwerk schaffen, in dem die Knochen eingespannt sind. Im menschlichen Körper gibt es eine weitere

Komplikation, da eine Einschränkung oder das Festhalten von einem Teil der Zuglinie weitergeleitet werden kann zu einem anderen Teil. Dies kann zu Verletzungen in einiger Entfernung von der eigentlichen Quelle des Problems führen. Unsere eigenen Leistenprobleme oder die des Beugemuskels des Pferdes können von einem Ungleichgewicht weiter oben oder unten auf dieser Zuglinie stammen. Ebenso kann eine ungünstige Schulterposition der Reiterin daraus entstehen, wie ihr Becken im Verhältnis zu ihrem Pferd steht.

Bis vor wenigen Jahren dachte man, dass Sehnen überhaupt keine Elastizität hätten; das wurde mittlerweile widerlegt. Wenn wir auf und ab hüpfen wie mit einem Springseil, arbeiten unsere Wadenmuskeln isometrisch, was bedeutet, dass sie die gleiche Länge behalten, während sie sich zusammenziehen. Es sind eigentlich unsere Achillessehnen, die die Länge ändern und elastisch zurückspringen. Dies bedeutet, dass wir und unsere Pferde Kängurus mehr ähneln, als wir gedacht haben! Wir verwenden also die Rückstoßenergie, die in diesen Sehnen gespeichert ist, um uns vorwärts zu bewegen.

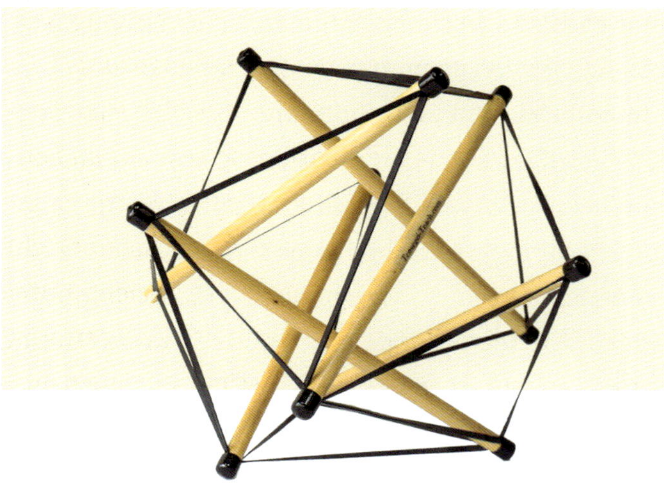

Abb. 1.5: (a) Eine Tensegritätsstruktur aus Gummibändern und Holzstäben. Dies sind Druckglieder, die, ohne sich zu berühren, in einem »See« einer gleichmäßigen Spannung »schweben«, erzeugt von Gummibändern.

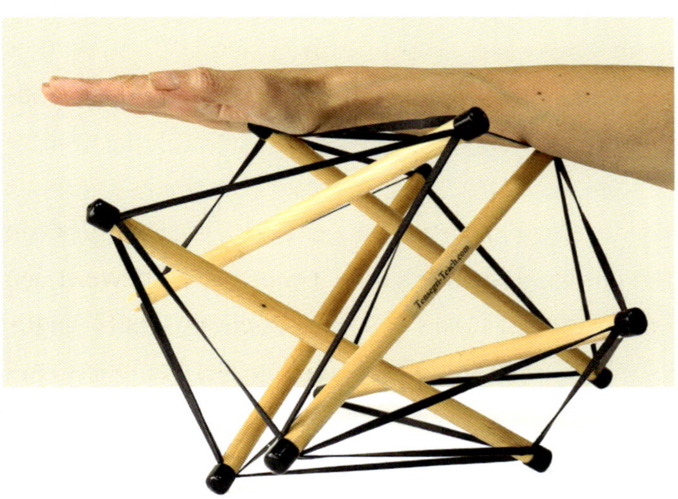

Abb. 1.5: (b) Eine verformende Kraft wirkt auf das System ein, welches zurückspringt, wenn diese Kraft verschwindet.

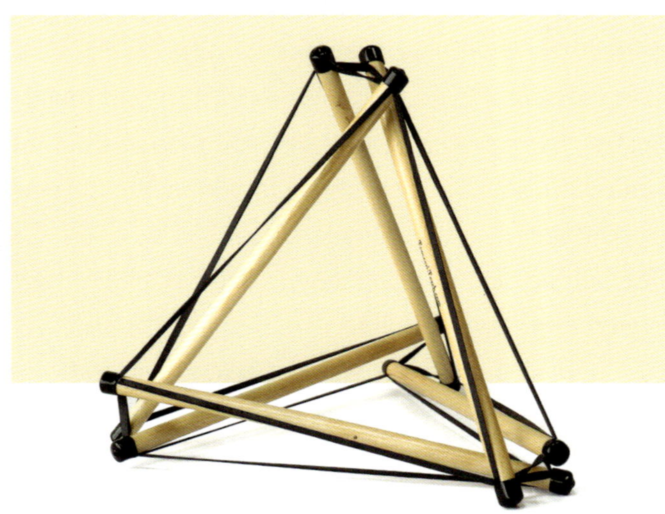

Abb. 1.5: (c) Wenn man die Stäbe so ausrichtet, dass sie mehr dem Verlauf der Bänder entsprechen, wird eine Form geschaffen, die dem menschlichen Körper ähnlicher ist. Die langen Bänder, die fast parallel zu den Stäben verlaufen, sind wie Muskeln, die kürzeren sind wie die Sehen rund um das Gelenk. Letztere sind anfälliger dafür, durch verformende Kräfte geschädigt zu werden.

Leistungssportler – vor allem Sprinter – zeigen besonders herausragende Fähigkeiten, die Rückstoßkraft der faszialen Sehnen und Bänder zu nutzen.

Faszien sind jedoch nur bis zu einer gewissen Grenze elastisch, die mit dem richtigen Training erhöht werden kann. Werden sie allerdings jenseits dieser Grenze gezwungen, werden sie sich plastisch verformen. Stellen Sie sich vor, eine gewöhnliche Plastiktüte langsam zu dehnen; die Tüte wird nicht zur ursprünglichen Länge zurückkehren, und wenn sie zu schnell gedehnt wird, wird sie reißen. Dies ist die Quelle der meisten chronischen Verletzungen. Muskeln hingegen sind biologisch aktiver: Wenn man sie chronisch dehnt, versuchen sie zu ihrer Ruhelänge zurückzukehren, bevor sie langfristig mehr Zellen aufbauen, um sich auf Dauer zu verlängern. Langanhaltende Gewohnheiten können wie auch Narben einer Operation oder Verletzung oder auch psychische Traumata dazu führen, dass sich fasziale Schichten bündeln und zusammenkleben wie Plastikfolie. Das Material dieser faszialen Falten wird von einer anderen Stelle entlang der spezifischen Zuglinien der myofaszialen Meridiane gezogen. Dies bewirkt, Einschränkungen, Fehlausrichtungen oder Fehlkoordination weiter oben oder unten auf den Linien, und manchmal ziemlich weit von dem ursprünglichen Problem.

Stellen Sie sich zwei Personen vor, die sich ein Bett teilen: Wenn eine von ihnen die Bettdecke klaut, wer beschwert sich dann? Es ist die Person, der die Bettdecke geklaut wurde und die weiter weg auf der Zuglinie liegt – und das bedeutet, dass der Sitz der Schmerzen weit weg von der eigentlichen Verletzung sein kann. In der Praxis möchten die meisten Patienten, dass an der Stelle, an der es wehtut, physiotherapeutisch gearbeitet wird, um den Schmerz zu lindern. Meiner Ansicht nach jedoch, die ich hier präsentiere, ist die Schmerzstelle an dieser Stelle das »Opfer«. Der wirkliche Täter (der »Kriminelle«) kann sich woanders befinden – und wir möchten die Opfer ja nicht aus Versehen bestrafen!

Myers erzählt die Geschichte, wie er einen wohlhabenden Mann mit einer schmerzenden Schulter, der schon jeden renommierten Physiotherapeuten in London besucht hatte, behandelt hat. Der Schmerz hatte nicht nachgelassen, und aus seiner Krankengeschichte ging hervor, dass die Schmerzen nach einer Operation zur Entnahme des Blinddarms einige Wochen zuvor begonnen hatten. Da Myers wusste, dass schon zahlreiche Experten bei der Arbeit an der Schulter versagt hatten, atmete er tief ein und begann mit der Arbeit an der Blinddarmnarbe, um die verhedderten Faszien zu lösen. Der Mann zahlte mit einem unzufriedenen: »Danke für nichts.« Drei Tage später rief er an, um sich zu entschuldigen: Seine Schulterschmerzen waren weg.

Eine Narbe ist wie ein Fadenzieher im Körper – ob beim Menschen oder beim Pferd. Wenn man einen Faden aus einem gestrickten Pullover zieht, zieht sich dieser in einer horizontalen Linie weiter. Zieht man einen Faden aus einer Hängematte, die diagonal verwebt ist, wird sich dieser diagonal weiterziehen. Die myofaszialen Meridiane bezeichnen die am tiefsten liegenden Zuglinien. Man kann sie sich wie ein Teilchen im Stoff oder eine Faser in einem Stück Holz vorstellen. Dementsprechend gibt es innerhalb des Anatomy Trains-Modells zwei wichtige Regeln: Eine Zuglinie kann keine scharfe Kurve um eine Ecke machen oder sich zwischen verschiedenen Lagen bewegen - das Fasziengewebe muss sich so in eine Linie bringen, dass es einen kräftigen Zug ausüben kann.

»RÜCKFEDERKRAFT« UND HYDRATION

Gesunde Faszien erkennt man an ihren weißen Fasern, doch eigentlich bestehen sie hauptsächlich aus Wasser, wie der Rest des Körpers. Um Faszien gesund zu halten, sind vollwertiges Essen und »vollwertige« Bewegung sicherlich ausschlaggebend, doch ebenso von Bedeutung ist, dass Flüssigkeit durchfließt. Die Falten, die unser Gesicht älter aussehen lassen, und unsere knackenden Gelenke zeigen den Abbau unserer Faszien, ausgelöst durch Dehydration.

Junge Faszien haben nicht nur »Saft«, sondern auch »Kräuselungen« – ähnlich wie gekräuseltes Haar –, und dies gibt den Faszien das Federnde, dass wir so gerne bei Kindern, Fohlen und Lämmchen sehen. Wir verlieren dieses Federn, wenn wir älter werden, und es ist buchstäblich so, dass wir, wenn wir runterfallen, »nicht mehr so federn wie früher«. Faszien, die gut hydriert sind, erhalten auch ihre Elastizität besser – denken Sie an die Elastizität eines Naturschwamms, der steif oder sogar spröde wird, wenn er austrocknet. Faszien werden durch Gene, Ernährung, Emotionen (zum Beispiel Stress oder Depression), Umwelt, Biomechanik und Training geformt, doch die Qualität der Faszie ist hauptsächlich davon abhängig, ob sie den Durchfluss von Flüssigkeit erlaubt.

Die Hydration der Faszie verändert ihren Flüssigkeitsgrad, der zwischen dünn und fließend bis hin zu zähflüssig und gelartig variiert. Die Faszie kann unter Umständen sehr dick werden oder auch trocken und faserig – ähnlich wie die bereits erwähnte Orange. Genau genommen erinnert die Art, wie die Faszie in weniger gesunden Körpern (oder Körperteilen) austrocknen und verklumpen kann, an die verschiedenen Varianten von dem Zeug, das aus einer menschlichen Nase kommt!

Faszien, die wässriger sind, erlauben es verschiedenen Lagen des Körpers, aneinander entlang zu gleiten. Doch wenn Faszien zähflüssiger werden, kleben verschiedene Strukturen und Schichten mehr aneinander, und der Körper (ob vom Mensch oder vom Pferd) reagiert weniger auf Training, da die Lagen weniger gleiten und rutschen können.

Wir wissen alle, dass wir viel Wasser trinken sollen, und dass Tee, Kaffee und Softdrinks keine gute Hydration liefern. (Die Empfehlung ist, am Tag 30 Milligramm Wasser pro Kilogramm Körpergewicht zu trinken.) Allerdings kann es sein, dass dieses Wasser an einem Ende reingeht und am anderen wieder rauskommt, ohne die Faszien zu hydrieren – wenn diese faserig und ausgetrocknet sind, kommt das Wasser nicht durch. Dies bedeutet auch, dass Stoffwechselprodukte (Zellnahrung) nicht leicht aus dem Blutkreislauf durch die »extrazelluläre Matrix« der Faszien laufen kann, um die Zellwände zu erreichen, die Nahrung benötigen.

Somit bekommen diese Zellen dann keine Nahrung und auch kein Wasser, denn sie bleiben lieber durstig, als das abgestandene Wasser zu »trinken«, das verfügbar ist. In diesem Bereich reichern sich dann mehr und mehr Giftstoffe an, die sich daraufhin in der sowieso schon faserigen Faszie absetzen und diese noch mehr verkleben. Das ist vergleichbar mit dem Teufelskreis der entsteht, wenn Sand in einen Fluss gelangt und der Fluss seinen Verlauf durch die stetig größer werdende Sandbank ändern muss.

Paradoxerweise sind Inaktivität wie auch sich stark wiederholende Aktivität dehydrierend, da beides Flüssigkeit aus dem faszialen »Schwamm« quetscht. Aktivität fördert den Fluss der Flüssigkeit, jedoch drückt zu viel der gleichen Aktivität die Flüssigkeit aus dem schon überstrapazierten Gewebe. Sich nach der Aktivität auszuruhen erlaubt der Flüssigkeit, in die Zellen zurückzukehren und die dehydrierten Bereiche aufzufüllen und zu reparieren. Sollte dies nicht passieren, ist das Resultat möglicherweise der Verlust der Tensegrität und der Sportlichkeit, was dann in einer schlechten Haltung mit chronischen Schmerzen resultiert.

Wenn verschiedene Lagen des Körpers aneinanderhängen, müssen sie durch Bewegung wie Yoga oder Behandlungen wie Physiotherapie wieder voneinander gelöst werden, damit »Fusseln«[12] und Klebrigkeit aufgelöst werden und mühelose Bewegungen wieder möglich werden. Anderenfalls tragen wir diese Einschränkungen unser ganzes Leben mit uns herum, die unsere Muskeln, das was wir erreichen können und auch unsere psychologische Einstellung einschränken. Wenn man versteht, was dies alles bedeutet, werden einige unserer typischen Annahmen über Muskeln auf den Kopf gestellt und es wird klar, dass die Muskeln nicht das eigentliche Problem sind.

FEST IM LANGEN UND IM KURZEN ZUSTAND

Muskeln wechseln sehr schnell vom entspannten zum angespannten Zustand und die Faszien müssen in der Lage sein, sich darauf einzustellen. Die Evolution hat ein Fasziennetz geschaffen, das von klein nach groß aufgebaut ist – es umhüllt jede individuelle Muskelzelle und auf dem nächst höheren Level bedeckt es Gruppen von Muskelzellen (die »Faszikel« heißen). Dann umhüllt es jeden Muskel, jedes Organ und den ganzen Körper.

Auf dem kleinsten Level folgt das Netz, das die einzelnen Muskelfasern umhüllt, nicht dem gleichen Verlauf wie die Muskelfasern. Stattdessen bilden die Faszien ein Doppelgittergewebe, bei dem ähnlich wie bei einem Zwiebelbeutel Rauten zwischen den Fasern entstehen (siehe Abb. 1.6, Seite 31). Wenn sich ein Muskel zusammenzieht, öffnen sich die Rauten zur Seite und kommen sich an den Enden näher. Wenn ein Muskel gestreckt wird, verlängern sich die Rauten, die Seiten verengen sich und die Faszienfasern nähern sich der Richtung der Muskeln an.

Diese Gestaltung erlaubt es unseren Faszien, normale Kontraktionen und Dehnungen der Muskeln sekundenschnell aufzugreifen.

Während Muskeln abwechselnd an- und entspannen, pumpen sie Flüssigkeit durch den Körper und stabilisieren uns bei allen Aktivitäten, die wir ausführen. Das Problem tritt auf – für die Faszien und auch die Muskeln –, wenn Muskeln über eine längere Zeit in einem statischen Zustand gehalten werden und aufhören zu pumpen.

Es ist ebenso problematisch, wenn der Muskel in einer verkürzten Position gehalten wird, »konzentrische Belastung« genannt, wie wenn er sich in einem gestreckten, aber noch angespannten Zustand befindet, bekannt als »exzentrische Belastung«. Im normalen Sprachgebrauch würden beide dieser Muskeln als »angespannt« beschrieben werden, doch für die Reiterin, den Therapeuten oder den Trainer ist es wichtig zu wissen, in welchem Zustand sich der Muskel befindet. Dies bestimmt dann die richtige Übung, Korrektur oder Behandlung. Interessanterweise werden sich in dieser Situation sowohl exzentrische als auch konzentrische Muskeln als schwach erweisen.

Exzentrisch geladene Muskeln – die überdehnten – sind oft die, die schmerzen. Wenn Ihr Rücken, Nacken oder Ihre Schultern schmerzen und Sie zur Massage gehen, arbeitet der Masseur meistens mit diesen schmerzenden Muskeln. Jedoch arbeiten eigentlich genau diese Muskeln sehr hart, um das Gewicht unseres Kopfes und unserer Schultern zu tragen. Statt sich abwechselnd anzuspannen und zu entspannen, sind sie kontinuierlich lang und angespannt (siehe Abb. 1.4 Seite 23, 1.6). Da diese Muskeln nicht mehr pumpen, reichern sie immer mehr Giftstoffe an, dehydrieren und werden anfällig für störende Triggerpunkte und chronische Schmerzen.

Es ist zwar befreiend, sich die schmerzhaften Triggerpunkte aus den Muskeln herausmassieren zu lassen, doch es macht diese ohnehin schon überdehnten Muskeln noch länger. Sie hören zwar vielleicht für eine Weile auf zu schmerzen, jedoch gibt ihre Verlängerung den Muskeln an der Vorderseite der Brust den Spielraum, sich noch mehr zu verkürzen! Doch diese Muskeln sind schon in einer konzentrischen Anspannung, die Ihren Kopf und Ihre Schultern nach vorne zieht (während Sie vor Ihrem Computer hängen).

Unausweichlich werden Sie bald die nächste Massage brauchen, denn Ihr unausgeglichenes Gewebe steckt in der spirale aus exzentrischer Anspannung am Rücken und konzentrischer Anspannung auf der Vorderseite.

Eine längerfristige Korrektur für das Problem ist Physiotherapie oder ein bestimmtes Training, das die kurzen Muskeln an der Vorderseite öffnet und somit den Muskeln im Rücken erlaubt, zu ihrer normalen Länge zurückzukehren. Die Balance wird so wiederhergestellt werden.

Myers benutzt die Ausdrücke »fest im langen Zustand« und »fest im kurzen Zustand«, um zu bezeichnen was in der Faszie passiert, wenn wir in unserem Körper über längere Zeit nicht ausbalanciert sind. Ein Muskel in Bewegung hält die Faszien um sich herum geschmeidig, doch ein Muskel, der lange in derselben Position ist, erzeugt eine Festigkeit in den Rauten, die um die Muskelzellen liegen.

Im verspannten kurzen Muskel zieht sich die Raute zusammen, und die Verklebung der Faszien wird in die gleiche Richtung stärker, in die der Muskel verläuft und wo die Punkte der Raute sich am nächsten sind (siehe Abb. 1.6 (a)). In einem verspannten langen Muskel werden die Faszienrauten länger und enger, und die Verklebung wird hauptsächlich im rechten Winkel zu den Muskeln auftreten (siehe Abb. 1.6 (b)). Einfache Bewegung wird den Zustand der Faszien nicht ändern, und richtiges Dehnen – von Yoga über Pilates bis zu tiefgehender Physiotherapie – ist gefordert, um die Einschränkungen aufzubrechen und freie Bewegung zuzulassen.

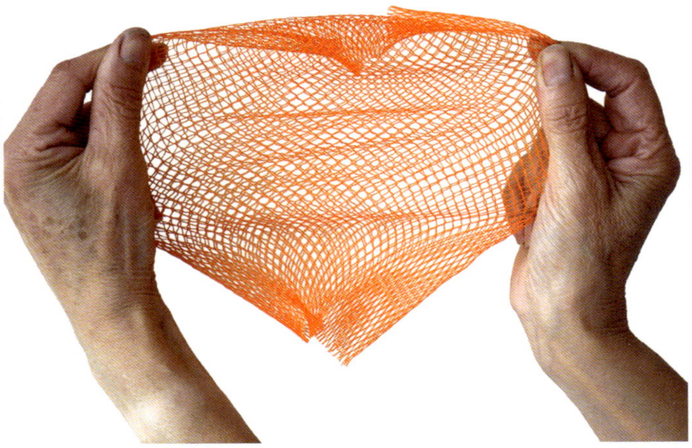

Abb. 1.6: Das Rautengeflecht der Faszien sieht ähnlich aus wie ein Zwiebelbeutel. Um Muskeln herum, die permanent angespannt sind, (a) sind die Faszien »im kurzen Zustand fest«; in Muskeln, die permanent gedehnt sind, (b) sind die Faszien »im langen Zustand fest«.

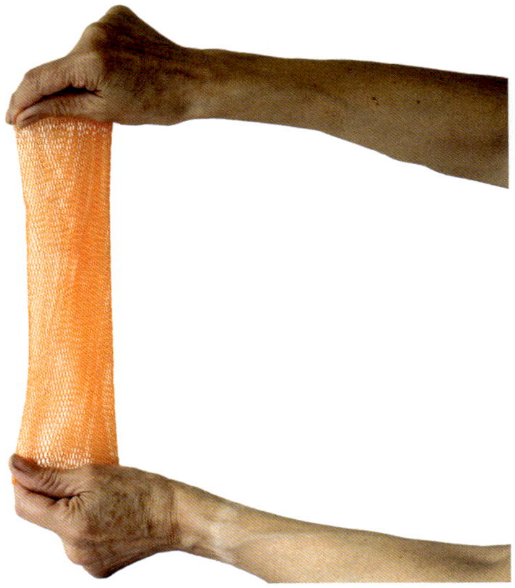

ZWEI ANSICHTEN DES TRAININGS

Viele Leute dehnen sich und betreiben Krafttraining, um Muskelungleichheiten, Schwäche und Schmerzen zu beheben; doch sie bearbeiten nur das halbe Problem, da die Faszien ebenfalls eingeschränkt sind. Wie beispielsweise in dem Schultergürtel von Abb. 1.4 auf Seite 23 zu sehen ist, sind die Muskeln Opfer der faszialen Architektur. Menschen, die Dehnübungen machen oder im Fitnessstudio trainieren, fokussieren sich meistens der Reihe nach auf unterschiedliche Muskelgruppen, statt sich auf ein ganzheitliches Training zu konzentrieren, auf Zuglinien und stagnierende Bereiche. Die Lösung könnte in einiger Entfernung des eigentlichen Problems liegen und ist meistens auf der anderen Seite des Körpers.

Das Trainieren von individuellen Muskeln oder Muskelgruppen ist natürlich hilfreich, aber nicht die ganze Lösung. Zum einen sollte jegliches Muskeltraining in die Funktion des kompletten Körpers integriert sein und auf eine Aktivität abzielen. Viele Athleten entwickeln Stärke im Quadrizeps, indem sie Beinstrecker ausführen, bei denen man im Sitzen das Bein gegen einen Widerstand nach oben drückt. Dies stärkt vielleicht die Oberschenkelmuskulatur, jedoch schwächt es den Körper als Ganzes, da diese Muskeln eigentlich nie einzeln benutzt werden, sondern immer in Verbindung mit den tiefen Hüftstabilisatoren auf der anderen Seite.

Untersuchungen zeigen nun, dass im ganzen Körper ganzheitliches Training der langen Muskelketten besser funktioniert als isoliertes Muskeltraining. Übungen mit Kugelhanteln eignen sich beispielsweise dafür und sind sehr gut für Reiterinnen, vor allem wenn man mit einem Trainer arbeitet, der die Ausführung im Auge behält.

Traditionell wurde das Dehnen immer als eine gute Übung gesehen, jedoch gehen die Meinungen inzwischen auseinander. Es gibt viele unterschiedliche Meinungen über die Wirksamkeit, mit vielen »Rezepten« für die Dauer, die Wiederholungsanzahl, die Anwendung von Widerständen etc. Aber auch jenseits dieser Kontroversen ist das große Problem, dass es nur wenige Menschen gibt, die sich präzise genug dehnen, da ihnen nicht klar ist, dass schon eine kleine Veränderung der Ausgangsposition dazu führen kann, dass sie nicht das dehnen, was sie glauben. Da ein Ungleichgewicht in Ihren myofaszialen Meridianen Sie wahrscheinlich »in die Schiefe« zieht, finden Sie nicht den optimalen Ausgangspunkt für eine Dehnung. Dies gilt auch für Übungsgeräte.

Eine Dehnung der Faszie fühlt sich etwas anders an als die eines Muskels und statt punktuell fühlt man sie entlang der Kette. Dehnübungen für die Faszien sehen vielleicht ähnlich aus wie Dehnübungen, die Sie schon kennen, jedoch beinhalten sie Bewegung und werden für mehrere tiefe Atemzüge gehalten, in denen Sie dazu ermutigt werden, sich auf das Gefühl in Ihrem Körper zu fokussieren. Traditionell dehnen wir einen isolierten Muskel in einer statischen Position, was wir sonst nie tun. Die Dehnung der Faszien hingegen folgt den Prinzipien der normalen Bewegung und maximiert die Vorteile für die Faszien, Muskeln und Nerven.

Zusätzlich zu der Fitness unseres Muskelsystems müssen wir auch die »Faszienfitness« berücksichtigen. Faszien reagieren auch auf Training, jedoch langsamer als Muskeln. Man kann, wenn man richtig trainiert und reitet, Länge, Stärke und Widerstandsfähigkeit in das fasziale Gewebe einbauen (oder auch nicht). Fasziale Fitness erzeugt in erster Linie eine Verbesserung der Rückprall-Elastizität, die uns das federnde Gefühl der Jugend erhalten lässt. Übungen, die uns helfen, diese

Elastizität in den Faszien zurückzubekommen, erinnern an die ballistischen Dehnungen, die durch Jane Fonda bekannt wurden. Hüpfen (Seilspringen) und Sprünge sind gute Übungen für den Anfang, bevor Sie andere Optionen entdecken.

Vorausschauende Gegenbewegungen helfen, Faszien gesund und in Ordnung zu halten. Dies oder der »Dehnungs-Verkürzungs-Zyklus« sind schicke Begriffe, um das »Aufziehen« zu beschreiben – wir gehen in die Hocke bevor wir hochspringen und bringen unsere Arme hinter uns, um etwas zu werfen oder einen Schläger zu schwingen. Diese Bewegungen bringen eine »Vorspannung« in das Fasziennetz, ähnlich wie die Spannung in der Sehne eines Bogens, die zurückgezogen wird, bevor man den Pfeil schießt. Denken Sie daran, wie ein Pferd die Gelenke der Hinterhand beugt, bevor es ansetzt zu springen.

Vor allem bei den Olympischen Spielen sieht man häufiger, dass Athleten sich so tapen, dass Zuglinien verkürzt werden, die eventuell anfällig für Verletzungen sind. Selbstbehandlung mit Schaumstoffrollen verbreitet sich für die Dehydration und Erholung ebenfalls immer mehr. Die MELT-Methode (bekannt geworden durch Sue Hitzmann) und andere Programme, die mit Bällen oder Hilfsmitteln arbeiten, bieten Behandlungsmöglichkeiten, die man für sich selbst anwenden kann, um fasziale Dehydrierung und chronische Schmerzen zu behandeln.

Eine Fitnessrevolution bahnt sich an, ein Ansatz, der 1. den Zustand der Faszien erkennt und damit arbeitet und 2. Körperbewusstsein entwickelt und die Muskeln der Körpermitte über die myofaszialen Linien aufbaut. Interessanterweise brauchen unsere Pferde den gleichen Ansatz.

TYPEN DER FASZIEN

Talentierte Reiterinnen haben genau die richtige Spannung in ihrem Fasziennetz; aber wie viel davon ist angeboren und wie viel erlernt? Wissenschaftler haben gerade erst begonnen, die unterschiedliche Beschaffenheit der Faszien zu untersuchen, und wir können jetzt ein Spektrum von Festigkeit und Lockerheit des Fasziennetzes von verschiedenen Menschen beobachten. Wir können es spaßeshalber vereinfachen und von »Wikingerfaszien« und »Tempeltänzerfaszien« reden. Menschen mit Wikingerfaszien haben ein von Natur aus steiferes Fasziennetz, während die mit Tempeltänzerfaszien ein von Natur aus loseres Netz haben. Wie man trainieren muss, hängt davon ab, was für ein Netz man hat.

Obwohl es richtige Tests gibt, gibt es auch einen einfachen Weg zu testen, wo Sie sich auf dem Spektrum befinden, indem Sie Ihr Handgelenk im 90-Grad-Winkel abknicken und dann die andere Hand benutzen, um Ihren Daumen nach unten in Richtung Unterarm zu drücken. Wenn er bei voller Streckung noch weit weg ist, sind Sie ein Wikingertyp. Wenn er in die Nähe des Unterarms kommt oder ihn berührt, sind Sie ein Tempeltänzer. Keins von beiden ist richtig oder falsch, jedoch ist es gut zu wissen, wo man auf dem Spektrum liegt.

Wikinger tendieren dazu, Gewichtstraining und schwere Arbeit zu lieben, während Tempeltänzer sich eher zu Yoga und Tanz hingezogen fühlen. Tatsächlich brauchen beide Extreme genau das Gegenteil: Wikinger profitieren von tiefen Dehnübungen und Tempeltänzer von hohem Muskeltonus und gegensätzlicher Balance in Muskelgruppen. Wenn Sie eine Reiterin vom Typ Tempeltänzerin sind, wird für Sie Gelenkstabilität schwer erreichbar sein, da es viel zu leicht ist »in der Mitte zu wackeln«, während Sie versuchen, im Trab auszusitzen. Eine Wikinger-Reiterin tendiert dazu, stabiler zu sitzen, hat jedoch vielleicht Schwierigkeiten damit, den Fluss des leichten Sitzens zu finden.

Das Alter ist vielleicht zum bewegungsarmen Wikinger weniger nett, aber natürlich können sich beide Typen verletzen. Wenn Sie sich in Ihre Haut schneiden, regt die Biochemie der Entzündung die Fibroblasten, die Collagen herstellen, dazu an, sich in Myofibroblasten zu transformieren, die sich zusammenziehen können. Dies ist eine geniale Erfindung der Natur, dass sich die Seiten der Wunde zusammenziehen, um die Heilung zu erleichtern, und die dadurch entstehende mechanische Spannung in dem Fasziennetz bringt noch mehr Zellen dazu, sich in Myofibroblasten zu verwandeln. Wenn der Körper überreagiert und sich eine Narbe bildet, zieht dies noch stärker an dem Fasziennetz mit dem Ergebnis, dass noch mehr Fibroblasten dazu fähig werden, sich zusammenzuziehen.

Diese Veränderungen passieren auch nach einer Verletzung wie beispielsweise Stürzen, die die Haut nicht verletzt haben. Es kann erst Wochen nach dem traumatischen Ereignis sein, dass Sie und Ihr Pferd spürbar steif werden, am auffallendsten in dem Körperteil, das sich am weitesten weg von dem eigentlichen Schaden befindet. Bedauerlicherweise kehren Myofibroblasten nicht zu ihrer ursprünglichen Form zurück – sie bleiben kontraktionsfähig, bis sie sterben und durch neue Fibroblasten ersetzt werden. Akupunkteure werden Ihnen genau wie Physiotherapeuten sagen, dass sie mit die besten Vorgehensweisen für diesen Kreislauf haben, da ihre Nadeln das Fasziennetz beeinflussen und somit den Schmerz und die Steifheit lindern.

MYOFASZIALE KRAFTÜBERTRAGUNG

Entscheidend für uns und unser Pferd ist, dass neueste Forschungen gezeigt haben, dass die Faszie der Mechanismus ist, durch den Spannkraft durch den Körper übertragen wird (Druck läuft durch die Knochen und Gelenke). Dies bedeutet, dass Faszien das Fundament der Stabilität sind. Gute Arbeit an der Reiterbiomechanik trainiert Faszien, so dass wir im Ganzen stabiler werden, während wir auch besser darin werden, auf kleine (und große) Veränderungen unseres Pferdes angemessen zu reagieren.

Während Muskeln auf Training innerhalb von Tagen oder Wochen reagieren, reagieren Faszien, sogar wenn sie richtig gesund sind, nach Wochen oder Monaten – ein Prozess, den man »Umformung« nennt. Myers nennt die Faszie »den Bernhardiner des Körpers« – sie reagiert langsam, aber zuverlässig. Es ändert sich nichts auf die Schnelle; aber je mehr es sich verändert, desto mehr kann es sich verändern. Der schwerste Teil ist es, den Prozess zu beginnen.

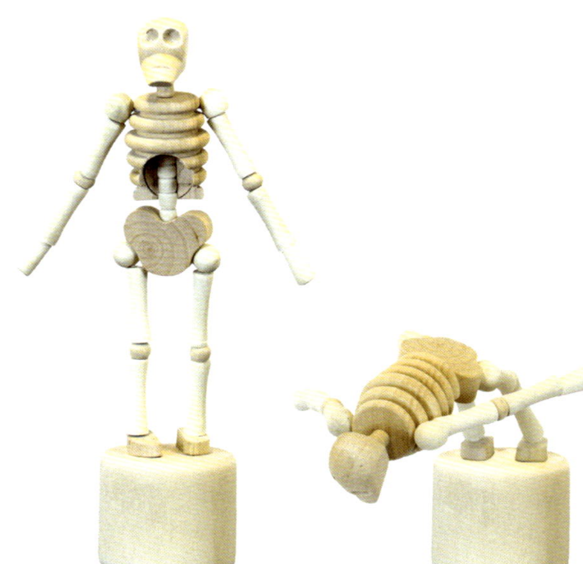

Abb. 1.7: Dieses Modell zeigt, wie der Mangel an Spannung in den faszialen Zuglinien die Struktur zum Einfallen bringt, wohingegen die angemessene Spannung Tensegrität schafft und uns aufrecht hält.

Die nächste Information fordert unsere traditionellen Annahmen über Reitfähigkeiten heraus und erlaubt Reiterinnen, sich so tiefgehend zu verändern, wie es innerhalb der traditionellen Denkweise nie möglich gewesen wäre. Stellen Sie sich jede myofasziale Kette wie eine Gitarrensaite vor, die ausreichend Spannung benötigt, um eine Note zu spielen. Sie muss auf der gesamten Länge einen gleichmäßigen Tonus haben, um richtig spielen zu können, und erfolgreiche Reiterinnen haben sich genau diesen gleichmäßigen Tonus erarbeitet. Der Gegensatz zu Integration ist Isolation, und Bereiche mit hohem oder niedrigem Tonus führen meist zu einer nicht ausbalancierten Reiterin mit wenig Selbstbewusstsein.

Die Pferdewelt hängt an der Idee der Entspanntheit, und wenn man gesagt bekommt, dass man »entspannen« soll, bestärkt das Menschen darin, lose und wackelig zu sein. Dies macht ihre »Gitarrensaiten« noch loser. Die »lose bespannte« Reiterin mit wenig Druck kann nicht kontrollieren oder wahrnehmen, was mit ihrem Körper geschieht: Jegliches Gefühl ist schwammig und unklar; und im schlimmsten Fall ist es, als wäre die Reiterin eine Marionette und das Pferd zieht an den Schnüren. In einer Metapher gesprochen kann ihr Körper »die Melodie« nicht finden (siehe Abb. 1.7, 1.8).

Die Yoga-Redensart »fest ist locker« beschreibt einen der Vorteile eines angemessen gespannten Fasziennetzes (denken Sie an einen Tennisschläger), da ein labberiger, »nudelartiger« Körper sein Gewicht nicht gut selbst tragen kann und nicht widerstandsfähig ist. Darüber hinaus sind lose Tensegritätsstrukturen leicht zu deformieren, also können sie ihre Form fließend verändern, aber keiner großen Last oder Einwirkung standhalten. Wenn Sie die Saiten anspannen (am besten

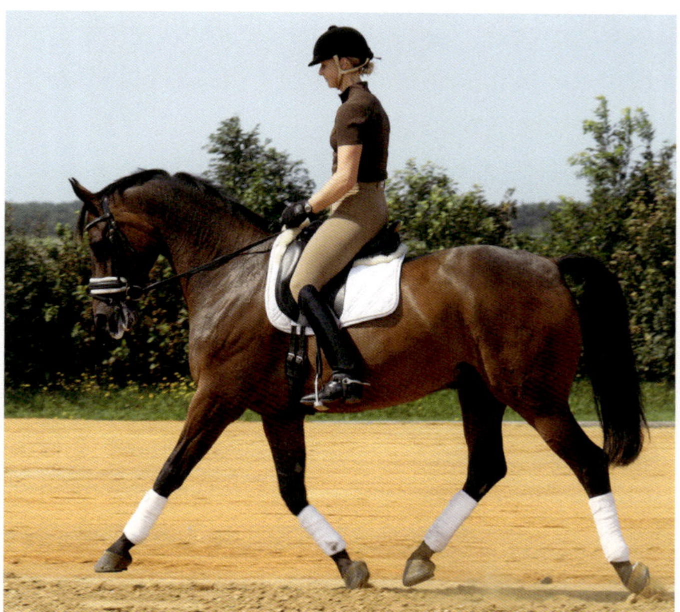

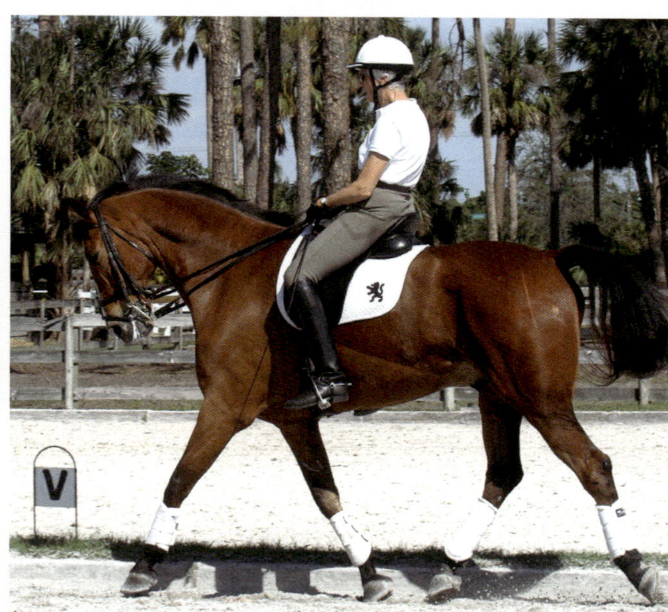

Abb. 1.8: (a) Die Elite-Dressurreiterin Heather Blitz reitet Otto, und beide haben die wunderschöne Tensegrität des einheitlichen Gleichgewichts. (b) Diese Reiterin lehnt sich zurück und macht gleichzeitig einen runden Rücken, doch der andere wesentliche Unterschied zwischen ihr und Heather ist, wie viel wackeliger ihr Körper ist. Sie und ihr Pferd sind weniger »ausgestopft«. Verfolgen Sie ihren Fortschritt in Kapitel 5 von *Ride with Your Mind Clinic*.

gleichmäßig), geben Sie der Struktur eine Vorspannung, die immer widerstandsfähiger wird und mehr Last und größeren Einwirkungen standhalten kann, ohne sich zu verformen. Dieser robustere Körper kann im Trab besser aussitzen.

Reiterinnen haben viel zu viel Angst vor Spannung, die als ein schlimmes Leiden betrachtet wird. Reiterinnen sehen verspannt aus (ich bevorzuge das Wort »zerbrechlich«), wenn sie nicht richtig atmen. Natürlich sollen die Gelenke einer Reiterin nicht fest werden, doch ist genau dies normalerweise ein Schutzmechanismus, der eintritt, wenn das Gewebe zu locker ist. Alle Bewegungen des Menschen sind ein Tanz zwischen den Bedürfnissen nach Stabilität und Beweglichkeit. Physiotherapeuten verstehen immer mehr, dass das Körperbewusstsein seiner Stabilität erst einmal vertrauen muss, bevor es Beweglichkeit erlaubt. Somit ist es logisch, dass Beine und Arme sich festhalten, wenn eine wackelige Mitte die Reiterin nicht stabilisieren kann.

Die Wahrheit ist, dass man ohne »Vorspannung« im Fasziennetz nicht gut sitzen kann. Abgesehen von tiefem Atmen und einem klaren Kopf ist Entspannung kein Konzept, das uns zugutekommt. Deshalb benutze ich oft umgangssprachliche Ausdrücke wie »nudelartig«, labberig, leer oder »nicht ausgestopft«, um zu beschreiben, wie der Körper einer Reiterin aussieht und sich anfühlt, wenn es ein loses Fasziennetz mit verschiedenen spannungslosen Bereichen gibt. Viele Reiterinnen können sich mit diesen Beschreibungen identifizieren – manchmal für den ganzen Körper oder auch für Körperteile.

Bitte machen Sie sich klar, dass es uns nicht hilft, in wertenden Ausdrücken wie »angespannt« und »entspannt« zu denken. Wenn wir einmal erkennen, dass unser Körper aus einer Serie von in langem oder kurzem Zustand festem Gewebe besteht, können wir an dem leichten, gespannten und reaktionsschnellen Zustand arbeiten. Dazu braucht es eine Reiterin, die einen vollen, festen, muskulösen und »ausgestopften« Körper (wie bei einem neuen Kuscheltier) hat; nur dies ermöglicht es einer Reiterin, so beeindruckend still zu sitzen, was belegt, dass die Reiterin im Verhältnis zu der Bewegung des Pferdes neutral sitzt.

Wenn Teile unseres Fasziennetzes »nudelartig« sind, erzeugen wir nicht die benötigte innere Spannung, um Stabilität zu erhalten. Wenn wir eine talentierte Reiterin erkennen, sehen wir einen Körper, dessen innere Bereiche von einem gut verwobenen Fasziennetz unter starker innerer Spannung gehalten werden. Aber wir beschreiben diese reiterliche Fähigkeit als Entspannung, nicht Spannung. Denken Sie auch einmal an ein Dressurpferd in »einheitlichem Gleichgewicht«, oder an einen Hengst, der vor einer Stute stolziert; wieder sehen wir einen Körper mit hoher Spannung, die nach außen gegen die nach innen wirkende Spannkraft des Fasziennetzes drückt. Dies ist Welten entfernt von einem »matschigen« Pferd, dessen Reiterin die Nase in die Vertikale gezogen hat!

Wenn wir wackelig sind und die Balance zwischen mehreren Faszienlinien und Gegenspielermuskeln verlieren, und/oder wenn unsere faszialen Ebenen zusammenkleben, sind wir als Sportler beeinträchtigt. Ein großer Teil selbst der fortgeschrittenen Reiterinnen können ihre Unterschenkel im Aussitzen nicht kontrollieren, und wenn die Waden sich benehmen wie Nudeln, ist die Stabilisierung mehrerer myofaszialer Linien in Oberkörper und Oberschenkeln beeinträchtigt, bis nach oben hin zu den Schultern und dem Nacken. Somit ist Training, das Körperbewusstsein und Muskelkraft aus der Körpermitte entlang der Linien erarbeitet und die Funktion des Reiters wesentlich mehr verbessert, effektiver als wenn man sich nur auf einzelne Körperteile wie die Wade konzentriert. In der Praxis sind die Stabilität der Körpermitte und die der Gliedmaßen stark miteinander verbunden.

Ein neues »Gefühl« zu finden bedeutet, einen alternativen Weg zu finden, die Zuglinien im reitenden Körper zu organisieren und potentiell auch in den Faszien des Pferdes. Jede kleine Entdeckung, die man in seinem Leben als Reiterin macht, verfeinert die Arbeit dieser Zuglinien. Dies ist ein Prozess, der kein Ende nimmt; unterschiedliche Pferde fordern die Stabilität und Organisation auf unterschiedliche Art und Weise, und es gibt immer Spielraum für neue Entdeckungen. Wenn wir den menschlichen und den Pferdekörper ins »Gleichgewicht« bringen, werden sie ein wunderschönes, gut verwobenes Tensegritätssystem, für das sie konzipiert wurden. »Einheitliches Gleichgewicht« – in Pferd und Reiter – ist wahrhaftig die Kunst der Dressur.

Kapitel 1 Fußnoten:

1. Myers, Thomas, *Anatomy Trains*, 3rd edn, Edinburgh, Churchill Livingstone (2014)
2. Schleip, Robert D. and Baker, Amanda, *Fascia in Sport and Movement*, Handspring Publishing (2015)
3. Schleip, Robert D. and Baker, Amanda, *Fascia in Sport and Movement*, Handspring Publishing (2015)
4. Myers, Thomas, *Anatomy Trains*, 3rd edn, Edinburgh, Churchill Livingstone (2014)
5. Myers, Thomas, *Anatomy Trains*, 3rd edn, Edinburgh, Churchill Livingstone (2014)
6. KMI practitioners and classes: www.anatomytrains.com
7. Fascial research www.fascialresearch.com
8. Schleip, Robert D. and Bayer, Johanna, *Fascial Fitness, How to be Vital, Elastic and Dynamic in Everyday Life and Sport*, Handspring Publishing (2017) www.fascialfitness.com
9. Frederick, Ann and Christopher, *Stretch to Win*, Human Kinetics (2006) www.stretchtowin.com
10. Hitzmann, Sue, *The MELT Method*, Harper Collins (2013), www.themeltmethod.com
11. Sødring Elbrønd, Vibeke and Schultz, Mark, Rikke, 'Myofascia – the unexplored tissue: myofascial kinetic lines in horses, a model for describing locomotion using comparative dissection studies derived from human lines', *Medical Research Archives* (2015) Issue 3
12. Hedley, Gill, 'The Fuzz Speech', www.youtube.com
13. Gracovestky, S., *The Spinal Engine*, NY, Springer Verlag (1989)
14. Wanless, Mary, *Ride With Your Mind Clinic*, Kenilworth Press (2008)

KAPITEL 2: GEFÜHL ENTWICKELN

Das »Gefühl« ist ein mysteriöses Konzept für die Reiterinnen, die vermuten, dass sie vielleicht etwas verpassen, und eine wundervoll befriedigende und aufregende Dimension der Reiterfahrung für diejenigen unter uns, die »süchtig« danach geworden sind, es zu entwickeln. Doch für die wenigen Talentierten kann sich das Gefühl entwickeln, ohne dass sie wissentlich auf ihren Körper achten. Sie können einem meistens sagen, was sie in ihrem Pferd verändert haben, aber nicht, was sie in sich selber verändert haben, um dies zu erreichen.

LERNEN UND FÜHLEN

Dies hinterlässt eine große Lücke in unserem kollektiven Wissen und befeuert weiter die Trennung zwischen Expertise und Erklärung, die in der Pferdewelt herrscht. Dieses Versäumnis tritt auf, da das Lernen der Elitereiterinnen das Lernen von Kindern widerspiegelt, die nicht wissen, was sie lernen, während sie es lernen.

Kindliches Lernen baut auf den Nucleus basalis in unserem Gehirn, der bei kleinen Kindern immer angeschaltet ist und es ihnen ermöglicht, mühelos ihre neurologischen »Karten« der Welt zu bauen. Dies ist die effizienteste Art zu lernen, die den evolutionären Vorteil hat, dass Kinder in keiner Weise wissen, was in der Zukunft wichtig für sie sein wird – also sind sie darauf programmiert, alles in einem halb dauerhaften Zustand der Faszination zur Kenntnis zu nehmen. Wenn diese kritische Lernphase endet, wird der Nucleus basalis nur in neuen oder unerwarteten Situationen aktiviert oder dann, wenn man bewusst die Aufmerksamkeit auf etwas richtet – und das ist die Lösung für erwachsene Reiterinnen.

Nur ein kleiner Prozentsatz aller Kinder erhält sich diese Qualität, sich zu fokussieren, und sie werden vermutlich zu extrem talentierten Reiterinnen heranwachsen. Die Kehrseite ist, dass Reiterinnen, die nicht wussten, was sie lernen, als sie es gelernt haben, ihre Erfahrungen nicht beschreiben können! Dies reduziert ihre Fähigkeit, durchschnittliche Reiterinnen zu trainieren. Der Ausdruck »durch Kompetenz verursachte Amnesie« wurde in der akademischen Literatur über Expertenwissen geprägt und besagt, dass Experten unvermeidlich vergessen, was sie einmal bewusst wussten.[1]

Dennoch gibt der Begriff »Amnesie« kaum einen Hinweis auf die Erfahrung, die Sie machten, als mit einem gut verwobenen Fasziennetz, guter Atmung und natürlichem Selbstbewusstsein auf Ihrem ersten Pony saßen. Damals wie auch später im Leben, wird das ABC des Reitens sich Ihrem Bewusstsein entziehen, da Sie es auf so natürliche Weise taten. Sie sind buchstäblich wie ein Goldfisch, der nie das Wasser entdeckt! Wenn Sie nun in den folgenden Jahren unterrichten, werden Sie zum Beispiel mit dem »H« beginnen. Rechnet man den Gedächtnisverlust hinzu, der die Fähigkeiten betrifft, die Sie im Laufe der Zeit entwickelt haben, beginnen Sie vielleicht sogar mit dem »X«.

Ein bekannter Wissenschaftler ging sogar soweit, dass er diese Lücken »den Fluch der Expertise« nennt – auch wenn weder Elitereiterinnen noch durchschnittliche Reiterinnen sich vorstellen können, dass Expertise irgendeine schlechte Seite haben oder sogar ein Fluch sein kann![2]

So wie ich das sehe, hat der »Fluch der Expertise« einen großen Einfluss auf unsere gesamte Reitkultur. Er schuf – und bewahrt weiterhin – eine Verwerfung zwischen Expertise und Erklärung. Redensarten wie »wachse nach oben und streck dein Bein lang« und auch »streck deine Brust raus«, wurden erstmalig von Reitexperten formuliert, die sprachlich wiedergaben, was nur über Zeit und Talent entdeckt werden kann. Dies bedeutet, dass diese und auch andere traditionelle Redensarten eigentlich »X« sind, aber als »A« präsentiert werden.

Wenn Reitanfänger diese Aussagen hören, machen sie die naheliegende Interpretation und schaffen eine Reihe von Problemen. Die wahre Bedeutung von »wachse nach oben und streck dein Bein lang« zum Beispiel involviert die lateralen Linien von Kapitel 5, und nicht die Vorderseite des Körpers, die offensichtlicher wäre. Doch viele Trainer merken nicht, dass sie ein riesiges Missverständnis aufrechterhalten, oder sehen das Problem nicht, das sie geschaffen haben. Also ist es kein Wunder, dass so viele Reiterinnen nicht weiterkommen oder durcheinander sind.

Ich habe viele Jahre gebraucht, um den Weg von »A« bis »X« zu gehen und zu entdecken, was diese traditionellen Aussagen bedeuten.[3] Für mich beginnt die richtige Lehre des ABC des Fühlens und der Kompetenz, wenn ich meine Hände das erste Mal auf den Körper einer Reiterin lege, normalerweise um sie neu auszurichten oder einen Widerstand zu bieten (siehe Abb. 3.6, Seite 58 und Abb. 3.7, Seite 61). Die Frage: »Wie fühlt es sich im Vergleich zu sonst an?« erzeugt einen Vergleich – und alle Gefühle sind Vergleiche zu den vorherigen Normen.

Diese Vergleiche sind maßgeblich. Die vielen Reiterinnen, die auf einem Niveau festhängen, kennen diese nicht – sie machen das, was sie immer machen, und bekommen immer das, was sie immer bekamen. Genau wie wenn man in einen Raum geht, der schlecht riecht und man den Geruch zunächst stark wahrnimmt und sich dann an ihn gewöhnt. Erst wenn man hinausgeht und frische Luft einatmet, bietet man der Nase einen Kontrast und der Geruch wird offensichtlich, wenn man den Raum wieder betritt. Dieser Kontrast erlaubt »eine Nachricht des Unterschiedes« in unserem System.

Nachdem die anfängliche Neuheit nachlässt, verlieren die meisten Reiterinnen die »Nachricht des Unterschieds« und landen auf einem Plateau, das aus einigen ziemlich anspruchslosen Gewohnheiten aufgebaut ist. K. Anders Ericsson, einer der führenden Kompetenzforscher beschreibt dies mit dem wundervollen Ausdruck: »vorzeitige Automatisierung«.[4] Ein Verhaltensmuster, das weit weg vom Optimum ist, wird automatisiert – eine Gewohnheit, die die Reiterin davon abhält, zu improvisieren und nach einem besseren Weg zu suchen.

Ericsson betrachtet dies als einen Zustand des »Entwicklungsstillstands« und als weit unter dem Kompetenzlevel, den jeder erreichen kann. Bedauerlicherweise ist dieses Plateau das Schicksal so vieler Reiterinnen, dass wir es geradezu als normal ansehen! Noch schlimmer ist, dass diese schlechten Angewohnheiten in das

Nervensystem »eingraviert« werden, was letztendlich einen Umbau im Fasziensystem hervorrufen kann. Und so werden sie noch tiefer in unser Gewebe und auch in unser Gehirn eingebettet.

Erfahrene Reiterinnen äußern das gleiche Problem auf andere Weise. Fragen Sie eine von ihnen, was sie gerade tut, kann die Antwort durchaus »Nichts« heißen. Was dies eigentlich bedeutet ist: »Nichts, das ich als ungewöhnlich empfinde«, was bedeutet: »Ich rieche es nicht mehr.« Der Unterschied zwischen einer Elitereiterin und einer Reiterin mit »vorzeitiger Automatisierung« ist, dass eine Elitereiterin sich viel brauchbarere Gewohnheiten angeeignet hat und improvisieren kann, indem sie auf ihren vielseitigen Werkzeugkasten zurückgreift. Aber Sie sollten sich darüber im Klaren sein, dass, wenn Sie die Antwort von oben zu hören bekommen und versuchen, »nichts« zu tun, Ihr »Nichts« (was höchstwahrscheinlich ein Versuch sein wird, sich zu entspannen) meilenweit entfernt ist vom »Nichts« einer Elitereiterin – was eigentlich ein gut verwobenes Fasziennetz ist, das schon nicht mehr registriert wird!

Während Sie hier sitzen und dies lesen, achten Sie auf Ihre Zunge in Ihrem Mund, Ihre Füße auf dem Boden. Beachten Sie die Bewegung Ihrer Rippen, während Sie atmen. Das ist Fühlen – die Wahrnehmung Ihres Körpers in Bewegung, auch als Kinästhesie bekannt. Durch praktische Übung wird Ihr Gespür für das Gefühl beim Reiten Auskunft darüber geben, wie Ihr Po und Ihre Oberschenkel das Pferd berühren, und wie das Pferd Sie berührt. Sie werden dazu in der Lage sein, die Oberfläche zu beeinflussen, die das Pferd Ihnen zum Sitzen bietet. Sie werden sich seines Körpers bis hin zu den Extremitäten bewusst. Als Autofahrer können Sie (hoffentlich) Ihr »Gefühl« auch auf dieselbe Art auf Ihr Auto ausweiten, sodass Sie es schaffen, in einen kleinen Parkplatz einzuparken.

BEWUSSTE KOMPETENZ

Zu wenigen Reiterinnen ist klar, dass jeder reiterliche Durchbruch mit der Erkenntnis beginnt, was eigentlich jetzt gerade geschieht. Dies ist der berühmte »Aha«-Moment, welcher Sie von der »Unbewusstheit der Inkompetenz« (der Zustand, in dem Sie nicht wissen, was Sie nicht wissen) zur »Bewusstheit der Inkompetenz« (wo Ihnen klar wird, was Sie nicht wussten) bringt. Dies kann schockierend sein; aber die Erkenntnis: »Ich habe gerade meine Zehen eingerollt!«, »Ich habe aufgehört zu atmen« oder »Ich habe ein Hohlkreuz gemacht« ist extrem befähigend. Wenn sich Ihre Fertigkeiten verbessern, werden Sie merken, was für eine große Rolle Ihr Pferd dabei gespielt hat, Sie durcheinander zu bringen. Sie werden lernen, wie Sie es verhindern können, indem Sie eine Korrektur vornehmen, bevor beide auf den falschen Weg kommen. Nach genügenden Wiederholungen werden sich neue Muster in »unbewusster Kompetenz« bilden.

Reiterinnen entwickelt die meisten Fertigkeiten und das meiste Gefühl, wenn sie sich am »Rande« ihres bestehenden Könnens bewegen und trainieren, Dinge zu begreifen und Dinge abzulegen. Dies ist der Zustand der »bewussten Kompetenz«. Wenn Sie bei der »unbewussten Kompetenz« angekommen wären, ohne durch die Phase der »bewussten Kompetenz« gegangen zu sein (wie ein Kind, wenn es spielt), wären Sie eine außerordentlich talentierte Reiterin, die sich fragt, was mit uns anderen los ist! Wir müssen mühsam voranschreiten – von unbewusster Inkompetenz zu bewusster Inkompetenz und dann zu bewusster Kompetenz, um endlich bei der unbewussten Kompetenz zu landen. Aber holen Sie sich Mut bei Golf- oder Tennisspielern der Spitzenklasse, die öffentlich darüber reden, wie sie ihre Schläge durch diesen Prozess »neu verdrahten«. Die besten Trainer fordern selbst Elitereiterinnen auf, dies zu tun.

K. Anders Ericsson benutzt den Ausdruck »vorsätzliche Übung« für die Stufe der »bewussten Kompetenz«. Dies wurde von Daniel Coyle »tiefe Praxis« genannt und wurde populär durch sein Buch »Die Talentlüge: Warum wir (fast) alles erreichen können«, das ich sehr empfehle.[5] Ericssons Recherche besagt, dass es 10.000 Stunden tiefer Praxis braucht, um herausragend in irgendeiner Fähigkeit zu werden. Das bedeutet, man muss vier Stunden am Tag, fünf Tage die Woche, fünfzig Wochen im Jahr zehn Jahre lang aufmerksam sein. Nur wenige Reiterinnen kommen diesem Ziel auch nur entfernt nahe, sowohl was die Zeit als auch was die Konzentration angeht.

Es ist wichtig zu erkennen, dass stupides Im-Kreis-Reiten nicht zählt und auch, dass Übung nur in der Sache den Meister macht, die man tatsächlich übt, und nicht in dem, was Sie eigentlich üben sollten oder sich wünschen zu üben. Traurigerweise kann man auch das Plumpsen solange üben, bis man die ganze Zeit plumpst (und das zur Perfektion)! Außerdem wird man keine Verbesserung erreichen, wenn man nur die Sachen übt, die man schon gut kann.

Immer mal wieder »einchecken« zählt auch nicht, und leider stolpert das erwachsene Gehirn öfter mal darüber, an die Vergangenheit oder Zukunft zu denken und hier besonders viel Wert drauf zu legen, was eventuell passieren könnte. Sie fragen sich vielleicht, wer Ihnen zusieht und was Leute über Sie denken, oder ob Ihr Pferd sich vor etwas erschrecken wird. Vielleicht schauen Sie sich die Landschaft an. Vielleicht planen Sie das heutige Abendessen. Oder Sie versuchen es noch stärker mit all der Angst und Willenskraft, die dies beinhaltet. Auch Ablenkungen, die von außen zu kommen scheinen, passieren in erste Linie in unseren Köpfen (nur wir können ihnen eine Wichtigkeit geben). Perfekte (tiefe) Praxis ist eine meditative Kunstform. Die Wahrnehmungen des Körpers zu beachten ist eine wesentliche Fähigkeit für Reiterinnen.

Wenn sich eine Reitkarriere über dreißig Jahre der tiefen Praxis erstreckt, bedeutet dies, dass das Einzige, was sich mit der Zeit verändert, das ist, was Sie sich aneignen und ablegen, und die Ausgereiftheit des Nervensystems, durch das Sie diese Dinge verarbeiten können. Es gibt nichts anderes! Dies erklärt auch, warum die internationale Dressur-Grand-Prix-Reiterin Heather Blitz aus den Vereinigten Staaten nach ungefähr 15 Jahren der Zusammenarbeit zu mir sagte: »Es erstaunt mich immer wieder, wie die Veränderungen, die wir jetzt machen, obwohl sie winzig klein sind im Vergleich zu früheren Einheiten, sich für mich immer noch genauso groß und bedeutsam anfühlen.«

Sie verarbeitet diese durch die kinästhetische Version einer stärkeren Mikroskoplinse und nimmt dadurch Unterschiede wahr, die sie sich vor all den Jahren nie hätte vorstellen können. Ihr Gefühl und ihre »kinästhetische Intelligenz« haben sich im Lauf der Zeit gewaltig entwickelt, was schließlich ihre Wahrnehmung vergrößert. Für sie ist jeder Ritt tiefe Praxis und sie hat die Faszination von Kindern, die beim Spielen lernen, wiedergefunden.

Ich vergleiche gerne das »Bewegungsgehirn« mit einem manuellen Kameraobjektiv. Mit zu wenig Fokus wird Information vernebelt wahrgenommen. Genau der richtige Fokus bringt Klarheit, aber zu viel Fokus bedeutet »wir sehen den Wald vor lauter Bäumen nicht«. Das passiert, wenn man es versucht. Für meine Generation, die mit dem Spruch »Wenn es dir beim ersten Mal nicht gelingt, versuche es wieder und wieder« aufgewachsen ist, ist das eine Plage. Die Jüngeren heute hingegen haben eher zu wenig Fokus. Ohne den Fokus, den man braucht, um bei jedem Schritt aufmerksam zu bleiben, gibt es keine bedeutungsvolle (tiefe) Praxis.

WAS PASSIERT MIT UNSERER KÖRPERWAHRNEHMUNG, WÄHREND WIR UNSER GEFÜHL ENTWICKELN?

Selbst nach langer Zeit mit dieser Art des Lernens, und auch für eine Elitereiterin, können neue Durchbrüche eine Überraschung sein. Sie können »untypisch« sein, und die Logik dahinter kann sich erst im Rückblick erschließen, vor allen Dingen, wenn es aus der Sicht des Systems der »Anatomischen Zuglinien« betrachtet wird. Doch es war nicht vorhersehbar. Schließlich hätten Sie ja, wenn Sie gewusst hätten, wo Sie nach Antworten suchen müssen, sie mittlerweile gefunden!

Was hingegen vorhersehbar ist, ist dass der Sinn für das Gefühl damit beginnt, die Fähigkeit zu haben, einen kleinen Teil des Körpers wahrzunehmen und zu verändern. Doch während das Gefühl sich weiterentwickelt, wird jede kleine Veränderung zu einer ganzheitlicheren, den ganzen Körper umfassenden Wahrnehmung führen, wie diese Veränderung eigentlich die Schwachstellen in der langen myofaszialen Kette repariert und/oder sich Stabilität und Balance in den unterschiedlichen Ketten entwickeln. Da jede Kette nur so stark ist wie das schwächste Glied, kann eine kleine Veränderung in der unterbrochenen Verbindung einen großen Unterschied, erst in der Reiterin und dann in dem Pferd, verursachen.

DIE FASZIALE VERBINDUNG

Was passiert also mit unserem Körperbewusstsein, vor allem wenn diese längeren Ketten »fühlbarer« und funktioneller werden? Traditionell lernt man in Lehrbüchern über Propriozeption über Muskelspindeln, die Nachrichten über die Länge der Muskeln an das Gehirn senden. Außerdem lernt man in diesen Büchern etwas über das Golgi-Sehnenorgan, welches Feedback über Änderungen der Muskelspannung an das Gehirn schickt. Doch neue Untersuchungen haben gezeigt, dass diese nicht die »Big Players« sind. Um sie zu verstehen, müssen wir mehr über Faszien lernen.

Jüngste Schätzungen haben gezeigt, dass es für jede Muskelspindel ungefähr sechs Rezeptoren in der umliegenden Faszie gibt. Dies bedeutet, dass Ihr Gehirn sechs Mal so viel Feedback von der Faszie bekommt wie von den Muskeln! Wie bereits erwähnt ist die Faszie das sensorisch stärkste Organ im Körper. Zu den Golgi-Sehnenorganen kommen noch die Pacini- und Ruffinikörperchen und die dazwischenliegenden Nervenenden dazu. Die Enden der Pacinikörperchen messen den Druck und die Enden der Ruffinikörperchen messen die Scherkraft zwischen den unterschiedlichen Lagen der Faszien. Die dazwischenliegenden Nervenenden messen alle Kräfte (aber nicht so genau) und registrieren auch Schmerzen.

Van der Wal hat in seinen Untersuchungen gezeigt: »Nervenenden richten sich nach den Kräften aus, die üblicherweise an diesem Ort, in diesem Individuum gelten, nicht nach einem genetischen Plan, und definitiv nicht nach der anatomischen Einheit, die wir Muskel nennen«.[6] Durch diese verschiedenen Nervenenden registriert das Gehirn, wie und wo fasziale Verbindungen hergestellt werden – wie diese Zuglinien funktionieren. Durch das Gefühl registrieren wir Druckveränderungen und Scherkräfte in unserem eigenen Körper und möglicherweise bei unseren Pferden.

Sportler haben mehr dieser Nervenenden als die normale Bevölkerung. Jedoch wissen Wissenschaftler noch nicht, ob sie dies zu besseren Sportlern macht, oder ob das Training des Sportlers die Anzahl der Nervenenden erhöht. Nachdem ich so viele durchschnittliche Reiterinnen gesehen habe, die ihr Gefühl entwickelt haben, tippe ich auf Letzteres. Wie dem auch sei, um den Faszienexperten Robert Schleip zu zitieren: »Das Nervensystem hört den Faszien aufmerksam zu.«[7]

Die myofaszialen Meridiane verbinden Muskeln zu funktionalen Stabilitätssystemen, und Untersuchungen haben jetzt bewiesen, dass die Kraftübertragung von einem Muskel zu einem anderen über die Verbindung der Faszien geht. Doch Faszien übermitteln die Kraft nur, wenn diese straff sind. Eine labberige, »nudelartige« Reiterin hat wenig inneren Druck und ihre »Gitarrensaiten« sind locker; statt also die Kraft der Bewegung des Pferdes zu übertragen und umzuleiten, wird die Reiterin durch diese Kräfte »herumgeschüttelt«. Dies führt zu einem eher schwammigen als einem klar empfindenden Körper – zu viel Rauschen und ein zu schwaches Signal.

Im Gegensatz dazu hat die talentierte, gut verwobene Reiterin das erhöhte Gefühl und die Fähigkeiten, die mit zunehmender Wahrnehmung der Scher-, Gleit- und Spannbewegungen in den Faszienmembranen einhergehen. Bedenken Sie jedoch, dass die »durch Kompetenz verursachte Amnesie« es einer solchen Reiterin wahrscheinlich nicht erlauben wird, Ihnen zu erklären, was in ihrem Körper passiert ist, um bestimmte Veränderungen in ihrem Pferd hervorzurufen, obwohl sie weiß, was sich in ihrem Pferd verändert hat. Doch dank unserer neuen Information über das Gewebe des Körpers und indem man die Lücken der »durch Kompetenz verursachten Amnesie« miteinbezieht, können wir nun viel mehr über das »Wie« des Reitens ableiten. Aufstrebende Reiterinnen können somit sowohl Gefühl als auch Fertigkeiten entwickeln.

Die Herausforderung des Lernens ist es, sich der Verformung auf den myofaszialen Linien bewusst zu werden und Einfluss auf sie zu nehmen. Wir trainieren unsere Pferde, indem wir uns trainieren, denn der Schlüssel, um auf das Pferd Einfluss zu nehmen ist, dass wir unsere Zuglinien kontrollieren und ausbalancieren und somit auch seine Linien ausbalancieren. Es sind diese aufeinander abgestimmten Muskelkettenverbindungen bei Pferd und Reiterin, die bestimmen, ob wir das Pferd »in Ordnung bringen« oder ob es uns »in Unordnung bringt«.

Trainer, die Wissen über die anatomischen Zuglinien haben, tun sich mit der Diagnose der Problemquelle leichter und werden besser darin, Schritt für Schritt Lösungen für Reiterinnen auf jedem Niveau zu finden. Eine Linienanalyse des Muskel-Skelett-Systems bei Pferd und Reiter ist eine sehr effektive Methode, um das »Wie« des Reitens zu beleuchten und die Fähigkeit zu entwickeln, formbare und reaktionsfähige Pferde zu trainieren. Das aufstrebende Gebiet der Biomechanik des Reiters hat nun eine feste Basis in einer etablierten Theorie.

Kapitel 2 Fußnoten:

1. Beilock, S. L. and Carr, T. H., 'On the fragility of skilled performance: what governs choking under pressure?', *Journal of Experimental Psychology: General* (2001),130, pp.701–25
2. Hinds, P. J., 'The curse of expertise: the effects of expertise and debasing methods on the predictions of novice performance', *Journal of Experimental Psychology: Applied*, 5 (1999), pp.205–21
3. Wanless, Mary, *Ride With Your Mind Essentials*, Kenilworth Press (2001)
   Wanless, Mary, *Ride With Your Mind Clinic*, Kenilworth Press (2008)
   Wanless, Mary, *The Naked Truth of Riding*, DVD set, Self-published (2014)
4. Starkes, Janet L, and Ericsson, K.A. (eds), *Expert Performance in Sports: Advances in Research on Sport Expertise*, Human Kinetics (2003)
5. Coyle, Daniel, *The Talent Code*, Random House Books (2009)
6. Van der Wal, J., 'The architecture of the connective tissue in the musculoskeletal system: An often overlooked functional parameter as to proprioception in the locomotor apparatus', in Huijing P.A. et al. (eds), *Fascia Research II: Basic Science and Implications for Conventional and Complementary Health Care*, Munich, Germany: Elsevier GmbH (2009)
7. Schleip, Robert and Baker, Amanda, *Fascia in Sport and Movement*, Handspring Publishing (2015)

TEIL 2

Vorne, hinten und die Seiten – die äußere Schicht

KAPITEL 3: DIE FRONTAL- U. RÜCKENLINIE DES REITERS

STABILISATION ODER ENTSPANNUNG?

Reitlehrer und Trainer sagen einem: »Entspann dich!« Obwohl hieran etwas Wahres ist, ist es gleichzeitig auch eine große Lüge.

Eine scheinbar entspannte und aufmerksame Reiterin zeigt eigentlich eine ausgefeilte optische Täuschung. Obwohl sie entspannt wirkt, befindet sie sich eigentlich in einem extremen mentalen Fokus und schöpft körperlich aus einer tiefen Kraftquelle, von der die meisten Reiterinnen nur träumen können. Doch mit der Hilfe des in diesem Buch beschriebenen Programmes können tatsächlich die meisten Reiterinnen diese Stärke der Körpermitte und die Anpassungsfähigkeit erlernen. Die Schlüsselelemente dieser Kraftquelle sind der Tonus und die Balance nicht nur der Muskeln, sondern auch der myofaszialen Linien. Balanciert man diese Linien und Muskelgruppen erhält jeder mehr Stabilität und Bewegungsspielraum. Wir könnten das Wort »Myofasizialatur« dafür benutzen, da dies sowohl den Muskeltonus als auch die Spannung der Sehnen umfasst, die die Muskeln zusammenhalten wie Würstchenketten. Beide sind essentiell für »scheinbar« entspanntes (wunderschön stabilisiertes) Reiten.

In anderen Worten. Es reicht nicht aus, einfach der Reittradition zu folgen und zu denken »Entspann dich!«, und auch nicht ins Fitnessstudio zu gehen und die wabbeligen Bauchmuskeln zu trainieren (falls Sie glauben, dass es mehr Muskelkraft braucht). Der gleichmäßige Tonus entlang der Linien ist viel wichtiger, wenn auch weniger bekannt, als der Tonus jedes einzelnen Muskels. Zum Beispiel lässt sich sagen, dass eine in sich stabile und organisierte Reiterin ihre Rückseite gegen ihre Vorderseite und ihre rechte Seite gegen ihre linke drückt und das ist erst der Anfang. Was man gemeinhin als Kraft aus der Körpermitte (oder Core-Stärke) kennt, und damit die Muskeln in der Mitte wie beispielsweise den Beckenboden versteht, ist ironischerweise abhängig von einem ausbalancierten Tonus der äußeren Schicht der Muskeln.

Aus diesem Grund werden wir uns erst einmal darauf fokussieren, die Tensegrität unserer äußeren Linien auszubalancieren, da wir ohne diese Balance keine gut ansprechende Bewegung im Körper haben können, auch wenn unsere Körpermitte noch so stark ist. (In der Personal Training-Szene haben sich zu viele Leute nur darauf konzentriert, die Körpermitte zu trainieren, wodurch sie unbeweglich werden und einen schlechten Bewegungsablauf zeigen, sobald sie das Fitnessstudio verlassen.)

Wir sollten eher an einen Akrobaten denken, der den Eindruck von Entspanntheit erweckt, aber keinerlei Anzeichen von Schlaffheit zeigt! Diese Körperbeherrschung sehen wir häufig bei erfahrenen Voltigierern, doch wenn sich eine Dressurreiterin in dieses »einheitliche Gleichgewicht« bringt, wird selten die positive und umfassende Spannung zwischen Reiterin und Pferd erkannt. Um dieses Gleichgewicht der Entspannung entgegenzustellen, erinnern Sie sich an das zusammenbrechende Skelett von Abb. 1.7, Kapitel 1. Wenn man unten auf den Knopf drückt, werden alle Schnüre schlaff - das Ergebnis ist Entspannung, jedoch keine Tensegrität, was nicht unser Ziel ist.

Die anpassungsfähige Stabilität, aber nicht die Schlaffheit des Körpers, ist der körperliche Ausdruck von Selbstbewusstsein – wir könnten es physiologisches Selbstbewusstsein nennen. Sehr viele Reiterinnen, die diese Balance in der Länge und der Spannung zwischen Frontal- und Rückenlinie gelernt haben, (dabei darf man natürlich das Atmen nicht vergessen, dazu kommen wir noch), sagten zu mir: »Ich fühle mich viel stabiler, ruhiger, verbundener mit meinem Pferd und außerdem viel sicherer.« Es ist traurig, dass so wenige Trainer erkennen, dass für viele Reiterinnen diese physiologische Kompetenz die Basis sein sollte, um ein Set an reiterlichen Grundkenntnissen aufzubauen, damit danach Selbstbewusstsein entstehen kann. (Wir sprechen hier nicht von der kleinen Prozentzahl der waghalsigen »Kamikaze«-Reiterinnen, die mehr Selbstbewusstsein als Kompetenz haben!)

Es liegt ein großes Geschenk darin, der Theorie und Praxis der Biomechanik des Reiters das Konzept der Tensegrität und der Verbindung myofaszialer Meridiane zugrunde zu legen. Es ist die Erkenntnis, dass die größten Fortschritte daraus entstehen, System in Balance zu bringen, indem man die myofasziale »Vorspannung« verstärkt. Das passiert, indem wir die zu langen myofaszialen Linien verkürzen und die verkürzten verlängern. Im weiteren Verlauf des Buches werden Sie ein System isometrischer Widerstandsübungen lernen. (Diese werden Sie entweder mit einer Hand am Sattel oder mit Hilfe eines Freundes oder Trainers ausüben können.) Diese Übungen werden Ihnen helfen, den Muskeltonus in Ihren längeren, eher nudelartigen Linien, zu verbessern sowie die chronisch verkürzten Linien zu dehnen. Sie werden bald merken, wie unglaublich effektiv diese Übungen sind.

Wir beginnen mit den Frontal- und Rückenlinien, die buchstäblich auf und unter Ihren Zehen beginnen und bis um die Brust und die Wirbelsäule herumreichen. Danach werden wir uns den Seiten widmen, bei denen die beide Hälften des Brustkorbs mit den Außenseiten der Beine verbunden sind und so unser erstes »Stabilitätssystem« bilden. Daraufhin werden wir uns mit der Körpermitte, dem Core, unserem tiefer liegenden Stabilitätssystem, beschäftigen und herausfinden, wie wir alles miteinander verbinden können.

BALANCE DER FRONTAL- UND RÜCKENLINIE

Das klingt alles sehr gut, aber reden wir hier über etwas Reales oder über etwas, das wir uns nur vorstellen? Die Antwort ist, wir sprechen von etwas Realem, das aber gerade erst erkannt wird. Die Verbindung, die durch die anatomischen Zuglinien aufgebaut wird, ist real, wie von Myers und den dänischen Tierärztinnen durch Sektionen bewiesen wurde.

Wir beginnen unsere Betrachtung dessen, wie diese anatomischen Bahnen beim Reiten arbeiten, indem wir uns auf die oberflächliche Rückenlinie (ORL) und die oberflächliche Frontallinie (OFL) fokussieren. Beide sind im Grunde fortlaufende Gewebe- (Myofaszien) und Muskellinien, die sich von der Ober- bzw. Unterseite der Zehen den ganzen Körper entlang nach oben bis zum Kopf erstrecken.

Ob sie es nun so beschreiben oder nicht, verbessern die meisten Reiterinnen ihre Biomechanik, indem sie die relative Balance und Kraft der Vorder- und Rückseite, der ORL und OFL aktivieren. Diese Linien sind so fundamental – und es ist leicht für die meisten von uns, die Balance zwischen beiden zu verlieren – dass beim Trainieren immer wieder auf sie aufmerksam gemacht werden sollte, auch wenn Reiterin und Pferd sich durch die Wettbewerbsklassen hocharbeiten. Selbst Elitereiterinnen können ihren Sitz und die Tragkraft ihres Pferdes verbessern, indem sie an dieser wesentlichen Balance zwischen ihrer Frontal- und Rückenlinie arbeiten. Deren Einfluss ist nicht überraschend, da die Tragkraft die dynamische Balance der entsprechenden Linien (entlang von Bauch und Rücken) des Pferdes widerspiegelt.

DIE OBERFLÄCHLICHE RÜCKENLINIE

Die oberflächliche Rückenlinie ist eine von den Zehen bis zur Nase durchgehende Linie (Abb. 3.1). (Ich sage »Linie« im Singular, obwohl es natürlich zwei dieser Linien gibt, die in jedem Fuß beginnen und sich entlang beider Seiten der Wirbelsäule ziehen.) Die ORL verbindet die Unterseite der Fußspitzen beider Füße mit der Plantarfaszie der Fußsohle. Dann erstreckt sie sich zur Ferse und umschließt diese, wird zur Achillessehne und führt dann in die hintere Wadenmuskulatur. Danach führt die Linie weiter durch die hintere Oberschenkelmuskulatur, welche in die hinteren Gesäßknochen führt.

Die ORL ist eine durchgehende Linie, jedoch bricht sie diese Regel leicht hinter dem Knie (siehe Abb. 3.2). Die hintere Wadenmuskulatur und die hintere Oberschenkelmuskulatur sind auf eine Weise miteinander verbunden, die sich mit zwei Trapezkünstlern vergleichen lässt, die sich an den Handgelenken festhalten. Man könnte auch sagen, sie sind wie ein Kreuzknoten, der fest wird, wenn man an beiden Enden zieht und sich etwas löst, wenn nicht. Wenn die Knie durchgestreckt sind, ist die Verbindung fest; wenn die Knie gebeugt sind wie beim Reiten, beschreibt Myers Folgendes: »Diese myofaszialen Elemente können ihre eigenen Wege gehen, da sie nah beieinander, aber nur locker verbunden sind.« Dies erklärt vielleicht, warum ich so viele entnervte Reiter kenne, die sich über ihre Unterschenkel beklagen, die »ihren eigenen Weg gehen!«.

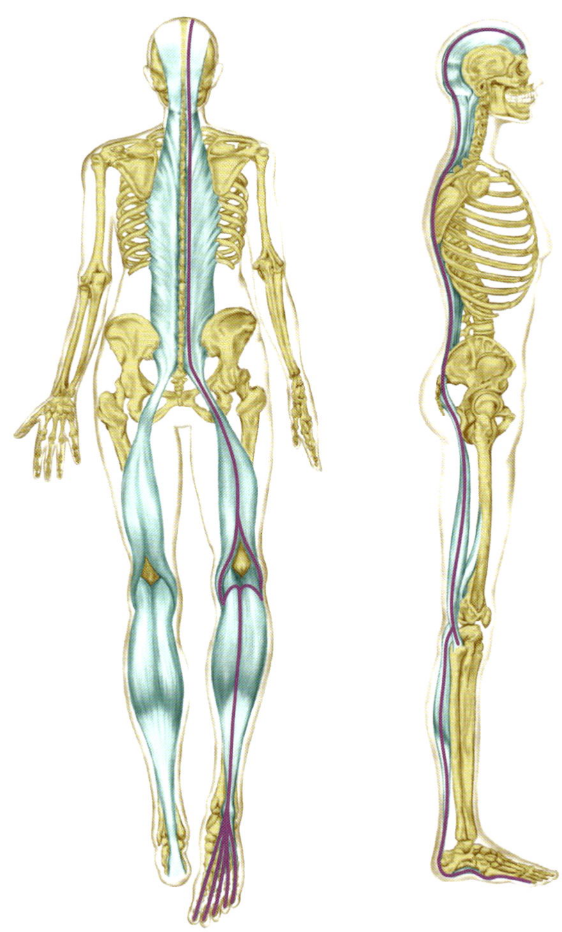

Abb. 3.1: Die ORL ist eine ununterbrochene Muskel- und Faszienkette, die über den Augenbrauen beginnt und bis zu den Fußsohlen verläuft. Sie kann in einem Stück herauspräpariert werden.

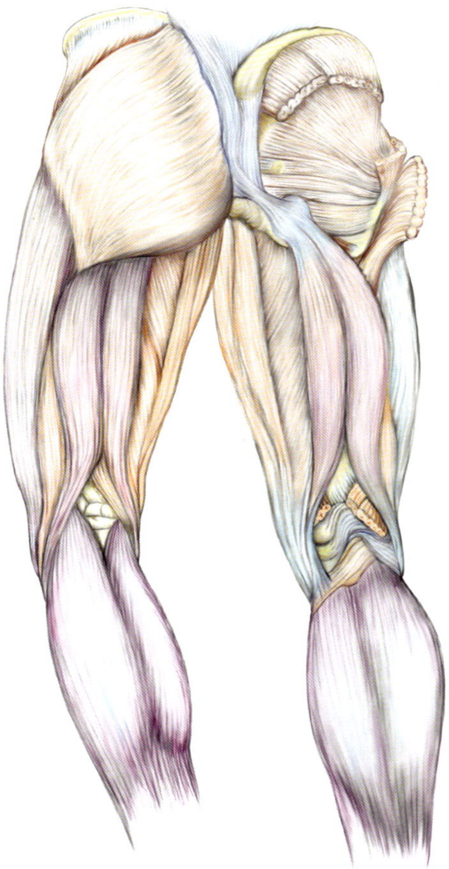

Abb. 3.2: Die hintere Wadenmuskulatur und die hintere Oberschenkelmuskulatur sind auf eine Weise miteinander verbunden, die an zwei Trapezkünstler erinnert, die sich an den Handgelenken festhalten. Das rechte Bein zeigt die tiefere Muskulatur und das linke Bein die oberflächliche Muskulatur einschließlich des Gesäßmuskels, welcher nicht Teil der ORL ist.

Später im Buch werde ich Ihnen einige Ideen präsentieren, wie Sie die Verbindung zwischen der Wade und dem Oberschenkel stabilisieren können, was es Ihnen erleichtern wird, die senkrechte Linie von Schulter, Hüfte und Ferse beim Reiten einzuhalten. Außerdem werde ich zeigen, wie Sie die Vorteile der »Kampfsport«-Haltung genießen können.

Von den Gesäßknochen zieht sich die ORL weiter unter der medialen (d.h. am nächsten zur Mittellinie) Seite der großen Gesäßmuskeln hindurch. Nur die am weitesten in der Mitte gelegenen Fasern können als Teil der ORL gerechnet werden, da die meisten Fasern eher horizontal verlaufen. Ein kurzes, starkes, fast knochenartiges Band verbindet die Gesäßknochen mit Steißbein und Kreuzbein. Dieses Kreuzbein-Sitzbeinhöckerband ist verbunden mit der Faszie, die das Kreuzbein umschließt. Von hier aus zieht sich die ORL durch die lange Rückenmuskulatur hoch bis zum Kopf und sogar noch weiter über den Schädel, wobei sie unter der Kopfhaut bis zum Knochenkamm über der Augenbraue führt. (Siehe Abb. 3.1)

In der Praxis können Sie die durchgehende ORL von den Zehen bis zu den Augenbrauen fühlen, indem Sie sich nach vorne beugen, um Ihre Zehen zu berühren. Danach rollen Sie Ihre Fußsohle circa zwei Minuten langsam und fest über einen Tennisball. Seien Sie dabei sorgfältig; bearbeiten Sie den ganzen Fuß, von den Zehenkuppen bis hin zum Anfang der Ferse. Dann beugen Sie sich wieder nach vorne: Sie werden sehr wahrscheinlich merken, dass die behandelte Seite sich weiter nach unten dehnen lässt. Bemerkenswerterweise haben klinische Tests erwiesen, dass in manchen Fällen das Lösen der Faszien unter der Fußsohle von Spannungskopfschmerzen, ausgelöst durch Verspannungen, und auch von Beschwerden im unteren Rücken, befreien kann, indem Einschränkungen der ganzen ORL gelöst werden und die Beweglichkeit erhöht wird.

Ihre langen Rückenmuskeln befinden sich nicht direkt unter der Haut, sondern sind bedeckt von einer oberflächlichen Muskelschicht, die kein Teil der ORL ist. Die langen Rückenmuskeln haben eine »überregionale Wirkung«, und unter ihnen liegt ein komplexes System von winzigen »lokalen« Muskeln, die benachbarte Wirbel miteinander verbinden. Diese winzigen lokalen Muskeln haben viel mit der Mobilität und der allgemeinen Gesundheit Ihrer Wirbelsäule zu tun. Diese sind auch die Muskeln, die betroffen sind, wenn der Chiropraktiker oder Osteopath Ihre Wirbelsäule »knackt«. Zusätzlich gibt es einen Satz von sehr kleinen, aber wichtigen lokalen Muskeln (die subokzipitalen Muskeln), welche Ihren Schädel mit den obersten zwei Wirbeln des Genicks verbinden. Diese Muskeln sind enorm sensibel – fast so »clever« wie die Augenmuskulatur – und verbinden die Bewegung Ihrer Augen mit der Wirbelsäule seit den Zeiten, als die Mutter der Mutter Ihrer Mutter ein Fisch war. Die Wichtigkeit dieser Muskeln für eine leichte und einwandfreie Bewegung kann nicht hoch genug eingeschätzt werden.

Bei den meisten Menschen funktionieren diese Muskeln nicht gut; häufig sind sie stark verhärtet. Bei den meisten Tieren, auch beim Pferd, sind die Sichtlinie, die Bewegungslinie, die Wirbelsäulenlinie und die Verdauungstraktlinie gleich. Bei uns Menschen hingegen sind die Sicht- und die Bewegungslinie horizontal nach vorne gerichtet, seit wir die Linien der Wirbelsäule und des Verdauungstraktes in die Vertikale gebracht haben. Folglich tendieren wir dazu, diese winzigen Muskeln von ihrer eigentlichen Aufgabe, die Augen und die Wirbelsäule zu koordinieren, »auszuklinken«.

Da wir alle verkrampft auf Stühlen und an schlecht passenden Tischen (zum Beispiel) in der Schule sitzen, verlieren wir langsam die Fähigkeit, unbewusst mit unserer Rückenmuskulatur zu kommunizieren und trennen somit unseren Kopf vom Rest unseres Körpers. Bei einer Katze kommunizieren diese Muskeln so gut mit den Augen, dem Innenohr und der Wirbelsäule, dass sogar bei einem kurzen Fall die Wirbelsäule ins Lot gebracht wird und sie immer auf den Füßen landet. (Sollte Ihr Nervensystem auch so fein abgestimmt sein, sehen Sie bitte zu, dass Sie auf der Seite oder auf der Rückseite landen; Reiterinnen, die auf den Füßen landen, brechen sich meistens den Knöchel!) Diese sehr kleinen und wichtigen Muskeln zu lösen und sie wieder zu verbinden, kann große Vorteile bringen und ist eine Aufgabe für einen erfahrenen Physiotherapeuten oder einen Trainer der Alexandertechnik.

Die ORL erstreckt sich dann von den Zehen bis zu der Nase und reguliert die Balance der primären (rückwärts) und sekundären (vorwärts) Biegung der Wirbelsäule, welche für gutes Reiten unabdingbar sind. Doch das Kontrollzentrum der ORL liegt direkt unter dem Schädel am oberen Teil des Halses.

DIE OBERFLÄCHLICHE FRONTALLINIE

Die ORL hat mit der Frontallinie (OFL) ihr Gegengewicht im Körper. Auch hier sprechen wir im Singular, obwohl es eine rechte und linke Frontallinie gibt (siehe Abb. 3.3.). Die OFL beginnt auf den Zehen (man kann die Sehnen sehen), verläuft weiter über die Vorderseite des Knöchels und wird dann zu dem Muskel und dem Fasziengewebe der Vorderseite des Schienbeins geführt. Die OFL zieht sich weiter über und um die Kniescheibe in den großen Quadrizepsmuskel, dessen Faszien die Hüfte kreuzen, um zur Vorderseite des Beckens zu gelangen.

Einige Muskeln verlaufen von hier nach oben weiter, aber alle schräg, also springen wir direkt zum Schambein. Streng genommen ist dies eine »Entgleisung«, da sie in der anatomischen Bahn in zwei Stücke aufbricht, doch der obere und untere Teil der OFL funktioniert in der Bewegung und Haltung von vorne nach hinten (Sagittalebene) wie ein Ganzes. Vom Schambein erstreckt sich die OFL in den Bauch (Abdomen) und über die Vorderseite der Rippen und des Brustbeins, von wo aus sie dann in den großen Muskel auf beiden Seiten des Halses läuft (der Sternocleidomastoideus). Dann verläuft sie weiter nach oben bis über den großen Knochen hinter dem Ohr, um dann zu einem Band wie ein Kopftuch zu werden, das über den hinteren Teil des Schädels verläuft.

Wir alle beginnen unser Leben in der Gebärmutter in einer gekrümmten Position, in der die OFL kürzer als die ORL ist. In unserem ersten Jahr entwickeln wir die Kraft in der Muskulatur unserer ORL, die uns schrittweise hilft, uns vom Rücken auf den Bauch zu drehen, dann zu krabbeln und zu knien und zum Schluss aufrecht zu stehen und zu laufen. Alle, die sich später dazu entscheiden Stöckelschuhe zu tragen, beginnen, die ORL in Füßen, Waden und Oberschenkeln zu verkürzen und die OFL dort zu verlängern, was sich dann weiter auf die nach oben laufenden Linien auswirkt. Viele Menschen können ihren Fußknöchel nicht beugen, um die Ferse zu senken und haben feste Oberschenkelmuskulatur und einen hohlen mittleren Rücken – dies sind häufige Haltungsfehler, die in Verbindung gebracht werden mit einer verkürzten ORL und einem problematischen Ungleichgewicht. Dieses Ungleichgewicht zu korrigieren fördert effektives und stabiles Reiten.

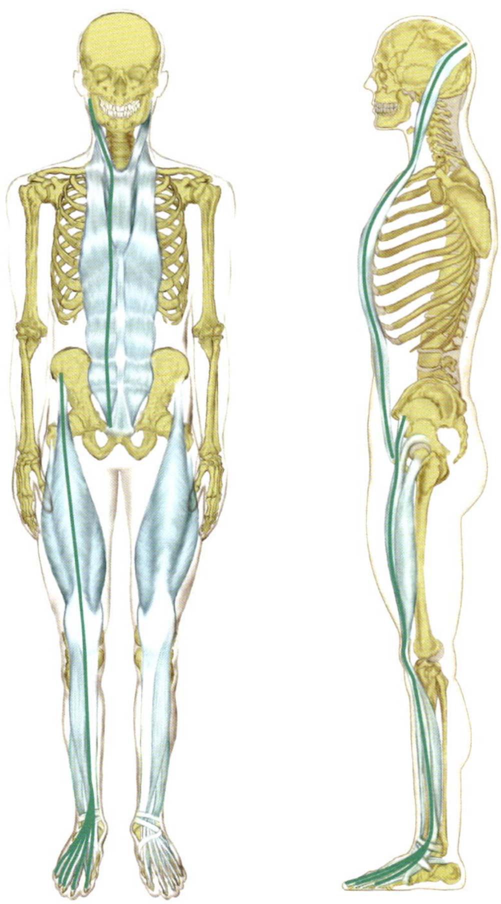

Abb. 3.3: Die oberflächliche Vorderlinie beginnt direkt hinter den Ohren und verläuft hinunter bis zur Oberseite der Zehen. Die Linie des Oberkörpers und die des Beines sind getrennt, arbeiten aber bei Vor- und Rückbewegung als Einheit.

Die Muskeln der OFL sind überwiegend schnell zuckende Muskeln, die abrupt bei jedem Anzeichen von Gefahr reagieren, wenn wir uns instinktiv zusammenkauern, um uns zu beschützen. (Im Gegensatz zu uns rennen Beutetiere um ihr Leben, bis auf manche Jungtiere, die darauf programmiert sind einzufrieren.) Wenn die OFL durch den Reflex verkürzt ist, begrenzt sie unsere Fähigkeit, die Wirbelsäule in der Rückwärtsbiegung zu verlängern. Wenn sie nicht richtig arbeitet, zieht sie unseren Kopf nach vorne und kann auch unseren Körper in eine nach vorne gebeugte Position ziehen, die den Brustkorb in Richtung der Knie bringt. Wenn Sie sich also beim Reiten aus Angst nach vorne kauern und die Knie am Sattel nach oben ziehen, ist dies ein großer Teil Ihres Problems.

Viele Menschen, Reiterinnen oder auch nicht, haben nach ihrer Kindheit Reste von Verspannungen der verkürzten OFL, und bei Reitanfängerinnen kann die simple Angst vor dem Pferd und/oder vor dem Stürzen zu einer chronische Verkürzung der Muskeln im weichen unteren Teil des Bauches führen. Dieser Gewohnheit früh und oft entgegen zu wirken wird von Anfang an helfen, Rücken- und Nackenschmerzen bei der Reiterin zu vermeiden und auch das Pferd davon verschonen, die Angst, die die Reiterin durch ihre Verspannungen ausstrahlt, zu fühlen.

Ganz andere Zeichen für Probleme könnten überstreckte Knie sein – hier sind die Knie so weit durchgedrückt, dass sie sich versteifen. Dies schränkt unsere Anpassungsfähigkeit stark ein und wird zu Problemen im unteren Rücken führen. Ein weiteres Zeichen ist ein Becken, das so geneigt ist, dass die Hüftknochen zu weit nach vorne kommen und der untere Rücken hohl wird – ebenfalls ein Rezept für Beschwerden.

Eine gut funktionierende OFL zieht das Schambein hoch in Richtung Rippen, und nicht den Kopf und die Rippen hinunter in Richtung Schambein. Doch Letzteres passiert häufig, entweder ausgelöst von dem oben beschriebenen Verhaltensmuster aus Angst oder einfach als Auswirkung der Anziehungskraft, wenn wir älter werden. Die Muskeln der ORL stellen den Gegenspieler zu dieser Verkürzung und sind überwiegend langsam zuckende Muskeln, die für die die lange Belastung konzipiert sind, uns aufrecht zu halten und die Vorwärtsbeugung zu beschränken. Die Faszien der ORL umfassen einige besonders starke Gewebeschichten und Bänder, die es ihr ermöglichen, zäh genug für diese Aufgabe zu sein (beispielsweise die Achillessehne, die großen Oberschenkelmuskeln und die große Faszienschicht am unteren Rücken).

Folge dieses Unterschieds zwischen den Muskelfasern unserer Vorder- und Rückseite ist, dass kurzfristig die OFL jedes Gefecht gewinnt. In anderen Worten: Wenn wir Angst haben, wird unsere Vorderseite gewinnen und unsere weichen, empfindlichen Teile beschützen. Die ORL wehrt sich, indem wir ein Hohlkreuz oder hohlen Nacken machen oder uns zum Ausgleich einfach schmerzhaft im unteren Rücken verkrampfen. Welche Linie auch immer längerfristig gewinnt, verlieren wir – außer wenn wir daran arbeiten, den Tonus der OFL und ORL auszubalancieren.

Wir alle haben schon ältere Menschen gesehen, die sich auf eine Gehhilfe stützen. Ihre ORL ist für immer verloren. Als sie sich noch im Stadium von Abb. 1.4, Seite 23, Kapitel 1 befanden, hätten sie physiotherapeutische Interventionen gebraucht, die ihnen geholfen hätten, ihren Brustraum zu öffnen und die Belastung von dem schmerzenden Rücken zu nehmen. (Sie hätten allerdings eine Rückenmassage eingefordert.) Es ist etwas merkwürdig, aber anatomisch korrekt, dass die Gestaltung der ORL und der OFL so ist, dass die Körperhaltung der Menschen im Laufe der Zeit zu einem nach vorne hängenden Kopf tendiert, wobei die ORL schrittweise zu lang und breiter wird und die OFL sich verkürzt.

DIE OBERFLÄCHLICHE FRONTAL- UND RÜCKENLINIE UND DIE »NEUTRALE WIRBELSÄULE«

Eine gut ausbalancierte Körperhaltung, beim Reiten wie auch im normalen Leben, erfordert einen ausgeglichenen Tonus der zwei myofaszialen Komplexe der ORL und OFL. Dies ist bei Physiotherapeuten, Pilateslehrern und Personal Trainern bekannt als »neutrale Wirbelsäule«. Die Kurven der Wirbelsäule sind wie ein Satz sich abwechselnder Langbögen, deren »Kurvigkeit« sich von Mensch zu Mensch unterscheidet, und »neutral« bedeutet, dass die Kurven in einem ausgewogenen Verhältnis zueinander stehen. Wenn wir die Wirbelsäule wie den Mast auf einem Segelboot betrachten, (siehe Abb. 3.4), liegt unser Fokus in diesem Kapitel auf der relativen Zugbeanspruchung der vorderen und hinteren Spannseile des Masts. Eine ungleiche Zugbeanspruchung würde den Mast auf eine ungesunde Art und Weise verbiegen. Und nicht nur das: Wenn die Spannung bei nur einem der vorderen und/oder hinteren Spannseile zu stark oder zu locker ist, könnte es zusätzlich eine Rotation oder eine Biegung zu einer Seite geben.

Schauen Sie sich das Bild von Heather Blitz (Abb. 1.8 (a) auf Seite 35) an. Ihre Vorder- und Rückseite haben die gleiche Länge und sind parallel und vertikal. Außerdem würde sie auf ihren Füßen auf dem Boden landen, wenn ihr Pferd wie durch Magie unter ihr weggenommen würde. Das zeigt, dass eine vertikale Linie von ihrer Schulter durch die Hüfte bis zu den Fersen verläuft. Der Winkel ihres Oberschenkelknochens hat einen 50-Grad-Winkel zur Horizontalen, was etwas steiler ist als der 45-Grad-Winkel, den ich weniger erfahrenen Reiterinnen empfehle. Ihre Gesäßknochen zeigen geradeaus nach unten zum Boden und nicht zu den Vorder- oder Hinterbeinen des Pferdes. Heathers Körperhaltung erlaubt es ihr, der Bewegungskraft ihres Pferdes so gut zu begegnen, dass sie von Kopf bis Fuß stabil sitzt. Es gibt keinen »störenden Lärm« in ihrem Sitz und keinen Grund, mit ihrer Hand rückwärts zu wirken.

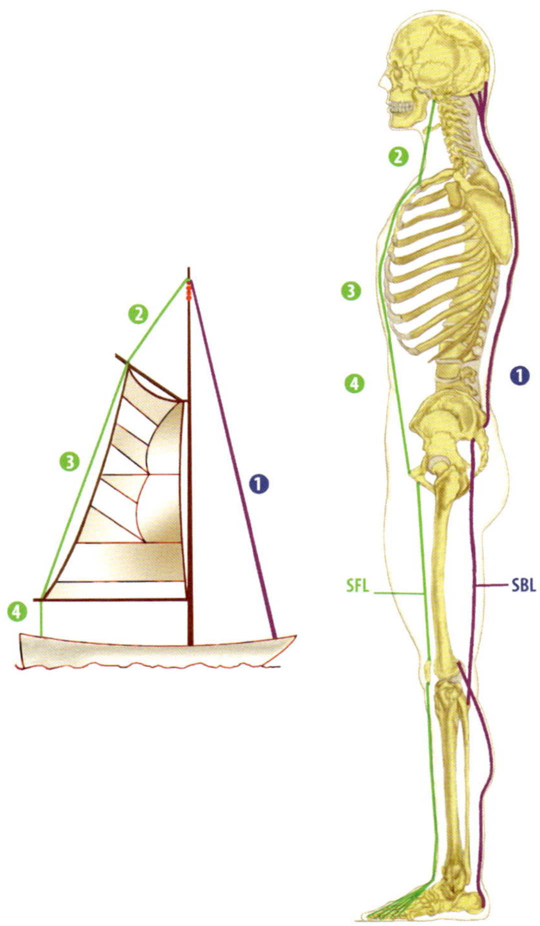

Abb. 3.4: Die oberflächliche Rückenlinie und die oberflächliche Frontallinie stehen in gegenseitiger Beziehung zueinander, genau wie die Seile eines Segelbootes. Die oberflächliche Rückenlinie ist darauf ausgelegt, die Rückseite vom oberen bis zum unteren Ende nach unten zu ziehen und die oberflächliche Frontallinie ist so gestaltet, dass sie die Vorderseite vom Becken bis zum Hals hochzieht.

Bedauerlicherweise ist eine nicht ideale Balance mehr als üblich. Wenn Ihre Vorderseite, durch Angst oder aus Gewohnheit, verkürzt ist, werden Sie verkrampft sein und nach vorne kippen, wenn Sie »neutral« reiten, und es wird ein Kampf sein, aus dieser Haltung heraus zu kommen, egal wie oft Ihnen gesagt wird: »Sitzen Sie gerade« oder »Entspannen Sie sich«. Wenn Ihr Rücken beim Reiten gerundet ist, ist Ihre ORL schon zu lang geworden und andere Anpassung werden Sie zur »neutralen Wirbelsäule« zurückbringen, bei der Ihre Gesäßknochen nach unten zeigen und Ihre Vorder- und Rückseite die gleiche Länge haben.

Auf der anderen Seite versuchen manche Reiterinnen »groß zu werden« und strecken ihre Brust so eifrig vor, dass sie sich antrainieren im Hohlkreuz zu sitzen, wobei die ORL zu kurz wird. Dies ist der sogenannte Landau- oder auch der Streckungsreflex, welcher eine Fluchtreaktion ist, ähnlich wie der beschützend wirkende Reflex bei Anzeichen von Gefahr, über den wir im vorherigen Teil gesprochen haben. Viele Reiterinnen denken irrtümlicherweise, dass es das Ideal des Dressurreitens ist, sich zurück zu lehnen und dabei die Vorderseite zu strecken. Doch ist dies nicht der Weg zur optimalen Funktionalität, sondern führt zu Versteifungen oder Schmerzen im Rücken. Diese Haltung des »falschen Selbstbewusstseins« (eine falsch verstandene »starke Brust«) setzt tatsächlich die Gelenke, die zwischen den einzelnen Wirbeln liegen und auch die hinteren Ränder der Bandscheibe unter starken Kompressionsdruck. Diese beiden Körperhaltungen, Hohlkreuz und runder Rücken, sind nicht nur schlecht an die Bewegung angepasst, sondern erschweren auch das freie Atmen.

Es hilft, sich den Torso mit zwei wichtigen Scharnieren vorzustellen: Das erste Scharnier ist das Hüftgelenk, welches sich schließt (beugt), wenn Sie sich nach vorne lehnen und öffnet (streckt), wenn Sie sich zurücklehnen. Das zweite Scharnier ist die Lendenwirbelsäule (zwischen Rippen und Hüfte), die ein Hohlkreuz verursacht, wenn Sie Ihre Vorderseite strecken.

Wenn Ihre Wirbelsäule sich so biegt, bewegen sich alle Wirbel nach hinten, während Sie Ihren Rücken verlängern und Ihre Vorderseite verkürzen.

Das ergibt zusammen mit der neutralen Wirbelsäule insgesamt acht Haltungsvariationen und noch eine, die wir in Kapitel 8 besprechen. Die ersten vier betreffen nur ein Scharnier: Man kann sich aus den Hüftgelenken nach vorne oder nach hinten lehnen, wobei der untere Rücken in neutraler Position bleibt, und man kann entweder ein Hohlkreuz oder einen Rundrücken machen, während man in der Vertikalen bleibt. Doch häufig werden beide Scharniere benutzt, man beugt sich also im Hüftgelenk nach vorne und macht zusätzlich einen runden Rücken, oder man beugt sich aus der Hüfte nach vorne und macht gleichzeitig in einer kompensatorischen Bewegung ein Hohlkreuz. Oder man streckt die Hüfte und lehnt sich zurück, während man in der Lendenwirbelsäule hohl wird, oder streckt das Hüftgelenk während der Lendenbereich rund wird, was einen sehr gerundeten Rücken oder einen sehr »flachen Rücken« hervorruft (dies wird von manchen befürwortet, ist aber in meiner Erfahrung eine Einladung für Probleme im unteren Rücken).

Für eine Reiterin ist es wichtig zu wissen, welche dieser acht Kombinationen ihr »Standard« ist. Trainer müssen in der Lage sein, die Muster der Schüler schnell zu erkennen, um zu wissen, welches Muster sich in Stresssituationen am ehesten offenbart. Das Ideal ist in Abb. 3.5 (a) zu sehen, wobei man vertikal und neutral ist, so wie Heather Blitz in Abb. 1.8 (a), Seite 35.

Die Muskeln der OFL und der ORL werden ausbalanciert und Ihre »neutrale Wirbelsäule« erlaubt Ihnen, aufrecht zu sitzen, elastisch und anpassungsfähig zu sein.

Gute Reiterinnen stabilisieren ihre Körpermitte zwischen der OFL und der ORL, vor allem in der mittleren Region ihres Oberkörpers. Dies bedeutet, dass die Bewegung, die es Ihnen erlaubt, sich vom Pferd »mitnehmen« zu lassen, in den Hüftgelenken passiert und nicht in der Lendenwirbelsäule. Die vorderen und hinteren myofaszialen Linien des Körpers werden durch andere stabilisierende Linien unterstützt, die sich tiefer im Körper befinden, und das führt dazu, dass der Oberkörper absolut ruhig aussieht. Leider nutzen weniger talentierte Reiterinnen natürlicherweise eher die »nasse Nudel«-Technik, bei der sie die Bewegung des Trabs absorbieren, indem sie in ihrer Mitte nachgeben. Das ist nicht nur das genaue Gegenteil von Stabilität aus der Körpermitte, es verursacht auch wiederholte und auf Dauer schadende peitschenartige Schläge entlang der Wirbelsäule.

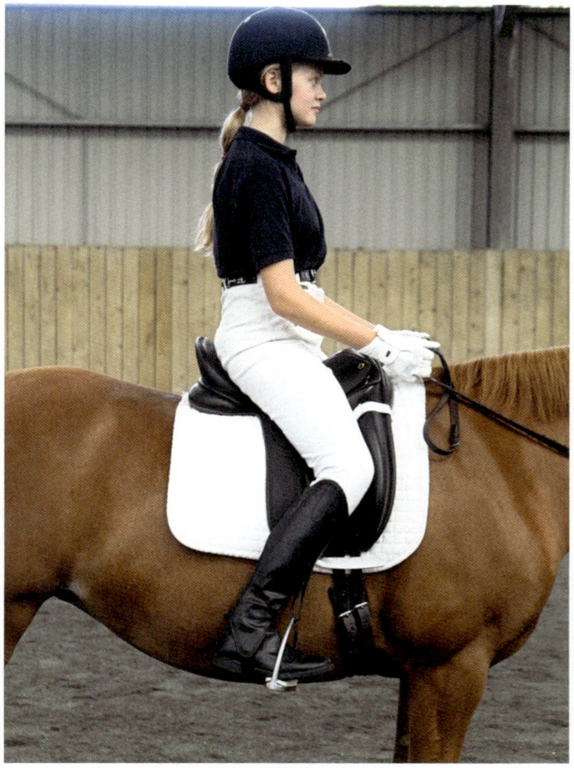

Abb. 3.5 (a) Vertikal und neutral

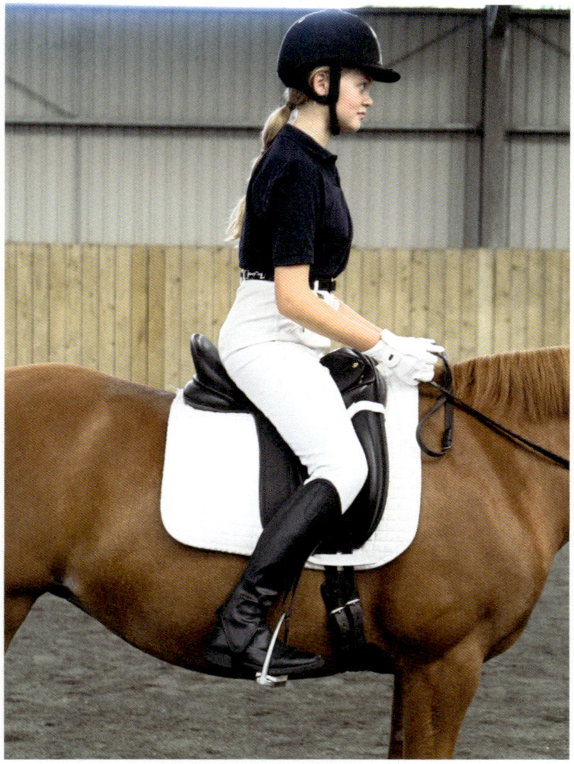

b) Nur das Scharnier des Hüftgelenks schließt sich und man lehnt sich vor

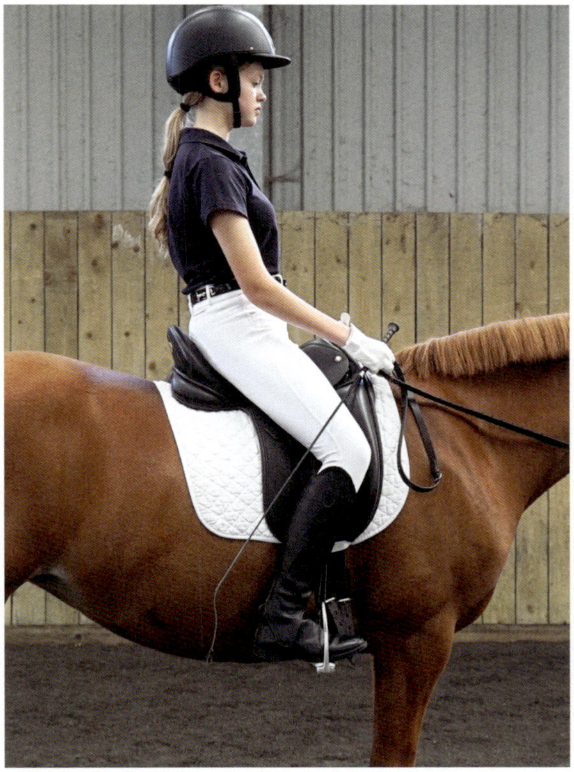

c) Nur das Scharnier des Hüftgelenks öffnet sich und man lehnt sich zurück. Die meisten Menschen können sich nicht weit zurücklehnen, ohne dabei ein Hohlkreuz oder einen Rundrücken zu machen.

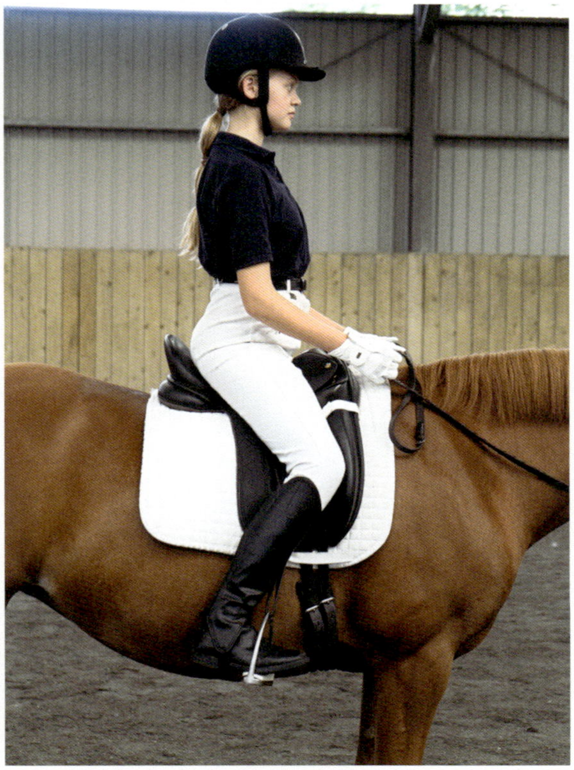

d) Hohlkreuz, ohne sich nach vorne oder nach hinten zu lehnen

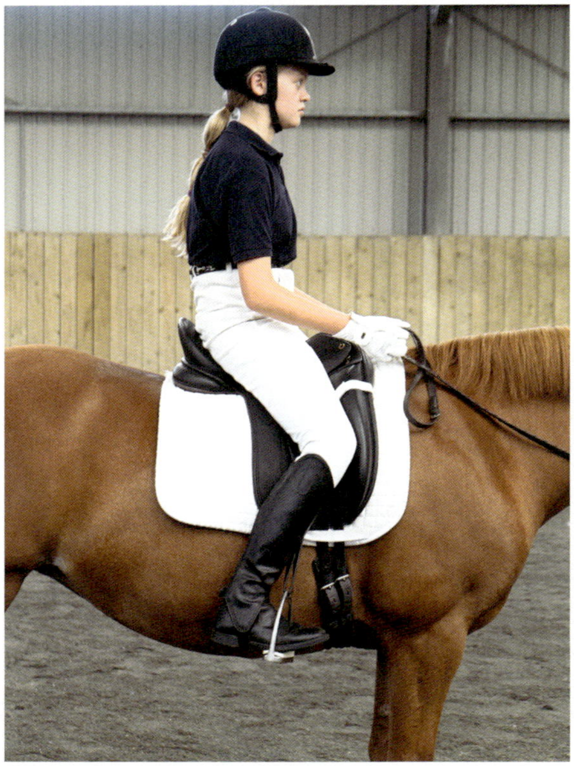

e) Rundrücken, ohne sich nach vorne oder nach hinten zu lehnen

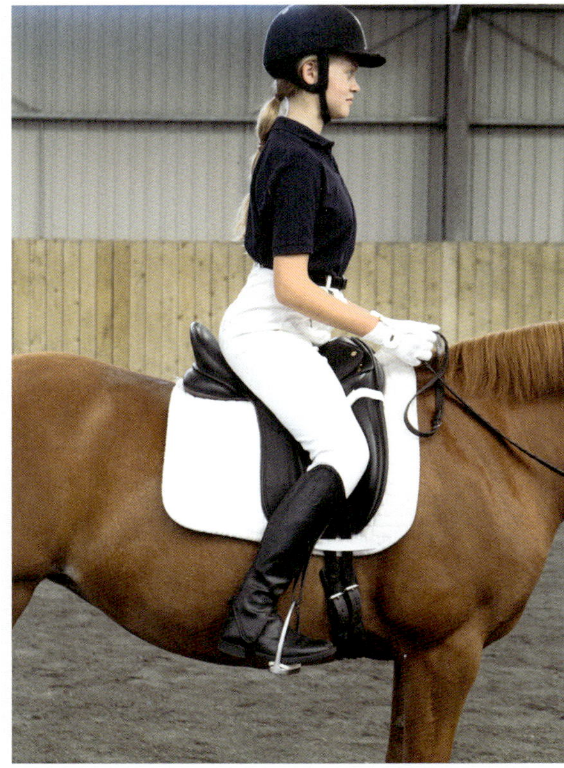

f) Nach vorne gelehnt mit Rundrücken

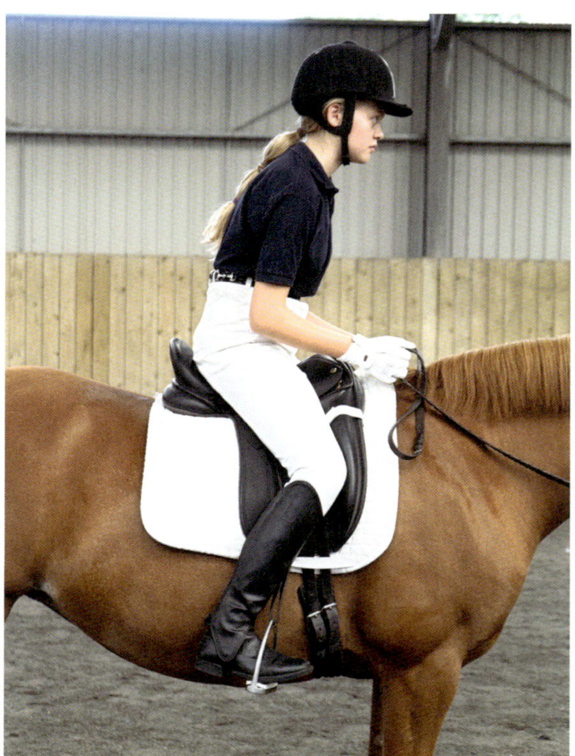

g) Nach vorne gelehnt mit Hohlkreuz

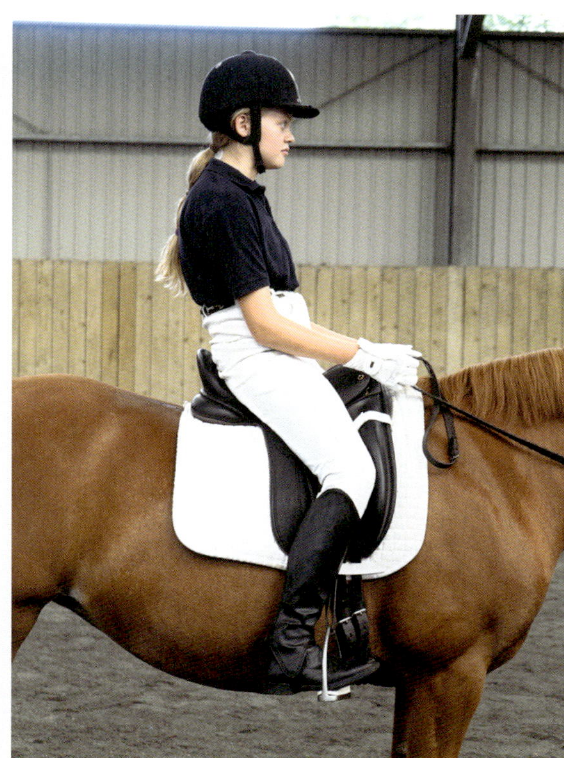

h) Nach hinten gelehnt mit Hohlkreuz

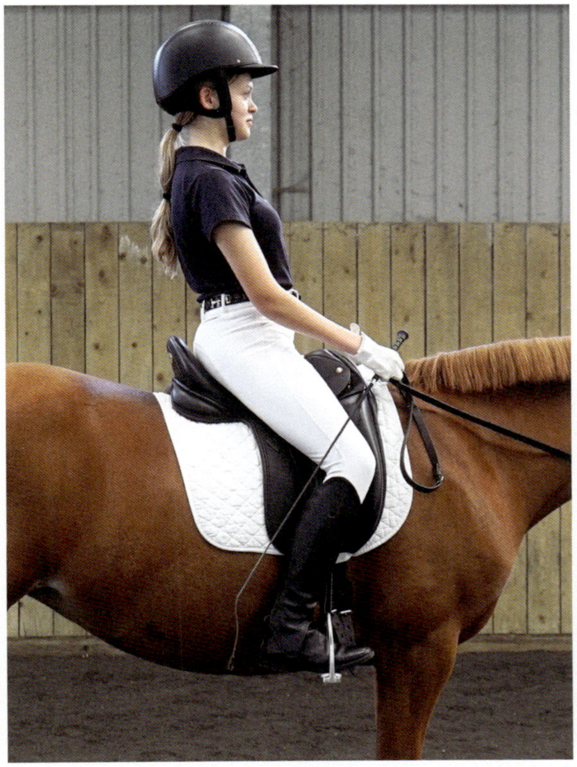

i) Nach hinten gelehnt mit Rundrücken. Hier passiert ein Großteil der Rundung im Schulterbereich. Männer können ihren unteren Rücken leichter runden.

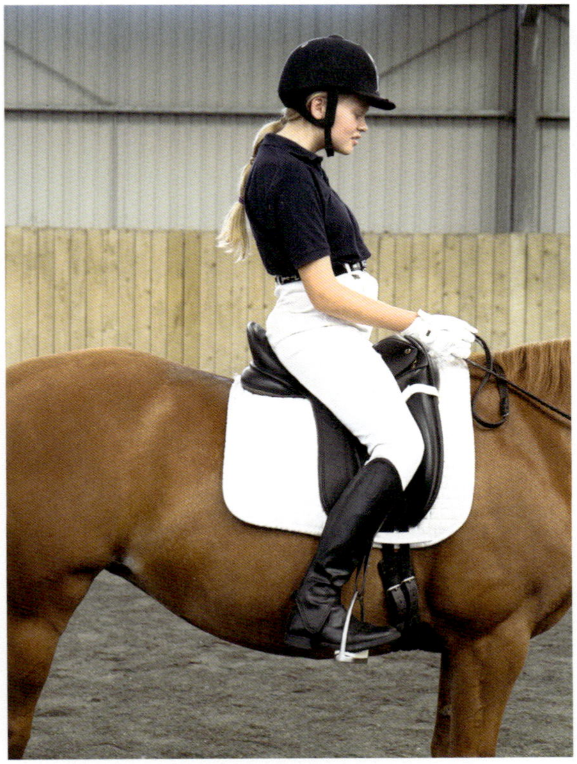

j) Die »S«-Form: Hier kommt der Kopf nach vorne, der obere Rücken ist nach hinten gerundet und der Bauch steht nach vorne, was durch die Spirallinie verursacht wird, über die wir in Kapitel 8 reden.

AUSBALANCIEREN DER FRONTAL- UND RÜCKENLINIEN: DIE NEUTRALE WIRBELSÄULE ENTDECKEN

1. Da jede Position, die wir gewohnheitsmäßig einnehmen, sich wie »zuhause« anfühlt, können wir unserem Gefühlssinn nicht trauen, uns zu sagen, was wir eigentlich tun. Egal auf welchem Niveau man reitet, braucht man Feedback von einem Spiegel, einer Kamera, einem Trainer oder einem guten Freund, um sicher zu sein, dass die Selbstdiagnose korrekt ist.
2. Setzen Sie sich seitwärts neben einem großen Spiegel auf einen Stuhl und später auf ein Pferd. Wenn Sie den Kopf drehen, um in den Spiegel zu schauen, achten Sie darauf, den Oberkörper nicht zu verdrehen. Das ist wichtig. Wenn es keinen Spiegel in Ihrer Reithalle oder auf dem Platz gibt, lassen Sie einen Freund Fotos oder ein Video von Ihnen genau von der Seite machen. Tun Sie dies von beiden Seiten – oft bekommt man zwei ganz unterschiedliche Bilder.
3. Stellen Sie fest, ob Sie sich nach vorne beugen oder zurücklehnen und/oder Ihren Rücken runden oder hohlmachen. Fragen Sie sich (während Sie sich die Bilder ansehen): »Wenn es eine Schnur oder ein Gummiband von meinem Schlüsselbein bis zu meinem Schambein (OFL) und vom Nacken bis zum Steißbein (ORL) gäbe, wären sie gleich lang?« Wenn nicht, sind die Linien aus dem Gleichgewicht geraten.

4. Überprüfen Sie das, indem Sie sich auf Ihre Handflächen setzen und nach Ihren Sitzknochen suchen. Bewegen Sie sich langsam vom Rundrücken ins Hohlkreuz, bis Sie glauben, die Position gefunden zu haben, in der Ihre Sitzknochen gerade nach unten auf Ihre Hände zeigen. Wenn Taschenlampen daran befestigt wären, würden diese auf den Boden zeigen, nach vorne zu den Vorderbeinen des Pferdes oder nach hinten zu seinen Hinterbeinen? Überprüfen Sie Ihre Wahrnehmungen, indem Sie wie oben in einen Spiegel schauen. Machen Sie sich genau mit dem Druckpunkt auf Ihren Sitzknochen vertraut und erzeugen Sie den Druck auf diesen Punkt, wenn Sie im Sattel sitzen. Wenn Sie aufrecht sind, mit Rücken und Vorderseite auf gleicher Länge, sollten Ihre Sitzknochen nach unten zeigen.
5. Ändern Sie auf dem Pferd, wenn nötig, die Länge der Steigbügel, so dass die äußere Mittellinie Ihres Oberschenkels bei 45 Grad liegt – auf halbem Weg zwischen horizontal und vertikal. Wenn

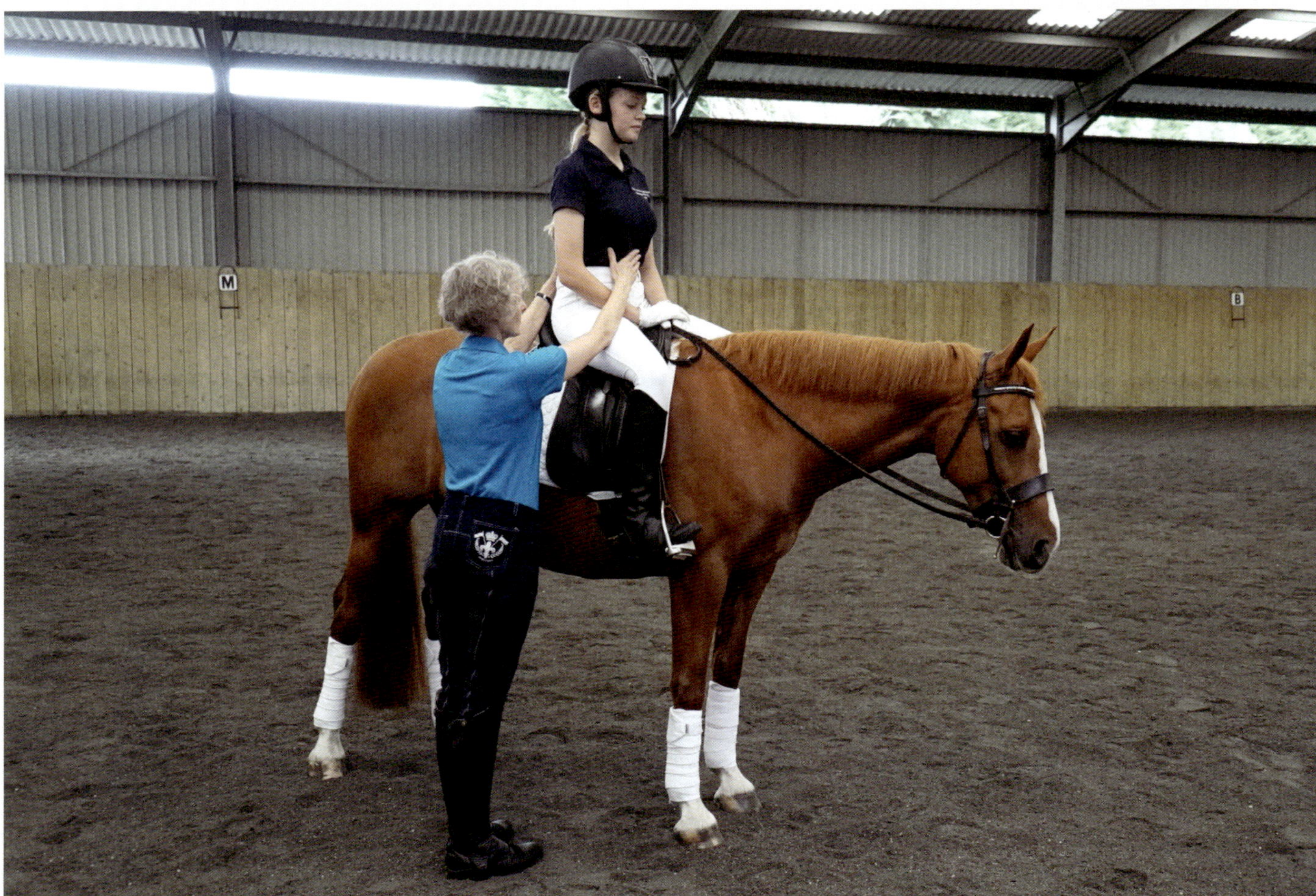

Abb. 3.6: (a) Beginnen Sie damit, die neutrale Wirbelsäulenposition zu finden, wobei Ihre Beine vorne über den Sattel hängen. Wenn die Gesäßknochen geradeaus nach unten zeigen, sind Vorder- und Rückseite der Reiterin gleich lang. Die Trainerin nimmt das Bein nach unten und macht dabei kleine Kreise mit dem Knie in jede Richtung, um zu fühlen wie frei sich der Oberschenkel im Hüftgelenk bewegen kann.

Sie eine erfahrene, schon weiter ausgebildete Reiterin sind, kann Ihr Oberschenkel mit einem 50-Grad-Winkel auch etwas steiler liegen. Fragen Sie sich dann: »Wenn das Pferd plötzlich unter mir verschwunden wäre, wie würde ich auf der Reitbahn landen?« Wenn die Antwort nicht »Auf meinen Füßen« ist, sondern »Auf meinem Hintern« oder »Auf meiner Nase«, dann haben Sie keine vertikale Linie zwischen Schulter, Hüfte und Ferse. Dies deutet darauf hin, dass Sie noch etwas an Ihre Haltung arbeiten müssen, um in beiden Linien die gleiche Spannung zu erreichen.

6. Viele Reiterinnen, die versuchen, ihre Fersen zu senken, strecken dabei ihre Knie und drücken ihre Füße zu weit nach vorne. Idealerweise würde ein Trainer Ihnen helfen, Ihre Beine neu zu ordnen (siehe Abb. 3.6), aber ohne fremde Hilfe können Sie so vorgehen: Greifen Sie von hinten unter den Oberschenkel und ziehen Sie ihn nach außen, um die Vorderseite des Oberschenkels nach innen zum

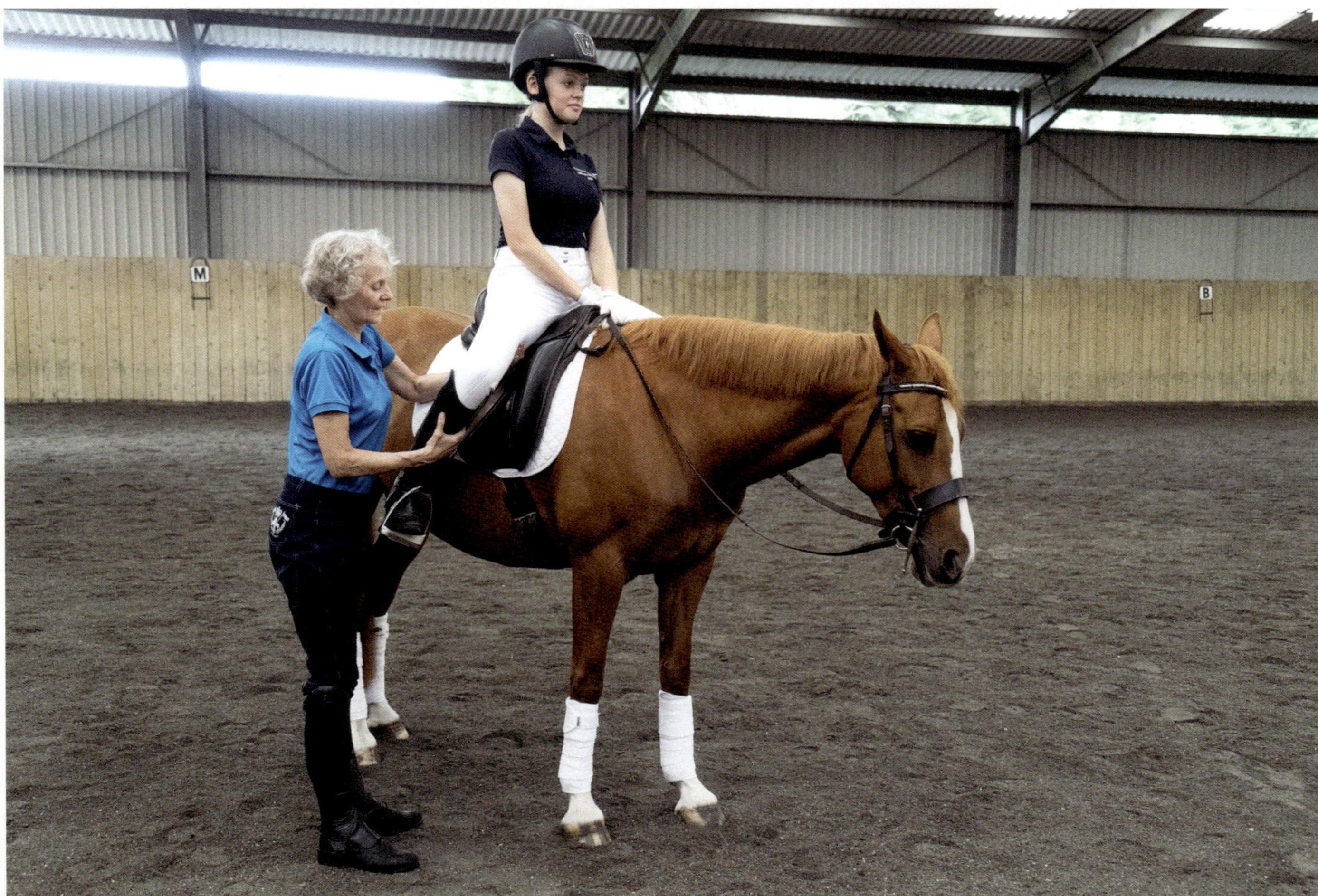

(b) Dann bringt sie das Bein nach außen und nach hinten, bevor sie es von hinten nach vorne auf den Sattel legt, sodass das »Fleisch« des inneren Oberschenkels nach hinten gezogen ist.

Sattel hin zu drehen. Dieser Eingriff erleichtert es Ihnen, Ihre Füße wieder unter Sie zu bringen.

7. Drehen Sie den Kopf, um in den Spiegel zu schauen. Sind Ihre Vorder- und Rückseite parallel und vertikal? Sind Sie in einer Kampfsporthaltung (passenderweise auch als Pferdereiterstellung bekannt)? Würden Sie auf Ihren Füßen landen, wenn das Pferd unter Ihnen weggenommen würde? Diese Art zu sitzen mit den Prämissen »Gesäßknochen zeigen nach unten, neutrale Wirbelsäule« ist eine gute Idee für jedes Sitzen. Also machen Sie ein weiteres Foto und vergleichen Sie Ihre kinästhetische Wahrnehmung Ihres Sitzes damit, wie Sie auf dem Foto aussehen.
8. Veränderungen in Ihrem Körper fühlen sich immer größer an, als sie aussehen, und Sie fühlen sich vielleicht merkwürdiger an, als Sie es sich jemals vorgestellt haben! Denken Sie daran, wie es ist, wenn Sie eine Zahnfüllung verlieren oder eine Wunde auf der Zunge haben: Beides fühlt sich riesig an, sieht aber in einem Spiegel winzig aus. So ist es auch beim Reiten, und diese Diskrepanz hält viele Menschen davon ab, die Veränderungen vorzunehmen, die sie tatsächlich brauchen – die Bequemlichkeit der Gewohnheit ist eine sehr starke Kraft. Man muss es mit eigenen Augen sehen, um es zu glauben: Der Vergleich Ihrer visuellen und kinästhetischen Erfahrung wird Sie darin bestärken, mutig und beharrlich bei den Veränderungen zu sein, die Sie vornehmen. Lernen Sie, neue komische Gefühle anzunehmen, bis sie zu Ihrem neuen »Zuhause« werden – es wird sich auszahlen.
9. Finden Sie Worte, um die Veränderungen zu beschreiben, die Sie fühlen. Es können alle Wörter sein, die für Sie passen, und sie können ausdrücken, wie wenig Sie diese Veränderung mögen oder wie sehr sie sich nicht »richtig« anfühlen. Denken Sie daran, dass Ihre gewohnte Art, es zu tun, nicht »richtig« war, es war nur vertraut, und diese neue, seltsame Art zu fühlen ist nicht »falsch«, sie ist nur ungewohnt.
10. Sobald Sie sich sicher sind, dass Sie vertikal und neutral sind, mit der Ferse unter der Hüfte, bitten

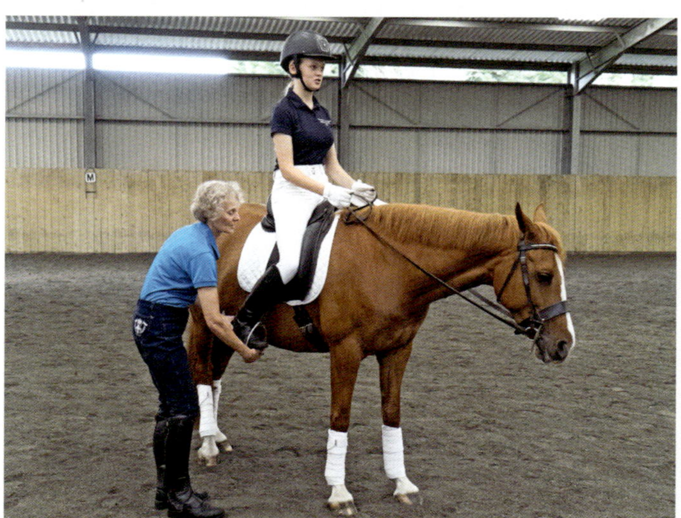

(c) Jetzt überprüft sie, dass der Steigbügel unter dem Fußballen liegt und dass der Fuß weich auf dem Bügel liegt, damit die Linie Schulter/Hüfte/Ferse vertikal ist.

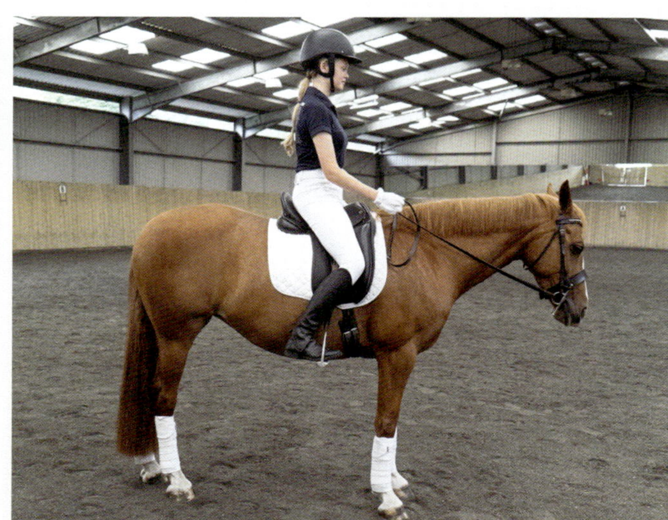

(d) Sie kontrolliert noch einmal, ob der Oberkörper der Reiterin in der neutralen Wirbelsäulenposition geblieben ist.

Sie eine Freundin, Ihnen am oberen Teil der Brust Widerstand zu bieten (siehe Abb. 3.7). Lassen Sie sich nicht nach hinten drücken, aber überwältigen Sie sie auch nicht, so dass Sie sich nach vorne lehnen. Stellen Sie sicher, dass beim Reiten der Wind, der Sie nach hinten drückt, immer stärker wird, je schneller Sie reiten. Widerstehen Sie der Versuchung, dem nachzugeben und erkennen Sie, dass dieser Widerstand die OFL aktiviert, was möglicherweise zu einer Verkürzung vom Schlüsselbein bis zum Schambein führt.

11. Die Freundin könnte Ihnen auch einen Widerstand am oberen Rücken geben (siehe Abb. 3.8). Es ist schwieriger, dem standzuhalten, und es kann sein, dass Sie feststellen, dass Ihre Gesäßknochen abheben und/oder Sie nach vorne kippen. Wenn nötig, lassen Sie die Freundin mit einem kleineren Widerstand auf der Rückseite Ihrer Taille beginnen und sich dann weiter am Rücken nach oben arbeiten, während Sie trainieren, besser standzuhalten.

ATMEN UND »NIEDERDRÜCKEN« – EINE EINFÜHRUNG DER KÖRPERMITTE

Während das Atmen jede Linie umfasst und grundsätzlich eine »Kern«-Funktion ist, werden wir uns hier mit dem Atmen als einer der grundlegenden Fähigkeiten befassen, die Sie aufbauen müssen, wenn Sie Ihre Art zu reiten überarbeiten. Da gutes Atmen eine Lebenskunst ist, die Ihnen sogar helfen kann, länger zu leben, fangen Sie jetzt an!

Neben dem Atem gibt Ihnen die Kraft, die ich »Niederdrücken« nenne, die Stärke im Rumpf, um zu beginnen, den Bewegungskräften des Pferdes standzuhalten. Am besten lernt man dies mit Hilfe eines Ballons. Wenn Sie keinen haben, können Sie einen Strohhalm benutzen oder die Lippen schürzen, als ob Sie durch einen Strohhalm ausatmen würden. Dies ist zwar für den Anfang gut genug, doch es wird sich lohnen, einige Ballons zu kaufen!

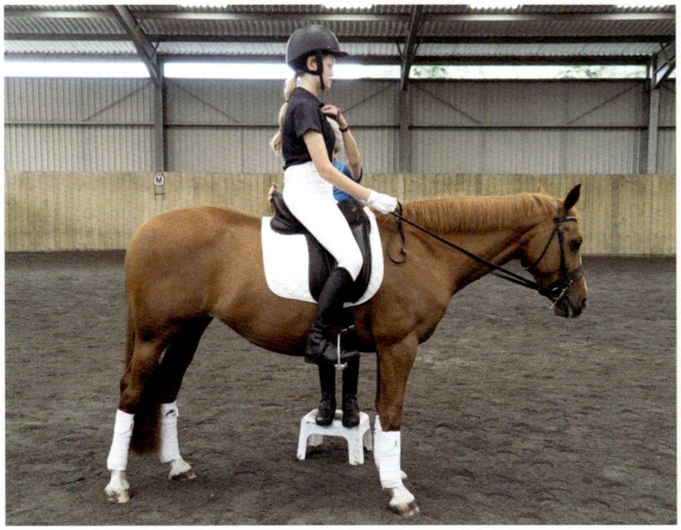

Abb. 3.7: Die Anweisung »leiste Widerstand gegen meinen Druck« hilft der Reiterin, die Muskeln der OFL »anzuschalten« und wird zu einer nützlichen Erinnerung, wenn sie in Bewegung ist.

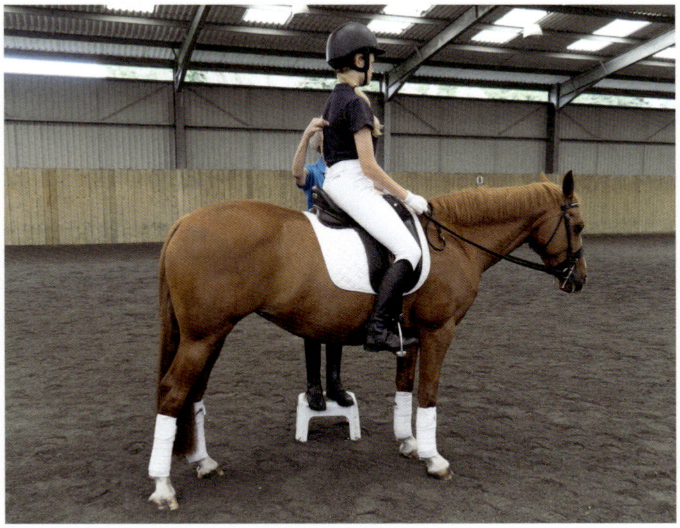

Abb. 3.8: Es ist schwieriger als man denkt, sich nicht zu bewegen, wenn jemand einem gegen den oberen Rücken drückt. Beginnen Sie mit Druck weiter unten, ohne sich aus dem Sattel zu heben, oder die Zehen einzurollen.

Wenn Sie noch nie in der Lage waren, einen Ballon aufzublasen (etwa eine von zehn Personen), üben Sie mit kleinen Soda- oder Cocktailhalmen, um Ihre Stärke zu entwickeln. Außerdem ist es einfacher, einen Ballon aufzublasen, den ein Freund bereits einmal aufgeblasen hat. Geben Sie nicht auf; Sie können diese verborgene Kraft allmählich entwickeln – und ob Sie es glauben oder nicht, diese Fähigkeit ist der Grundstein des Reitens aus der Körpermitte.

1. Wenn man einen Ballon aufbläst, drückt man ihn normalerweise ab und nimmt ihn beim Einatmen aus dem Mund. In dieser Version werden Sie den Ballon während des Einatmens im Mund behalten, ohne ihn abzuklemmen oder die Zunge in das Loch zu stecken! Dies bedeutet, dass Sie (natürlich durch die Nase) einatmen müssen, ohne dass sich der Ballon in Sie entleert.
2. Bevor Sie den Ballon aufpusten, achten Sie darauf, welche Körperteile sich am meisten mit dem Atem bewegen. Also werden wir zuerst eine Bestandsaufnahme der normalen Atmung machen. Setzen Sie sich ruhig in neutraler Wirbelsäulenposition hin, und atmen Sie ein paar Mal. Welcher Teil des Oberkörpers bewegt sich am meisten mit dem Atem? Ist es der obere Teil der Brust, weiter unten an den Rippen oder der Bauch? Heben sich Ihre Rippen beim Einatmen oder dehnen sie sich aus, ohne sich anzuheben, so dass Ihr Brustkorb Umfang und Durchmesser vergrößert? Findet die Bewegung der Rippen hauptsächlich oder ausschließlich an der Vorderseite statt? Weiten sich Ihre Seiten und Ihr Rücken? Weitet sich auch Ihr Bauch?
3. Sobald Sie sich darüber im Klaren sind, pusten Sie den Ballon auf (ohne ihn abzuklemmen) und, nachdem Sie dies getan haben, halten Sie ihn, während Sie auf die gleiche Weise weiter atmen. In welcher Weise unterscheidet sich das von davor? Die meisten Menschen stellen fest, dass sie mehr in ihren Rücken und ihre Seiten atmen und dass sie ihre Rippen nicht mehr anheben. Wenn Ihr Muster war, in die obere Brust zu atmen, fühlen Sie sich möglicherweise, als ob Ihre Rippen in der Nähe des Brustbeins nach unten und zusammengedrückt worden wären.
4. Was passiert mit den Rippen beim Ausatmen? Beim normalen Ausatmen leert sich der Rippenraum; doch wenn Sie in den Ballon atmen, möchten Sie, dass die Rippen ausgedehnt bleiben. Nicht jeder schafft das beim ersten Versuch, und Sie haben vielleicht gespürt, dass Ihren Rippen stattdessen die Luft entweicht.
5. Lassen Sie die Luft aus dem Ballon und fangen Sie noch einmal an. Achten Sie wirklich auf Ihren Körper und versuchen Sie, die Rippen beim Ausatmen ausgedehnt zu lassen. Achten Sie auch darauf, was in Ihrem Bauch passiert ist. Sie werden feststellen, dass Sie ihn festhalten. Was Sie tatsächlich getan haben ist, die Bauchmuskeln einzuziehen, um eine »Wand« zu formen, während Ihre Eingeweide (die sich nicht viel komprimieren können) gegen diese Wand nach außen drücken.

Im medizinischen Sprachgebrauch wird dieses »Niederdrücken« als Valsalva-Manöver bezeichnet und erhöht den Druck im Bauchraum, was wiederum das umgebende Fasziennetz anspannt. Sie erhöhen auf natürliche Weise Ihren inneren Druck, wenn Sie husten, kichern, sich erbrechen, sich räuspern, Klarinette spielen, niesen, Stuhlgang haben, die Nase putzen, ein Kind gebären und (hoffentlich) wenn Sie den Hof oder den Stall fegen. Ich nehme an, Sie haben schon einmal gesehen und gehört, wie einige der weltbesten Tennisspieler grunzen, um die Kraft in ihrer Körpermitte zu erhöhen, um ihren Schlägen mehr Kraft zu verleihen. Im Kampfsport wird dieser ausgestoßene Ton als »Ki-Ai« bezeichnet und verleiht Kicks und Schlägen mehr Kraft.

Als ich das entdeckte, nannte ich es »nach unten drücken«. Das Konzept der Spannung aus der Körpermitte war noch nicht erfunden, und leider habe ich es noch nicht so ausgedrückt, doch das Niederdrücken – Sammeln der Bauchstärke – ist Ihr erster Kontakt mit der Kraft der Körpermitte, wie sie Reiterinnen benutzen. Die Begriffe »nach außen drücken«, »nach vorne drücken« und »gegen eine Wand drücken« sind ebenfalls brauchbar, aber die beste Beschreibung ist: Sie ziehen Ihren Bauch ein, um eine Wand zu machen, und drücken dann Ihre Eingeweide gegen diese Wand. Drücken Sie Ihr Gewicht nicht stärker in den Sattel, während Sie dies tun. Setzen Sie die folgenden Übungen ein, um Ihre Körpermitte in Ihrer eigenen kinästhetischen Wahrnehmung zu lokalisieren.

1. Üben Sie das »Niederdrücken« ohne den Ballon. Um dies zu tun, legen Sie eine Hand direkt unter Ihr Brustbein und die andere auf die Bikini-Linie, (siehe Abb. 3.9 (a)). (Für männliche Reiter und Anatomie-Geeks ist dies der untere Teil des Transversus abdominis und des inneren schrägen Bauchmuskels. Einige männliche Reiter haben vorgeschlagen, dass ich sie die »Speedo-Linie« nenne – aber ich hoffe, sie werden mir vergeben, wenn wir nur den Begriff »Bikini-Linie« verwenden!) Räuspern Sie sich, und fühlen Sie, wie Ihre Muskeln sich mehr festigen. Machen Sie die Laute »Schhh« und »Pscht«. Die meisten Leute bemerken, dass sich bei »Schh« ihr Solarplexus anspannt (direkt unter ihrem Brustbein, die Schwachstelle bei Reiterinnen mit rundem Rücken). »Pscht« macht normalerweise die Bikini-Zone fest. Dies ist eine besonders wichtige Übung für Reiterinnen, die sich »groß gemacht« und dabei ihren Bauch eingezogen haben.
2. Wenn das für Sie nicht klar fühlbar ist, versuchen Sie ein herzhaftes »Grrrr!« oder »Brumm brumm«, als würden Sie Ihren inneren Motor auf Touren bringen, was Sie ja auch machen. Wenn Ihr »Grrr!« und/oder »Brumm« schrill und ein wenig kläglich ist, arbeiten Sie weiter daran, bis Sie sich grimmig anhören und Ihre Stimme den unteren Bauch vibrieren lässt! Werden Sie überzeugend; Ihr Pferd muss an die Kraft glauben, die Sie in Ihrer Körpermitte entwickeln können.
3. Räuspern Sie sich wieder. Legen Sie die Hände zwischen Rippen und Hüften an Ihre Seiten und spüren Sie, wie sich Ihre Seiten gegen diesen Druck pressen (siehe Abb. 3.9 (c)). »Ssss« ist vielleicht der Laut, der am meisten hilft. Experimentieren Sie weiter, um die Geräusche zu finden, die den größten Unterschied machen. (Kinder haben großen Spaß dabei, doch Erwachsene sträuben sich oft bei dieser Idee. Aber wenn es Top-Tennisspieler nicht in Verlegenheit bringt, warum sollte es Sie in Verlegenheit bringen?)
4. Versuchen Sie nun das »Niederdrücken« mit einer Hand unter dem Brustbein und der anderen auf dem Rücken, wobei Sie Daumen und Finger auf beiden Seiten der Wirbelsäule direkt unter den Rippen platzieren. Fühlen Sie, wie sich Ihre Rückenmuskulatur fest gegen Ihre Hände drückt. Es ist wichtig, dass der Rücken sich »ausfüllt«, während Sie nach unten drücken. Dies ist oft schwierig für Reiterinnen mit Hohlkreuz. (Siehe Abb. 3.9 (b))

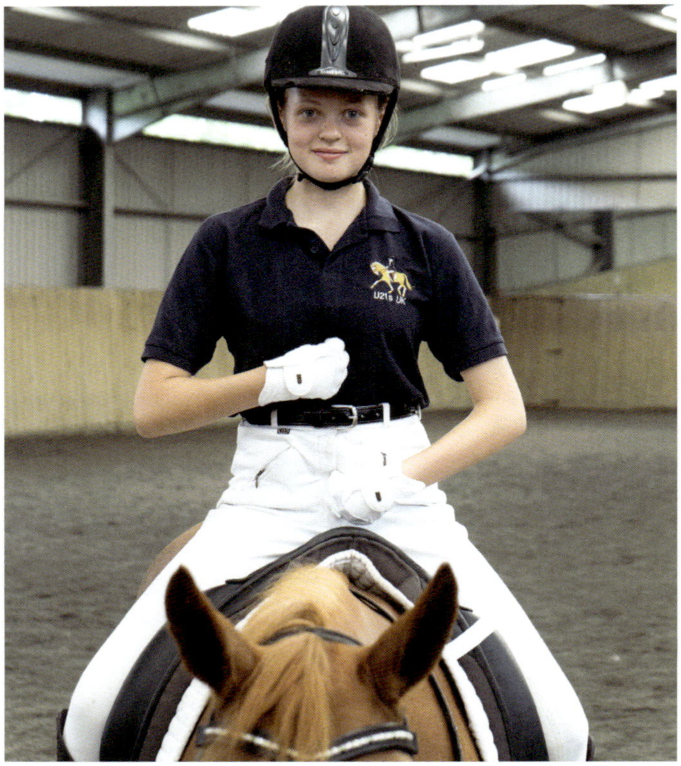

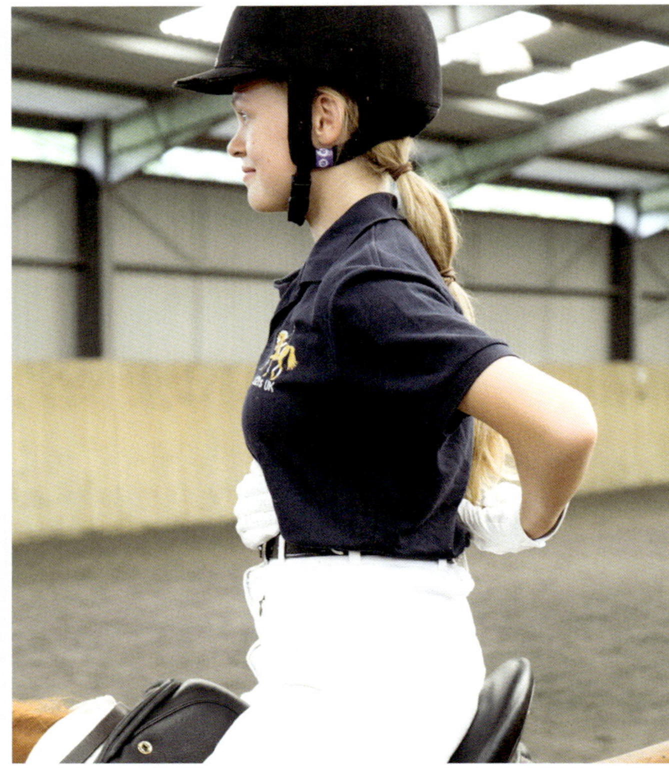

Abb. 3.9: Lerne Sie »nieder zu drücken«, indem Sie sich selbst Widerstände setzen.
(a) Formen Sie mit Ihren Fingern Krallen, mit einer Hand unter dem Brustbein und einer auf der Bikini-Linie. Machen Sie die Geräusche »Schh« und »Pscht«.

(b) Legen Sie Ihre Hände auf Ihre Vorder- und Rückseite und räuspern Sie sich.

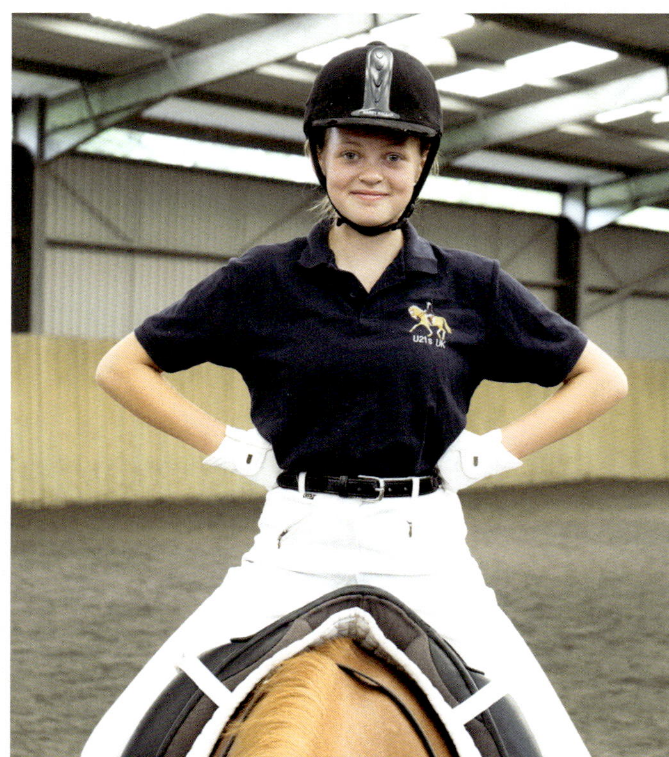

(c) Legen Sie die Hände an Ihre Seiten und machen Sie den Laut »Ssss«.

5. Üben Sie, während Sie Auto fahren, in Zügen und Flugzeugen sitzen, den Einkaufswagen schieben und natürlich Ihr Pferd reiten! Suchen Sie nach Ihrer schwächsten Stelle und holen Sie sie ins Boot. Ihr Ziel ist es, das Niederdrücken und die Zwerchfellatmung zu einer Lebensweise zu machen.
6. Pusten Sie einen weiteren Ballon auf und spüren Sie die Beteiligung von Rücken und Seiten sowie der Bauchmuskeln. Dann nehmen Sie den Ballon aus dem Mund, atmen Sie auf die gleiche Weise weiter und fühlen Sie auch, was in Ihrem Kopf passiert ist. Ich denke, Sie werden feststellen, dass es dort sehr ruhig ist, ohne inneres Geschwätz, mit

einem Gefühl von Frieden und Ruhe. Dies ermöglicht es Ihnen vielleicht, den Unterschied zwischen dem Versuch und dem Bemerken zu entdecken.

7. Spüren Sie auch, dass Sie Ihren nicht fokussierten oder peripheren Blick verwenden, der es Ihnen ermöglicht, alles zu sehen, ohne etwas direkt anzuschauen. Genießen Sie diesen Zustand; es ist Teil der Geisteshaltung und Wellenlänge, die Elite-Sportler haben, wenn sie »im Tunnel« oder »in the zone« sind. Hier scheinen sie mühelos zu arbeiten und genügend Zeit zu haben.

All diese Übungen stärken nicht nur die Core-Muskultur Ihres Bauches; sie stimulieren auch Ihre »Vagusbremse«. Der Vagusnerv führt zu Ihren verschiedenen Organen, und er schaltet die Hormone für »Ruhe, Reparatur und Verdauung« im Gegensatz zu »Kampf oder Flucht« ein. Wenn Sie eine etwas nervösere Reiterin sind, wird es Sie in zweierlei Hinsicht sicherer machen, wenn Sie auf diese Weise nach unten drücken und atmen - es erhöht Ihre Stabilität und paradoxerweise, da es sich scheinbare um eine Anstrengung handelt, entspannt es Sie auch.

Es sollte Ihnen klar werden, dass Sie jedes Mal, wenn Sie einen neuen Weg finden, um diesen Druck in Ihrem Inneren zu erhöhen, davon ausgehen müssen, dass es sich anfangs stressig anfühlt. Viele Reiterinnen stolpern über diese erste Hürde, wenn sie nicht glauben wollen, dass fähiges Reiten dies erfordert. Halten Sie durch: Die Vorteile werden Ihnen bald klarwerden, und das Gefühl der Anstrengung wird schließlich verschwinden und bei Ihnen womöglich genügend »Gedächtnisverlust« hinterlassen, dass Sie schließlich sagen: »Ich sitze nur!«

WIE UNTERSCHIEDLICHE REITER DIE NEUTRALE WIRBELSÄULE FINDEN KÖNNEN

ALS REITERIN MIT HOHLKREUZ DIE NEUTRALE WIRBELSÄULE FINDEN

Wenn Sie Ihre Neuausrichtung von einer Körperhaltung mit Hohlkreuz aus begonnen haben, könnte jede der folgenden Erinnerungen diejenige sein, die »es Ihnen bringt«. Ich habe den Körper von oben nach unten bearbeitet, aber Ihr Ziel ist es, die effektivsten Hinweise für Sie zu finden – die sich mit der Zeit ändern können.

- Lassen Sie Ihr Kinn fallen. Manche Reiterinnen beginnen mit dem Hochziehen ihrer Brust und dem Hohlmachen des Rückens, indem sie ihr Kinn heben und ihren Nacken hohlmachen. Achten Sie darauf, ob Sie selbst »am Zügel« oder darüber sind!
- Bringen Sie Ihr Schlüsselbein über das Brustbein anstatt dahinter. Überprüfen Sie dies, indem Sie Ihren Daumen in die Vertiefung in der Mitte des Schlüsselbeins drücken und die Finger aus dem Weg krümmen, so dass Ihre Fingerknöchel auf dem zentralen Knochen Ihres Brustkorbs liegen. Strecken Sie den kleinen Finger Richtung Brustbein (siehe Abb. 3.10). Probieren Sie, wie Sie Ihren Brustkorb so ausrichten können, dass sich Ihr Daumen hinter dem Brustbein, dann über dem Brustbein und vor dem Brustbein befindet. Wenn Sie reiten, lassen Sie Ihre Rippen fallen, so dass Ihr Daumen senkrecht über dem kleinen Finger bleibt.
- Lassen Sie Ihre Brust fallen – stellen Sie sich vor, Sie haben »Abblendlichter«. Wo auf dem Kopf des Pferdes muss Ihre Brust hinzielen, damit Sie in der neutralen Wirbelsäulenposition bleiben? Es könnte der Genickbereich sein, das Stirnband, die Augen

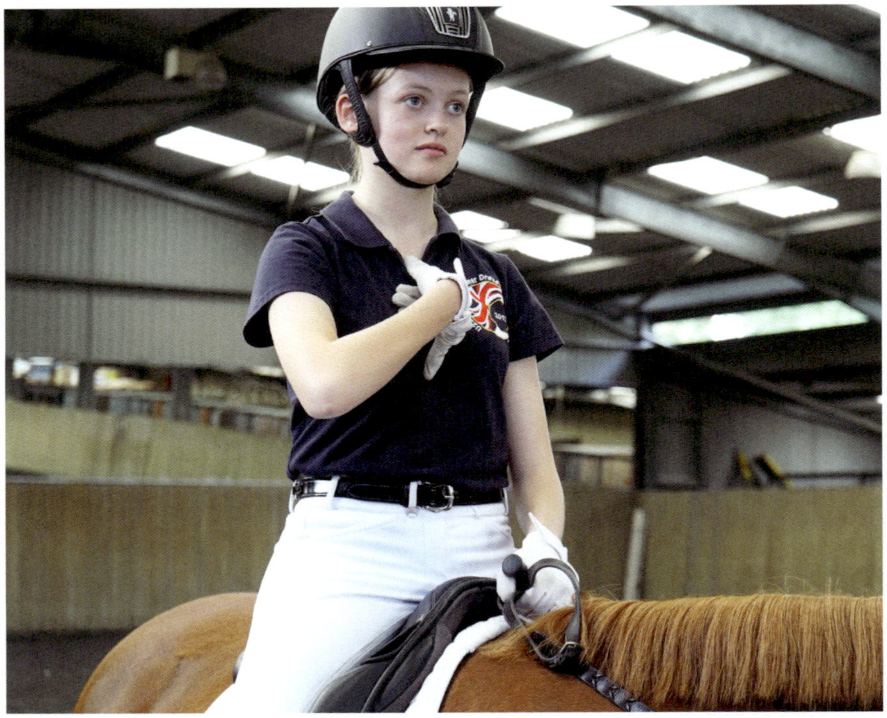

(a)

Abb. 3.10: (a) Setzen Sie einen Daumen in die Mitte des Schlüsselbeins, wobei Ihre Fingerrücken an der Brust anliegen und Ihr kleiner Finger sich nach unten streckt, um das Brustbein zu berühren. Richten Sie Ihren Oberkörper so aus, dass Ihr Daumen hinter dem kleinen Finger liegt wie in (b), darüber wie in (c) und dann davor. Suchen und erhalten Sie die neutrale Position, in der Ihr Daumen sich genau über dem kleinen Finger befindet, wie in (c).

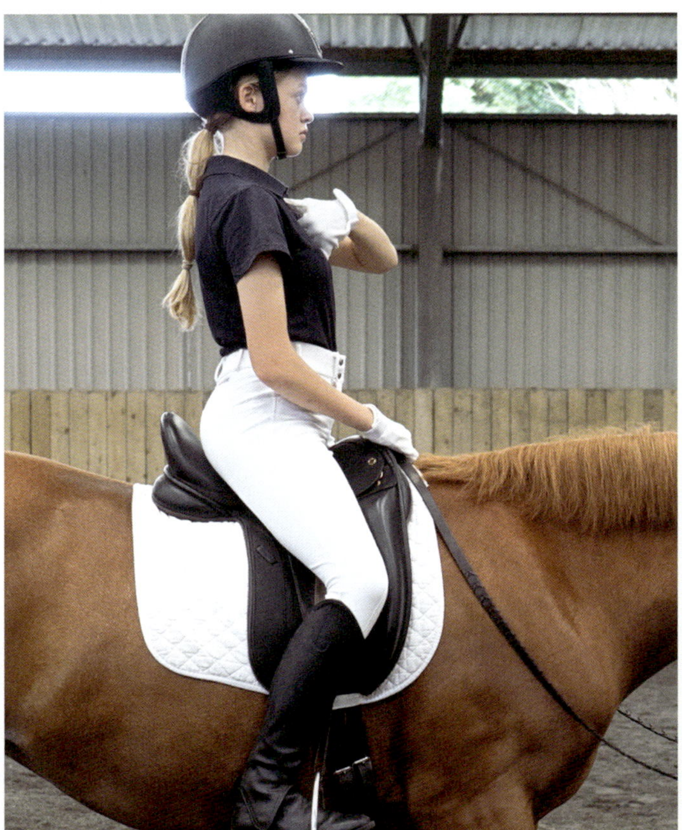

(b)

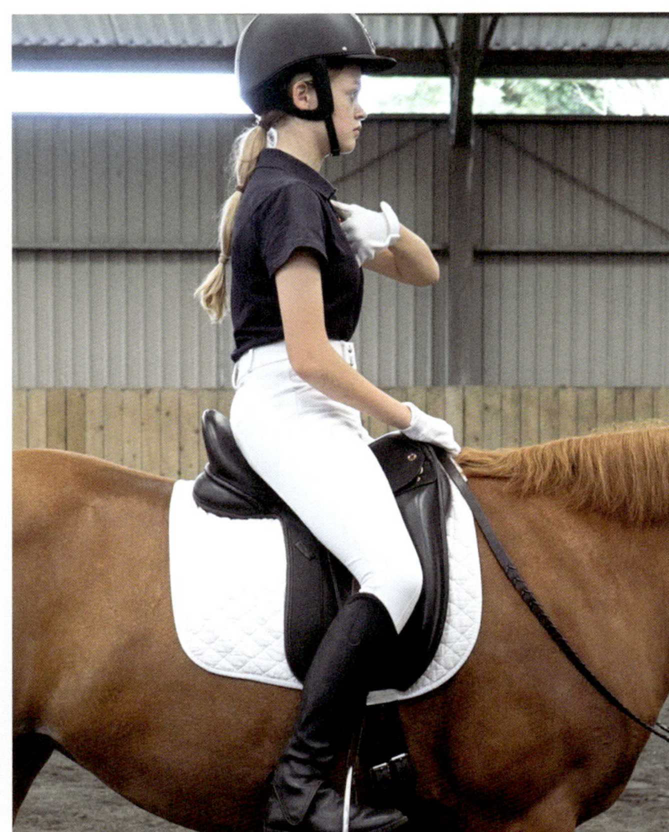

(c)

oder sogar die Gebissringe (abhängig von Ihrer Größe und der Aufrichtung Ihres Pferdes).

- Wenn Sie an Ihre Haltung im Hohlkreuz gewöhnt sind, kann es sein, dass Sie sich krumm, verkrampft oder zusammengesackt fühlen, wenn Sie die folgenden Veränderungen ausprobieren. Möglicherweise fühlt es sich auch so an, als ob Ihre Schultern rund sind, und Sie müssen eine Möglichkeit finden, um zu überprüfen, ob dies wirklich der Fall ist. Verlassen Sie sich auf die visuelle Rückmeldung des Spiegels und einer Freundin; Ihr Gefühl für jeden Unterschied wird übertrieben sein.
- Achten Sie darauf, ob sich Ihre Achselhöhlen vorne oder hinten geschlossener anfühlen. Wenn sie an der Vorderseite geschlossener sind, müssen Sie sie weiter hinten schließen (siehe Abb. 3.11). Bringen Sie Ihre Schulterblätter nach unten und zusammen, ohne die Brust zu heben. Wenn Sie infolge dieser Veränderungen auf den Widerrist des Pferdes blicken, lassen Sie dies für den Moment geschehen. Wenn Sie Ihren Kopf wieder heben, werden Sie sehr wahrscheinlich die Brust wieder anheben. Wir werden Ihre Kopfposition in Kapitel 8 mithilfe der Spirallinien effektiver anpassen.
- Stellen Sie sich vor, Sie werden in den Bauch geschlagen und ziehen Ihren Hosenbund nach hinten ein.
- Machen Sie eine zusätzliche Falte auf Ihrer Vorderseite zwischen Brustbein und Hosenbund.
- Wenn Sie das Niederdrücken lernen, achten Sie darauf, dass Ihr »Druck« auch in die untere Mitte des Rückens geht. Sie werden sich sicher fast so fühlen müssen, als hätten Sie einen Rundrücken, um kein Hohlkreuz zu haben.
- Denken Sie daran, Ihr Schambein anzuheben, so dass Sie ein paar horizontale Falten zwischen Ihrem Schambein und der Bikini-Linie machen.
- Wenn Ihr Becken eine Schüssel voller Flüssigkeit wäre, würde die Flüssigkeit vorne aus der Schüssel laufen? Können Sie die Vorderseite der Schüssel anheben, so dass die Flüssigkeit in der Waage bleibt und Ihre Sitzknochen gerade nach unten zeigen? Trainieren Sie sich darauf, es jedes Mal zu fühlen, wenn sich Ihre Gesäßknochen vom Sattel lösen, bis Sie die »Hinterkante« Ihrer »Oberkörper-Box« immer unten halten können.

ALS REITERIN MIT RUNDRÜCKEN DIE NEUTRALE WIRBELSÄULE FINDEN

Wenn Sie Ihre Neuausrichtung aus einer Position mit rundem Rücken begonnen haben, gibt es auch viele Möglichkeiten, die gewünschte Änderung vorzunehmen, und irgendeine der folgenden Erinnerungen könnte diejenige sein, die »es Ihnen bringt«.

- Wenn sich Ihr Nacken beim Reiten steif macht (dies ist besonders beim Aussitzen im Trab der Fall), stellen Sie sich vor, Ihr Kopf wäre ein Ball, der auf der Nase einer Robbe balanciert wird, und führen Sie sehr kleine Bewegungen aus, die Ihnen dabei helfen, Kopf und Nacken frei zu halten.
- Heben Sie Ihre Brust, indem Sie sie mehr zwischen den Ellenbogen hindurchführen.
- Achten Sie darauf, ob Ihre Achselhöhlen vorne oder hinten mehr geschlossen sind. Schließen Sie sie hinten mehr (siehe Abb. 3.11).
- Machen Sie den oberen Rücken flach. Ziehen Sie die Schulterblätter nach unten und zusammen. Stellen Sie sich vor, sie schieben sich in die Gesäßtaschen Ihrer Hose.
- Ziehen Sie Ihren breiten Rückenmuskel herunter (Latissimus dorsi, der einen Großteil Ihres Rückens bedeckt (siehe Abb. 3.12) und den wir in Kapitel 6

bei den Funktionslinien wiedersehen werden). Wenn Sie eine Hand quer über Ihre Vorderseite legen und direkt unter die Rückseite der Achsel greifen, werden Ihre Finger auf Ihrem Latissimus liegen. Ziehen Sie Schulter und Ellenbogen herunter und tasten Sie nach der großen Sehne, die sich in Ihre Hand wölbt.

- Bringen Sie Ihr Brustbein vor und stellen Sie es sich wie den Bug eines Schiffes vor, der sich seinen Weg durch das Wasser bahnt. Sie können das auch mit Ihrem Hosenbund und/oder Ihrem Bauchnabel tun.
- Nach unten zu drücken und wiederholt den Ton »Schh, Schh, Schh« zu machen könnte Ihnen dabei helfen, den Teil Ihrer Vorderseite anzuheben, der am stärksten zusammengesunken ist.
- Ziehen Sie die vorderen Punkte Ihres Beckens nach vorne und stellen Sie sich vor, dass Sie sie durch die Hose herausstrecken können. Achten Sie darauf, wie dadurch mehr Gewicht auf Ihre inneren Oberschenkel kommt, so dass Sie »mehr knien«, wobei Ihre Knie weiter über den Sattel hinaus nach unten reichen.

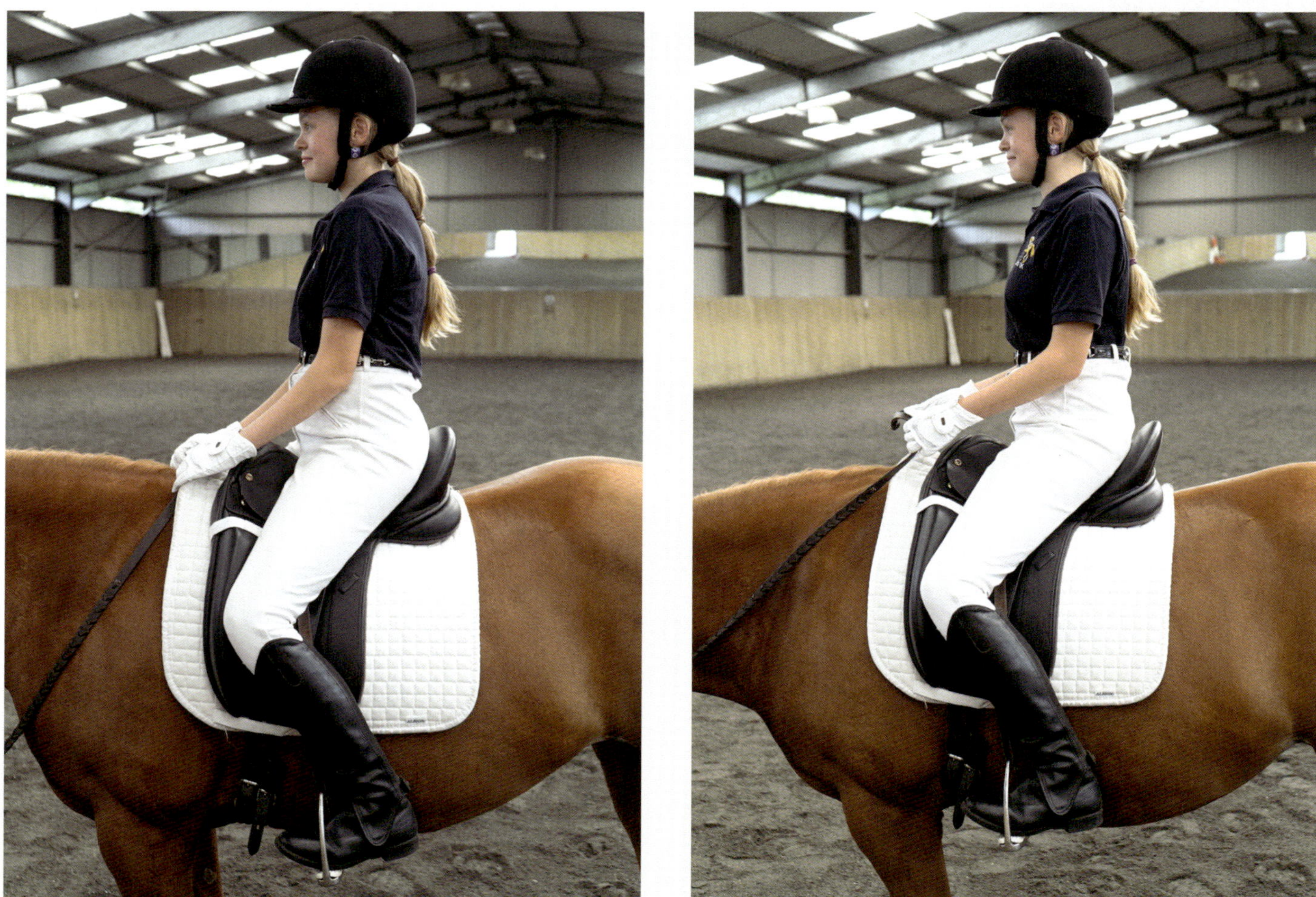

Abb. 3.11: Die Achselhöhlen sind vorne (a) und hinten (b) mehr geschlossen. Achten Sie darauf, dass bei dieser Veränderung nicht die Brust angehoben wird.

- Halten Sie Ihr Schambein unten und Ihr Gewicht vor Ihren Gesäßknochen, nicht hinten in Richtung Steißbein. Sie müssen sich fühlen, als seien Sie im Hohlkreuz, um keinen Rundrücken zu machen.
- Lassen Sie Ihre Oberschenkel am Sattel und »knien« Sie, als ob Sie auf einem norwegischen Stuhl wie in Abb. 3.13 sitzen. Wenn Sie wieder in die Rundrückenposition fallen, werden sich die Oberschenkel nach außen drehen, während die Knie hochkommen. Ihre Oberschenkel sind vielleicht der »erste Dominostein, der fällt« und lösen eine Kaskade von Veränderungen aus, die Ihren Rücken runden und Sie nach hinten kippen. Halten Sie immer wieder an und drehen Sie Ihre Schenkel nach innen, um Abb. 3.14 nachzuahmen.

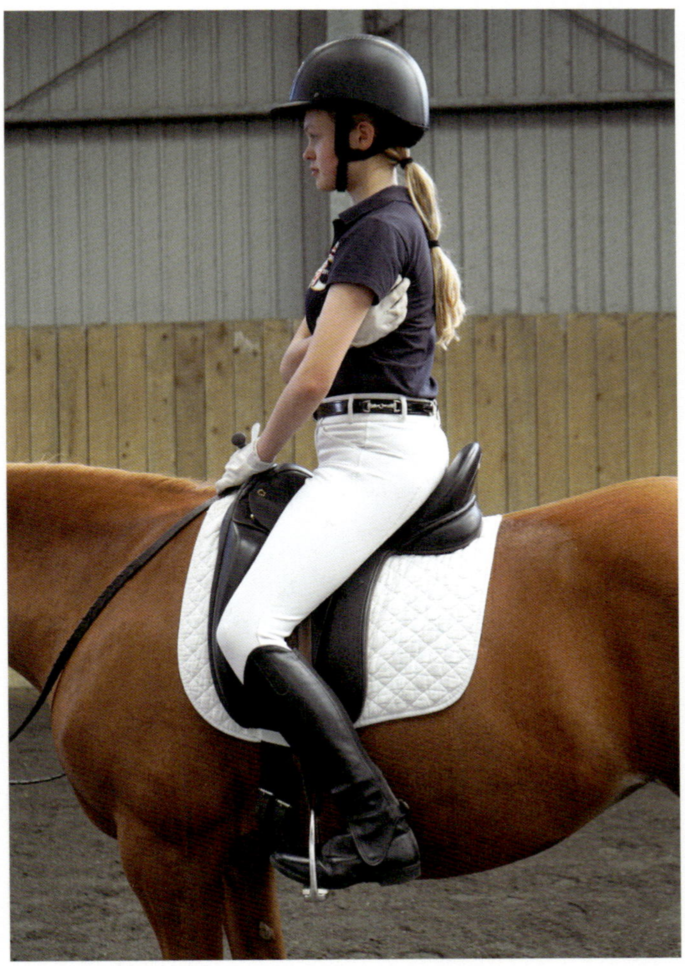

Abb. 3.12: Legen Sie einen Arm quer über die Brust und greifen Sie nach der Rückseite Ihrer Achselhöhle. Ziehen Sie Schulter und Ellbogen nach unten und fühlen Sie, wie der Rand Ihres Latissimus sich wölbt. Finden Sie auch die Sehne, die vom Latissimus in den Armknochen führt.

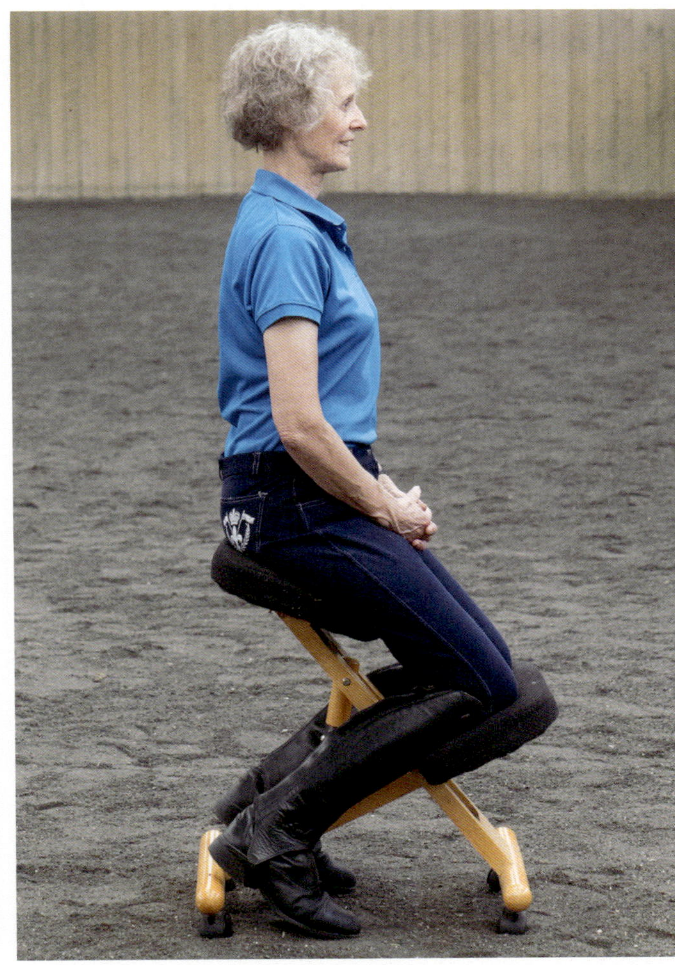

Abb. 3.13: Auf einem Kniestuhl zu sitzen ist gut für Ihre Haltung, da es Ihr Gewicht über den Oberschenkel nach unten verteilt.

- »Fest ist locker«. Viele Reiterinnen mit Rundrücken sitzen zu schwer im Sattel, da sie ihr Körpergewicht nicht gut tragen. Stellen Sie sich vor, dass Ihr Becken fest in ein Korsett gehüllt ist; lassen Sie es nicht auf den Sattel »klecksen«.
- Stellen Sie sich vor, Sie hängen in einem Geschirr, das wie ein Klettergurt unter Ihrem Beckenboden sitzt. Nutzen Sie dies als Hilfe, um Ihr Körpergewicht zu stützen, während Sie auch daran denken, mehr von diesem Gewicht über die Oberschenkel nach unten zu verteilen. Es muss sich möglicherweise so anfühlen, als ob bis zu 80 Prozent Ihres Körpergewichts von Ihren Oberschenkeln übernommen werden.
- Denken Sie daran, wie der männliche Tänzer die Tänzerin beim Schlittschuhlaufen hochnimmt und stellen Sie sich vor, dass Sie so, vielleicht an den Außenseiten des Beckens, hochgehoben werden. Sie bieten ein wunderbares Beispiel für Tensegrität in Bewegung!

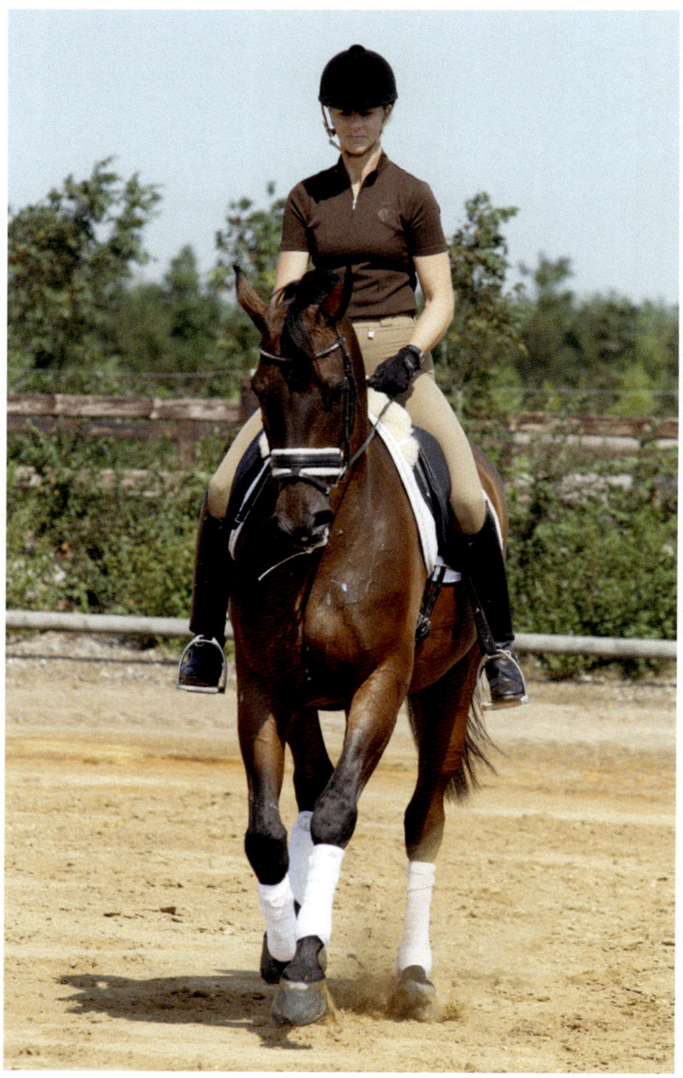

Abb. 3.14: Auf Fotos von Elitereiterinnen, die auf die Kamera zureiten, werden Sie den inneren Oberschenkel immer am Sattel sehen.

ÜBERPRÜFEN UND STÄRKEN DER NEUTRALEN WIRBELSÄULE

Während des Schrittreitens ist es Ihr Ziel, die neutrale Wirbelsäulenposition zu halten, und jegliches Wackeln oder Schübe und Stöße aus Ihrem Rücken und Oberkörper zu nehmen. Achten Sie darauf, und lassen Sie einen Freund darauf achten, welcher Teil Ihres Oberkörpers sich am meisten bewegt. Es könnten Ihre Schultern, Ihre Lendenwirbelsäule oder Ihr Becken sein. Ihr Ziel ist es, nur die Gesäßknochen zu bewegen, die »mitlaufen« und kleine Bewegungen machen, die den Nahtlinien des Sattels folgen, ohne Schübe und ohne Druck. Der Rest Ihres Oberkörpers sollte fast still sein, als ob Sie ein Korsett vom Becken bis zur Achselhöhle trügen. Das ist leichter gesagt als getan, aber das Niederdrücken ist ein großer Teil des Geheimnisses.

Manche Reiterinnen scheuen sich zunächst vor dem Gefühl, stabiler zu sein, weil sie denken, dass es sie »steif« machen muss. Manchmal beschweren sie sich, dass sie »starr«, »wie Beton« oder »wie eine Statue« seien. Eine Reiterin taufte sich selbst »Marmorfrau«, als sie es wirklich verstand! Der Grundgedanke dieser Reiterinnen lautet: »Sicherlich sollte ich geschmeidiger sein und mit der Bewegung des Pferdes gehen?« Das ruhigere Sitzen fordert ihre Denkweise und ihren Körper heraus. Die Menge an Bewegung, die Sie auf natürliche Weise in Ihrem Oberkörper haben (und an der Sie vielleicht hart gearbeitet haben, um sie zu etablieren), ist übertrieben. Sie fällt unter die Kategorie »Lärm«.

Im Gegensatz zu ihren Empfindungen wurden sie alle zu stabilisierten Reiterinnen, die besser dazu in der Lage waren, ihren Schwerpunkt über dem Schwerpunkt des Pferdes zu halten, ohne dass er nach hinten fiel oder herumwackelte. Die ruhig sitzende Reiterin wird viel besser in der Lage sein, die Kräfte der Bewegung des Pferdes auszugleichen und ihre Hände nach vorne zu geben. Darüber hinaus geht es nicht nur darum, zu lernen, wie man »seinen Rücken benutzt«, sondern

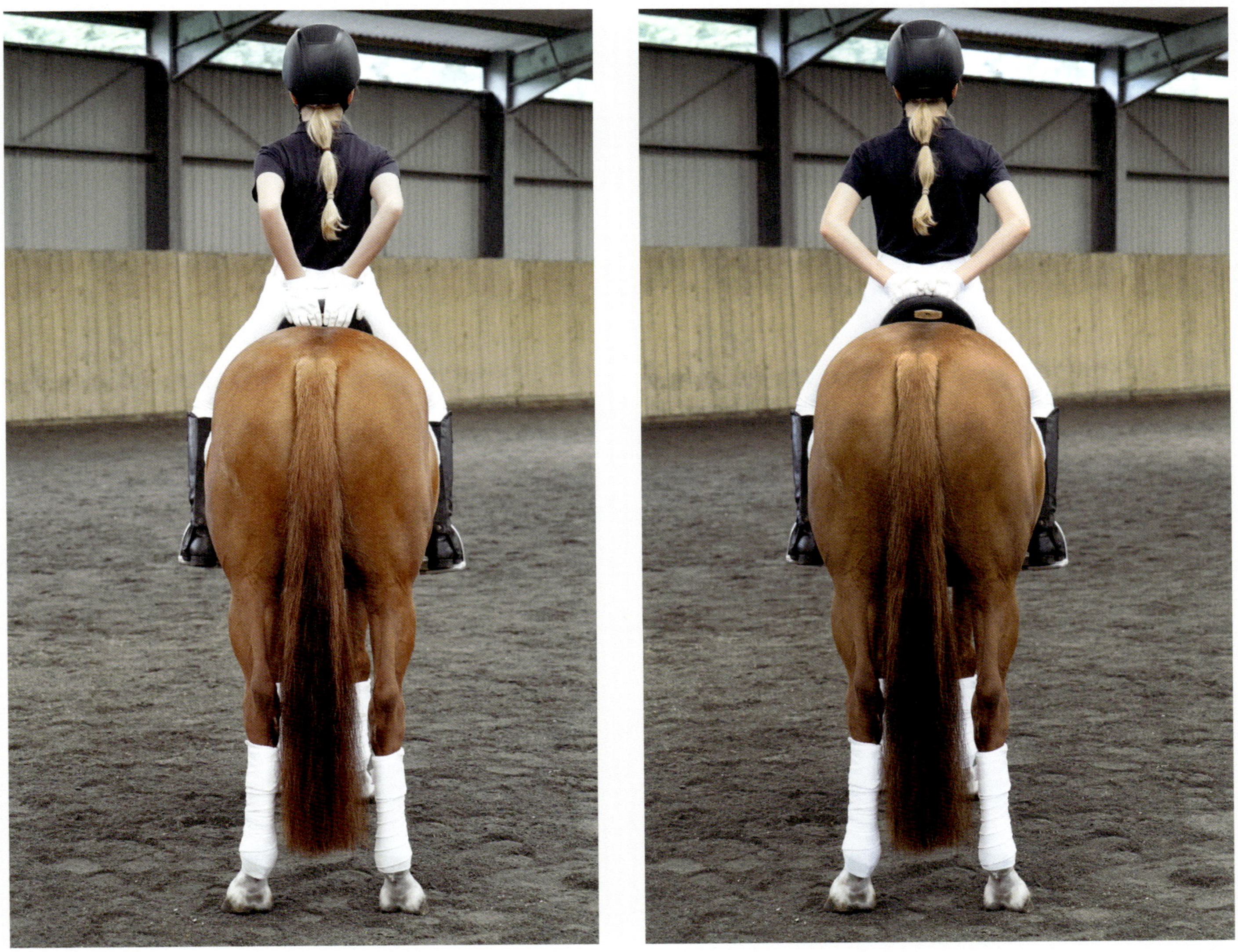

Abb. 3.15: Drücken und ziehen Sie an der Rückenlehne eines Stuhls und auch am Sattel. Fühlen Sie, wie sich Ihre Vorderseite anspannt, wenn Sie ziehen und Ihr Rücken, wenn Sie drücken. Letzteres ist für die meisten Leute schwieriger und Ihre Vorderseite wird sich wahrscheinlich zuerst anspannen, bevor Ihre Rückseite es tut. Wenn Sie durchhalten, werden Sie feststellen, wie Sie Ihre Rückseite ansprechen können.

auch, wie man »seine Vorderseite benutzt« und letztlich wie man die Muskulatur der Körpermitte aktiviert.

Sobald Sie neutral bleiben können und es sich weniger merkwürdig anfühlt, können Sie die folgende Übung verwenden, um die OFL und ORL zu stärken, sowie einige tiefere Muskeln im Rücken. Tun Sie es täglich bei der Arbeit – niemand wird es bemerken!

1. Setzen Sie sich auf einen stabilen Esszimmerstuhl. Stellen Sie sicher, dass Sie sich in neutraler Wirbelsäulenposition befinden. Legen Sie Ihre Hände hinter sich und ziehen Sie am Stuhlrücken. Fühlen Sie, wie sich die OFL festigt.
2. Umgekehrt können Sie die ORL stärken, indem Sie Fäuste machen und auf der Höhe des mittleren Rückens gegen den Stuhl drücken. Das ist etwas kniffliger, und Ihre Vorderseite spannt sich möglicherweise vor Ihrem Rücken an, also seien Sie hartnäckig. Achten Sie darauf, dass Sie sich nicht zurücklehnen und dass Sie zurück und nicht nach unten drücken.
3. Wenn Sie auf dem stehenden Pferd sitzen oder Schritt reiten, können Sie die Linien stärken, indem Sie die Zügel fallen lassen und am Hinterzwiesel drücken und ziehen. Dies kann mit nur einer Hand getan werden, die auf dieselbe Seite des Körpers zielt. Wenn eine Seite wackliger ist, machen Sie die Übung zuerst mit dieser Hand, dann mit der anderen Hand, dann wieder, um die wackelige Seite anzusprechen (siehe Abb. 3.15).
4. Während Sie in neutraler Wirbelsäulenposition sitzen, stellen Sie sich eine Schraube auf jeder Seite Ihres Beckens vor, die von vorne nach hinten läuft. Der Kopf der Schraube ist auf Ihrem Rücken und die Schraubenmutter auf Ihrer Vorderseite. Sind beide Schrauben horizontal und auf einer Ebene? Ist die eine wackeliger als die andere? Wenn ja, können Sie die Mutter auf der einen Seite mental festziehen? Wenn Sie leichttraben, gehen sie auf der gleichen Ebene hoch und runter, und wenn nicht, können Sie das korrigieren?

DIE OBERFLÄCHLICHEN FRONTAL- UND RÜCKENLINIEN IN OBERSCHENKELN UND WADEN

Genau wie die ORL und OFL eine dynamische Balance zwischen Vorder- und Rückseite des Rumpfes schaffen, so bringen sie auch die Vorder- und Rückseite der Oberschenkel (den Quadrizeps und den hinteren Oberschenkelmuskel), die Vorder- und Rückseite der Waden und auch die Ober- und Unterseiten Ihrer Füße in Balance. Unterschiede in der Spannung zwischen der OFL und ORL auf der linken und rechten Seite machen es sehr wahrscheinlich, dass Ihre Beine kein Paar sind, sondern ein Ungleichgewicht in jedem Bein und auch zwischen den Beinen herrscht. Auch andere Linien sind daran beteiligt, und Ihre Füße können durch die fünf Linien, die bis zu ihnen reichen, in alle Richtungen gezogen werden. Ist es also so überraschend, dass selbst Charlotte Dujardin gesteht, ein »komisches Bein« zu haben?

Wenn Sie Glück haben, haben Sie ein Bein, das eine ziemlich gute Balance zwischen OFL und ORL hat, was es relativ einfach macht, eine vertikale Schulter-/Hüft-/Fersenlinie auf dieser Seite zu halten; aber das andere Bein kann seine eigenen Ideen haben. Das »komische Bein« (ich habe sogar schon Reiterinnen erlebt, die es als »das Alien-Bein« bezeichnet haben!) kann eine kürzere OFL und eine längere ORL haben, was die Ferse nach vorne und unten bringt, oft weit vor der idealen

Schulter-/ Hüft-/Fersenlinie. Oder das »komische Bein« hat eine kürzere ORL und eine längere OFL, so dass der Fuß zurück und auf Zehenspitzen gezogen wird. Die Reiterin mit einer kurzen ORL in einem Bein rollt möglicherweise sogar ihre Zehen auf dieser Seite ein.

Leider entdecken Reiter, die aktiv lernen, im Gleichgewicht zu reiten, oft, dass jedes Bein auf eine andere Art »komisch« ist: eines mit einer kurzen OFL und einer langen ORL (Ferse unten und vorne) und eines mit einer kurzen ORL und langen OFL (Ferse hinten und oben). Dies wird normalerweise durch eine Drehung im Becken auf eine der beiden Seiten begleitet. Nur ein kleiner Prozentsatz von Reiterinnen ziehen automatisch bei beiden Beinen die Ferse hoch und zurück, während die Reiterinnen, die entschlossen ihre Fersen nach unten drücken, den Eindruck machen (zumindest oberflächlich gesehen), als hätten sie beiden Beinen das gleiche Problem antrainiert.

Stellen Sie sich selbst eine Diagnose, wieder mit Hilfe eines Freundes mit einer Kamera. Lassen Sie Fotos oder ein Video von sich vom Mittelpunkt eines 20-m-Zirkels auf beiden Händen machen. Lassen Sie Ihren Freund auch aufzeichnen, was mit jedem Bein passiert, wenn es sich auf der Außenseite befindet, da sich ein Bein, das sich im Inneren des Kreises gut benimmt, sich möglicherweise auf der Außenseite nicht gut benimmt und umgekehrt.

Alle folgenden Vorschläge setzen voraus, dass die Länge Ihres Steigbügels Ihren Oberschenkelknochen in einen 45-Grad-Winkel legt, und dass Ihre Füße leicht in den Steigbügeln liegen, anstatt auf sie zu drücken. Passen Sie gegebenenfalls die Steigbügelriemen an.

1. Wenn Sie bisher in die Steigbügel gedrückt haben, um »Ihre Ferse nach unten zu bekommen«, seien Sie bereit, diese heilige Kuh zu töten! Wenn Sie Schwierigkeiten haben, diese Änderung umzusetzen, stellen Sie sich die Finger von jemandem vor, die zwischen Ihrem Fuß und dem Steigbügel liegen, und erinnern Sie sich immer wieder daran, sie nicht zu zerquetschen!
2. Machen Sie sich klar, dass das Drücken in die Steigbügel Ihre Sitzknochen aus dem Sattel heben kann, während Sie Knie- und Hüftgelenke strecken. Zwangsläufig unterbrechen Sie so sowohl die OFL als auch die ORL und verlieren an Widerstandsfähigkeit und Anpassungsfähigkeit.
3. Demonstriere Sie sich das selbst, indem Sie auf einem Stuhl sitzen und mit einem Fuß nach unten drücken: Sie werden feststellen, dass sich Ihr Gesäßknochen auf der gleichen Seite auch anhebt. Durch Newtons drittes Bewegungsgesetz hat Ihr Druck nach unten einen gleichstarken und entgegengesetzten Druck nach oben erzeugt. Das ist nicht das, was man beim Reiten will!
4. Halten Sie Ihren Fuß mit nach unten zeigenden Gesäßknochen leicht im Steigbügel und lassen Sie Ihr Brustbein nach unten in Richtung Hüfte fallen, so dass Sie die »neutrale Wirbelsäule« halten können. Der Rat »groß zu werden, das Bein nach unten zu strecken und die Ferse nach unten zu drücken« wird Sie wahrscheinlich in ernsthafte Schwierigkeiten bringen!

VERLÄNGERN DER OBERFLÄCHLICHEN FRONTALLINIE UND VERKÜRZEN DER OBERFLÄCHLICHEN RÜCKENLINIE

Anders ausgedrückt können die folgenden Bilder helfen, Ihr Knie weiter nach unten und Ihren Fuß weiter nach hinten zu bekommen. Machen Sie sich bewusst, dass Sie diese Korrekturen möglicherweise an einem Bein, an beiden oder gar nicht benötigen. Die meisten Reiterinnen haben mindestens eine Ferse, deren »Standardposition« zu weit vorne ist.

1. Stellen Sie sich Ihren Sitz im Sattel vor, als würden Sie auf einem dieser norwegischen Stühle knien (siehe Abb. 3.13). Behandeln Sie den Sattel nicht wie einen Sessel. Die Innenseite des Oberschenkels muss Teil Ihrer Sitzfläche sein, also denken Sie ans Knien, wobei die Oberschenkelinnenseite am Sattel liegt und etwas Gewicht trägt.
2. Wenn Ihnen beigebracht wurde, Oberschenkel und Knie vom Sattel zu halten, töten Sie eine weitere heilige Kuh! Schauen Sie sich Abb. 3.14 an und achten Sie darauf, wie der Oberschenkel auch auf anderen Fotos von Elitereiterinnen am Sattel liegt. Dies ist eines der wichtigsten Themen, bei denen Expertenrat und die Fakten im Sattel nicht synchron sind.
3. Wie viel Prozent Ihres Gewichts würden Ihre Oberschenkel tragen und wie viel Ihr Gesäß? Beginnen Sie mit 80 Prozent auf den Oberschenkeln und nur 20 Prozent auf dem Gesäß - wahrscheinlich das Gegenteil von dem, was Sie dachten! Aber bedenken Sie, dass das Pferd, wenn Sie das meiste Gewicht in der Mitte des Pferderückens konzentrieren, dazu neigt, seine ORL zu verkürzen und in seiner OFL abzusacken – mit anderen Worten, das bringt das Pferd dazu, seinen Rücken hohl zu machen.
4. Finden Sie den knöchernen Knubbel knapp über der Innenseite Ihres Knies und haken Sie ihn an eine imaginäre Stange, die durch den Brustkorb des Pferdes verläuft. Bleiben Ihre Knie auf dieser Stange, und können Sie diesen Gedanken benutzen, um die Knie davon abzuhalten, sich entweder auf und ab oder immer wieder vom Sattel weg zu bewegen? Ist ein Knie stabiler als das andere? Die Stange ist kein Gummiband, das die Knie zusammenzieht - es gibt ihnen nur einen stabilen Platz. Wenn Sie dazu neigen, mit den Knien zu klammern, denken Sie an die Stange, die sie auf Abstand hält. Wenn Ihre Knie leicht nach oben kommen, stellen Sie sich vor, dass die Stange tiefer und weiter hinten am Sattel liegt als Ihre Knie, so wie Ihre verkürzte Frontallinie es gerne hätte.
5. Würde die Stange durch Ihre Knie waagerecht sein? Welche Seite muss angepasst werden, um beide Oberschenkelknochen in einen 45-Grad-Winkel zu bringen?
6. Stellen Sie sich vor, dass die Linie auf der Vorderseite Ihres Oberschenkels, wenn man sie bis nach unten verlängerte, direkt vor dem Vorderbein Ihres Pferdes auf den Boden treffen würde: »Knien« Sie genug, um diesen Winkel beizubehalten.
7. Wenn Schulter, Hüfte und Ferse auf einer Senkrechten liegen, sollte der Winkel hinter Ihrem Knie etwa 90 Grad betragen. Wenn die OFL kurz ist, neigt der Winkel dazu, größer zu werden, wenn der Fuß nach vorne geht. Stellen Sie sich vor, einen Tennisball in diesem Winkel hinter Ihrem Knie zu halten. Alternativ stellen Sie sich vor, dass Ihr Knie von der Stangenauflage eines Hindernisses gestützt wird, die direkt unter ihm platziert wird, oder stellen Sie sich vor, der obere Teil Ihrer Wade würde von einer imaginären Kniebank unterstützt, wie in der Kirche.
8. Legen Sie Ihre Finger hinter das Knie und spüren Sie zwei Sehnen auf der Innenseite und eine auf der Außenseite (siehe Abb. 3.2, Seite 49). Die zwei auf der Innenseite mögen sich wie eine anfühlen, bis Sie etwas herumbohren und eine Fingerspitze zwischen sie bekommen. Können Sie all diese Sehnen hervortreten lassen? Wenn die Sehne an der Außenseite des Knies schwieriger ansprechbar ist, drehen Sie den Fuß nach außen. Können Sie die Sehne im hervorgetretenen Zustand halten, wenn

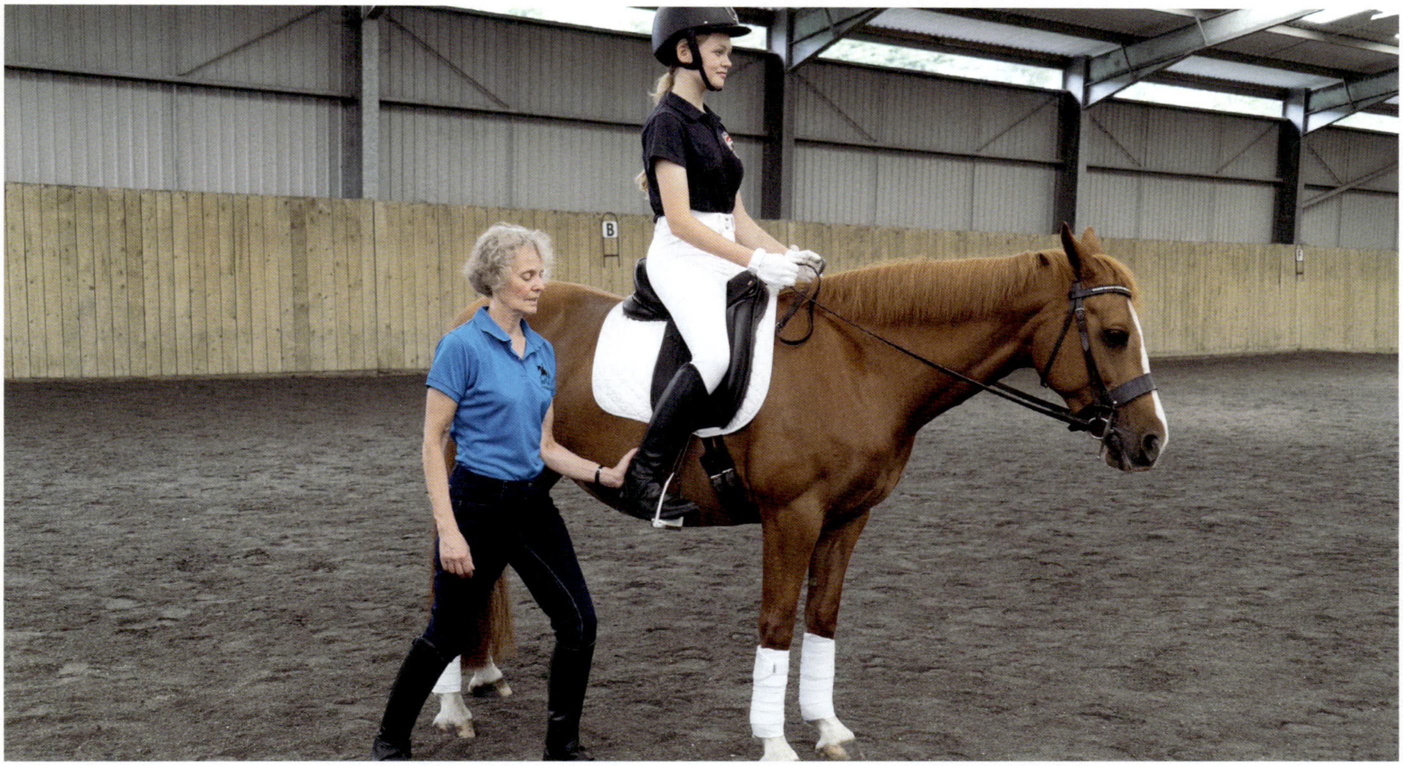

Abb. 3.16: (a) Das Zurückdrücken der Wade gegen einen Widerstand hilft, die oberflächliche Rückenlinie im Bein zu stärken. Wo fühlen Sie, dass die Muskeln sich straffen, während Sie dies tun?

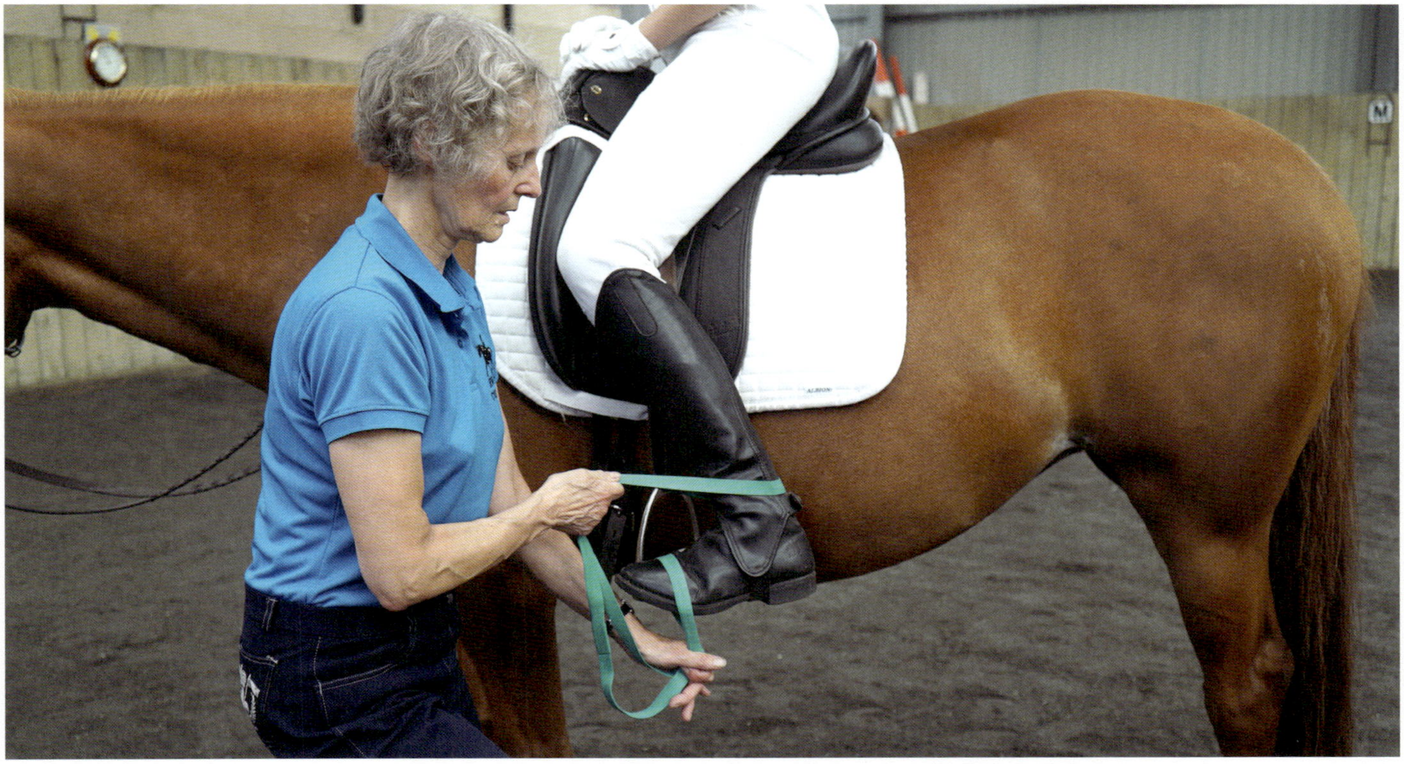

(b) Das Verwenden eines Gummibands, um einen Widerstand zu bieten, gibt der Reiterin ein viel klareres Gefühl und erlaubt es, zusätzlich die »Zehen nach oben« zu bringen. Der Fuß muss aus dem Steigbügel genommen werden. Achten Sie auf Sicherheit, wenn Sie dies tun.

Sie Ihren Zeh nach vorne bringen? Wenn die inneren Sehnen schwieriger sind, drehen Sie den Zeh nach innen. Üben Sie das auf dem Pferd und ohne Pferd, damit Sie lernen, diese Sehnen nach Belieben hervortreten zu lassen. Dies hilft, die ORL zu straffen und zu verkürzen – Sie werden spüren, wie Ihre Oberschenkelrückseite sich wölbt.

9. Um die ORL an der Wadenrückseite zu verkürzen, drücken Sie die Waden rückwärts gegen einen Widerstand (siehe Abb. 3.16, auf der vorhergehenden Seite). Achten Sie darauf, wie Ihnen das hilft, die Sehnen hinter Ihrem Knie zu erreichen. Ein Widerstandsband wie ein Theraband funktioniert dafür besonders gut. Üben Sie das ohne Pferd, indem Sie es um ein Tischbein und dann um Ihre Ferse wickeln. Üben Sie nun nur ein paar Minuten lang einen ziemlich starken Widerstand aus, bis die Oberschenkelrückseite sich definitiv müde anfühlt. Dies auch nur zwei bis drei Mal pro Woche zu üben macht schnell einen Unterschied in der isometrischen Kraft Ihrer Oberschenkelmuskulatur – welche Sie im Sattel brauchen.

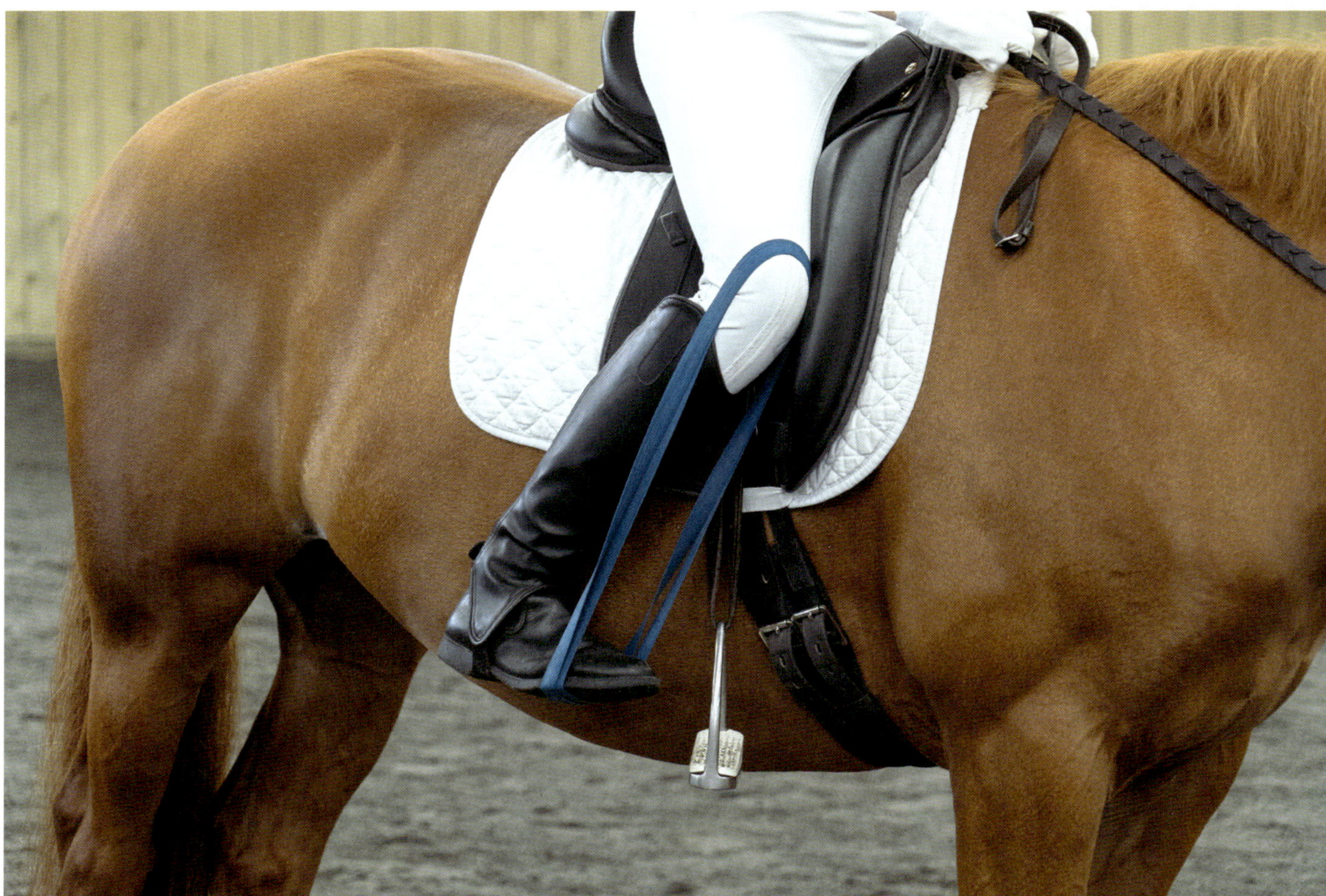

Abb. 3.17: Die Wade mit einem Gummiband zu umschließen hilft der Reiterin, sie zu fühlen und zu kontrollieren. Der Unterschied kann dramatisch sein! Achten Sie auf Sicherheit, wenn Sie dies tun, und setzen Sie diese Übung nur im Stehen ein.

10. Den unteren Teil des Beins wie in Abb. 3.17 gezeigt in ein Widerstandsband zu legen führt dazu, dass sich die Wade viel besser umschlossen anfühlt und hilft vielen Reiterinnen, sie am richtigen Fleck zu halten. Danach stellen Sie sich vor, dass der Steigbügel unter Ihrem Fuß nach oben kommt, genau wie das Band Ihren Fuß von unten stützt.
11. Wenn all Ihre Versuche scheitern, Ihren Quadrizeps zu verlängern und Ihr Knie (oder Ihre Knie) dazu weiter nach unten zu bringen, dann stellen Sie sich stattdessen vor, Ihren hinteren Oberschenkelmuskel kurz vor dem Gesäßknochen zu verkürzen. Finden Sie Ihren Gesäßknochen mit den Fingern und legen Sie dann Ihre Fingerspitzen etwas darunter, auf der Linie unterhalb Ihres Oberschenkelknochens (siehe Abb. 3.18). Versuchen Sie, den Muskel unter Ihren Fingern zu straffen, so dass er sich gegen sie wölbt. Üben Sie das und halten Sie die Spannung dann in der Bewegung, wobei Sie sich vorstellen, »mit dem hinteren Oberschenkelmuskel zu knien«.
12. Diese letzte Strategie setzt die OFL im Oberkörper ein, um die OFL in Oberschenkel und Waden zu ändern und ist eine brillante Demonstration dessen, wie sie als eine Zuglinie wirken (siehe Abb. 3.19). Sicherlich kennen Sie die Vorstellung des Bauches als Sixpack. Jeder hat einen, ob sichtbar oder nicht. Genau unter Ihrem Brustbein befindet sich das, was ich als »Zweierpack-Linie« bezeichne, die das untere Ende des ersten »Pakets« markiert. Stellen Sie sich vor, Ihr Bein ist wie ein langes Pendel, das von hier nach unten hängt. Bitten Sie jemanden, Ihnen einen Widerstand zu bieten, indem die Person die Fingerspitzen entlang dieser Linie hält. Drücken Sie gegen diesen Widerstand und denken Sie daran, das Bein auf dem Rückschwung des Pendels zu halten, wenn nötig mit Hilfe der Strategie »mit dem hinteren Oberschenkelmuskel zu knien«. Sie werden das wahrscheinlich nur auf einem Bein brauchen, und Ihre Zweierpack-Linie ist auf dieser Seite Ihrer Oberkörper-Box möglicherweise deutlich »schwächer«. Fühlen Sie wirklich, wie sie nach vorne kommt und fest wird, während die ORL bis hinunter zu den Zehen, die zum Anheben neigen, mehr Spannung bekommt. Denken Sie daran, dass diese Veränderung sich größer anfühlen muss, als sie aussieht!

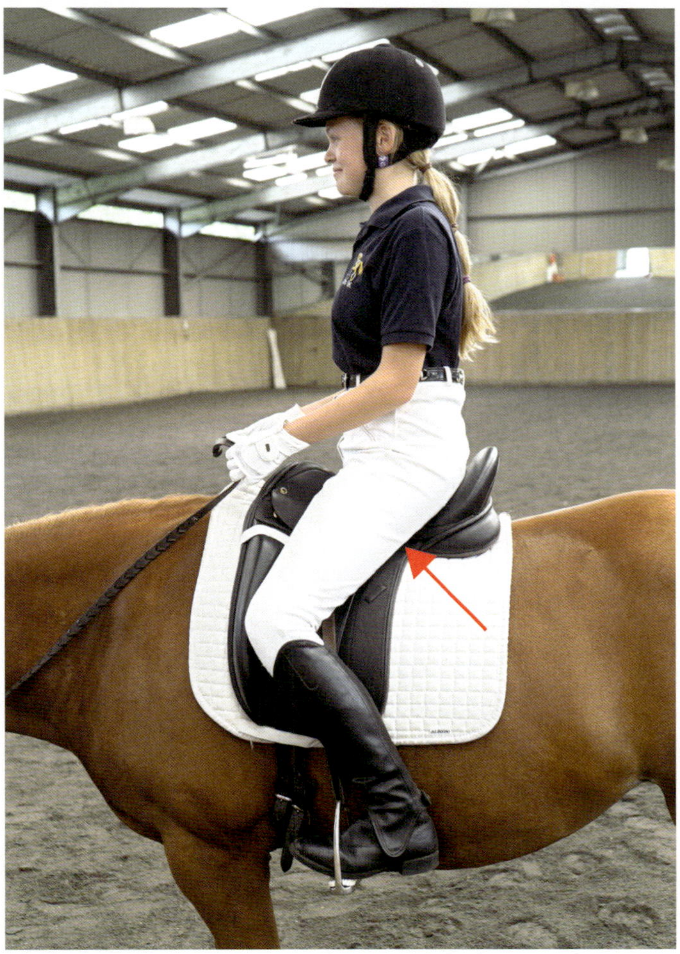

Abb. 3.18: Der Teil des Oberschenkels unter dem Pfeil muss sich herauswölben, damit die Reiterin ihren Fuß am richtigen Platz halten kann. Spüren Sie es mit Ihrer eigenen Hand.

Möglicherweise müssen Sie ein Video oder ein Foto sehen, bevor Sie es glauben. Oder, wenn Sie dieses Bein seit Jahren nicht korrigieren konnten, werden Sie das Gefühl haben, endlich die Antwort gefunden zu haben!

VERLÄNGERN DER OBERFLÄCHLICHEN RÜCKENLINIE UND VERKÜRZEN DER OBERFLÄCHLICHEN FRONTALLINIE

Anders gesagt wollen wir Ihr Knie mehr nach oben und nach vorne vor Sie bringen den Fuß mehr nach vorne

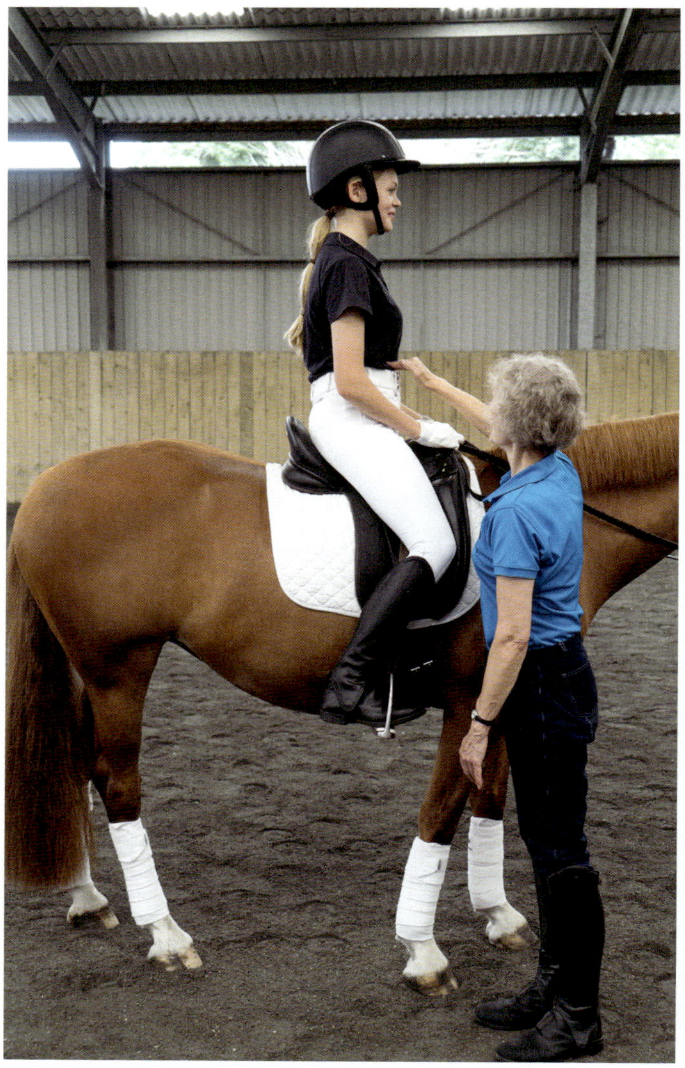

Abb. 3.19: (a) Meine Hand ist auf der »Zweierpack«-Linie. Drücken Sie nach vorne dagegen und denken Sie an das Bein, das daran hängt wie ein langes Pendel, das auf dem Rückschwung bleiben muss. Denken Sie auch daran, »mit Ihrem hinteren Oberschenkelmuskel zu knien« und Ihre Ferse gegen einen Widerstand nach hinten zu drücken.

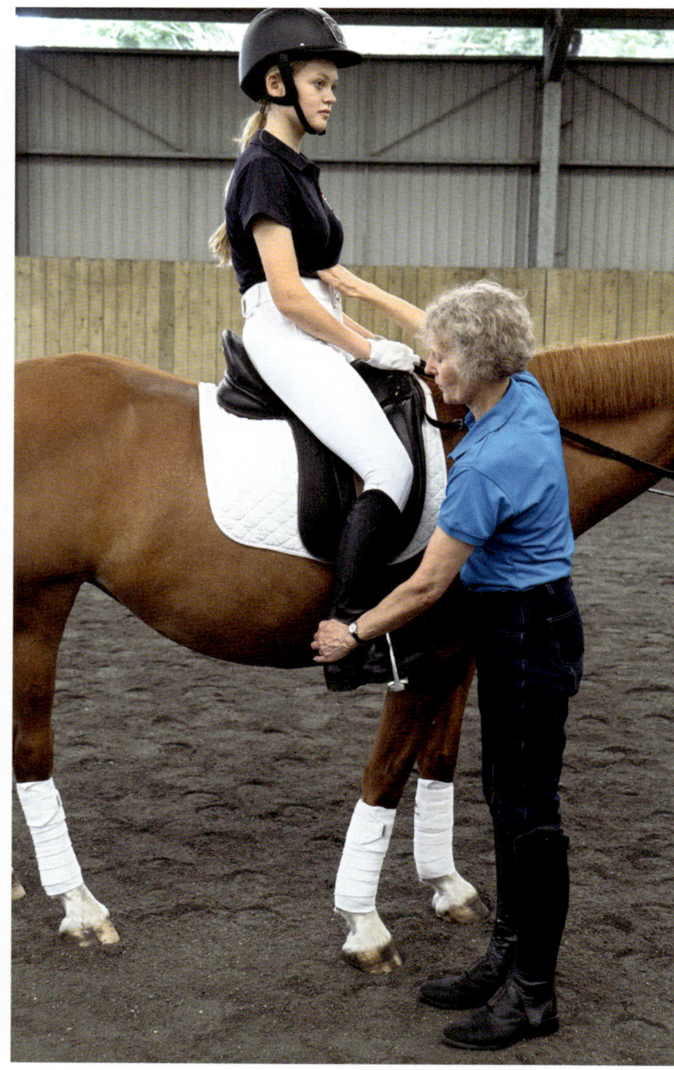

(b) Wenn die »Zweierpack« -Linie nach hinten zusammenfällt, kommt der Fuß der Reiterin nach vorne und ihr Oberkörper dreht sich zu dieser Seite.

und die Ferse weiter nach unten. Machen Sie sich klar, dass Sie diese Korrekturen an einem Bein, an beiden oder möglicherweise gar nicht benötigen (wenn beide Beine zu weit nach vorne liegen).

1. Zunächst müssen Sie sich klarmachen, dass, obwohl im konventionellen Unterricht oft gesagt wird, dass die Knie der Reiterin immer tiefer liegen sollten, eines oder beide manchmal tatsächlich weiter nach oben kommen müssen. Wenn Sie leicht nach vorne kippen und/oder sich auf Zehenspitzen befinden und/oder Ihr Unterschenkel nach hinten wandert, wenn Sie Hilfen geben, dann können Sie davon ausgehen, dass Sie diese Korrektur benötigen. Welches Bein ist der größere oder einzige Unruhestifter?
2. Vergewissern Sie sich, dass beide Knie auf der imaginären Stange (siehe Seite 74) bleiben und diese Stange waagerecht ist. Heben Sie das Knie (oder die Knie) an, das von der Stange herunterrutschen würde, wodurch der Oberschenkel (oder die Oberschenkel) zu stark in die Vertikale rutschen würden.
3. Lassen Sie jemanden die Hand direkt über dem Knie auf die Vorderseite Ihres Oberschenkels legen. Drücken Sie Ihr Knie gegen diesen Widerstand. Legen Sie gleichzeitig auf dieser Seite einen Finger in die Falte an der Hüfte zwischen Oberkörper und Oberschenkel. Tasten Sie nach einer starken Sehne (eigentlich sind es zwei, aber behandeln Sie sie wie eine) (siehe Abb. 3.20). Diese Sehnen sollten sich herausdrücken, wenn das Knie nach oben drückt. Bewahren Sie dieses Gefühl von »vordere Sehnen oben, Knie oben«, während Sie reiten.
4. Denken Sie daran, dass Ihr Oberschenkelknochen weiter vor Ihnen liegt und aus festem Knochen besteht. Wenn sich der Knochen »breiig« oder gummiartig anfühlt, denken Sie daran, dass Ihre Oberschenkelmuskeln den Knochen fester umschließen, als ob sie einen festen elastischen Verband bilden würden. Haben Sie in jedem Oberschenkel gleich »knochige Knochen«?

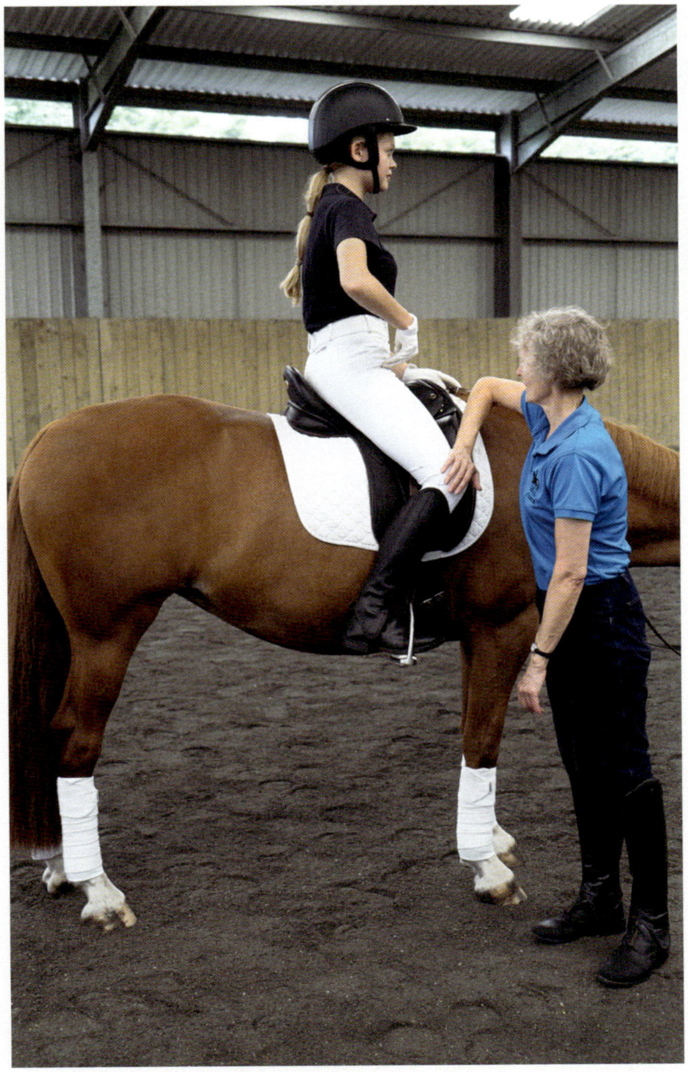

Abb. 3.20: Um das Knie höher zu halten, müssen Sie die vorderen Sehnen möglicherweise weiter oben halten. Sie finden diese Sehnen, indem Sie Ihre Fingerspitzen in die Falte zwischen Oberkörper und Oberschenkel legen und das Knie heben. Dann drücken Sie Ihr Knie gegen einen Widerstand nach oben. Fühlen Sie, wie die Sehnen sich nach oben wölben und beobachten Sie, wie Ihre Oberschenkelmuskeln sich anspannen.

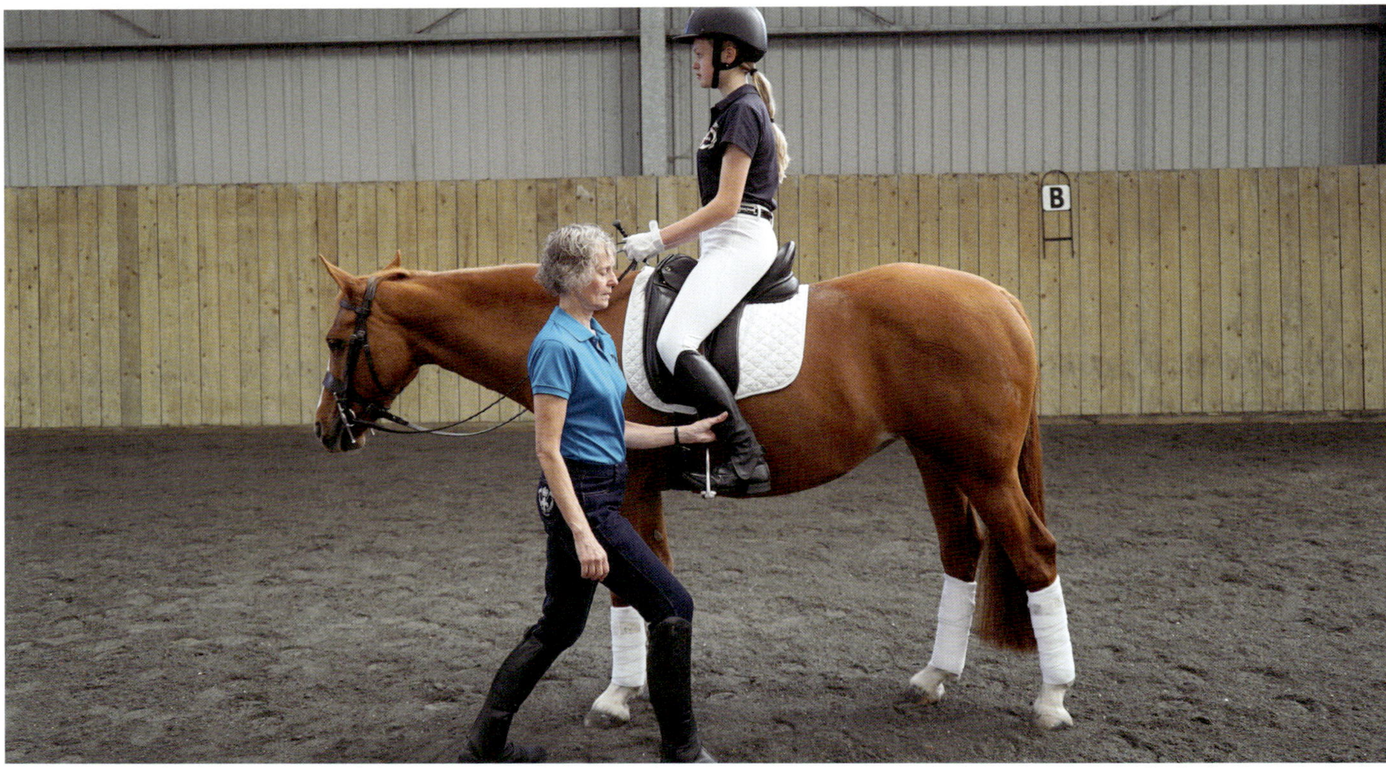

Abb. 3.21: Wenn Sie Ihre Wade weiter vorne halten müssen, drücken Sie sie oder Ihre Zehen nach vorne gegen einen Widerstand. Dies ist sehr hilfreich, wenn Sie springen.

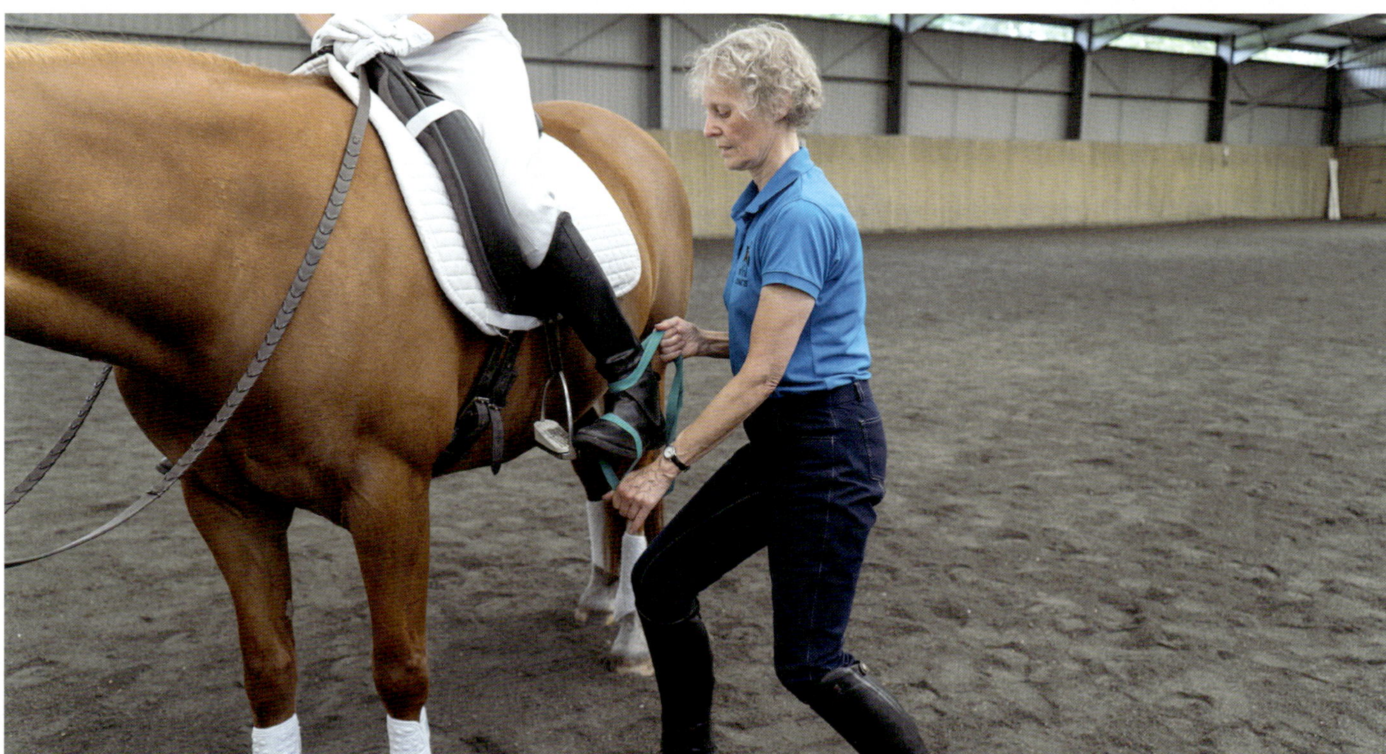

Abb. 3.22: Wenn diese Widerstandsübung mit einem Band ausgeübt wird, muss der Fuß aus dem Steigbügel genommen werden. Das Band hilft uns, die Zehen zusätzlich »hoch zu ziehen«. Achten Sie bei dieser Übung auf die Sicherheit.

5. Lassen Sie jemanden einen Widerstand bieten, gegen den Sie den unteren Teil Ihrer Wade nach vorne drücken. Wenn Sie ein Widerstandsband verwenden, bitten Sie Ihren Trainer, das Ende des Bandes auch noch über die Linie auf Ihrem Stiefel zu legen, wo Ihre Zehen beginnen. Arbeiten Sie mit den Zehen gegen den Widerstand nach oben und gleichzeitig mit der Wade nach vorne. Dies ist das Gefühl, das im konventionellen Unterricht zu erklären versucht wird, indem »Fersen nach unten« empfohlen wird, aber »Zehen nach oben« ist eine viel bessere Art, die OFL zu stärken. Dies ist eine besonders gute Möglichkeit, das untere Bein beim Springen zu stabilisieren (siehe Abb. 3.21, 3.22).

ZEHEN UND SEHNEN

Wie wir bereits gesehen haben, zeigt sich die instabile Balance zwischen der OFL und ORL überall – auch ganz unten in den Füßen. Diese nächste Übung, die Ihre OFL stärkt, beginnt damit, das Problem der eingerollten Zehen, unstrukturierten Füße und unkontrollierten Waden oder Herumschlabbern, anzugehen.

1. Beginnen Sie damit, Ihre Zehen anzuheben und sie zu spreizen.
2. Während Sie dies tun, legen Sie Ihre Hände um den Knöchel und spüren Sie, wie die fünf Sehnen vorne (Teil der OFL) sich herauswölben. Fühlen Sie hinten auch die Achillessehne (Teil der ORL), die sich ebenfalls herauswölbt.
3. Wenn Sie dann Ihre Finger außen genau neben das Schienbein – den Knochen, den Sie an der Vorderseite Ihres Unterschenkels fühlen – legen, fühlen Sie, wie sich dort die Muskeln herauswölben.
4. Der hintere Teil der Wade wölbt sich ebenfalls und die Muskeln an seiner Innenseite bilden eine Kante. Wenn Ihre Wadenmuskeln bei einer Beinhilfe (Tritt) so gewölbt werden, können Sie die Hilfe leichter wie einen Karatehieb ausüben: eine kleine, schnelle, aber kraftvolle Bewegung, die von der Seite des Pferdes zurückprallt. Ziel ist es, die Zehen hochgezogen und gespreizt zu halten, während Sie reiten.
5. Setzen Sie sich auf einen harten Stuhl, legen Sie einen Fuß auf den anderen und versuchen Sie dann, die Zehen und den Fußballen des unteren Fußes gegen den Widerstand des oberen zu heben. Wie weit nach oben auf der OFL fühlen Sie die Auswirkungen? Möglicherweise wird die Linie bis zu Ihrer Brust und Ihrem Hals angespannt werden. Wechseln Sie zwischen An- und Entspannung; was von beidem ermöglicht es Ihrer OFL, »eine Note zu spielen«? Üben Sie, bis Sie ein klares Gefühl dafür haben, wie es sich anfühlt, sie zu spielen.

Kapitel 3 Fußnoten:

1. Myers, Thomas, *Anatomy Trains*, 3rd edn, Edinburgh, Churchill Livingstone (2014), p.83

KAPITEL 4: DIE OBERFLÄCHLICHE FRONTALLINIE UND DIE OBERFLÄCHLICHE RÜCKEN-LINIE DES PFERDES UND IHRE BEDEUTUNG FÜR DAS REITEN

Die oberflächliche Frontallinie- und die oberflächliche Rückenlinie (OFL und ORL) des Pferdes sind am Rumpf unseren Linien sehr ähnlich, unterscheiden sich aber natürlich in den Beinen. Der Rumpf des Pferdes ist horizontal, wenn wir also von der Oberlinie des Pferdes sprechen, reden wir eigentlich von der ORL. Es gibt, wenn Sie sich erinnern, linke und rechte Linien, welche Veterinärwissenschaftler gemeinsam Dorsallinien (also Rückenlinien) nennen. Wir können sehen, dass sich diese aus dem Ballenpolster jedes Hinterbeins über die tiefe Beugesehne zu den Sprunggelenken über die Oberschenkelmuskulatur bis zu den Spitzen seines Hinterteils (seine »Gesäßknochen«) erstrecken, weiter über seine Kruppe und seine langen Rückenmuskeln (welche unter den Sattelkissen liegen). Jede Seite verläuft dann weiter unter den Schulterblättern durch, entlang der Oberseite der Halswirbel und über sein Genick bis zum Temporalismuskel knapp über dem Auge. Zuletzt läuft sie in das Gewebe jedes Masseter-Muskels – des Kaumuskels, der jede Seite seines Kiefers bedeckt (siehe Abb. 4.1, 4.2, 4.3).

Wie auch bei uns liegt die ORL (Dorsallinie) des Pferdes tiefer als der Glutealmuskulatur und zieht sich durch Bahnen von Faszien, die sein Becken auskleiden. Beide Spezies haben ein Band, das oben an den Dornfortsätzen entlangläuft, welches dann zum Nackenband im Hals wird. Dies ist beim Pferd viel stärker ausgeprägt als bei uns, und es verbindet die höchsten Dornfortsätze des Widerrists mit seinem Schädel. Von diesem seilartigen Teil der Bänder (Seilbahn) erstreckt sich der plättchenartige Teil (Lamellen) wie Finger hinunter bis zu den Wirbeln von C2 bis C5. (C1 befindet sich kurz hinter dem Genick und wie wir hat das Pferd sieben Halswirbel.)

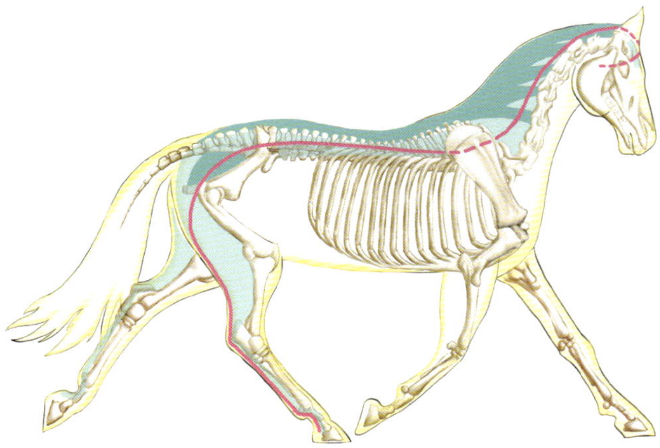

Abb. 4.1: Die oberflächliche Rückenlinie des Pferdes, welche Wissenschaftler Dorsallinie (das heißt Rückenlinie) genannt haben. Diese verbindet die Rückseite seiner Hinterhufe mit seinen Schläfen, seinem Masseter-Muskel (Kaumuskel) und dem Kiefergelenk. Die Linie folgt in ihrem Verlauf den Wirbeln im Hals, wobei das darüber liegende Nackenband den oberen Kamm des Halses ausfüllt.

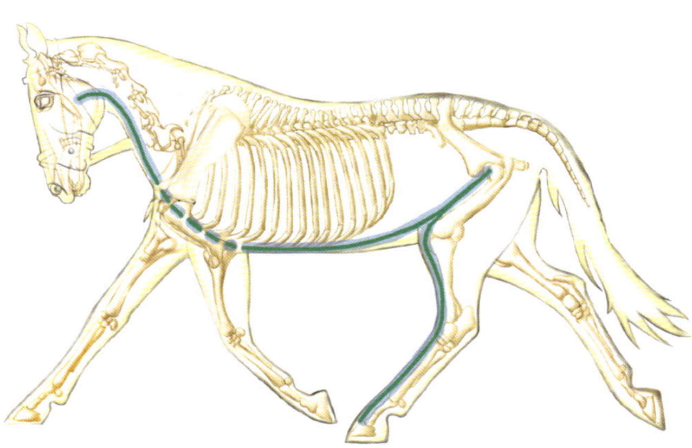

Abb. 4.2: Die oberflächliche Frontallinie des Pferdes, welche Wissenschaftler die Ventrallinie (Vorder-/Bauchlinie) genannt haben, verbindet den vorderen Teil der Hinterhufe mit dem Masseter-Muskel und dem Kiefergelenk. Hier wurde sie von einer übereifrigen Reiterin »zusammengepresst«, die entschlossen war, die Pferdenase in die Vertikale zu bekommen. Wenn im kurzen Zustand »blockiert«, werden Teile der ORL im Gegenteil überdehnt und im langen Zustand »blockiert«.

Die Elastizität des Nackenbandes ermöglicht es dem Pferd, sich nach unten zu strecken, um zu grasen und seinen Kopf dann praktisch ohne Anstrengung zu heben. In einer alarmierten Haltung ist das Band locker[1] und in der Bewegung speichert sie elastische Energie, die die Bewegung in Kopf und Hals in allen Gangarten sowohl einschränkt und auch zur Arbeit, diese zu bewegen, beiträgt. Die menschliche ORL schließt dieses Band auch ein und Myers glaubt, dass wir es auch in die Dorsallinie/ORL des Pferdes einbeziehen sollten, auch wenn die Veterinärwissenschaftler dies nicht getan haben.

Die Bänderverbindung vom Kreuzbein bis zum Genick beginnt eigentlich noch weiter hinten und zwar in dem Band, das über den Schweifwirbeln liegt. Sie erstreckt sich auch durch einen der Oberschenkelmuskeln in das Hinterbein. Dieser Muskel heißt Semintendinosus, er hat ein sehnenartiges Band und verbindet zwei Wirbel direkt über dem sichtbaren Beginn des Schweifes mit der Achillessehne im Sprunggelenk. Somit verbindet das ganze Bändersystem über der Wirbelsäule des Pferdes das Sprunggelenk mit dem Genick, und es funktioniert wie die Drahtseile, die eine Hängebrücke halten.

Die Stützen der Brücke sind der Widerrist und die Kruppe, und wenn sich die Bauchmuskeln des Pferdes zusammenziehen, hebt der Bandapparat die Wirbelsäule. Das in den 1940er-Jahren vorgeschlagene einfachere »Bogen- und Schnurmodell« verglich diesen Mechanismus mit einem Bogen (Bogenschießen). Das Anheben selbst geschieht passiv, da sich Bänder nicht wie Muskeln zusammenziehen können. Machen Sie sich klar, dass das Pferd den Rücken hohl macht, wenn sich seine Rückenmuskeln zusammenziehen und diese Muskeln (wie alle Muskeln) sich nicht selbst verlängern können; sie können nur über die Kontraktion der gegenüberliegenden Bauchmuskeln verlängert werden. Wenn wir in Kapitel 8 über die Muskeln der Körpermitte des

Pferdes sprechen, werden wir erkennen, dass sie auch eine wichtige Rolle darin haben, den Rücken des Pferdes anzuheben.

Die ganze ORL verkürzt sich, wenn das Hinterbein gebeugt ist. Dies beeinträchtigt die Linie auch weiter vorne, die sich noch mehr verkürzt, wenn der Rücken hohl ist und der Kopf oben. Die ORL auf der einen Seite verlängert sich auf ihrer gesamten Länge, wenn das Pferd sein Hinterbein unter sich bringt, seinen Rücken hebt und seinen Hals aus dem Widerrist herausstreckt, wobei es die Selbsthaltung im »einheitlichen Gleichgewicht« findet. Der Dressurausdruck »über den Rücken« bezieht sich auf das Strecken der langen Rückenmuskeln des Pferdes und auf den Durchfluss von Energie durch sie. Dies wird blockiert, wenn das Pferd sich angewöhnt hat, Spannung in den Lenden, unter dem Sattel, im Widerrist oder im Hals zu halten, und mit der Zeit führt das zu ungesunden Faszien.

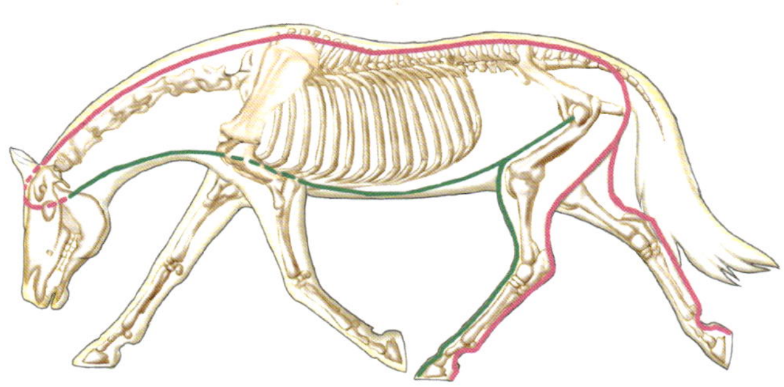

Abb. 4.3: Die oberflächliche Frontal- und Rückenlinie sind in Balance, wenn das Pferd in Selbsthaltung ist wie in Abb. 4.1 und auch wenn es sich vorwärts-abwärts streckt, wie hier. Die Knochen des Halses formen dann eine Kurve, genau wie der Mähnenkamm und seine oberflächliche Rückenlinie. Es gibt zwischen diesen Optionen viele mögliche Balancepositionen; aber viele Reiterinnen verursachen versehentlich die Haltung aus Abb. 4.2. Manche Reiterinnen machen die oberflächliche Rückenlinie bewusst länger als die oberflächliche Frontallinie.

Als Reiterinnen suchen wir nach effizienter und leichter Kraftübertragung durch die ganze ORL. Die langen Rückenmuskeln können dies erlauben, während sie sich gleichzeitig noch ein wenig isometrisch zusammenziehen. Dies verkürzt sie nicht, sie bleiben gleich lang, während sie aber straffer werden und der Reiterin eine stabilere Oberfläche zum Sitzen geben. Erfahrene Reiterinnen können fühlen, ob eine Seite der ORL stärker beeinträchtigt ist als die andere, und können diese dann beeinflussen. Die Linien in ihrer Ganzheit zu verstehen lässt uns erkennen, dass ein Problem an jedem Punkt auf dieser Linie – und auch an den jeweiligen Enden – als eine Einschränkung an jedem Punkt auf der gesamten Länge auftreten kann, egal ob es von einer Verletzung, einem schlechten Sattel oder von Problemen mit den Hufen oder dem Gebiss herrührt. Wir erweisen unseren Pferden einen schlechten Dienst, wenn wir uns nur einen Teil der Linie anschauen.

Die OFL (oder auch Ventrallinie) beginnt auf der Vorderseite der Hinterhufe des Pferdes und läuft über die Strecksehne zu seinem Sprunggelenk, Kniegelenk und Becken. Wie unsere beginnt sie dann wieder an seinem Schambein und verläuft am Bauch entlang durch den »Six-Pack« hindurch, weiter zwischen seine Vorderbeine und die Muskeln an seinem unteren Hals entlang bis zu seinen Ohren. Sie läuft direkt unter (nicht hinter) den Ohren in den Masseter-Muskel, wo sie mit Fasern der ORL zusammenläuft (siehe Abb. 4.1, 4.2, Seite 83).

Talentierte Dressurpferde haben von Natur aus eine gute Balance zwischen der ORL und der OFL und können zu einer pferdespezifischen Version des »Niederdrückens« finden, wobei der Druck im Inneren erhöht wird und die OFL kurz genug wird, um eine Wand zu bilden, die Organe und Wirbelsäule stützt. Wie menschliche Mütter haben viele Zuchtstuten, die später wieder zur Arbeit zurückkehren, eine lange und schwache OFL, so dass ihr Bauch herabhängt und sie ein Hohlkreuz bekommen. Viele ältere Pferde haben das gleiche Problem.

Vollblüter, Araber und andere sprunghafte Pferde bevorzugen oft die Haltung, die von einer kurzen ORL und einer langen OFL erzeugt wird, was das Risiko für Kissing Spines erhöht. Die Schreckreaktion beim Pferd verkürzt die ORL, ein Spiegelbild unseres Landaureflexes (Streckungsreflex), und die Rehabilitation für die betroffenen Pferde zielt immer darauf ab, ein Training zu finden, das die OFL stärkt und verkürzt, um Tensegrität und »einheitliches Gleichgewicht« zu entwickeln, während sich die ORL verlängert. Wenn Sie sich selbst eine gründliche Diagnose gestellt haben und sich einige meiner bisher genannten Vorschläge zu Herzen genommen haben, haben Sie jetzt schon den Prozess begonnen, diese Fähigkeiten zu entwickeln!

Bei allen Vierbeinern bleiben, wenn die OFL sich verkürzt und sich der Rücken nach oben wölbt, Ohren und Augen im Kontakt mit der Außenwelt. Aber dies passiert nicht, wenn die ORL des Pferdes überdehnt und die OFL verkürzt wird, bekannt als »tief und rund«. Die natürliche Reaktion wird noch mehr beeinträchtigt durch die extreme »Rollkur«, welche die ORL sehr überstreckt und die OFL extrem verkürzt, was die Muskeln nicht dazu bewegt, sich in mittlerer Lage richtig zu bewegen und keine Tensegrität entwickelt. Tatsächlich tut dies unseren Pferden dasselbe an, was wir uns selbst antun, wenn wir uns über unsere Computer krümmen! Dieses Muster führt zu einem sehr unterwürfigen, aber nicht freien Pferd.

Das Pferd vorwärts-abwärts zu reiten (Abb. 4.3, Seite 84) schafft bessere Balance zwischen der Länge und dem Tonus der OFL und ORL. Doch es ist viel schwieriger, dies zu erreichen, und viele Reiterinnen sind süchtig nach dem Gefühl, das sie hervorrufen, wenn das Pferd den Rücken so stark hochwölbt, dass die Krümmung seiner Halslinie seine Nase sehr nah an seine Brust führt.

Die Redewendung »über den Rücken reiten«, die jetzt seit Jahren in Mode ist, ermutigt Reiterinnen, nur an die ORL unter dem Sattel zu denken und sich nicht genug um die Balance zwischen beiden Linien zu kümmern und auch nicht um die tieferen Muskeln in der Körpermitte. Als Resultat kann man damit rechnen, dass Pferde wenig hilfreiche Muster entwickeln, wie zusätzliche Faszienstränge entweder vor dem Widerrist oder weiter oben am Hals, welche dann das natürliche Schreiten der Vorhand des Pferdes beeinflusst.

Es gibt einige Pferde, die diese Haltung von selbst annehmen würden. Sie ähneln Menschen mit Rundrücken und haben die zweifelhafte Fähigkeit, die Reiterin aus der Mitte des Rückens zu »katapultieren«, und sie somit wirkungslos zu machen. Es braucht viel Erfahrung im Reiten, um sich dadurch nicht aus dem Konzept bringen zu lassen und das Pferd neu zu ordnen, so dass sein Rücken mehr in die Waagerecht kommt und seine SFL länger wird, wobei Hals und Genick höher getragen werden und sein Kopf weiter nach vorne kommt. Dies ist einer der wenigen Situationen, in denen die Reiterin daran denken sollte, sich selbst tiefer in den Rücken des Pferdes zu hebeln, anstatt daran zu arbeiten, ihr eigenes Körpergewicht zu tragen und leicht zu sitzen.

Nach dem, was hier beschrieben wurde, erkennen Sie, dass es nicht einen perfekten Ratschlag gibt, es »passt nicht eine Größe allen«.

Sie müssen wirklich auf das Muster Ihres Pferdes achten und Ihre eigenen einzigartigen Vorteile entdecken, ebenso wie Ihre Probleme, die verhindern, dass Sie ein Gefühl der Einheit mit ihrem Pferd entwickeln. Ich hoffe, Sie stimmen mir zu, dass dieses Gefühl die Arbeit mit beiden »Tieren« – Ihnen und dem Pferd – wert ist.

ÜBERSTRECKUNG BEI PFERD UND REITERIN

Auf der anderen Seite des Spektrums des Rundrücken-Szenarios, das eben beschrieben wurde, kann die Reiterin, die ihre eigene OFL verlängert, auch das Pferd nicht davon abhalten, seine zu verlängern: Somit fördert die überstreckte Reitern auch die Überstreckung bei ihrem Pferd.

Die Linien der Reiterin auszugleichen ermutigt das Pferd, in Selbsthaltung zu kommen; doch leider gilt auch das Gegenteil: Ist das Pferd aus dem Lot, wird es für die Reiterin schwierig, ihre Balance zu finden. Seine Haltung kippt die Reiterin nach vorne oder nach hinten; um dies zu vermeiden muss sie lernen, wie sie eine zusätzliche stabilisierende Anspannung in einer der Linien erzeugen kann. Dies wird erreicht, indem die Korrekturen, die bereits verwendet werden, um sie von der Standardhaltung zur neutralen Wirbelsäule zu bringen, robuster werden.

All unsere jeweiligen OFLs und ORLs sind wie Ketten, die nur so stark sind, wie die schwächste Stelle. Unsere persönliche schwächste Stelle im Körper wird bestimmen, wie wir reagieren, wenn unser Pferd die Nase nach oben streckt und »gegen uns drückt«. Stellen Sie sich das so vor, als ob jemand seine Hand auf das Maul des Pferdes legt und es nach hinten Richtung Genick drückt, welches dann in den Hals drückt und der Hals dann in den Widerrist drückt und der Widerrist schließlich in seinen Rücken. Sein Rücken wird hohl und wir fallen dann (übereinstimmend mit unserer schwächsten Stelle) in dieses Loch, welches ich die »Menschenfalle« nenne. Abb. 3.5 a–j, Seite 55f, zeigen alle möglichen Optionen.

Es braucht eine stabile, reaktionsstarke Reiterin die die neutrale Wirbelsäule erhält und das Pferd auch wieder in die neutrale Haltung bringt. Es bedarf einer großen Fertigkeit, um diese zusätzliche stabilisierende Anspannung zu finden – vor allen Dingen, weil die Form des Rückens des Pferdes es immer genau auf unsere schwächste Stelle anlegt. Es braucht eine Art von Kraft, die für die meisten Reiterinnen völlig fremd ist, und es ist besonders herausfordernd für diejenigen, die lose vernetzt sind. Der letzte Teil der letzten Übung in Kapitel 3 (siehe Seite 81) demonstriert wunderschön, wie sich diese Stärke in der OFL anfühlt. Die gleiche Spannkraft wird auch beim Surfen, Snowboarden, Skateboarden und Skifahren gebraucht, da alle diese Sportler vor der gleichen Herausforderung stehen, und zwar den Körper auf einer rutschigen oder sich ständig bewegenden Unterfläche zu stabilisieren.

Wenn das Pferd am Zügel reißt und die ORL und OFL drastisch verlängert, wird Ihr Körper wieder im Sinne Ihrer schwächsten Stelle reagieren. Nur eine gut ausbalancierte, stabile Reiterin (mit der Fähigkeit, stark niederzudrücken! kann an ihrem Platz bleiben, ohne dass ihre OFL und ORL sich verformen. Sie wird einen stärkeren Kontakt am Zügel haben, jedoch wird dies nicht ihre Arme zum Schmerzen bringen, da es ihr Oberkörper ist, der die Belastung trägt. Für das Pferd fühlt es sich so an, als würde es gegen Hilfszügel ziehen. Machen Sie sich klar, dass Ihr Pferd wie ein dreijähriges Kleinkind ist – wenn seine nervenden Spielchen Sie irritieren, wird er diese Taktik womöglich wiederholen. Wenn das Pferd die Reiterin nicht verrücken oder herumzerren kann oder sie dazu verleiten kann, zurückzuziehen (wenn also seine Eskapaden wenig bringen), wird es früher damit aufhören, als Sie vielleicht erwarten würden.

Die Aufgabe der Reiterin ist es, den Tonus der ORL mit dem der OFL auszubalancieren und dieses Bewegungsmuster an das Pferd zu »verkaufen«. Wenn das Pferd Stärke entwickelt, werden die langen Rückenmuskeln, die unter den Sattelkissen liegen, zu einer stabileren »Brücke« zwischen seiner Hinterhand und Vorderhand. Sie beginnen damit, indem Sie die Linien in Ihnen selbst ausbalancieren, und Ihre nächste Aufgabe ist dann, die rechte und linke ORL des Pferdes gleichmäßig zum Funktionieren zu bringen, was zu einem geraderen Pferd führt. Wenn Sie jede ORL, die sich vor Ihnen und hinter Ihnen erstreckt, organisieren können, bekommen Sie möglicherweise Zugriff auf die komplette Länge seines Körpers, von seiner Hinterhand bis zu seinen Ohren und Kiefern!

Um seine Wahrnehmung so weit zu erweitern, braucht man einiges an Können. Sie müssen Ihre eigene ORL und OFL ausgleichen und Sie über den Zuglinien des Pferdes ohne seitliche Knicke oder andere Abweichungen ausrichten. Kapitel 5 über die Seitenlinien widmet sich den Herausforderungen der Balance zwischen den Seiten.

DER MECHANISMUS DES LEICHTTRABENS – BALLISTISCHES TRAINING FÜR PFERD UND REITERIN

Eine gute Technik im Leichttraben ist ein enormes Hilfsmittel. Carl Hester trabt seine Pferde in den ersten zwei Jahren des Trainings nur leicht. Er hat das Gefühl, dass diese Pferde schon so viel zu lernen haben und nicht noch zusätzlich mit einem aussitzenden Reiter belastet werden sollten. Das Leichttraben ist für Reiterin und Pferd leichter, und es hat den Vorteil, dass es ein ballistisches Training für beide ist. Es wurde jetzt bewiesen, dass ballistische Übungen, die schon lange aus dem Lehrplan verschwunden sind, die Fähigkeit haben, die Sehnen sprungkräftiger und widerstandsfähiger zu machen. Die erfahrene Reiterin benutzt das Leichttraben, um die Spannung in dem Fasziennetz des Pferdes mit ihrem eigenen zu synchronisieren. So finden sie zu einem gemeinsamen Takt und »spielen die richtige Note«.

Um zu verstehen wie diese Dynamik funktioniert, stellen Sie sich zwei Personen vor, die sich gegenübersitzen und mit einem Tennisball fangen spielen. Bei jedem Wurf darf der Ball einmal aufprallen. Dies ist ein kooperatives Spiel mit eigenem unverwechselbarem Rhythmus, bei dem keiner versucht, den anderen auszuspielen. »Springen, fangen« spiegelt »sitzen, aufstehen« – unsere Analogie beschreibt im Wesentlichen den Austausch von Kraft und Energie zwischen Reiterin und Pferd.

Stellen Sie sich dieses Spiel im vollen Gange vor – bis eine Person den Tennisball durch ein Bohnensäckchen ersetzt. Da dieses nahezu gar nicht springt, bedeutet das das Ende des Spiels! Oder vielleicht tauscht eine Person plötzlich den Ball mit einem Flummi aus, und das Spiel wird sofort viel schneller, da der Ball schneller von A nach B kommt.

Eine gute Reiterin behält immer das Äquivalent zum Spiel mit dem Tennisball bei, auch wenn das Pferd lieber ein Bohnensäckchen oder einen Flummi werfen würde. Es ist als ob die Reiterin sagen würde: »Entschuldige, Pferd, aber egal, was du mir zuwirfst, ich werfe immer einen Tennisball zurück.« Sie behält diesen Entschluss und die Technik bei, bis das Pferd tief durchatmet und damit einverstanden, ist den Tennisball zurück zu werfen!

Während manche schwereren Pferde auch schöne »Flummis« sein können, sind die meisten dieser Art eher ein »Bohnensäckchen«. Sie traben, als ob ihre Beine im Haferbrei feststecken, da die Rückstoßenergie ihrer

Sehnen und Bänder – und die Kraftübertragung in ihren jeweiligen Zuglinien – nicht genug hergibt, um wie ein »Flummi« vom Boden zu kommen. Auch iberische Pferde können so sein, und jedes Pferd mit einem »laschen« Fasziennetz wird schwer auf dem Boden auftreten und nicht die Sprungkraft eines elastischen Rückstoßes haben. Man könnte sagen, dass das »Bohnensäckchen«-Pferd zu »tief und locker« ist.

Die meisten Reiterinnen tappen in die Falle und werfen ein Bohnensäckchen zurück zu ihrem Pferd: Sie landen schwer im Sattel und drücken in ihm nach unten. Dies geschieht sehr instinktiv und wird verstärkt durch Redewendungen wie »sitze tief und treibe dein Pferd vorwärts«, aber eine schwere Landung im Sattel wird Ihr Pferd zwangsläufig dämpfen. Das Spiel wird dann zu einem Teufelskreis, da die »Bohnensäckchen«-Tendenzen beider Partner die des anderen verstärken. Verständlicherweise fühlen sich die meisten Reiterinnen bald wie ein verzweifelter, verärgerter und stark gereizter Bohnensack. Die einzige Antwort hierauf ist, leicht und schnell zu landen – ähnlich wie bei einem Trampolin – und somit das Pferd dazu zu ermutigen, auch schneller und leichter vom Boden abzufußen. Es kann sein, dass die Reiterin auch mal eine treibende Hilfe oder ein Antippen mit der Gerte anwenden muss, aber sie darf keine Bohnensäckchen werfen, sonst bekommt sie diese zurück.

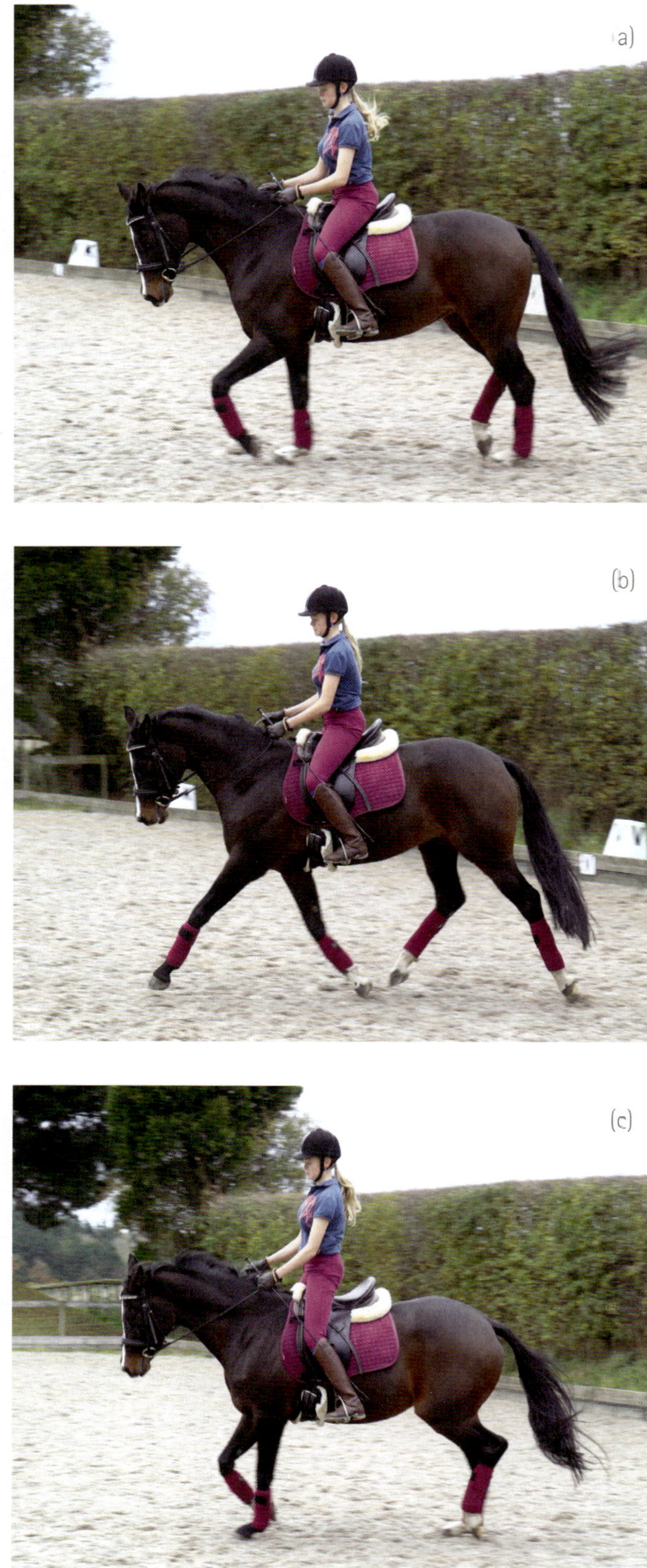

Abb. 4.4: Im Leichtraben ist die Reiterin unten, wenn ein diagonales Beinpaar abfußt (a) und oben, wenn das andere Paar abfußt (c). Sie ist auf halbem Weg in (b) (der beste Moment für ein Foto). Achten Sie darauf, wie sich der Oberkörperwinkel verändert, so dass sie in (a) und (b) leicht nach vorne geneigt ist und in (c) vertikal ist. Die Wade bleibt die ganze Zeit still liegen und der Oberschenkel bewegt sich wie ein Scheibenwischer. Gute Biomechanik, die hier von der Jugendlichen Millie Dove, die dieses Schema lernt, und von der Olympia-Reiterin Heather Blitz gezeigt wird.

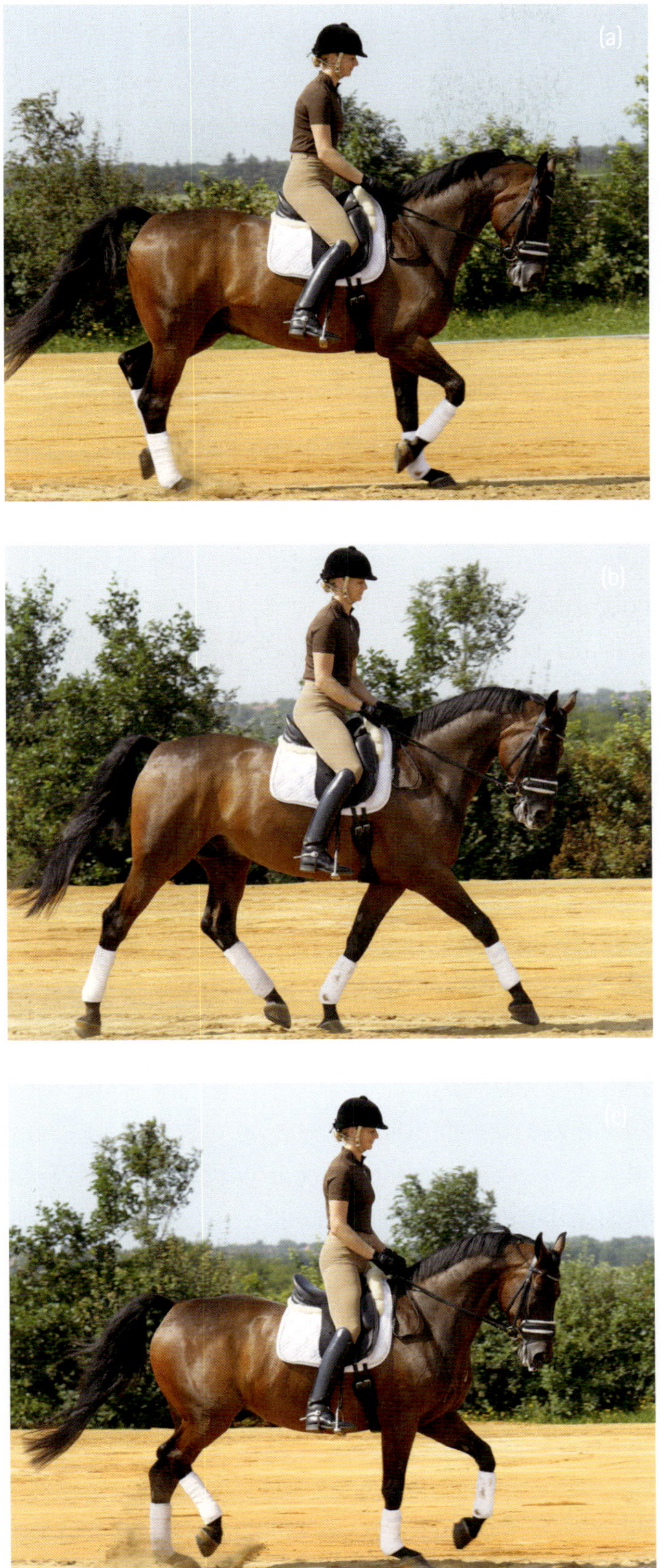

Im Gegensatz dazu werfen nervöse Vollblüter »Flummis«. Die Reiterin, die von der »Flummihaftigkeit« des Pferdes aus dem Sattel katapultiert wird, verliert die Kontrolle über das Tempo und das Spiel wird schneller, außer wenn sie es schafft, eine kurze Pause bei jeder Landung zu machen (ohne lasch zu werden wie ein Bohnensäckchen). Dies hält die Beine des Pferdes einen Sekundenbruchteil länger auf dem Boden. Wenn die Reiterin dazu noch eine kurze Pause am obersten Punkt des Aufstehens machen kann, (wenn das andere diagonale Beinpaar gerade abfußt), wird dies auch helfen, die Beine des Pferdes etwas länger auf dem Boden zu halten. Dies verlangsamt das Tempo des Pferdes und verändert die Art, wie das Fasziennetz vom Boden zurückstößt. Nun hat es keine andere Chance, als der Reiterin Tennisbälle zurück zu werfen (siehe Abb. 4.4).

Diese Fähigkeit kann nur auf einer richtig guten Technik im Leichttraben aufgebaut werden. Um dies zu verstehen, stellen Sie sich vor, dass der Oberschenkel der Reiterin sich wie ein Scheibenwischer bewegt und um das Knie als Dreh- und Angelpunkt herum rotiert (siehe Abb. 4.4). Ihr Becken bewegt sich beim Leichttraben viel mehr als ihre Schulter: Der Winkel zwischen Oberkörper und Oberschenkel öffnet sich beim Aufstehen und schließt sich beim Hinsetzen. In jedem Fall verändert sich nichts vom Knie nach unten, was bedeutet, dass sie sich nicht aus dem Steigbügel hochdrücken darf, sodass der Fuß beim Aufstehen nach vorne kommt. Der Fuß darf auch nicht nach hinten kommen, wenn sie sich wieder hinsetzt, und dabei einen Tritt oder Stups geben (worüber sie sich vielleicht gar nicht bewusst ist). Für das Pferd wird dies auch bald nicht mehr bewusst sein und die Reiterin trainiert das Pferd, nicht mehr auf das Bein zu reagieren. Die OFL und ORL müssen die Wade der Reiterin in der Bewegung stabilisieren, so dass die ganze Aktion über ihrem Knie passiert, während ihre Füße still und leicht im Bügel bleiben.

Am höchsten Punkt des Aufstehens sollte der Oberkörper der Reiterin in der Senkrechten sein; jedoch sollte er beim Hinsetzen eher dazu tendieren, leicht nach vorne geneigt zu seien. Sonst verliert sie die Kontrolle darüber, wie sie landet und hätte Schwierigkeiten damit, wieder aus dem Sattel zu kommen. Das Hüftgelenk der Reiterin öffnet sich beim Aufstehen und schließt sich wieder beim Hinsetzen, jedoch wollen wir das Scharnier des mittleren Rückens in der neutralen Position belassen. Doch Reiterinnen mit Hohlkreuz neigen dazu, noch hohler zu werden, wenn sie aufstehen und wenn sie dann noch hohl im Sattel landen, können sie sehr leicht wieder aus dem Sattel katapultiert werden. Reiterinnen mit einem runden Rücken werden eher wieder neutral, wenn sie aufstehen (jedoch bekommen manche auch ein Hohlkreuz), aber sie neigen dann dazu, sich wieder zu runden, wenn sie sich hinsetzen, und dies kann dazu führen, dass sie zu schwer landen.

Dies lässt Sie vielleicht denken, dass eine Reiterin mit rundem Rücken eher dazu geneigt ist, ein »nervöses« Pferd zu dämpfen, während Reiterinnen mit Hohlkreuz – vor allem die emotional angespannten – besser mit einem fauleren Pferd dran wären. Während wir alle unseren Lieblingstyp von Pferd haben (das gut auf die Spannung in unserem Fasziennetz reagiert), brauchen wir eigentlich Fertigkeiten, die unser Repertoire erweitern und uns helfen, jedes Pferd, das wir reiten, zu »lesen« und zu verändern, indem wir lernen, wie wir unsere Rückstöße im Sattel verändern, um auch die Rückstöße des Pferdes vom Boden zu verändern.

DIE SCHUBKRÄFTE IM LEICHTTRABEN NUTZEN

Es ist ein fundamentaler Grundsatz der Biomechanik, dass es die Reiterin schaffen muss, sich an die Kraft der Bewegung des Pferdes anzupassen und das Leichtraben ist der leichteste Weg, das zu erlernen. (Im Aussitzen muss die Reiterin dies auch tun und dabei komplett ruhig aussehen– dazu braucht es mehr Fertigkeiten und Erfahrung.) Die Reiterin verlässt den Sattel, wenn das innere Hinterbein des Pferdes sich vom Boden abstößt, und wenn die Reiterin weniger Schub als das Pferd hat, hat das Pferd das Gefühl, sie hinter sich her zu schleppen.

Den meisten Reiterinnen wird beigebracht, weniger Schub aufzubringen, indem sie »das Aufstehen klein und ordentlich halten«. Wenige Reiterinnen bringen nach dem ersten Lernprozess zu viel Schub auf. Wenn die Reiterin zu wenig Schub aufbringt, bleibt ihr Schwerpunkt hinter dem des Pferdes zurück, und sie befindet sich auf Wasserskiern hinter dem Motorboot des Pferdes. Während das Pferd sie hinterherzieht, wirft es ihr Bälle zu, die schneller und »sprunghafter« sind. Diese Pferde sind wie Typ-A-Menschen (die umherrennen und Herzanfälle bekommen), während das faule »Bohnensäckchen«-Pferd wie Typ B ist, die »Couch Potato«. Es wird sich glücklich entscheiden, dass der »klitzekleine« Trab die beste Antwort auf das »klitzekleine« Leichttraben der Reiterin ist. Sie einigen sich darauf, ein untermotorisiertes Spiel mit kleinen Würfen zu spielen, jedoch werden Sie diese Idee der »klitzekleinen« Bewegung einem aufgedrehten »Motorboot«-Pferd kaum verkaufen können!

Nehmen wir an, die Reiterin muss die Beine eines Pferdes ausbremsen, das mit ihr wegläuft. Die instinktive Antwort ist, »hooo« zu denken und das Leichttraben zu verkleinern und weniger energisch werden zu lassen. Aber dann bleibt ihr Schwerpunkt noch mehr zurück und das »Motorboot« kann noch schneller werden! Wenn die Reiterin das Pferd nicht durch kleine

Pausen verlangsamen kann, dann ist die einzige Taktik, die Geschwindigkeit der Scheibenwischer zu verlangsamen, während man immer noch bis zum oberen Ende der Scheibe kommt, also indem man immer noch den Schub des Pferdes angepasst aufnimmt und den korrekten Balancepunkt findet. Dazu muss die Reiterin so aufstehen und hinsitzen, als ob sie gegen einen Widerstand arbeitet; stelle Sie sich vielleicht vor, wie Sie sich durch Wasser oder sogar dicken Sirup bewegen.

Das hat tiefgreifende Auswirkungen. Stellen Sie sich eine Reiterin vor, die nicht so mutig ist, mit einem flotten Pferd »mitzugehen« und sich stattdessen zurücklehnt und »hooo« denkt. Nach den Gesetzen der Physik sagt diese Reiterin dem Pferd, dass es »los« soll. Ähnlich, wie wenn ein Skifahrer sich zurücklehnt, während er denkt: »Ich will eigentlich wirklich nicht diesen Berg runter fahren ...« Dies garantiert, dass die Skier unter ihm noch schneller werden. Angst lässt unsere schlimmsten Vorstellungen wahr werden!

Ob auf Skiern oder auf dem Pferd, es ist für viele Menschen eine Herausforderung, sich darauf einzulassen, sich der Kraft der Bewegung anzupassen und über dem korrekten Balancepunkt zu bleiben. Für viele Reiterinnen, deren Ziel das Dressurreiten ist, ist dies eine mutige Tat und meistens nicht das, worauf sie dachten, sich einzulassen! Während Sie lernen, wie Sie Ihr Fasziennetz strukturieren können, wird Ihnen Ihre zunehmende Stabilität mehr Mut geben, um die Herausforderung anzunehmen. Ihr Pferd wird es Ihnen danken und Ihr Reiten wird zu Verbundenheit mit ihm führen und nicht zu Streit.

Es ist so leicht für Reiterinnen, in dieser Wasserski-/Motorbootdynamik hängen zu bleiben und mit wenig Kontrolle davongetragen zu werden. Es ist genauso leicht, das »Trampolin« eines faulen Pferdes mit einer schweren »matten« Landung noch mehr zu »dämpfen«. Elitereiterinnen sehen es als selbstverständlich an, dass sie den Trab jedes Pferdes in kurzer Zeit zu einem »Tennisballspiel« machen können, und wegen des Fluchs der unbewussten Kompetenz können sie oft ihren Schülern nicht helfen, das Problem der »Bohnensäckchen« und »Flummis« zu lösen.

Wenn Reiterinnen lernen, ihre OFL und ORL auszubalancieren und gleichzeitig zu atmen und »niederzudrücken«, machen sie die ersten Schritte auf dem Weg, stärker und robuster zu werden und dazu im Stande zu sein, das eigene und das Fasziennetz des Pferdes angemessen anzuspannen. Dies bringt sie in die Lage, den »Ton anzugeben«, was die Selbsthaltung des Pferdes, die Schnelligkeit der Schritte und die Sprungkraft seiner Bewegungen angeht. Es gibt natürlich die gleichen Herausforderungen beim Aussitzen; jedoch ist Leichttraben sehr gut geeignet, um die entsprechenden Fähigkeiten zu entwickeln. Die erste Lektion ist es, die OFL und die ORL auszubalancieren – auf beiden Seiten und bei Ihnen beiden – und diese Balance in der Spannung zwischen der Vorder- und Rückseite wird die Bewegung des Pferdes verändern und seinen Rücken viel bequemer zum Sitzen machen.

Kapitel 4 Fußnoten:

1. Gellman, K.S., and Bertram, J.A.E., 'The equine nuchal ligament 1: structural and material properties' and 'The equine nuchal ligament 2: passive dynamic energy exchange in locomotion', *Veterinary and Comparative Orthopaedics and Traumatology* (2002), 55 15(1):pp.1–6; 7–14
2. Wanless, Mary, *Ride With Your Mind Essentials* , Kenilworth Press (2001)
   Wanless, Mary, *Ride With Your Mind Clinic*, Kenilworth Press (2008)
   Wanless, Mary, *The Naked Truth of Riding* , DVD set, Self-published (2014)

KAPITEL 5: DIE SEITLICHEN LINIEN DER REITERIN UND DES PFERDES – DAS MITTLERE UND ÄUSSERE STABILITÄTSSYSTEM

DIE SEITLICHEN LINIEN DER REITERIN

Wir werden jetzt voraussetzen, dass die Oberflächliche Rücken- und Frontallinie schon gut stabilisiert sind und werden unsere Aufmerksamkeit auf die zwei Seitenlinien (SL) legen, die an der Seite des Körpers vom Ohr bis zur äußeren Wölbung des Fußes entlanglaufen. Sie bilden das, was wir als das »äußere Stabilitätssystem des Körpers« bezeichnen können und bilden auch die Grundlage für das »mittlere Stabilitätssystem«.

Wie schon bei den Oberflächlichen Rücken- und Frontallinien beschreibe ich die SL von oben nach unten (siehe Abb. 5.1). Die Spannung allerdings wird in Wirklichkeit in beide Richtungen durch die Linien geleitet. Gerade bei Reiterinnen richtet sich die Spannung häufig sowohl in Richtung Taille wie auch weg von der Taille, da die Faszie der einen SL sich zusammenzieht und kurz bleibt, während die SL auf der anderen Seite lang bleibt.

Jede SL entstammt aus zwei Bändern, von denen eins in das Gelenk kurz über dem großen Zeh (an der Basis des ersten Mittelfußknochens) und das andere in das entsprechende Gelenk des kleinen Zehs führt. Beide Bänder verlaufen um die Außenseite des Mittelfußes, unterstützen das seitliche Fußgewölbe und hängen sich hinter dem deutlich sichtbar kleinen Knubbel des Außenknöchels ein. Die Linie läuft weiter durch die Muskeln der äußeren Wade, die in den Tractus iliotibialis übergehen, eine sehr starke Schicht von Fasziengewebe, die man etwas über der Außenseite des Knies fühlen kann. Dann verlaufen sie an der Außenseite beider Oberschenkel als ein definiertes Band, das man bei fitten, erfahrenen männlichen Reitern sehr gut sieht, das aber auch bei Frauen existiert und äußerst stark ist.

Das Band wird dann breiter, um den knochigen Knubbel des Oberschenkelknochens zu umschließen (den großen Trochanter des Oberschenkelknochens). Auf diesem landet man, wenn man beim Skifahren seitwärts hinfällt, und er ist leicht zu erfühlen (siehe Abb. 5.2).

Von hier ab wird die Linie zu einer »Y«-Form, deren Äste sich mit der Vorder- und Rückseite des Beckenkamms verbinden, den knochigen Kanten, auf denen Ihre Hände ruhen, wenn Sie die Arme »in die Hüfte« stemmen.

Von hier verläuft die SL weiter als Reihe von Kreuzen, die der gekreuzten Schnürung eines Turnschuhs ähneln, wobei sie die Vorder- und Rückseite Ihres Oberkörpers im Grunde zusammenschnüren. Es gibt ein großes »X«, das sich an Ihren Seiten zwischen Rippen und Hüfte kreuzt, wobei es durch die oberflächlichen und tiefen schrägen Bauchmuskeln verläuft. Zwischen jeder Rippe liegen zwei Lagen von Muskeln (die Interkostalmuskulatur), die auch über Kreuz verlaufen und eine Art Korbgewebe aus lauter kleinen Überkreuzungen bilden.

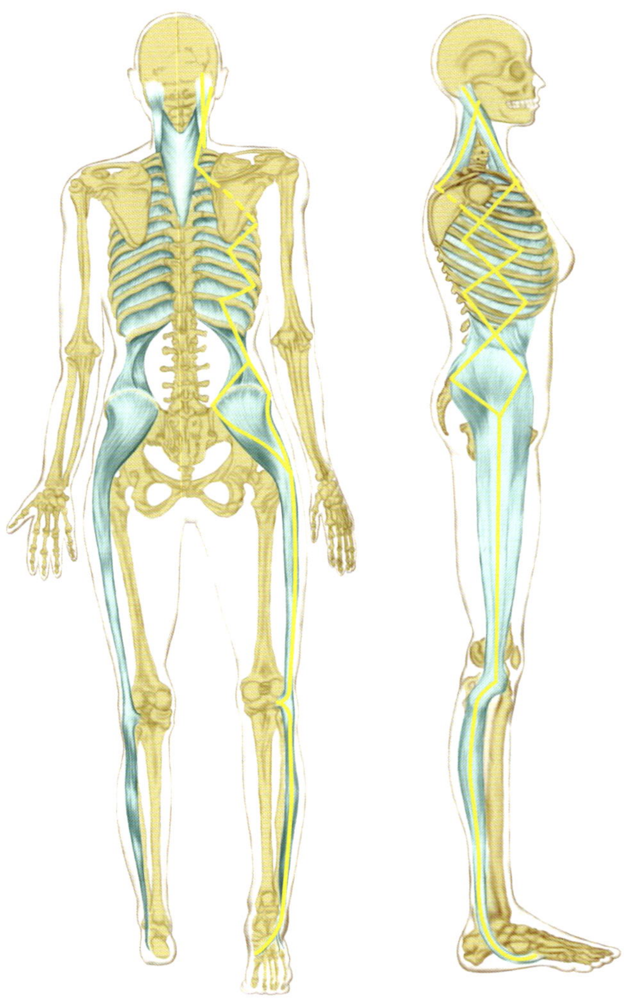

Abb. 5.1: Die Seitenlinien von hinten (a) und der Seite (b). Hier sieht man die »Kreuzschnürung, die die Seiten mit der Oberflächlichen Frontallinie und die Oberflächliche Rückenlinie vorne und hinten verbindet.

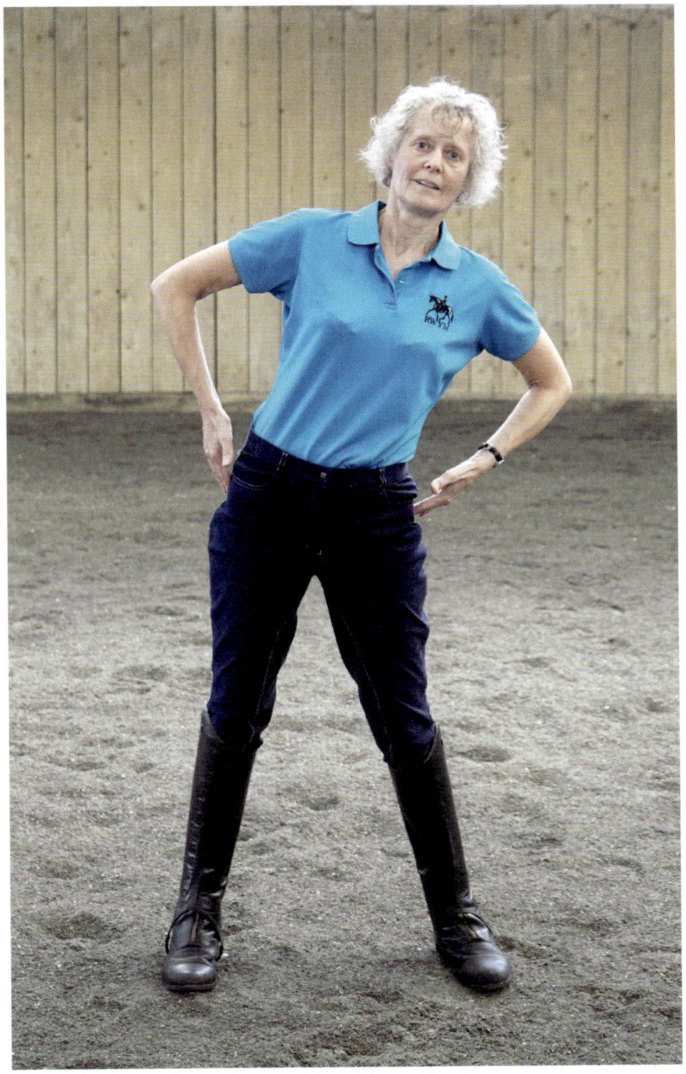

Abb. 5.2: Sie finden den großen Trochanter des Oberschenkelknochens, indem Sie die Hände auf die Naht Ihrer Unterwäsche legen und sich zur Seite neigen. Er sollte deutlich auf der Seite, zu der Sie sich neigen, zu fühlen sein.

Diese verbinden all Ihre Rippen entlang Ihrer Seiten, jedoch bald von der großen Schultermuskulatur überdeckt. Doch am Hals tritt die SL mit einem letzten Kreuz wieder zum Vorschein, das aus zwei breiten Muskeln besteht, die dazu dienen, den Kopf ausbalanciert und ruhig zu halten, während sich Ihr Körper darunter bewegt – ein aktiver Prozess beim Laufen wie auch beim Reiten.

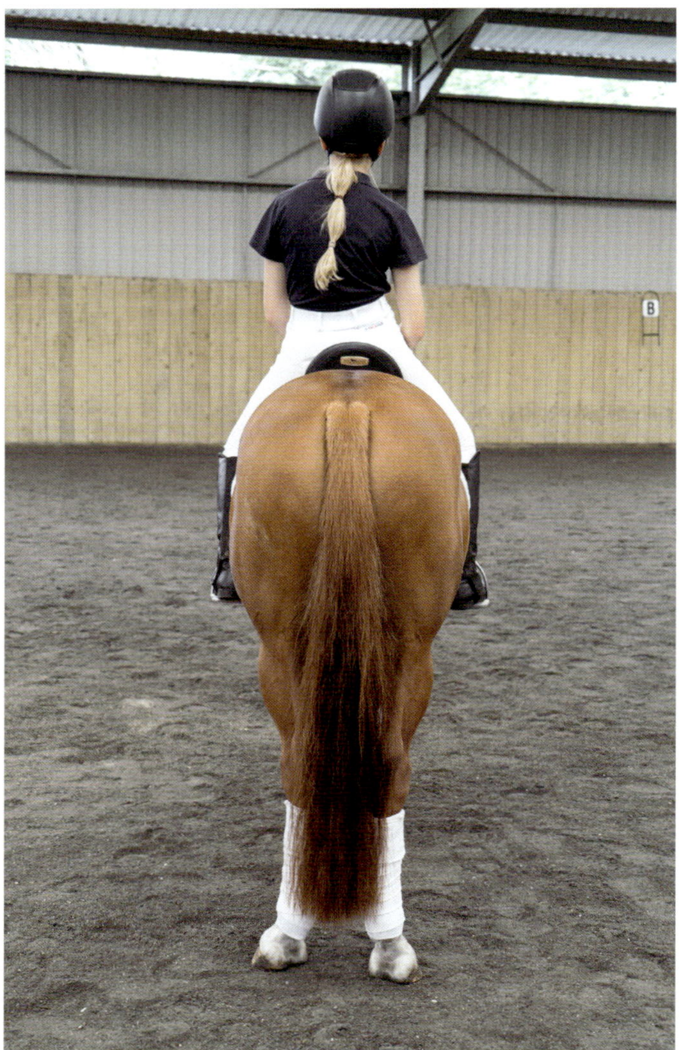

Abb. 5.3: Von hinten betrachtet haben viele Reiterinnen eine größere, runder aussehende Gesäßseite, welche dazu tendiert, seitlich vom Sattel zu rutschen – dies ist die »mädchenhafte« Seite, die man hier auf der linken Seite sieht.

Bei Fischen bieten die SL hauptsächlich die Bewegungskraft für die Fortbewegung, wohingegen sie bei Menschen ein anpassungsfähiges Stabilitätssystem an der Außenseite des Körpers bilden, das auf der Stützseite aktiviert wird, wenn Ihr Fuß bei jedem Schritt Kontakt mit dem Boden hat. Die Anpassungsfähigkeit und die Fähigkeit, diese Linien zu straffen, sind für den schwingenden Skifahrer, den ausweichenden Fußballer und die reaktionsschnelle, aber stabile Reiterin notwendig.

Es wäre so hilfreich, wenn wir alle unsere Reitkarriere mit zwei gleichstarken SL beginnen könnten! Aber leider verzerren wir sie jedes Mal, wenn wir eine schwere Schultertasche tragen, wobei wir schnell an dem Punkt sind, an dem die Tasche nur noch auf einer Seite bequem zu tragen ist. Wenn man ein kleines Kind immer nur auf einer Hüfte trägt, entstehen noch tiefergehende Verzerrungen. Wenn Sie eine Reiterin im Stehen von hinten anschauen – selbst eine junge Reiterin, die noch nicht viel Erfahrung mit dem Tragen von Kindern oder Schultertaschen gemacht hat –, werden Sie fast immer sehen, dass eine Seite des Beckens »mädchenhafter« aussieht, wohingegen die andere »jungenhafter« aussehen kann (kein Sexismus beabsichtigt). Die »mädchenhafte« Seite, welche das größere, rundere, femininere Gesäß hat, ist die Seite mit der längeren SL (siehe Abb. 5.3).

DIE SEITENLINIEN BEIM PFERD

Die SL beim Pferd (siehe Abb. 5.4) sehen den menschlichen sehr ähnlich, sie »schnüren« die Seiten und helfen der seitlichen Stabilität. Sie verlaufen von kurz hinter dem Ohr durch den Hals zu den kleinen Muskeln zwischen den vielen Rippen und auch zu den seitlichen schrägen Bauchmuskeln, welche das »X« hinter den Rippen formen. In der Hinterhand drehen sich die SL um 90 Grad (nicht bei uns mit unserer gestreckten Hüfte) und führen nach unten zur Außenseite des Sprunggelenks (das Äquivalent zu unseren Fersen).

In der Vorstellung der Veterinärwissenschaftler sind die SL nicht x-förmig, sondern v-förmig. Sie bezeichnen die Reihe der oberen umgedrehten Vs als Tiefe Seitenlinie. Sie verläuft unter dem Schulterblatt hindurch und durch die tiefe Halsmuskulatur, wodurch sie zu einer seitlichen Biegung des Pferdes führen, wenn sein Kopf oben und der Rücken durchgedrückt ist.

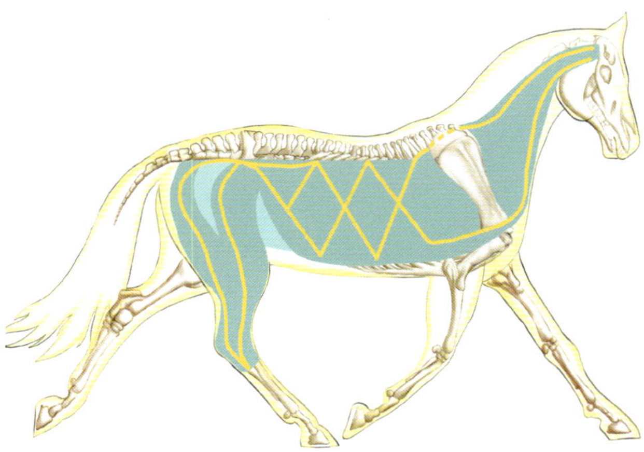

Abb. 5.4: Die seitlichen Linien des Pferdes spiegeln die des Menschen, da auch sie »X-Formen« an seiner Seite bilden. Wenn das Pferd ein Hohlkreuz macht, dann bringt die obere Reihe der »Vs« es dazu, seine eine Seite zu verkürzen und die andere zu verlängern. Wenn es seinen Rücken anhebt und an den Zügel tritt, dann verkürzt der untere Satz der »Vs« die eine Seite und verlängert die andere. Dies können Sie mit Ihrem eigenen Körper nachmachen, indem Sie ein Hohlkreuz machen oder einen Rundrücken, während Sie sich zu einer Seite lehnen.

Die unteren »Vs« bezeichnen Wissenschaftler als Oberflächliche Seitenlinie (OSL), welche nicht nur durch die kleinen Muskeln zwischen den Rippen führt, sondern auch durch den großen und wichtigen Vastus Lateralis. Dies ist der Muskel, den das Pferd benutzt, um Fliegen zu verscheuchen, und zwar in einer Art, die für Menschen nicht mehr möglich ist! Der Vastus-Muskel liegt buchstäblich in der Haut, aber mit einer Dicke von circa 3,05 cm ist er groß und stark genug, um zum seitlichen Gleichgewicht des Pferdes beizutragen. Außerdem verbindet er die SL mit der Außenseite der Sprunggelenke, was den Mechanismus erklärt, mithilfe dessen unser Unterschenkel die Hinterhand des Pferdes beeinflussen kann.

Diese oberflächlichen Äste der SL laufen über das untere Ende des Schulterblattes, dann wieder durch den Vastus-Muskel und dann durch oberflächlichere Muskeln des Halses, um darauf ein kleines Stück hinter den Ohren des Pferdes mit der Oberlinie zu verschmelzen. Wenn sich diese unteren »Vs« annähern, biegt die SL das Pferd seitlich und biegt ebenfalls den Rücken und den Hals des Pferdes, was seine Selbsthaltung beeinflusst.

Ungleichgewicht zwischen den SL der beiden Seiten hat einen ungleichen Zügelkontakt und Schwierigkeiten in Wendungen zur Folge. Eine in kurzem Zustand feste SL auf einer Seite wird es für das Pferd unmöglich machen, sich in die entgegengesetzte Richtung zu biegen. Viele Reiterinnen denken, dies ist die primäre Problematik, aber ich denke, es ist das Problem jenseits des ursprünglichen Problems, welches in der Tendenz liegt, am Widerrist »abzuknicken«.

Wenn das Pferd nach außen fällt, verhält sich sein Widerrist wie das Gelenk eines Sattelschleppers, und das Pferd wird zum »Klappmesser« (siehe Abb. 5.5 (c)). Sein Oberkörper folgt dann seinem Widerrist, und Sie wissen wahrscheinlich durch eigene Versuche, dass jeder Versuch, durch Ziehen am inneren Zügel zu lenken zum Scheitern verurteilt ist! Die äußere SL und die äußere ORL des Pferdes sind dann überdehnt: sie sind in die Länge gezogen und im langen Zustand fest – das erinnert an ein Kind, das seinen Kaugummi zu einer langen dünnen Schnur zieht (Entschuldigung!).

Wenn die Linie, die im kurzen Zustand fest ist, auf der Außenseite liegt, wird das Pferd eher nach innen fallen – und während dies auch eine Herausforderung ist, ist die instinktive Reaktion der Reiterin nicht so schädigend wie die, wenn es nach außen fällt.

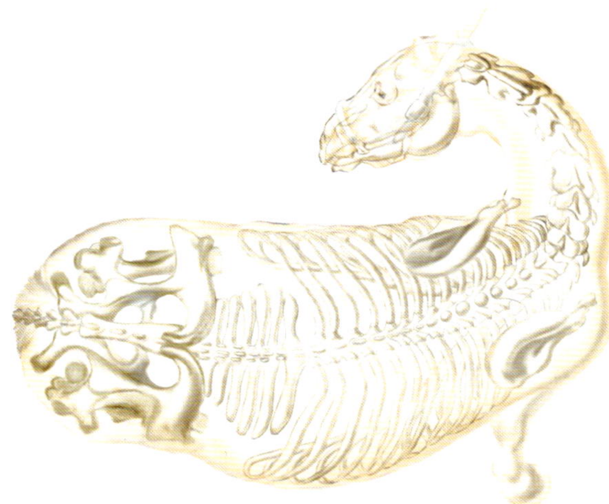

Abb. 5.5: (a) Der biegsamste Teil des Pferdes ist der Hals, an zweiter Stelle in Sachen Biegsamkeit kommt der Teil vom achten bis zum sechzehnten Brustwirbel. Diese Biegung beansprucht die seitlichen Linien und auch die Spirallinien (siehe Kapitel 8), welche den Hals und Torso rotieren lassen. Auch bei uns Menschen gehen Rotationen einher mit seitlicher Biegung.

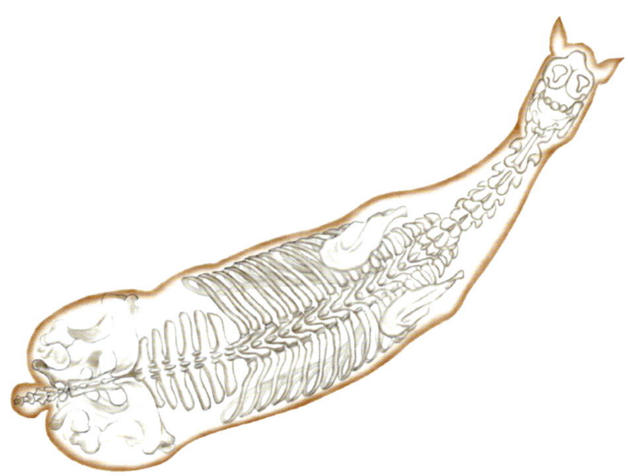

Abb. 5.5: (b) Diese Abbildung zeigt die ideale Biegung auf einem 20-Meter-Zirkel. Dies wird möglich, wenn die Reiterin die äußere Begrenzung ihres Pferdes aufrechterhalten kann, so dass es eher »ausgefüllt« als langgestreckt wird.

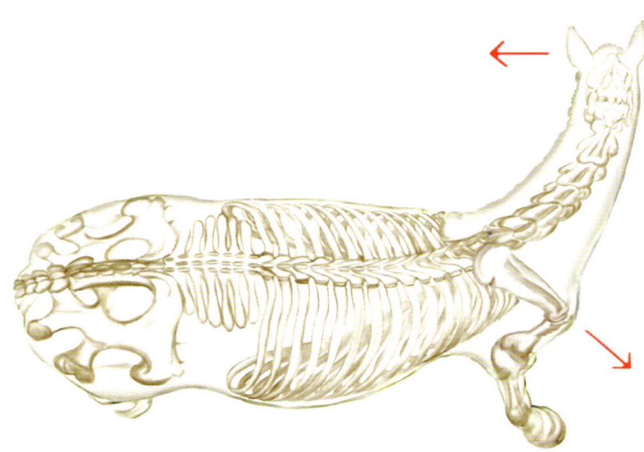

Abb. 5.5: (c) Das Klappmesser, bei dem das Pferd genau vor dem Widerrist einknickt, anstatt die Biegung anzunehmen, die sich aus kleineren seitlichen Verschiebungen in viel mehr Gelenken ergibt. Das passiert sehr oft, wenn die Reiterin am inneren Zügel zieht: Die Nase des Pferdes wird zu dieser Seite gezogen, während sein Widerrist und Rumpf in die andere Richtung gehen.

DER BRUSTKORB UND DIE HINTERBEINE

Der Unterschied zwischen den beiden SLs wird häufig sehr offensichtlich, wenn ein junges Pferd zuerst an der Longe gearbeitet wird, und die meisten Trainer beschreiben es so, dass das Pferd eine »steife Seite« und eine »weiche Seite« hat. Der Zügelkontakt ist auf der steifen Seite meistens recht stark und auf der weichen oder hohlen Seite kaum merkbar. Das Pferd nimmt weder auf beiden Seiten gleichmäßig Last auf, noch drückt es sich mit beiden Hinterbeinen gleichmäßig vom Boden ab. Diese Ungleichheit erstreckt sich meistens auch auf unausgeglichene Funktional- und Spirallinien (siehe Kapitel 6 und 8) und führt dazu, dass es seinen Brustkorb zu einer Seite hält – was man häufig an einem unsymmetrischen Schwung des Brustkorbs von einer Seite zur anderen erkennt.

Viele Autoren, die über das Reiten schreiben, meinen, dass das Hinterbein auf der Seite, auf der der Brustkorb herausragt, in der Bewegung eingeschränkt ist, aber mehr Last trägt. Dies wird oft als das »tragende Bein« bezeichnet. Das andere Bein kann leichter unter den Körper treten, aber trägt weniger Gewicht. Manche Autoren nennen es das »schiebende Bein«. Dies wirft zwei Fragen auf. Die erste lautet: »Wie stark werden die Hinterbeine von der Position des Brustkorbs beeinflusst, und wie asymmetrisch sind die Hinterbeine (und auch die Hinterhand) von selbst?« Dies spiegelt die sprichwörtliche Frage über das Huhn und das Ei wider! Doch wie dem auch sei, meiner Erfahrung nach kann die Reiterin auf eine solche Ungleichheit am besten Einfluss nehmen, indem sie lernt, wie sie die Position des Brustkorbes neu ausrichtet, ohne sich auf die Hinterhand oder die Hinterbeine zu fokussieren.

Als Zweites müssen wir uns fragen: »Drückt das schiebende Bein Gewicht in Richtung der Schulter auf der gleichen oder auf der gegenüberliegenden Seite (die Seite des herausgewölbten Brustkorbes ist?« Die zwei oberflächlichen Rückenlinien übertragen parallel zu der Wirbelsäule des Pferdes Kraft, wie auch die SL es tun würden, wenn sie gleich stark wären. Doch die spiralförmigen Zuglinien (die Funktional- und Spirallinien) verlaufen diagonal über die Wirbelsäule, was nahelegt, dass das Muster des gesamten Netzes sich von Pferd zu Pferd und auch in den verschiedenen Gangarten und Bewegungen unterscheiden kann.

Reiterinnen wurde oft gesagt, dass ein Pferd, wenn es gut auf dem Zirkel und im Schulterherein läuft, mehr Gewicht auf dem inneren Hinterbein trägt. Wir wissen eigentlich nicht, ob das wahr ist und Hillary Clayton, Professor Emerita von der Michigan State Universität, hat in ihrem Labor gezeigt, dass wenn ein Pferd an der Longe gearbeitet wird, die äußeren Vorder- und Hinterbeine eigentlich mehr Gewicht tragen als die inneren.[1]

Traditionell wurde uns beigebracht, dass unsere reiterlichen Eingriffe die Hinterbeine des Pferdes zum Ziel haben sollen, um ihre schiebende und tragende Kraft zu entwickeln und auszugleichen. Aber wenn wir uns die Wirbelsäule des Pferdes als einen Zug mit 32 Anhängern, die aneinanderhängen, vorstellen, fährt dieser Zug nicht auf Gleisen. (Zwischen dem Genick und dem Schweifansatz gibt es 32 Gelenke zwischen den Wirbeln, die unterschiedliche Grade an Biegung erlauben. Wie aus Abb. 5.5 (a), Seite 96, klar wird, summieren sich auch kleine Mengen). Wenn der Zug also von hinten angeschoben wird, kann er sehr wackelig werden, vor allem wenn die Anspannseile des Pferdes sehr locker gespannt sind! Vergleichen Sie: Sie können das Ende eines Besenstiels schieben, aber nicht ein Seil.

Deswegen tut ein Pferd gut daran, sich von vorne zu ziehen und seine ganzen »Waggons« passiv folgen zu lassen.[2] Dies weist darauf hin, dass die Geraderichtung des Pferdes weiter am Anfang der »Ausbildungsskala«

stehen sollte, da ohne sie der »Zug« des Pferdekörpers sehr einfach »entgleisen« kann.

Dr. Andrew McLean, eines der Gründungsmitglieder der »International Society of Equitation Science«, ist einer der führenden Befürworter der Idee, dass die Vorderbeine mindestens genauso wichtig sind wie die Hinterbeine und ebenso selbstständig angesprochen werden sollten, statt als passive Empfänger des Gewichts, das von der Hinterhand kommt, angesehen zu werden.[3] Genau genommen sagen die Vorderbeine den Hinterbeinen durch den »zentralen Mustergenerator«, was sie zu tun haben. Dies ist ein neuraler Oszillator – ein Nervenbündel, das im Rückenmark liegt und wie ein Lichtschalter mit mehreren Einstellungen wirkt. Er reguliert die rhythmischen Bewegungen der Gliedmaßen. Dr. Andrew McLean argumentiert mit großer Leidenschaft für die Veränderung der Ausbildungsskala.[4]

BIEGSAME KÖRPERTEILE

Der Hals des Pferdes ist der biegsamste Teil des Körpers, wobei die meiste Bewegung zwischen dem Genick und dem Atlaswirbel passiert (siehe Abb. 5.5 (a), Seite 96). Dieses Gelenk erlaubt eine Biegung nach innen – wenn das Pferd ein Horn hätte wie ein Einhorn, könnte es allein ausgehend von diesem Gelenk bis zu 40 Grad in alle Richtungen zeigen, das in seiner aufrechtesten Position eine Kuhle kurz hinter dem inneren Ohr erzeugt. Die zweitflexibelste Stelle des Pferdes liegt vor dem Widerrist, zwischen den beiden untersten Halswirbeln (C6 und C7). Diese bildet gemeinsam mit den benachbarten Gelenken das Scharnier »am Widerrist«, welches dem Pferd erlaubt, abzuknicken wie ein Klappmesser (siehe Abb. 5.5 (c), Seite 96).

Die winzigen seitlichen Verschiebungen zwischen den Wirbeln des Brustkorbs und der Lenden haben es uns ermöglicht, die verschiedenen Seitwärtsbewegungen zu erfinden, die wir in Kapitel 8 anhand der Spirallinien betrachten werden. Sie erlauben aber auch kreative Fehlinterpretationen des Pferdes – vor allem, wenn seine seitlichen Anspannseile in unterschiedlichen Längen starr oder so locker gespannt sind, dass die Lenkung vergleichbar mit der Aufgabe ist, einen Berg Nudeln aufzureihen!

Viele Bücher haben Diagramme ähnlich wie Abb. 5.5 (b), Seite 96, welche die ideale Biegung auf einem Zirkel zeigen, jedoch zeigen sie nicht das Klappmesser wie auf Abb. 5.5 (c), Seite 96. Es gibt einen riesigen Unterschied zwischen den beiden und es bringt uns nichts, so zu tun, als würde Abb. 5.5 (c) nie passieren! Meine Erfahrung ist, dass die Reiterin, außer wenn sie sehr erfahren ist, lernen muss, wie sie die beiden SLs ausgleichen kann (und das Klappmesser in Schach zu halten), bevor sie erfassen kann, wie man ein Pferd »biegt«.

Mein Ansatz in diesem Kapitel ist es, Ihnen zu zeigen, wie Sie Ihr Pferd auf der Linie Ihrer Wahl steuern können, indem Sie den Widerrist, Hals, Kopf und Brustkorb so positionieren, dass die SLs gleichmäßiger werden. Das wiederrum hilft, die Asymmetrie des Brustkorbs auszugleichen und beeinflusst indirekt die Schritte der Hinterbeine, da sie dann nicht mehr von der Ungleichheit beschränkt werden. Diese Methode ist ungewöhnlich, denn sie basiert darauf, dass Sie Ihre beiden SLs ausbalancieren müssen, während Sie entdecken, wie Sie die Ihres Pferdes ausbalancieren – doch es ist eine sehr praktische Methode, um Ihnen beim Steuern zu helfen, und im Gegensatz zu den Abhandlungen rund um das »Biegen« werden hier keine Fertigkeiten vorausgesetzt, die Sie nicht haben. (Wir werden in Kapitel 8 dazu kommen, wenn es um Spirallinien geht; widerstehen Sie der Versuchung, sich selbst zu überholen!)

INTERAKTION ZWISCHEN REITERIN UND PFERD

Unsere besten Absichten als Reiter zeigen sich nicht immer in der Realität. Insbesondere die Lenkung bringt diese Diskrepanzen zum Vorschein, und die »Grundposition«, die durch unsere ungleichen SL verursacht wird, beeinflusst das Pferd auf eine Weise, die oft völlig offensichtlich ist, manchmal aber auch so subtil, dass sie außerhalb unserer Wahrnehmung bleibt.

Allzu oft kann die Kombination unserer Grundposition und der Grundposition des Pferdes ein Problem im Quadrat sein, nicht nur ein doppeltes Problem (und manchmal sogar 1+1=11!). Das bedeutet, dass Bodenarbeit oft ein hilfreicher Weg ist, die Auswirkungen zu reduzieren, die ungleiche SL auf die Selbsthaltung und Bewegung des Pferdes und sogar auf sein Temperament haben kann, da die meisten asymmetrischen Pferde oft komische Angewohnheiten haben und für Lahmheiten prädestiniert sind. Außerdem wirkt sich unsere eigene Asymmetrie kaum aus, wenn wir auf dem Boden sind – im Gegensatz zum Reiten. Aber um unsere Reitfähigkeiten zu verbessern, müssen wir die Büchse der Pandora öffnen, also los geht's ...

SEITLICHE BIEGUNG UND HEISSLUFTBALLONS

Wenn wir daran denken, dass die »X« der SL die Außenseite des Oberkörpers der Reiterin wie Schnürsenkel zusammenschnüren, können wir uns Linien von Ösen vorstellen, die definieren, wo die SL die äußeren Ränder der oberflächlichen Frontallinie und der oberflächlichen Rückenlinie treffen. Diese Grenzen bilden vier starke Faszienbänder, die ungefähr vertikal sind und vorne und hinten mehr oder weniger dem Verlauf eines Hosenträgers folgen. Diese Anspannseile bilden das »mittlere Stabilitätssystem« des Körpers. (Wir werden das »innere Stabilitätssystem« in der tiefen Frontallinie der Körpermitte in Kapitel 9 antreffen.)

Wir können diese Bänder mit den vier Seilen eines Heißluftballons vergleichen, die den Ballon selbst (den Brustkorb und seinen Inhalt) am Korb (der Schale des Beckens) befestigen. Sobald die »Seile« des mittleren Stabilitätssystems nicht gleichmäßig gespannt sind, wird die Reiterin in einer Hüfte einknicken, und dies zeigt sich am deutlichsten an einem Längenunterschied zwischen ihren beiden Seiten, also im äußeren Stabilitätssystem der SL. Wenn sie einen Zirkel reitet, bei dem die in kurzem Zustand festen Faszie an der Innenseite ist, macht ihr Oberkörper eine »C«-Kurve nach innen mit Falten zwischen den Rippen und den Hüften. Auf der anderen Hand, wenn die im langen Zustand feste Faszie innen ist, wird die Reiterin normalerweise viel näher an der Vertikalen bleiben und besser lenken können.

Machen Sie die folgenden Übungen, entweder auf einem stabilen Stuhl oder auf einem Gymnastikball.

1. Kreuzen Sie die Hände auf dem oberen Teil Ihrer Brust und beugen Sie Ihren Oberkörper zu einer Seite. Achten Sie darauf, für welche Seite Sie sich entscheiden und wie leicht diese Seite Falten schlägt. Dies ist die Seite mit der festen kurzen Faszie.
2. Kommen Sie wieder in die Senkrechte und beugen Sie sich dann zur anderen Seite. Fast jeder findet, dass sich dies nicht so normal anfühlt und dass der Oberkörper nicht so leicht Falten schlägt – hier ist die Faszie lang und fest und die Muskeln sind fest im Zustand exzentrischer Belastung.
3. Es ist selten, dass jemand keine klar bevorzugte Seite für die Seitenbiegung hat. Diejenigen, die das nicht haben, haben meistens einen sehr quadratischen

Oberkörper, welcher von hinten vielleicht aussieht wie eine quadratische Tischplatte. Wenn Sie lang und biegbar sind, wird es Ihnen leichter fallen, sich seitlich zu biegen.

4. Wenn ein Gesäßknochen schwerer und einer leichter wird, während Sie diese Übung machen, denken Sie nicht, dass Sie wissen, wie dies auch beim Reiten passieren wird. Wenn die Oberfläche, auf der Sie sitzen, wie ein Sattel geformt ist, ist die Gewichtung der Gesäßknochen vielleicht anders (dies wird auf Seite 171 erklärt).
5. Beugen Sie sich zu der leichteren Seite und nehmen Sie eine Rotation dazu, wobei Sie die Schulter der längeren Seite nach vorne drehen. Dies wird sich vielleicht auch ganz gewöhnlich anfühlen. (Dies bezieht auch die Spirallinie von Kapitel 8 mit ein, doch es lohnt sich, das hier schon zu machen, damit Sie diese häufige Ergänzung der »C«-Kurve verstehen.)
6. Kommen Sie zurück zur normalen »C«-Kurve und rotieren Sie nun mit der gleichen Schulter nach hinten, sodass Sie nach oben schauen. Ich kann mir vorstellen, dass sich dies sehr komisch anfühlt – so etwas tut die Wirbelsäule bedingt durch die Form der Wirbel normalerweise nicht!
7. Wiederholen Sie diese beiden Bewegungen zur anderen Seite, um die Erfahrung, nicht »Sie selbst« zu sein, noch zu verstärken! Sie werden vielleicht einige Dehnungen in Faszien fühlen, die Sie nicht kennen. Testen Sie die Grenzen Ihrer Bewegung aus, aber riskieren Sie keinen gezerrten Muskel.

Nichts in der Natur ist symmetrisch, und auf einem Pferd nehmen die Gesäßknochen von so gut wie niemandem gleichmäßig Gewicht auf. Noch werden sie sich einfach so auf beiden Seiten der Wirbelsäule des Pferdes positionieren: Oft rutscht einer von der Wirbelsäule weg, und ein kleinen Teil der Reiterinnen wird sogar bemerken, dass die Wirbelsäule überkreuzt wird. Die Wirbelsäule der Reiterin biegt sich dann weg von der »mädchenhaften« Seite des Beckens (siehe Abb. 5.3, Seite 94), und die inneren Oberschenkel werden aus ihrer symmetrischen »V«-Form herausgezogen, die die Mittellinie des Pferdes umrahmen soll. Die Knie der Reiterin bleiben nicht eingehakt an der horizontalen Stange (siehe Seite 74) – das Knie auf der Innenseite der »C«-Kurve wird hochkommen, und/oder das andere wird nach unten kommen.

Immer wenn sich der Oberkörper einer Reiterin deformiert, gibt es große weiterreichende Effekte im ganzen Fasziennetz. Viele Reiterinnen, die ich kenne, finden, dass Physiotherapie eine große Hilfe dabei ist, ihr Muster zu ändern – und es kann tatsächlich die Notwendigkeit reduzieren, jahrelang Probleme zu kompensieren, es Jahre lang zu versuchen und jahrelang keinen Erfolg zu haben.

WESSEN PROBLEM IST ES?

Wenn Reiterinnen mit den so entstehenden Schwierigkeiten beim Lenken des Pferdes leiden, reden sie sich vielleicht ein, dass die Probleme allein von ihrem Pferd kommen. Natürlich bringen Pferde die Probleme ihrer unorganisierten Zuglinien mit in die Partnerschaft – aber genauso tun es auch die Reiterinnen. Wenn ein Pferd von alleine eine Wendung geht, neigt es dazu, sich weiter nach innen zu lehnen, als wir Reiterinnen es bequem finden, und wir haben wohl fast alle schon »die Wand des Todes« erlebt! Doch Pferde fallen eigentlich nie nach außen, wenn sie alleine wenden, und der Beitrag der Reiterin zu dem gemeinsamen Problem verstärkt meistens diese Neigung.

Auf jeder gebogenen Linie oder auf jedem Zirkel wirft die Zentrifugalkraft meist beide nach außen, genau wie im Schleudergang einer Waschmaschine die Wäsche nach außen geworfen wird. Wenn die Innenseite der Reiterin in langem Zustand fest ist, dann kann sie dieser Kraft weitestgehend widerstehen, und ein kleiner Teil der Reiterinnen wird sich sogar nach außen lehnen. Aber wenn die Außenseite des Körpers in langem Zustand fest ist, (und die Innenseite in kurzem Zustand fest), dann wird der Oberkörper leicht verformt (siehe Abb. 5.3, Seite 94).

Während die äußere SL der Reiterin länger wird, wird ihre innere SL kürzer, bildet Falten zwischen der Achsel und dem Becken und bringt ihr Kinn auf die innere Seite neben die Mittellinie des Pferdes. Während dies passiert (wie in der vorherigen Übung) ist es auch wahrscheinlich, dass sie nach innen rotiert, was ihre Schulter und Brust in diese Richtung verdreht. Dies bringt ihre innere Hand weiter zurück als ihre äußere, und kurz darauf zieht sie am inneren Zügel, während das Pferd zum Klappmesser wird und nach außen aus dem Zirkel fällt.

Die Unterschiede, die wir schon in der oberflächlichen Frontal- und Rückenlinie in den Beinen der Reiterin gesehen haben (siehe Kapitel 3), kommen auch ins Spiel und auf der Seite, auf der die Reiterin meistens nach innen rotiert, kommt die innere Ferse oft nach vorne und unten. Auf der Seite, von der die Reiterin weg rotiert, wird das äußere Bein meistens zu weit nach hinten rutschen und sie wird auf Zehenspitzen stehen. Die traurige Wahrheit ist, dass auch ohne Zutun der Zentrifugalkraft die Ungleichheit in den verschiedenen Zuglinien der Reiterin eine Kraft im Körper erzeugt, die von der in kurzem Zustand festen Seiten zur im langen Zustand festen Seite wirkt.

Das Pferd wird auch am stärksten von der Zentrifugalkraft beeinträchtigt, wenn seine längere Seite auf der Außenseite ist. Es wird auf dieser Seite langgestreckt und fällt aus dem Zirkel, wobei es ein Klappmesser formt, statt abzuwenden (siehe Abb. 5.5 (c), Seite 96). Aber Sie müssen sich klarmachen, dass die Reiterin diese Seite nur ausfüllen kann, wenn sie sie innerhalb einer definierten Grenze halten kann (siehe Abb. 5.5 (c), Seite 96). Bücher und Lehrer, die »inneres Bein zum äußeren Zügel« vorschreiben, setzen voraus, dass Ihr äußerer Zügel mit Leichtigkeit für die äußere SL des Pferdes eine Begrenzung schaffen und halten kann. Die unangenehme Wahrheit ist, dass dies nicht funktionieren wird, außer wenn Ihre Gesäßknochen und Oberschenkel in der korrekten Position liegen. Wenn nicht, werden Sie zwangsläufig Ihre äußere Hand vorgeben, egal wie oft Ihnen gesagt wird, es nicht zu tun! Es ist äußerst wichtig, dieses Puzzleteil in den Blick zu nehmen, das in unserer Kultur durch die durch Kompetenz verursachte Amnesie verloren gegangen ist.

Wenn Ihre Asymmetrie aus dem Ruder läuft – und vor allem, wenn Sie und Ihr Pferd die gleiche kurze Seite haben – wird das Lenken in diese Richtung immer dramatisch durch das Nach-außen-Fallen beeinflusst sein. Auf der anderen Hand zu reiten kann zum selben Drama mit umgekehrten Vorzeichen führen, wobei das Pferd nach innen fällt und sich nach innen auf die Vorhand lehnt, während seine Hinterhand nach außen aus dem Zirkel schwingt.

Mit etwas Glück verbindet die gleiche Asymmetrie Sie und Ihr Pferd nicht in dem Ausmaß, aber es wird Sie wahrscheinlich schockieren zu hören, dass ich schon oft gesehen habe, wie Pferde ihre steife und weiche Seite innerhalb weniger Minuten getauscht haben, wenn sich eine neue Reiterin auf sie gesetzt hat. Dies bedeutet, wenn die erste Reiterin leicht linke Hand auf dem Zirkel reiten kann, aber schwer auf der rechten, dann kann der Einfluss der zweiten Reiterin dieses Muster umdrehen, so dass diese Reiterin damit kämpft, nach links zu lenken. Das Pferd spiegelt das Muster der neuen Reiterin!

Dies deutet darauf hin, dass die Asymmetrie der Reiterin der dominante Faktor dafür ist, wie das Lenken sich gestaltet. Während ich dies viele Male erlebt habe, wird es ohne Zweifel für manche Leser eine große Überraschung sein zu erkennen, in welchem Ausmaß sich Balance (oder mangelnde Balance und der anschließende Versuch, dies auszugleichen) entlang der SL der Reiterin auf das Pferd überträgt. Mit der Zeit formen die unbewussten seitlich wirkenden Kräfte der Reiterin Probleme, bei denen die meisten annehmen würden, dass sie ursprünglich vom Pferd kommen.

Wenn das Muster des Pferdes tatsächlich dominant ist, glaube ich, dass es signifikante Probleme mit seinen SL hat, die es besonders ungeschmeidig machen. Aber was auch immer der Grund für eine signifikante Asymmetrie in den SL des Pferdes sein mag, kann der Prozess, mit dem er dieses Muster aufrechterhält, unterschiedliche Auswirkungen auf zwei verschiedene Reiterinnen haben, deren Asymmetrien unterschiedliche »Schwachstellen« haben. Allerdings – merken Sie sich das gut – ist die Asymmetrie der Reiterin ein viel größerer Faktor, als die meisten Menschen wahrhaben wollen. Deswegen bringt es große Verbesserungen für Reiter und Pferd, wenn man ordentlich daran arbeitet.

KENNE DEINEN FEIND!

Benutzen Sie die folgende Liste von Fragen, um Ihre Asymmetrie festzustellen. Notwendigerweise beginnen sie mit der Beurteilung, wie gut Sie Ihre Gesäßknochen fühlen können.

1. Können Sie Ihre Gesäßknochen fühlen? Haben Sie gleich viel Gewicht auf beiden? Wenn eine oder beide Fragen unklar sind, legen Sie Ihre Finger unter das Sattelblatt oder unter die Satteldecke wie in Abb. 5.6 und ziehen Sie nach oben. Während Sie dies tun, achten Sie darauf, dass Sie Ihr Kinn und Ihren Reißverschluss über der Mittellinie des Pferdes lassen. Ihre Gesäßknochen sollten nach unten durch das Muskelgewebe drücken und klarer zu fühlen sein.
2. Vielleicht müssen Sie die Muskeln unter Ihrem Gesäß etwas loslassen, um die Klarheit weiterhin zu spüren – Sie könnten sich unbewusst »aus dem Sattel heben«. Spannen Sie sie einige Male langsam an und lassen Sie sie wieder los.

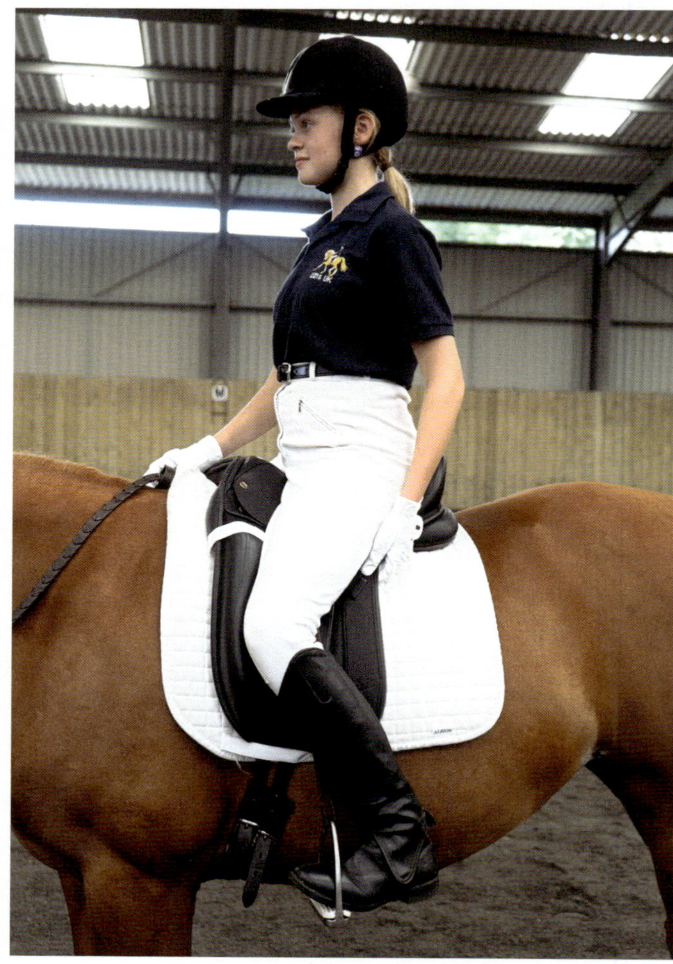

Abb. 5.6: Den »verschwundenen« Gesäßknochen finden, während Sie an der Satteldecke oder am Sattelblatt hochziehen. Achten Sie darauf, dass Ihr Oberkörper vertikal und nach vorne gerichtet bleibt.

3. Prüfen Sie auch, dass Sie nicht in die Steigbügel drücken, da dies auch Ihre Gesäßknochen nach oben drückt (wie in der Übung auf Seite 73).
4. Sie sollten die Knochen klar auf der Hand fühlen, jedoch sollten sie nicht in Ihre Hand stechen. Wenn doch, dann sollten Sie die Muskeln um sie herum etwas anspannen, so dass sie Teil Ihrer Sitzfläche werden. Die Unterseite der »Oberkörper-Box« ist bei jeder Reiterin anders, und um das »genau richtige« Gefühl zu finden, müssen manche Reiterinnen die Muskeln um die Gesäßknochen loslassen, während andere sie anspannen müssen. Seien Sie bereit zu experimentieren und üben Sie dann in Ihrem Auto »genau richtig«!

Wenn Ihnen das klar ist, machen Sie die folgenden Kontrollen in Schritt und Trab auf beiden Händen auf einem 20-Meter-Zirkel, am besten mit einem Freund, der Ihnen diese Fragen stellen kann, während er eine Kamera auf Sie gerichtet hält.

1. Können Sie 50 Prozent Ihres Gewichts auf dem einen und 50 Prozent auf dem anderen Gesäßknochen, halten während Sie in Bewegung sind? Wenn ein Gesäßknochen häufiger »verschwindet«, wohin geht er? Können Sie herausfinden, wie Sie ihn zurückholen?
2. Ist ein Gesäßknochen näher an der Wirbelsäule des Pferdes platziert, und einer weiter weg? Ist einer weiter vorne und einer weiter hinten?
3. Sind Ihr Kinn und Ihre Mittellinie über der Mähne des Pferdes aufeinandergestapelt, oder sind sie zu einer Seite geneigt?
4. Bilden sich Falten auf der einen Seite Ihres Oberkörpers? Beschreibt Ihre Wirbelsäule eine »C«-Kurve oder eine »S«-Kurve? Letztere ist weniger häufig, aber möglich und wird in Kapitel 8 bei den Spirallinien besprochen.
5. Wenn Sie drei Spieße hätten, die vorne und hinten aus der Mittellinie herausragten, wie in Abb. 5.7 gezeigt, wären sie alle horizontal? Dies überprüft noch einmal, ob Sie vertikal und neutral sind. Würden sie geradeaus über die Mähne des Pferdes ragen, wie die Tangente eines Kreises, oder würden sie nach innen in den Zirkel oder nach außen zeigen?

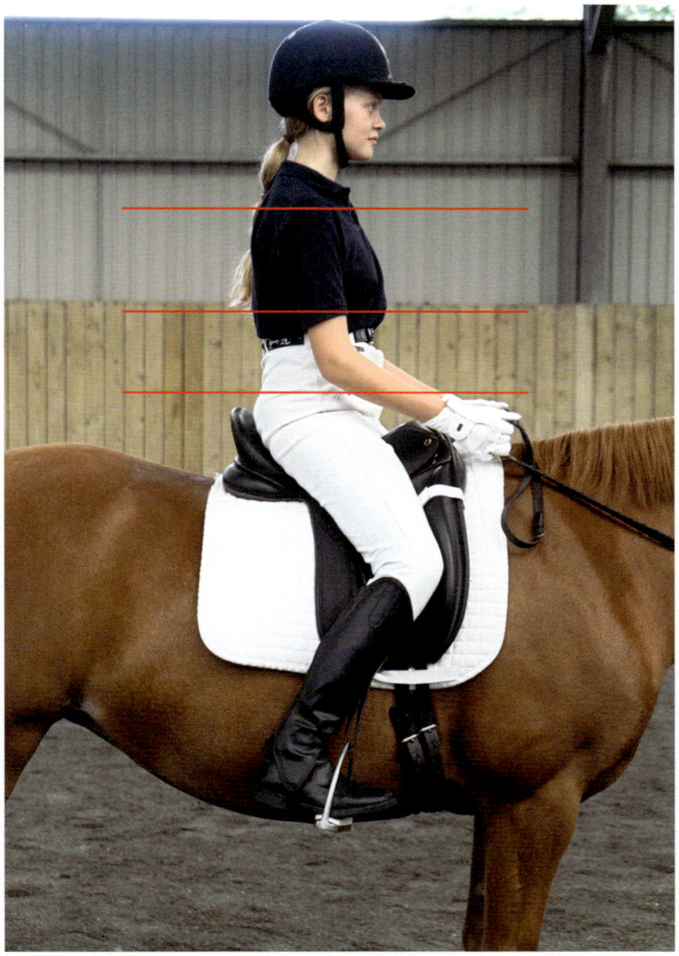

Abb. 5.7: Wenn drei Spieße vorne und hinten aus Ihrer Mittellinie herausragten, wären sie parallel und würden sie nach vorne zeigen? Wenn Sie einen Zirkel reiten, sollten Sie der Tangente des Zirkels folgen.

6. Liegt die Innenseite eines Oberschenkels fester am Sattel als die andere?
7. Sind Ihre Knie an der imaginären waagerechten Stange eingehakt?
8. Haben Sie gleich viel Gewicht in beiden Steigbügeln? Haben Ihre Steigbügelriemen die gleiche Länge? Sie sollten sie vom Sattel abnehmen und sie messen, Sie können Ihrem Gespür hier nicht vertrauen!
9. Tendieren Sie dazu, an einem Zügel zu ziehen? Ist ein Zügel immer länger als der andere? Sinkt ein Arm oder eine Hand immer wieder nach unten und lässt so den Zügel durchhängen? Bleibt eine Hand immer näher am Pferdehals oder überkreuzt den Hals? Bleibt eine Hand weiter weg von seinem Hals?
10. Wenn Sie einen 20-Meter-Zirkel reiten, in welcher Richtung haben Sie mehr Schwierigkeiten, das Pferd zu wenden? Nehmen Sie sich Zeit, um herauszufinden, wie sich Ihr Muster verändert, wenn Sie in die beiden Richtungen reiten.

Ihre Antworten könnten auf beiden Händen sehr unterschiedlich sein. Sie formen das Muster, das Ihre Asymmetrie beschreibt. Wo auch immer Sie hingehen und was auch immer Sie tun, Ihr Ziel ist es, jeweils 50 % Ihres Gewichts auf jedem Gesäßknochen zu haben, wobei Ihre Knie auf einer Ebene liegen, Ihre Mittellinie über der Mähne des Pferdes, ohne Falten im Oberkörper und mit Spießen, die geradeaus nach vorne zeigen.

Das Problem hierbei ist, dass Sie beim Versuch, das zu tun, mit Willenskraft und Folgsamkeit nicht weiterkommen! Das liegt nicht daran, dass Sie dumm wären, sondern daran, dass Ihre Asymmetrie, wenn sie einmal mit der des Pferdes und mit der Zentrifugalkraft gekoppelt ist, Willenskraft und Folgsamkeit nicht annähernd an die Verzerrung Ihrer Zuglinien heranreichen. Willenskraft und Folgsamkeit werden auch daran scheitern, Ihre Hände zu einem Paar zu formen, da sie nur Symptome der Probleme sind, die in den ungleichen Faszienzügen in Ihrem Oberkörper liegen. Wenn Sie erfolgreich die Quelle des Problems finden und daran arbeiten, dann werden sich die Symptome von selbst erledigen (mit der Hilfe von Kapitel 7, die die Armlinien besprechen).

SCHMALHEIT ZWISCHEN OBERSCHENKELN UND GESÄSSKNOCHEN

Bevor wir weiter in die Tiefen der SL gehen, müssen wir die Tatsache berücksichtigen, dass viele Reiter (vor allem Frauen) auf natürliche Weise in einer Art sitzen, die sie zu weit für ihr Pferd macht. Wenn ein Oberschenkel und Gesäßknochen fest am Sattel anliegen, tendieren der Oberschenkel und Gesäßknochen auf der anderen Seite wahrscheinlich dazu, den Sattel zu verlassen (siehe Abb. 5.8 (a)). Der Reiterin mangelt es an, wie ich es nenne, »Schmalheit« und dies führt zu allen möglichen Arten von Lenkproblemen, die zu oft dem Pferd zum Vorwurf gemacht werden.

Viele Reiterinnen haben schon Erfahrung damit gemacht, wie eine intensive Reitstunde riesige Verbesserungen auf der »schlechten Hand« bringt, so dass diese plötzlich die »gute Hand« wird. Die Reiterin wird normalerweise ein paar Tage völlig euphorisch sein, bevor ihr auffällt, dass die damalige »gute Hand« nun zur »schlechten Hand« geworden ist! Selten realisiert eine Reiterin, dass ihre eigentliche losere Seite sich jetzt an das Pferd geschmiegt hat, während die eigentliche fester anliegende Seite nun die losere Seite geworden ist. Tatsächlich machen manche Reiterinnen einen Sport daraus, immer wieder über den Rücken des Pferdes hin und her zu wechseln, wobei immer eine Seite fest anliegt und die andere eher von der Mittellinie des Pferdes abfällt. Andere bleiben für immer in der einen Position kleben; doch egal, wie oft Sie Ihre gute Seite ändern, oder auch nicht, die einzige effektive und anhaltende Antwort ist, schmaler zu werden.

Um gut lenken zu können, muss die Reiterin dazu in der Lage sein, ihr Gesäß und ihre Oberschenkel symmetrisch über den langen Rückenmuskeln des Pferdes zu arrangieren wie in Abb. 5.8 (b). Das erscheint intuitiv sinnvoll, da es eine spezifische und symmetrische Beziehung zu den Muskeln hat. Das Gesäß, die Oberschenkel und beide Seiten des Körpers der Reiterin verhalten sich wie zwei Scheiben Brot in einem Pferdesandwich. Sie limitieren die »Bewegungsfreiheit« für seinen Widerrist und helfen, die Abweichungen zu kontrollieren, durch die das Pferd aus der Biegung fällt. Die Form des männlichen Beckens macht es leichter für Männer, da ihre Gesäßknochen und Hüftgelenke näher aneinander stehen als bei den meisten Frauen.

Dieser Ausgangspunkt ist so wertvoll, dass wir uns kurz auf die Muskeln der inneren Oberschenkel konzentrieren, die eigentlich zum inneren Stabilitätssystem der tiefen Frontallinie gehören (siehe Kapitel 9). Natürlich müssen alle Stabilitätssysteme – die äußere SL, das mittlere System und dieses innere System – am Ende zusammenarbeiten; die Trennung dient nur der Analyse.

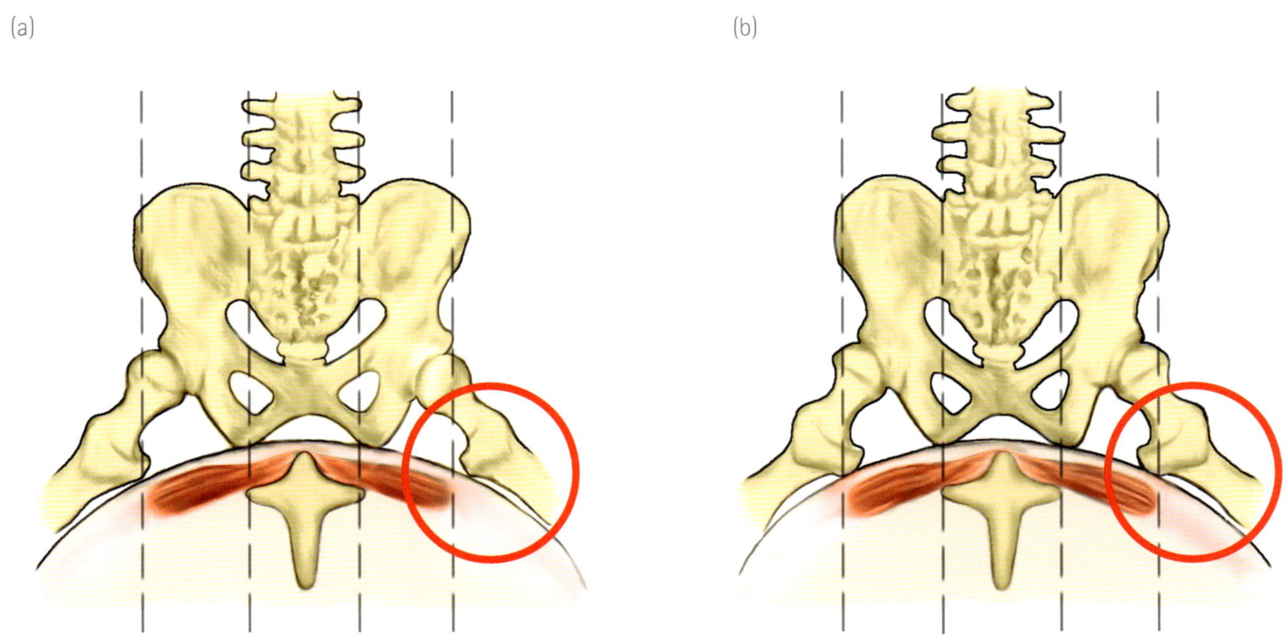

Abb. 5.8: In (a) hat die Reiterin einen Gesäßknochen, der nach außen von der Mittellinie des Pferdes wegrutscht, was ihren Trochanter Minor (welcher unter dem Großen Trochanter liegt) von der Kante des langen Rückenmuskels vom Pferd rutschen lässt. Die andere Seite des Beckens ist gut positioniert. (b) zeigt das Ideal, das die meisten Reiterinnen bewusst erlernen müssen.

1. Beginnen Sie von einem Punkt, an dem die Innenseiten Ihrer Oberschenkel nach innen rotiert sind, wie in Abb. 3.6 (b), Seite 59.
2. Finden Sie heraus, welche Oberschenkelinnenseite weniger fest am Sattel liegt und legen Sie im Halten oder im Schritt die gegenüberliegende Faust auf das kleine Sattelblatt, das den Steigbügelhaken verdeckt. Nun drücken Sie Ihre Knöchel gegen den Sattel und üben Sie mit dem gegenüberliegenden Oberschenkel Gegendruck aus. (Als ob Sie Ihre Faust und Ihren Oberschenkel gegeneinanderdrücken könnten, auch wenn der Sattel im Weg ist – siehe Abb. 5.9.) Spüren Sie, wie Ihr Oberschenkel sich anspannt und halten Sie die Spannung, wenn Sie die Faust wegnehmen.
3. Nehmen Sie sich vor, jedes Mal, wenn Ihr Oberschenkel vom Sattel kommt, dies immer wieder zu bemerken. Versuchen Sie, den Zeitabstand zwischen dem tatsächlichen Auftreten und dem Moment, in dem Sie es merken, zu reduzieren! Wenn die Korrektur nicht einfach ist, wiederholen Sie die Übung viele Male, bis schon daran nur zu denken genug ist, um den Oberschenkel wieder in die richtige Position zu bringen.

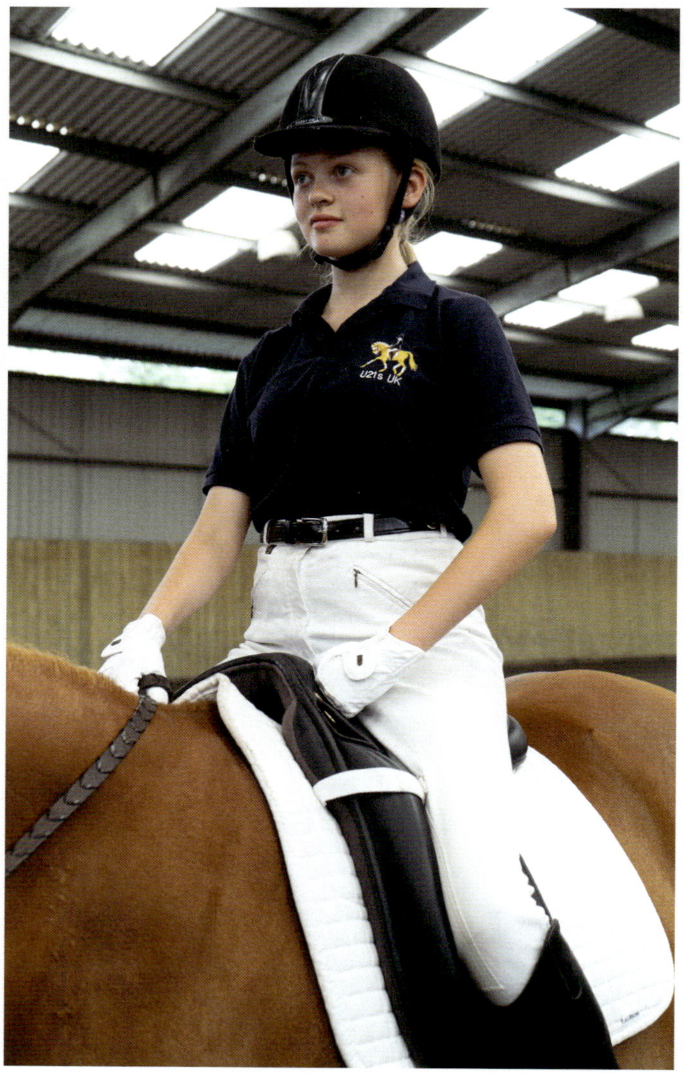

Abb. 5.9: Um den Oberschenkel fester an den Sattel zu bekommen, drücken Sie die Knöchel der gegenüberliegenden Hand gegen das kleine Sattelblatt. Üben Sie Gegendruck mit dem gegenüberliegenden Oberschenkel aus.

Es gibt noch zwei weitere Varianten zu diesem Thema, die manchmal besser helfen:

1. Benutzen Sie die Hand auf der Seite des schwächeren Oberschenkels und legen Sie zwei Finger in die Sattelkammer auf der Seite. Ziehen Sie mit Ihren Fingern nach außen, während Sie Ihren Oberschenkel nach innen drücken (siehe Abb. 5.10).
2. Legen Sie alternativ die gleiche Faust mit der Unterseite auf die andere Seite der Sattelkammer und drücken Sie auf das kleine Sattelblatt, während Sie mit Ihrem Oberschenkel Gegendruck erzeugen. Dieser Druck hat oft Einfluss auf die Gesäßknochen und auch auf den Oberschenkel auf der Seite, von welcher Ihre Hand kommt und bringt beide näher an die Mittellinie (siehe Abb. 5.11).

Mit einem stärkeren und einem schlafferen Oberschenkel können Sie Kraft nur in eine Richtung übertragen. Diese Übungen mit Widerstand bringen Tonus in Ihren weniger starken Oberschenkel, wodurch Ihre Oberschenkel in eine symmetrischere »V«-Form kommen und es möglich wird, Kraft zu übertragen, wie Sie es möchten.

DIE INSTINKTE ÜBERWINDEN

Fast alle von uns beginnen als Reitanfänger damit zu versuchen, so instinktiv wie möglich abzuwenden, und zwar durch Ziehen am inneren Zügel. Leider ist das so effektiv wie das Ziehen am inneren Lenkergriff eines Fahrrades! Während Radfahrer diesen Fehler nur einmal machen, machen Reiterinnen es immer wieder, weil

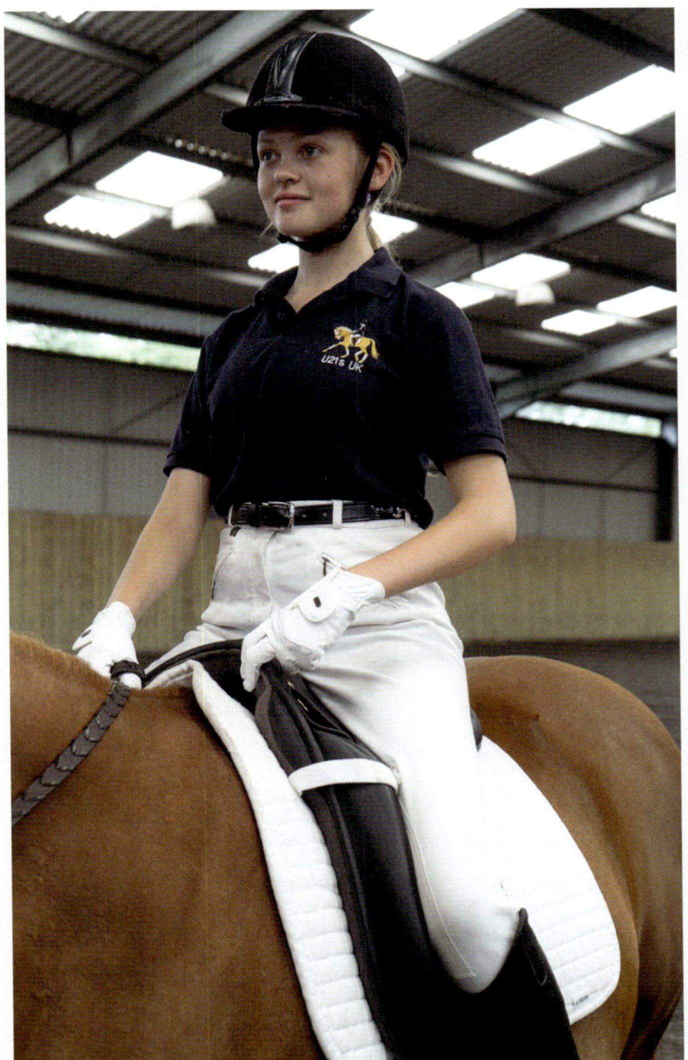

Abb. 5.10: Benutzn Sie zwei Finger der gleichen Seite, an der Ihr Oberschenkel schwächer ist, um in die Richtung zu ziehen und Ihren Oberschenkel mehr in den Sattel zu drücken. Dies zielt vor allem auf die Sehne ab, die an der Ecke des Schambeins liegt.

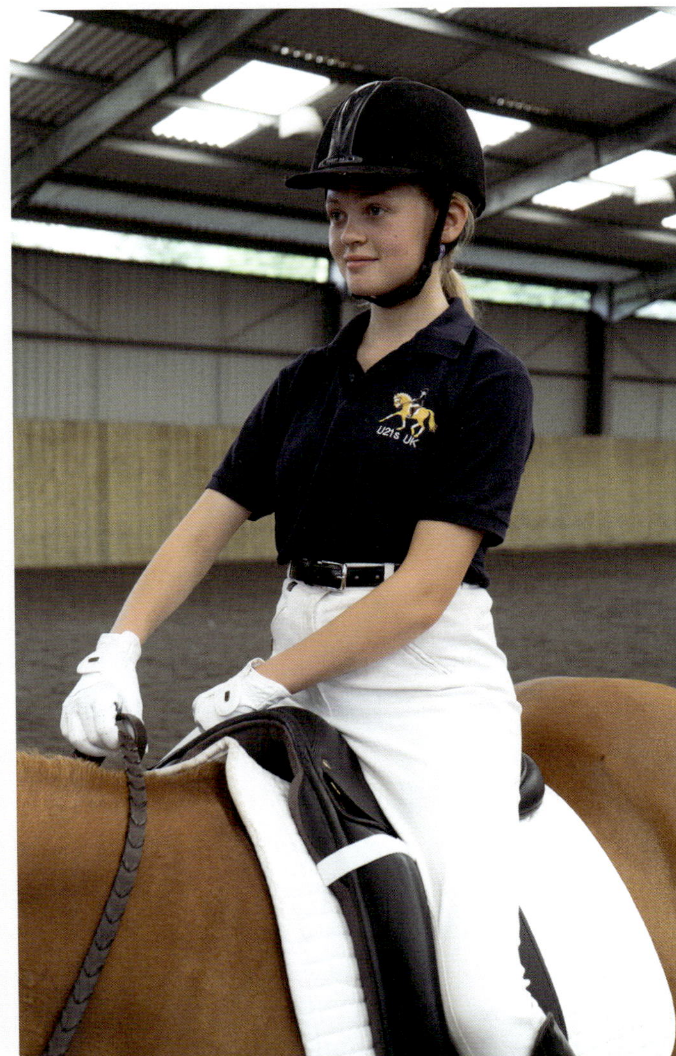

Abb. 5.11: Legen Sie die gleiche Faust Ihrer schwächeren Seite über die Sattelkammer und üben Sie mit Ihrem eingerollten kleinen Finger Druck aus. Das sollte Ihren Oberschenkel auf der gleichen Seite des Armes näher an den Sattel bringen und gleichzeitig auch den Gesäßknochen auf der Seite näher an die Mittellinie.

die Physik ihrer Situation vorschreibt, dass sie, wenn die Außenseite ihres Körpers »abhanden« gekommen ist, keine andere Wahl haben!

In einer Situation, in der das Pferd wirklich zum Klappmesser wird, wird ihr Problem sehr deutlich. Ist das Klappmesser jedoch eher nicht so stark ausgeprägt, so sind weniger wissende Reiterinnen oft begeistert von der »Biegung« ihrer Pferde. Die Vorstellung, sein inneres Auge sehen zu müssen, macht sie blind für die Tatsache, dass seine Vorderbeine mehr nach außen treten als nach innen.

Elitereiterinnen denken viel weniger als durchschnittliche Reiterinnen daran, die Nase des Pferdes mit den Zügeln zu lenken und vielmehr daran, ihr Pferd am Widerrist zwischen den Oberschenkeln zu lenken. Stellen Sie sich die Pferdenase wie das Rad einer Schubkarre vor, und die Zügel als die Griffe der Schubkarre. Das Konzept besteht darin, die Hände weiter nach vorne zu schieben und die Zügel als Griffe anzusehen, während die Nase (das Rad) vor Ihnen läuft.

Die Reiterin, die dies tut, hält die SL des Pferdes gleichmäßig in Länge und Spannung und beseitigt so den »Bewegungsspielraum« für seinen Widerrist. Das Ergebnis ist ein Pferd, das gerade auf dem Zirkel bleibt und abwendet wie ein Bus und nicht wie ein Sattelschlepper. Die Vorderseite dreht die Hinterseite, und ohne Scharnier am Widerrist wendet das Pferd ab, als ob es um eine vielkantige Münze herum gelenkt wird. Wir kommen bald dazu, wie das genau geht.

Die oft gebrauchte Instruktion »entspann deine Oberschenkel und nehme die Knie weg vom Sattel« macht die »Schubkarrenlenkung« unmöglich. Diese Anweisung entstand aus der Angst, dass Reiterinnen klemmen; jedoch zeigen Bilder von Elitereiterinnen, dass die Innenseite ihrer Oberschenkel immer am Sattel liegen, was darauf hinweist, dass es eventuell hilfreich ist (siehe Abb. 3.14, Seite 70).

Was gut funktioniert ist, sich vorzustellen, dass Ihr Oberkörper und Ihre Oberschenkel das Pferd am Widerrist auf einer imaginären Linie entlang lenken, die auf den Boden der Reithalle gemalt wurde. Diese simple Idee kann Ihnen helfen, der Versuchung zu widerstehen, Ihr Pferd an der Nase lenken zu wollen, was mit Sicherheit dazu führt, dass Sie die Kontrolle über den Widerrist verlieren. Wenn Ihre SL und Ihr mittleres Stabilitätssystem dann auch noch ihren Teil dazu beitragen, kann dies zu sehr genauem Lenken führen, das die Längen der SL des Pferdes kontrolliert.

DIE »BRETT«-ÜBUNG FÜR DAS MITTLERE STABILITÄTSSYSTEM

Die nächste Übung ist eine riesige Hilfe, um schmal genug zu werden, um den »Bewegungsspielraum« zu minimieren, den Sie Ihrem Pferd unabsichtlich geben. Um Ihrem Rumpf mehr Stabilität zu verleihen, stellen wir uns vor, dass auf jeder Seite die Reihe der Ösen auf der Vorderseite (wo die SL sich mit der oberflächlichen Frontallinie verbindet) mit der Reihe der Ösen auf derselben Seite des Rückens verbunden werden kann (wo die SL sich mit der oberflächlichen Rückenlinie verbindet). Diese Verbindungen würden zwei Ebenen bilden, die parallel zur Wirbelsäule des Pferdes verlaufen. Ich stelle sie mir als »Bretter« vor, die Ihre Vorderseite mit Ihrer Rückseite verbinden (siehe Abb. 5.12 (a), (b), Abb. 5.13). Wenn diese Bretter auf die Innenkante der langen Rückenmuskulatur des Pferdes aufeinandergestapelt werden können (also auf der Außenseite der Kammer des Sattels), dann schaffen wir eine Verbindung von myofaszialer Kette zu myofaszialer Kette mit dem Pferd, die enorm wirkungsvoll darin ist, den Tanz zwischen Ihnen beiden zu organisieren.

Die Reihe der Ösen folgen dem Verlauf von Männerhosenträgern, und von den Schulterträgern bei Frauen verlaufen sie über die Brust und nach unten über die Kante der Bauchmuskeln, und verlaufen weiter nach unten bis zu der Ecke des Schambeins (siehe Abb. 5.12 (a)). Am Rücken folgen sie wieder der Linie der Hosenträger des Mannes und von den Trägern über der Schulter der Frau verlaufen sie nach unten, entlang der Außenseite der langen Rückenmuskeln an der Taille vorbei und weiter entlang der Linie des Iliosakralgelenks an der Rückseite des Beckens (siehe Abb. 5.12 (b)).

Die Linie verläuft weiter bis zur Unterseite der Oberkörper-Box bis zu den Gesäßknochen und zur Ecke des Schambeins. Die Bretter, die die Rück- und die Vorderseite jeder Hosenträgerlinie miteinander verbinden, unterteilen die Reiterin in ein rechtes und ein linkes Drittel mit einem Kerndrittel in der Mitte.

Sie werden sehr davon profitieren, wenn Sie die folgende Übung erstmal auf dem Boden machen, bevor Sie das gleiche auf dem Pferd probieren. Dies gibt Ihnen

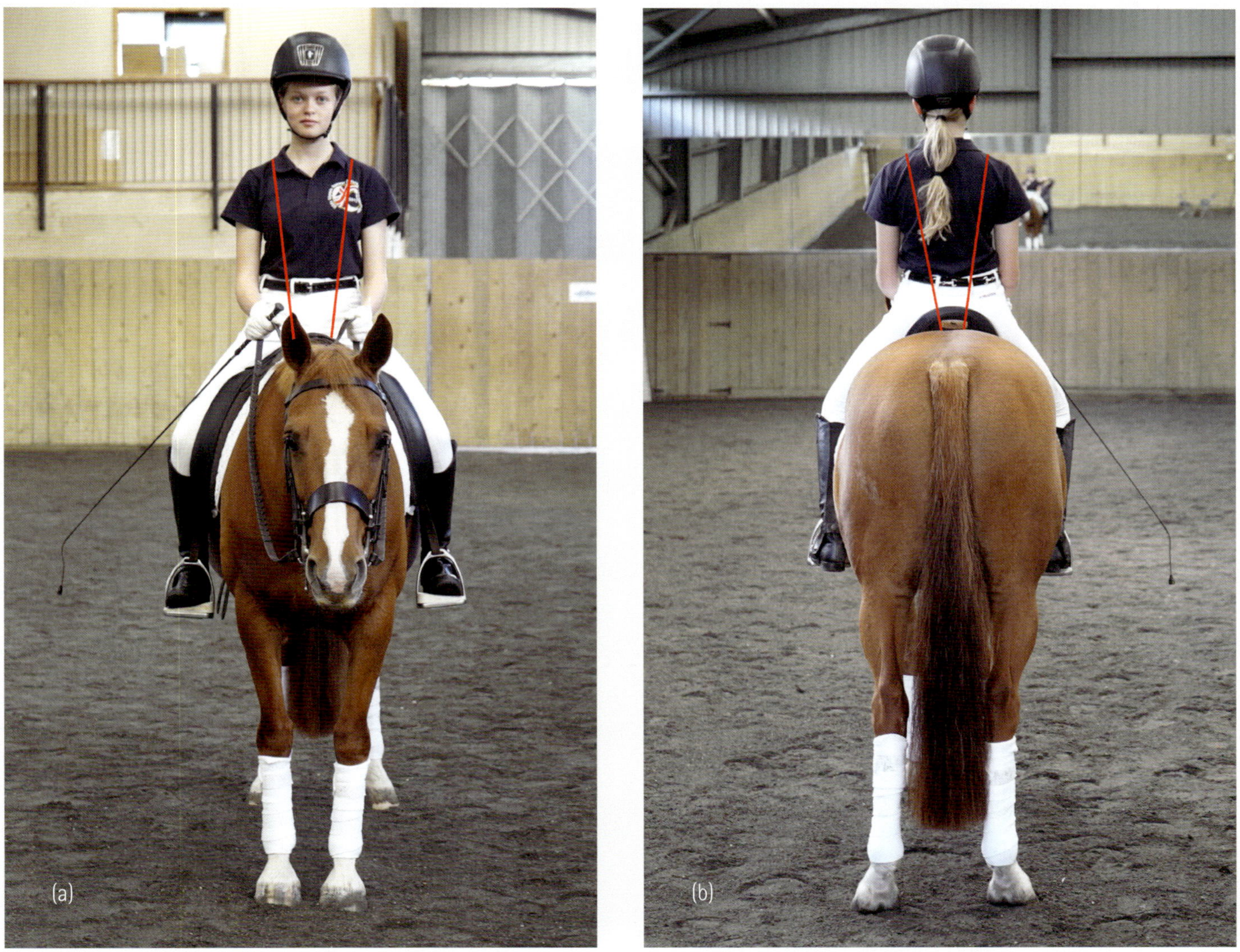

Abb. 5.12: So verlaufen die Bretter auf der vorderen (a) und hinteren (b) Oberfläche des Körpers.

noch eine Koordinationsübung, die Sie beim Autofahren etc. üben können, und es wird Ihnen zeigen, wie Sie die stabilisierenden Effekte Ihres Zwischenstabilitätssystems verstärken können. Stellen Sie sich auf ein paar Überraschungen ein! Dies zu erreichen ist nicht so schwer, wie es zu Anfang aussieht.

1. Setzen Sie sich mit neutraler Wirbelsäulenposition auf einen stabilen Stuhl, so dass Ihre Gesäßknochen geradeaus nach unten zeigen, und Ihre Füße flach auf dem Boden stehen, die Beine etwas auseinander.
2. Legen Sie die Handkanten auf die Vorderseite eines der Bretter (Abb. 5.12 und 5.13), auf die Linie kurz unter Ihrer Brust entlang dem Rand des rectus abdominis (der »Sixpack«) zu der Ecke Ihres Schambeins. Sie werden diese Ösenreihe näher an Ihre Mittellinie bringen; stellen Sie sich vor, den Körper etwas zu rotieren, um das Brett weiter vor zu bringen. Denken Sie aber daran, auch seine Rückseite nach vorne zu bringen; lassen Sie nicht zu, dass das Brett sich dreht und sich seine Rückseite so von Ihrer Wirbelsäule wegbewegt.
3. Stellen Sie sich vor, dass Sie, wenn das Drittel Ihres Oberkörpers neben dem Brett voll mit Füllmaterial wäre, dieses Füllmaterial gegen das Brett drücken könnten, um dieses zu stärken und zu verschieben. Achten Sie darauf, dass Sie nicht in die »C«-Kurve verfallen, während Sie dies tun. Die Seite Ihrer Oberkörper-Box bleibt stark.
4. Wenn Sie dies getan haben, kehren Sie zurück in die neutrale Haltung und stellen Sie fest, dass es jetzt eine symmetrische »V«-Form zwischen den Oberschenkeln gibt, wobei die Spitze des »Vs« zum hinteren Teil Ihrer Sitzfläche zeigt.
5. Wiederholen Sie die obige Bewegung und achten Sie darauf, wie sie das »V« verändert. Einer der Arme des »V« sollte länger und stärker werden (und eine spürbare Zuglinie werden) und der andere wird kürzer und schwammiger (eine Zuglinie, die mehr durchhängt). Die meisten Leute finden, dass der Oberschenkel auf der Seite, auf der das Brett gefestigt und nach vorne gebracht wurde, der längere und stärkere wird. Wenn Sie das Gegenteil empfinden, machen Sie trotzdem weiter, die Wiederholung auf der anderen Seite wird für mehr Klarheit sorgen.
6. Wenn Sie die Seite wechseln, legen Sie die Hand auf die Vorderseite des anderen Bretts und bewegen Sie diese zu Ihrer Mittellinie. Denken Sie daran, das außerhalb liegende Drittel leicht nach vorne zu drücken und die Materialfüllung gegen das Brett zu drücken. Es ist Ihnen wahrscheinlich schon klar, dass diese Seite anders sein wird – es ist sehr wahrscheinlich, dass Sie instinktiv mit Ihrer funktionsfähigeren Seite anfangen, also fühlt sich die zweite Seite nicht ganz so überzeugend an.

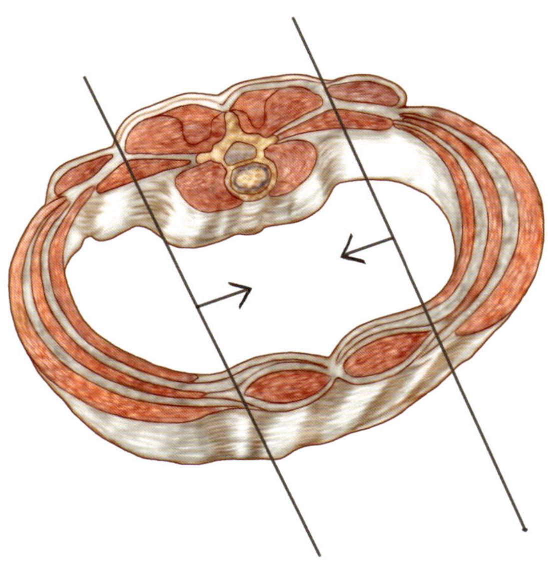

Abb. 5.13: Die Bretter verlaufen durch den Oberkörper, um sich mit der Ösenreihe auf der Vorder- und Rückseite zu verbinden.

7. Achten Sie wieder darauf, wie sich die »V«-Form der Oberschenkel verändert hat. Üben Sie auf beiden Seiten und wenn Sie beide geübt haben, sollten Sie in der Lage sein dafür zu sorgen, dass der Arm des »Vs« auf der Seite, die Sie nach vorne schieben, länger und stärker wird.
8. Wenn Sie Ihr Bewusstsein für beide Bretter verbessert haben, wird es Zeit für die Pointe. Positionieren Sie das Brett auf der schwächeren, schwierigeren Seite und halten Sie es, während Sie das andere Brett auch aktivieren. Willkommen zu der Erfahrung, beide »Bretter aktiviert zu haben«. Dies erinnert an daran, wie zwei Leute sich streiten, um auf der Mitte eines Barhockers zu sitzen, aber keiner der beiden kann den anderen ganz runterschubsen!
9. Bleiben Sie etwas in dieser Position sitzen und atmen Sie. Sie werden wahrscheinlich bemerken, dass sie so effektiv »niederdrücken« wie noch nie und dass dies eine neue »Stressposition« ist. Bemerken Sie, wie beide Oberschenkel sich lang und stark anfühlen. So viel Anspannung in Oberkörper und Oberschenkeln zu haben ist eine total unnatürliche Art und Weise zu sitzen und Sie können ganz schön ins Schwitzen geraten, während Sie das machen!

Wenn Sie diese Übung auf dem Stuhl gut ausführen können, versuchen Sie sie auch im Schritt anzuwenden, erst auf der einen, dann auf der anderen Hand. Es kann sein, dass Ihr Pferd mit einer interessanten »Lenkung« reagieren wird, aber lassen Sie das einfach zu – es kann den Grund Ihrer Lenkschwierigkeiten aufdecken, den Sie nicht verstanden haben.

1. Während Sie ein Brett näher an die Mittellinie des Pferdes bringen, sorgen Sie dafür, dass Sie das andere dazu bringen, wegzufallen, so dass Sie wirklich üben, wie es ist, wenn nur eine Seite richtig positioniert ist.
2. Geben Sie sich genug Zeit, um sich über jede der vier Positionen klar zu werden (also rechts dran/links weg und links dran/rechts weg, während Sie auf beiden Händen reiten).
3. Bewerten Sie die Bretter von 1 bis 10 auf jeder Seite. Die ideale Bewertung wäre 10 auf der Seite, die dran ist und 0 auf der Seite, die es nicht ist, jedoch müssen die Zahlen nicht bis 10 hochgehen.
4. Ihr Muster könnte auf jeder Hand sehr unterschiedlich sein, jedoch bemerken viele Reiterinnen bald, dass sie tatschlich mit »einer Seite dran/einer Seite weg« in mindestens einer der vier Positionen reiten! Also kann es sein, dass eine Version sich anfühlt wie eine übertriebene Version von »zuhause« (und Ihre Bewertung kann durchaus bei 10-0 liegen), während die andere Seite sich eher wie ein fremder Ort anfühlt und sich sehr schwer umsetzen lässt (und näher an der 5-5 ist).
5. Versuchen Sie, in jeder Position so nah wie möglich an die 10-0 zu kommen. Wenn eine Seite tatsächlich viel stärker ist als die andere, werden Sie eventuell bemerken, dass es genauso schwierig ist, die stärkere Seite dazu zu bringen loszulassen, wie die schwächere Seite dazu zu bringen, sich anzuspannen. Es ist wichtig, hieran zu arbeiten, sonst wird Ihre stärkere Seite immer wieder den Versuch sabotieren, die schwächere Seite zu stärken. Nicht nur bildet die stärkere Faszienlinie eine ausgeprägtere Zuglinie; die Nervenbahnen zwischen dieser Seite und Ihrem Gehirn sind möglicherweise zusätzlich stärker entwickelt. Sie müssen lernen, Nachrichten an diese Seite zu schicken, mit der Sie selten »reden«.
6. Manche Leute zeigen andere Variationen zu dem Thema, zum Beispiel ist die Oberseite des einen

Bretts stark, während die Unterseite des anderen stark ist. Vielleicht fühlen Sie die Vorderseite der Bretter, aber nicht die Rückseite ... Es gibt keine vorgegebene Antwort, aber Sie können ganz beruhigt sein – erst zwei Menschen haben gedroht, sich als ein Resultat dieser Übung zu übergeben!

7. Aktivieren Sie nicht »beide Bretter«, bis Sie einige Zeit lang mit einer Seite dran und einer Seite weg experimentiert haben. Spielen Sie einige Monate lang damit, wenn Sie ins Gelände gehen oder auch in jeder Aufwärmphase vor dem Reiten und kehren Sie danach noch oft dazu zurück.

Mit »beiden Brettern aktiviert« (und den beiden imaginären Menschen, die sich um einen Barhocker streiten), wurde Ihr mittleres Drittel von beiden Seiten zusammengedrückt und schmaler gemacht. Tatsächlich muss es sehr schmal werden, wenn wir unser Ziel erreichen wollen, mit jedem Brett und Gesäßknochen eine Linie über dem Rand der langen Rückenmuskeln unseres Pferdes bilden zu können. Stellen Sie sich vor, dass Ihr mittleres Drittel sich auf die Größe der »Luftröhre« verkleinert (siehe Abb. 5.8 (b), Seite 105, 5.14 (a)).

Das rechte und das linke Drittel sind jetzt zwischen den Brettern und der Außenseite Ihrer Oberkörper-Box eingeschlossen. Sie sind vielleicht schockiert über die

(a) (b)

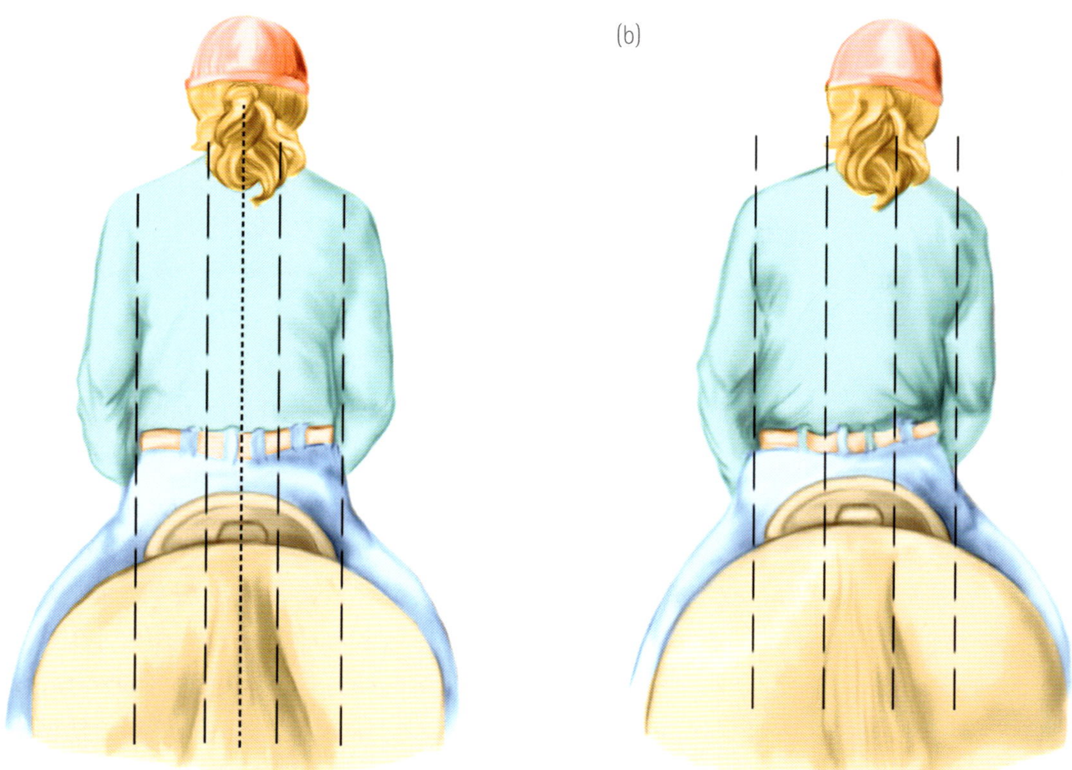

Abb. 5.14: In (a) stehen die äußeren Drittel des gesamten Oberkörpers auf beiden Seiten über dem langen Rückenmuskel des Pferdes. Doch die meisten Reiterinnen zeigen eine »C«-Kurve ähnlich wie bei (b), wenn sie auf einer Hand einen Zirkel reiten.

Festigkeit, die dies in Ihrem Oberkörper und Ihren Oberschenkeln hervorruft, vor allem, wenn Sie sich früher sehr auf Entspannung konzentriert haben – es braucht jedoch so viel Stabilisierung, wenn Sie wirklich auf beiden Seiten Ihres Pferdes reiten möchten. Sehr wenige von uns haben »beide Bretter« auf natürliche Art und Weise aktiviert, wenn wir reiten und auch talentierte Reiterinnen, die diese Übungen machen, können normalerweise noch Verbesserungen feststellen, die ihr Lenken verfeinern.

So zu sitzen wird das »V« zwischen den Oberschenkeln symmetrischer machen, indem beide Oberschenkel länger und stärker werden. Wenn ein Oberschenkel immer loser wird, während Sie reiten, werden Sie bemerken, dass der untere Teil von dem Brett auch von der Mittellinie weggleitet und die Oberschenkel und Gesäßknochen mitnimmt (siehe Abb. 5.8 (b), Seite 105). Hier haben Sie unbewusst Druck von der anderen Seite Ihres Körpers ausgeübt und somit diese Seite weggedrückt. Um dem entgegenzuwirken, wiederholen Sie die Übungen von Abb. 5.9, 5.10, 5.11 auf den Seiten 106/107. Ich kann die Wichtigkeit hiervon nicht genug betonen.

Um die Kraft zu verstehen, die man hat, wenn beide Bretter dran sind, stellen Sie sich vor, zwei Bretter zu benutzen, um im Herbst abgefallene Blätter aufzuheben. Wenn Sie nur ein Brett hätten, könnten Sie die Blätter im Garten in eine Richtung jagen – und gegebenenfalls auch die Seite wechseln und die Blätter in die andere Richtung zurückjagen! Aber Sie könnten sie nicht aufheben. Ganz ähnlich können die Bretter der Reiterin helfen, den Rücken des Pferdes hochzuholen und es auch zu lenken; jedoch ist dies nur möglich, wenn es ein Brett auf jeder Seite gibt und sie ausreichend nah beieinander sind.

ANWENDUNG DES ÄUSSEREN STABILITÄTSSYSTEMS ZUR PROBLEMLÖSUNG DER »C«-KURVE

Ich hoffe, dass Sie, wenn Sie auf Ihrer schwierigeren Seite reiten, in beiden Gesäßknochen gleiches Gewicht halten und sie gleich nah an der Wirbelsäule des Pferdes halten können – wenigstens eine Zeit lang. Ihr Ziel ist es, Ihre Spieße geradeaus nach vorne zeigen zu lassen, »beide Bretter dran«, beide Oberschenkel dran und beide Knie auf einer Ebene zu haben.

Nachdem wir Ihre Mittellinie jetzt so gut wie möglich organisiert haben, ist es an der Zeit, mehr über das äußeres Stabilitätssystem der SL nachzudenken. Viele Reittrainer versuchen, das Problem der »C«-Kurve in den Griff zu bekommen, indem sie die kürzere Linie verlängern, vielleicht indem sie die Reiterin dazu bringen, den Arm vertikal nach oben zu strecken. Jedoch wird dies nicht die Länge und Stärke der SL oder die »Materialfüllung« (also den Druck) in den äußeren Dritteln der Reiterin ausgleichen.

Ich hatte mehr Erfolg damit, Reiterinnen zu zeigen, wie sie ihre längere Linie verkürzen und stärken können, was ihnen hilft, ihre Probleme auf der kürzeren Linie anzugehen. Ein Freund oder Trainer könnte Ihnen wie folgt helfen.

1. Halten Sie so an, dass, wenn Sie anreiten, Ihre längere SL auf der Außenseite liegt.
2. Als Trainerin stelle ich mich auf die innere Seite und lege ein Band um die »mädchenhafte« Seite des Beckens. Dann ziehe ich es zu mir, und frage Sie, wie dies den äußeren Gesäßknochen und Oberschenkel beeinflusst. Beinahe sicher werden Sie fühlen, dass Sie in Richtung der Mittellinie gezogen wurden (siehe Abb. 5.15 (a)).
3. Achten Sie auf das Gewicht in jedem Gesäßknochen und versuchen Sie, es 50 : 50 zu verteilen,

wobei Ihr Kinn und Ihre Mittellinie über der des Pferdes liegen.

4. Wenn ich loslasse, ermuntere ich die Reiterin dazu, ihr Becken wieder in seine natürliche Position rutschen zu lassen. Das Becken, der Oberschenkel und die Gesäßknochen auf der »mädchenhaften« Seite werden weg von der Mittellinie fallen, oft sogar sehr heftig – und oft fällt der Brustkorb des Pferdes auch in die Richtung (siehe Abb. 5.15 (b)). Dies ist eine hervorragende Darstellung dessen, wie die Kraft im Oberkörper der Reiterin sich von der kürzeren zu der längeren Seite auswirkt. Diese Übung ist spannend anzusehen und wird den Zuschauern oft den Atem verschlagen!
5. Achten Sie auf das Gewicht in jedem Gesäßknochen, den Kontakt Ihres inneren Oberschenkels, die Form Ihres Oberkörpers und darauf, wie Ihre Bretter sich verformt haben.

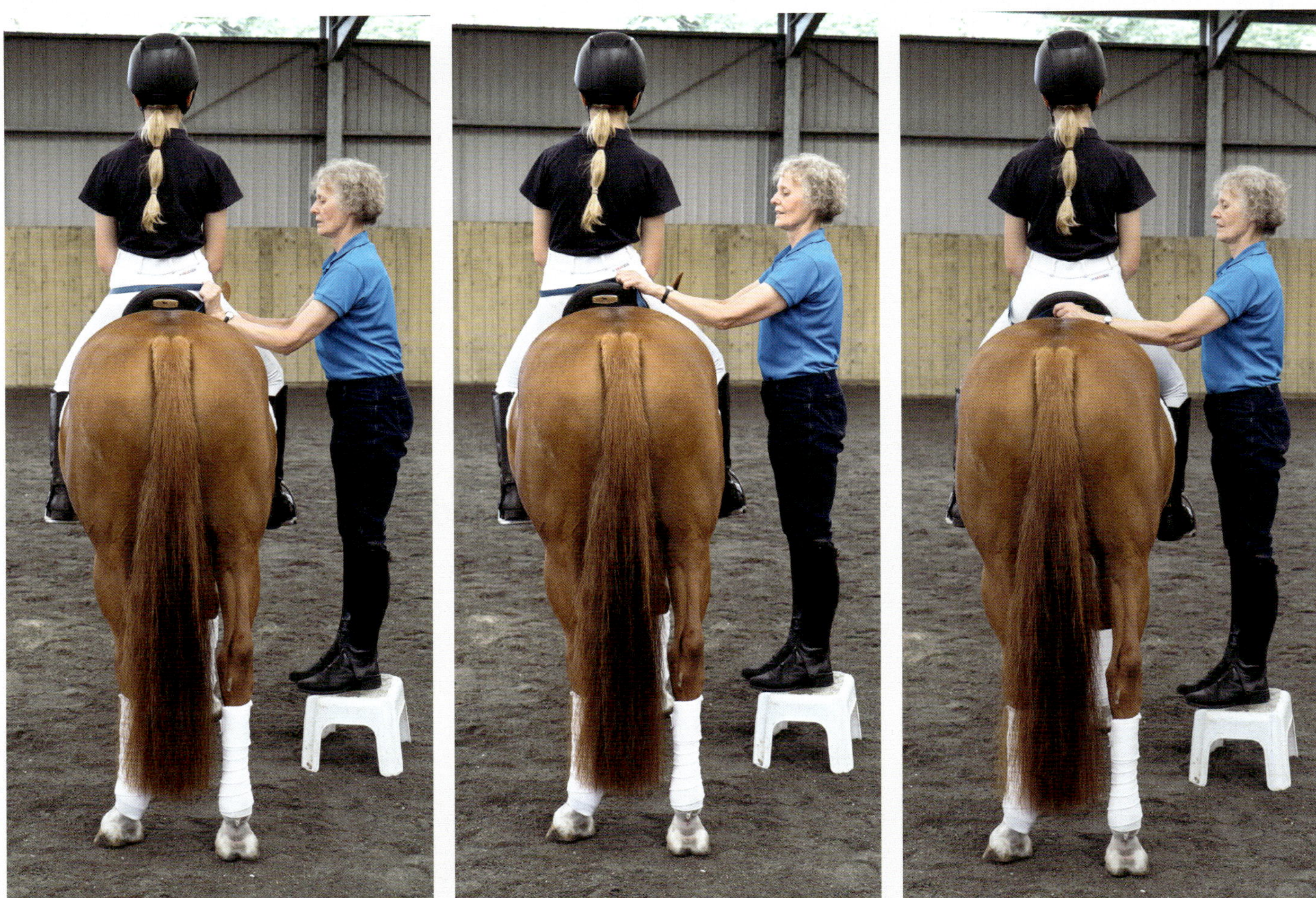

Abb. 5.15: (a) Ein Band um das Becken der Reiterin zieht sie in eine Position mit gleichmäßigem Gewicht auf jedem Gesäßknochen und ihrer Mittellinie über der Mähne. Achten Sie auf die Sicherheit, wenn Sie dies tun. Wenn ich das Band loslasse wie in (b), wölben sich Reiterin und Pferd zu der Seite hinaus. Die Herausforderung der Reiterin ist es, sich selber gerade zu halten und die Muskelarbeit zu fühlen und nachzubilden, die daran beteiligt ist. (c) Ein Triumph! Die Reiterin hat es geschafft, sich gerade zu halten, als ich das Band losließ. Sie weiß nun, welche Muskeln kräftig arbeiten müssen, um dies zu halten.

6. Mehrere Wiederholungen dieser Übungen werden Ihnen den Vergleich zwischen »ich habe es« und »ich verliere es« liefen. Die nächste Übung ist, Ihr Becken an der Stelle zu belassen, wenn Ihr Freund das Band loslässt. Dies macht klar, dass die Außenseite Ihres Beckens und auch Ihre ganze SL sehr hart arbeiten müssen, um nicht mehr in die »mädchenhafte« Position zu rutschen.
7. Wenn Sie auf einem Zirkel reiten, stellen Sie sich eine Longe vor, die um die Außenseite Ihres Beckens gewickelt ist und die gleiche Kraft ausübt. Ihre Faust gegen den Vorderzwiesel zu drücken hilft Ihnen vielleicht, indem es Ihre Bretter, Oberschenkel und Gesäßknochen davon abhält, auf der längeren Seite weg von der Wirbelsäule des Pferdes zu rutschen (siehe Abb. 5.9, 5.10, 5.11, Seite 106/107).
8. Wenn Sie dies gemacht haben, ist es jetzt leichter, die kürzere Seite zu beeinflussen. Jetzt versuchen Sie die folgende Übung auf einem Stuhl und dann im Schritt auf Ihrem Pferd in der Richtung, bei der Ihre kürzere SL innen ist.

Achten Sie darauf, dass Sie (so gut es geht) mit Ihren Spießen nach vorne zeigend und beiden »Brettern dran« sitzen und in beiden Gesäßknochen das gleiche Gewicht haben. Jetzt nehmen Sie die Zügel in die äußere Hand, während Sie mit der inneren Hand eine Faust machen und diese auf Ihre Seite zwischen Rippen und Hüfte legen. Füllen Sie diese Seite nun gegen den Widerstand der Faust aus und fühlen Sie, wie diese Seite stärker wird und weniger zu Falten neigt. (Siehe Abb. 5.16)

Wenn Sie das machen, erhöhen Sie den Druck, den Ihr Inneres gegen die Wand der SL ausübt. Um diesen noch mehr zu erhöhen, legen Sie Ihre Zunge gegen die oberen Backenzähne auf dieser Seite Ihres Mundes, drücken Sie dann die Zunge gegen die Zähne. Fühlen Sie, wie Ihr Inneres nun noch mehr gegen den Rand Ihrer Oberkörper-Box drückt. Es scheint vielleicht merkwürdig, doch hat Ungleichgewicht in Ihrem »Biss« einen großen Einfluss auf die SL.

Sie werden diese Korrekturen mehrere Male wiederholen müssen. Vielleicht werden Sie irgendwann ein gegensätzliches Problem entwickeln, oder ein ganz neues, aber das wird Monate oder gar Jahre dauern – wenn es überhaupt passiert. Machen Sie sich auch klar, dass gute

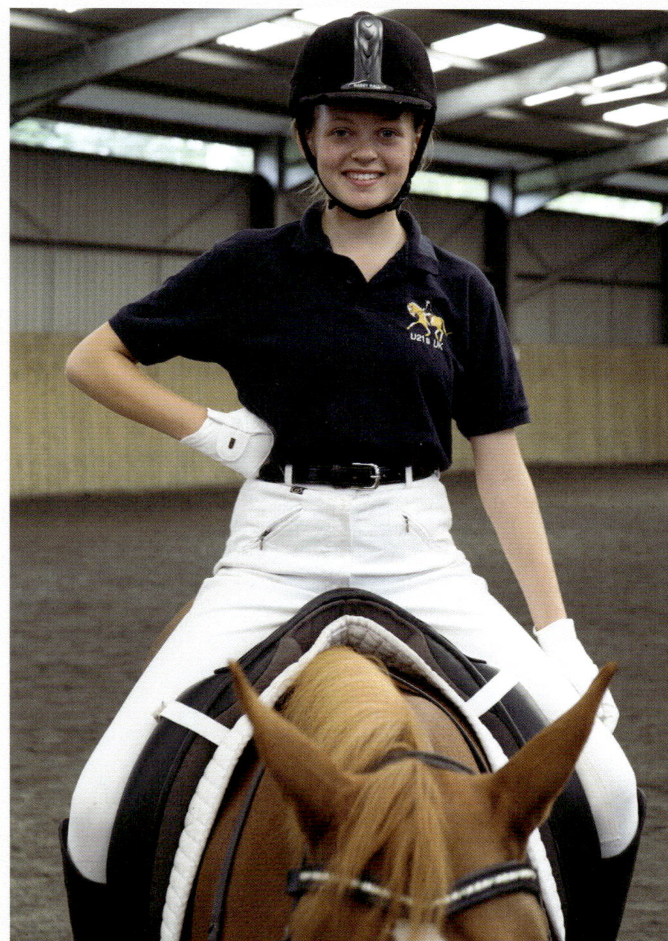

Abb. 5.16: Drücken Sie Ihre Faust zwischen Rippen und Hüfte gegen Ihre Seite und drücken Sie Ihre Seite gegen die Faust. Drücken Sie auch die Seite Ihrer Zunge gegen die oberen Backenzähne der gleichen Seite.

Körperarbeit, die darauf ausgelegt ist, Ihre myofaszialen Meridiane wieder auszugleichen, (entweder gute manuelle Therapie oder Training auf der Basis von Yoga oder Pilates) Ihnen sehr bei der Aufgabe helfen wird, eine symmetrischere und effektivere Reiterin zu werden.

Reiterinnen verändern sich meistens langsam, aber es ist möglich, dass Sie Ihr Pferd nicht sonderlich lang reiten müssen, bevor es anfängt, die gleiche SL zu verlängern, die Sie auch verlängern. Es wird auch die Seite verkürzen, die Sie verkürzen. Ihre Herausforderung wird es sein, wie Sie sich und das Pferd mit »Füllung« auf beiden Seiten ausstopfen können, wenn die einzelnen Bewegungsmomente ablaufen und auch bei jeder neuen Herausforderung, die Sie gemeinsam annehmen.

WAS TUN, WENN DAS PFERD AUF DEM ZIRKEL NACH AUSSEN FÄLLT?

Wenn Ihr Pferd, das sich verhält wie ein Klappmesser und auf dem Zirkel nach außen fällt, ein ausgestopftes Kuscheltier wäre, würde es eine Falte kurz vor seinem inneren Schulterblatt haben.

1. Wenn Ihr Pferd Ansätze macht, auf dem Zirkel nach außen zu fallen, stellen Sie sich vor, seine äußere SL kurz und die innere länger zu halten. Diese erfordert, dass sein inneres Vorderbein den Weg nach innen leitet, nicht die Nase.
2. Denken Sie daran, zu verhindern, dass seine Nase nach innen kommt, indem Sie sie vor der Mitte seiner Brust halten, oder indem Sie eine leichte entgegengesetzte Stellung geben, sodass es nach außen schaut. Das Pferd muss wie ein Bus abwenden und nicht wie ein Sattelzug mit Gelenk.
3. Denken Sie sich Ihr Pferd als ausgestopftes Kuscheltier und stellen Sie sich vor, Sie stopfen noch mehr Füllmaterial vor sein inneres Schulterblatt. Das klingt erstmal schwierig, aber relativ unerfahrene Reiterinnen können oft eine direkte Veränderung erzielen, wenn sie sich dieses Bild vor Augen rufen, solange ihre Oberschenkel fest am Sattel bleiben.
4. Bauen Sie die nächsten Viertelkreise Ihres Zirkels so auf, dass Sie jedes Mal daran denken, seinen Widerrist herein zu holen, so dass es »ausgestopft« bleibt, wenn es nach innen tritt. Veränderen Sie Ihre Position, um dies zu ermöglichen. Was verlieren Sie, wenn Sie es verlieren, und was haben Sie, wenn Sie es haben?
5. Wenn Sie am stärksten dazu verleitet werden, am inneren Zügel zu ziehen, müssen Sie sich wieder darauf konzentrieren, wie Ihre äußeren Hilfen die Wendung einleiten, und dann den inneren Zügel vorgeben. Ihr Ziel ist es, aus diesen äußeren Hilfen eine Mauer zu machen, durch die sich das Pferd nicht herausdrücken kann. Dies ist nur möglich, wenn Ihr äußerer Gesäßknochen hinten und nah an der Wirbelsäule des Pferdes bleibt, und das gleiche Gewicht wie der innere Gesäßknochen trägt; ohne das können Ihre äußere Hand und Ihr äußeres Bein ihre Aufgabe nicht erledigen.
6. Bemerken Sie auch, was mit Ihren Spießen und mit Ihren Brettern passiert?
7. Was verliert Ihr Pferd zuerst? Da es ja zwei unterschiedliche SL hat, hat es ziemlich sicher auch zwei unterschiedlich lange Rückenmuskeln. Welche Oberfläche bietet es jedem Ihrer Gesäßknochen an?
8. Was lernen Sie daraus über die Interaktion mit dem Pferd? Was ist Ursache und was ist Wirkung?
9. 10-Meter-Volten im Schritt zu reiten kann Ihnen wirklich helfen, Ihre Aufmerksamkeit zu erhöhen und zu lernen, wie Sie nicht mehr in die Falle tappen, die Ihnen von der Asymmetrie in Ihrer SL und der des Pferdes gestellt werden. Wie akkurat können Sie seinen Widerrist entlang der imaginären Linie steuern?

WENN DAS PFERD NACH INNEN FÄLLT ODER GERADEAUS WEITER MÖCHTE

Wenn das Pferd auf dem Zirkel nach innen fällt, ist der einfachste Eingriff der folgende.

1. Machen Sie sich klar, dass das Pferd nicht dadurch gerade wird, dass Sie versuchen, seine Nase nach außen zu bringen – es wird zum Klappmesser werden und nur noch mehr nach innen fallen. Sie müssen stattdessen seinen Brustkorb und seinen Widerrist beeinflussen.
2. Stellen Sie sich Ihren inneren Oberschenkelknochen als futuristische Waffe vor, die Laserstrahlen aus dem Knie schießen kann, oder als Feuerwehrschlauch, der Wasser spritzt.
3. Reiten Sie eher Quadrate und Rechtecke (vielleicht in der halben Halle) als Zirkel und suchen Sie sich einen Punkt, auf den Sie die Laserstrahlen schießen. Dieser Punkt könnte auch weiter weg, außerhalb der Reithalle sein.
4. Kurz vor der Kurve lassen Sie von diesem Ziel ab und nehmen den nächsten Punkt ins Visier. Sie müssen zielen, bevor das Pferd es tut!
5. Arbeiten Sie so weiter, bis Sie diese Vorstellung auch auf dem Zirkel anwenden können. Zielen Sie dabei auf einen größeren Zirkel ab als den, auf dem Sie reiten möchten.

Diese Taktik funktioniert viel besser als kurzsichtig Ihren inneren Oberschenkel gegen das Pferd zu drücken, dass auch noch dagegen drückt! Wenn es das Pferd stattdessen geschafft hat, Ihren inneren Oberschenkel vom Sattel zu drücken, wird Ihnen diese Taktik helfen, ihn an seinem Platz zu lassen, vor allen Dingen, wenn dies mit einem Widerstand verbunden ist wie in Abb. 5.9, 5.10, 5.11, Seite 106/107. Jedoch behebt dies nicht die unvermeidliche »Unausgestopftheit« Ihrer beider Außenseiten. Doch viele Reiterinnen finden, dass es gut genug funktioniert, um einen fühlbaren Unterschied zu machen, bis sie bereit sind, die »Zwiebel zu schälen« und die tiefere Lage der Interaktion anzugehen.

Manche Pferde machen ihre innere SL fest, indem sie einen starken Kontakt zum Zügel suchen, was sich darin äußert, dass sie am liebsten geradeaus laufen! Wenn dieses Pferd ein dreidimensionales Gemälde wäre, wäre es innen mit satten, dunklen Farben und außen mit einer ausgewaschenen Wasserfarbe gemalt. Oft passiert es, dass eine Reiterin mit so einem Pferd schnell anfängt, sich ihm anzupassen, mit der ganzen Aufmerksamkeit auf dem Ziehen und der einen Seite des Pferdes. Die Reiterin begegnet somit der Stärke mit (ihrer geringeren) Stärke und verschärft das Problem – da ihre andere Seite zu einem »ausgewaschenen Aquarell« wird.

Immer wenn das Pferd nach innen fällt und auch wenn es überzeugt ist, einfach geradeaus zu laufen, muss die Reiterin lernen, nicht seine äußere Körperseite mit der unzureichenden Materialfüllung (Wasserfarbe), und den damit einhergehenden durchhängenden Zügeln, zu ignorieren. Reiterinnen machen sich meistens nicht klar, dass dies mindestens 50 % des gesamten Problems ist. Das Pferd kann sich nicht neu formen und seine Innenseite weicher machen, ohne seine Außenseite »auszustopfen« und die äußere SL zu verlängern. Es wird nur dann mehr an den äußeren Zügel herantreten (und den Druck vom inneren wegnehmen), wenn es mehr Füllmaterial (sattere Farbe) in die Außenseite seines Brustkorbs bekommt. Jedoch wird es dies nicht tun, solange die Reiterin nicht mehr Materialfülle (und sattere Farbe) in ihr äußeres Drittel und ihren äußeren Arm bekommt, welche beide genauso unausgefüllt (ausgewaschen) sind wie das Pferd.

Es ist leichter ein Pferd zu beeinflussen, wenn seine nicht ausgestopfte Seite die innere ist. Wenn Sie es schaffen, es vor seinem inneren Schulterblatt auszustopfen, wechseln Sie vorsichtig die Hand, wobei Sie darauf achten müssen, dass Sie das Füllmaterial an seinem Platz lassen, wenn diese Seite die äußere Seite des Pferdes wird. Fragen Sie sich: »Habe ich es noch? Jetzt, jetzt, jetzt?« Wenn Sie es verlieren, wechseln Sie wieder die Hand, sodass die unausgestopfte Seite wieder innen liegt, und versuchen Sie es erneut. Flache Bögen und dann Schlangenlinien sind in diesem Stadium des Lernens gute Trainingsübungen.

Erkennen Sie auch, dass Pferde, die auf dem Zirkel nach innen oder außen fallen, meistens schneller oder langsamer werden. Wenn das Pferd schneller wird, wird es Ihnen höchstwahrscheinlich den Teppich unter den Füßen wegziehen, sodass Sie nach hinten fallen. Wenn Sie dann instinktiv »Whoaa!« denken, werden Sie zum Wasserskifahrer hinter seinem Motorboot und das Schicksal nimmt seinen Lauf (siehe Seite 90). Wenn Ihr Pferd hingegen langsamer wird, werden Sie wahrscheinlich instinktiv den Körper schlapp werden lassen und Sie werden beide durch den »klitzekleinen« Trab (siehe Seite 90) die Richtung verlieren. Wenn Sie aufgeweckt genug sind, um zu merken, wann eines dieser Dinge passiert, und wenn Sie genug »dabei sind«, um den gleichen Trab zu erhalten, wird das Lenken deutlich unproblematischer werden.

DIE SEITLICHEN LINIEN IN IHREM BEIN

Das Faszienband, das die SL im äußeren Oberschenkel formt, ist kein Vergleich zu den stärkeren und zahlreicheren Muskeln des inneren Oberschenkels. Dies erklärt vielleicht auch den Krampf, den Sie eventuell bekommen, wenn Sie die traditionelle und qualvolle Übung machen, Ihre Oberschenkel vom Sattel weg nach außen zu halten! Während dies viel weniger Wert hat, als viele glauben, muss die Reiterin tatsächlich eine ausbalancierte Spannung zwischen den Muskeln des inneren Oberschenkels und der schwächeren SL finden.

Eine normale Form der angeborenen Schwäche der SL ist ein »nudelartiger« Unterschenkel, der beim Aussitzen nicht ruhig gehalten werden kann. Es ist, als ob der untere Teil der SL nicht verankert werden kann, aber es werden mit ziemlicher Sicherheit Veränderungen weiter oben auf der Linie sein, die der Reiterin ein Gefühl der Verbindung zu ihren Füßen und der Kontrolle darüber gibt.

1. Die effektivste Methode für eine unerfahrene Reiterin, damit zu beginnen, die SL »anzuschalten« ist es, zu prüfen, ob ihre Oberschenkel nach innen rotiert sind. Der innere Oberschenkel muss mit einem gleichmäßigen Kontakt von der Ecke des Schambeins bis zur Innenseite des Knies an den Sattel angeschmiegt sein. Die Neuausrichtung von Abb. 3.6 auf Seite 58, ist der ideale Weg, um das zu erreichen.
2. Drücken Sie Ihr Knie und/oder Ihre Ferse nach außen gegen einen Widerstand, den ein Freund oder Trainer bieten kann. Bewegen Sie Ihren Oberschenkel und/oder Ihr Knie nicht vom Sattel weg, während Sie dies tun, und achten Sie darauf, dass Ihre Fußknöchel nicht nach außen rollen, so dass Ihr Gewicht auf die Außenseite Ihres Fußes kommt. Denken Sie: Oberschenkel nach innen rotiert, Knie nach innen, Zehen nach innen und die Ferse weg von der Seite des Pferdes (siehe Abb. 5.17).
3. Nachdem Sie mit einem Widerstand gegen Ihren Fußknöchel geübt haben, ergänzen Sie einen wei-

teren Widerstand, indem Ihr Freund oder Trainer auch gegen Ihre Faust an Ihrem ausgetreckten Arm drückt wie in Abb. 5.18. Dies stärkt auch die »X« auf der Seite des Oberkörpers und spannt die komplette SL an. Probieren Sie, Ihre Zunge zur gleichen Zeit gegen die Backenzähne zu drücken. Diese Übung auf beiden Seiten anzuwenden macht meistens die Unterschiede in Stärke und Länge der Linien auf beiden Seiten sehr deutlich. Wiederholen Sie diese Übung auf Ihrer schwächeren Seite.

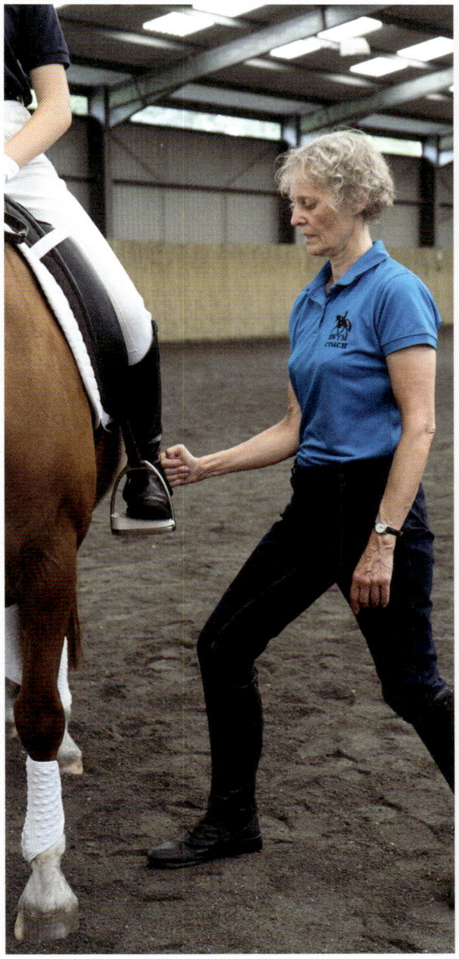

Abb. 5.17: Die Ferse gegen einen Widerstand nach außen zu drücken hilft, das untere Bein in die richtige Position zu bringen und die Außenseite zu stärken.

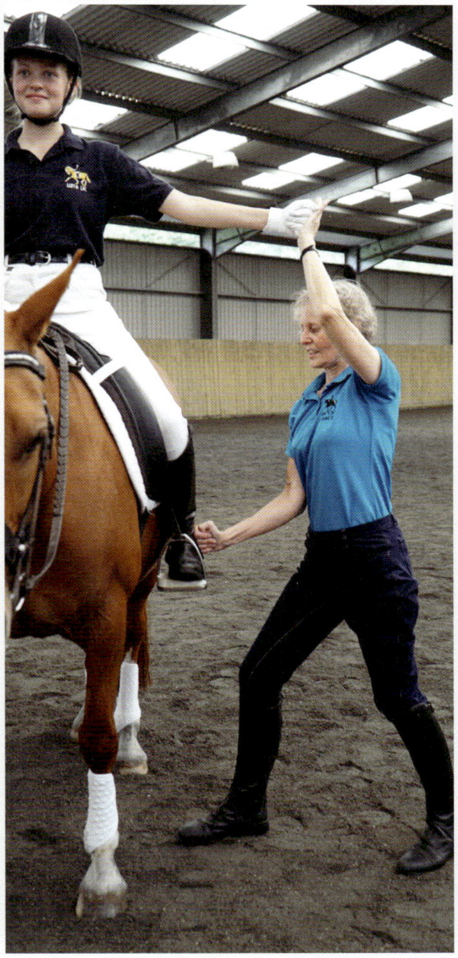

Abb. 5.18: Gleichzeitig die Ferse und den ausgestreckten Arm gegen einen Widerstand zu drücken aktiviert die komplette seitliche Linie.

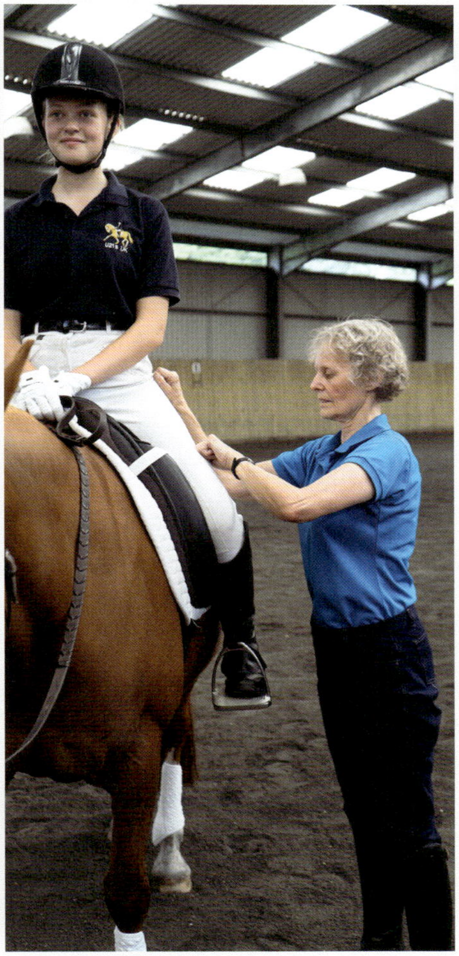

Abb. 5.19: Die Trainerin fährt mit zwei Fingerknöcheln die SL im Oberschenkel und der Wade hinab, was dazu führt, dass sie sich länger und stärker anfühlt. Eine kurze SL bewirkt, dass die Reiterin ihr Gewicht auf den großen Zeh bringt; diese Übung hilft ihr, ihr Gewicht gleichmäßiger auf ihrem Fuß zu verteilen. (Diese Übung wurde hier mit freundlicher Erlaubnis von Julie Houghton aus »Equestrian Balancing Therapy« integriert[5])

4. Wenn Ihr Gewicht leicht auf die Innenseite Ihres Fußes rollt, so dass ein Beobachter Ihre Fußsohle sehen kann, wenn Sie reiten, lassen Sie Ihren Trainer Ihre Reithose am äußeren oberen Oberschenkel fassen. Bitten Sie Ihren Trainer, mit den Knöcheln von Zeige- und Mittelfinger langsam die Linie des Iliotibialbereichs hinunterzufahren. Wiederholen Sie das drei Mal. Es ist ein tolles Gefühl und hilft Ihnen, Ihre SL zu verlängern (siehe Abb. 5.19).

EINE HILFREICHE BODENÜBUNG

1. Legen Sie sich so auf den Boden, dass Ihre längere SL an einer Wand liegt. Biegen Sie den Rest dieser SL etwas weg von der Wand (siehe Abb. 5.20).
2. Drücken Sie Schulter und Fuß gegen die Wand. Jeder Druck sollte sechs Sekunden dauern, mit fünf Sekunden Pause dazwischen.
3. Kreuzen Sie den Fußknöchel, der weiter weg von der Wand ist, über das andere Bein, und drücken Sie gleichzeitig den oberen Knöchel von der Wand weg und gegen den unteren Knöchel, der sich immer noch von der Wand wegdrückt. Dies wird die »weichere« Seite Ihres Brustkorbes verlängern, die sonst sehr leicht Falten schlägt.
4. Drücken Sie die Faust gegen diese Seite, und drücken Sie mit der Seite dagegen.
5. Denken Sie an die Schnüre Ihrer SL; sie sind auf Ihrer längeren Seite lockerer und fester an der kürzeren Seite. An der längeren Seite, die sich neben der Wand befindet, muss die Schnur Ihre vordere und hintere Ösenreihe näher aneinanderziehen, um diese fester um den Rand Ihrer Oberkörper-Box zu schnüren. Während Sie die andere Seite strecken, denken Sie daran, wie die Ösenreihe an Ihrer Vorderseite nach oben und weg von der an Ihrer Rückseite gezogen wird.
6. Sechs Wiederholungen an jedem Tag werden bald Resultate erzielen, aber gehen Sie davon aus, dass es etwas Zeit brauchen wird, bevor Sie deutlich symmetrischer werden.

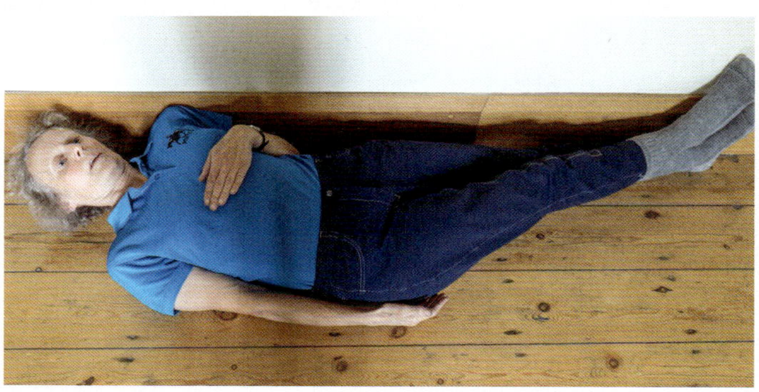

Abb. 5.20: Legen Sie sich mit Ihrer längeren Seite leicht gebogen an eine Wand. Ihre Schulter und Ihr Knöchel drücken gegen die Wand. Legen Sie den Knöchel Ihres Beins, das weiter von der Wand entfernt ist, über den anderen. Drücken Sie mit diesem Knöchel nun von der Wand weg. Sie können auch diese Körperseite gegen Ihre Faust drücken und Ihre Zunge gegen die oberen Backenzähne pressen! (Die Idee für diese Übung stammt aus Muscle Activation Techniques, entwickelt von Greg Roskopf.)[6]

EIN ÜBERBLICK: DIE »DOPPELTEN GELBEN LINIEN«

Im Idealfall stabilisieren die Bretter des Reiters das Pferd auf beiden Seiten seiner Mittellinie, da die Schmalheit der Position mit »beiden Brettern dran« Sie über dem inneren Rand der langen Rückenmuskeln des Pferdes positioniert (also über dem äußeren Rand der Kammer des Sattels). Zusätzlich setzen gut angespannte, gut ausgerichtete SL (die die Ränder der Oberkörper-Box bilden) dem Pferd Grenzen, durch die es sich nicht hindurchdrücken darf. Theoretisch probiert es nicht einmal, sich durchzudrücken – aber in der Praxis haben untrainierte Körper, der des Menschen ebenso wie der des Pferdes, unvermeidliche Verzerrungen in diesem Bereich und verstärken normalerweise gegenseitig ihre Probleme (siehe Abb. 5.15 (b), Seite 114).

Anatomisch gesehen würden, wenn das Pferd Bretter analog zu Ihren hätte, sich diese von oben nach unten im Pferd verbinden und so die Ösenreihe entlang der Außenseite seines langen Rückenmuskels mit der Ösenreihe an der Außenseite seine Bauchmuskeln verknüpfen. Aber jetzt denken wir an die inneren Ränder seiner oberflächlichen Rückenlinie und oberflächlichen Frontallinie (die unter dem äußeren Rand der Kammer des Sattels liegen). Um einen Überblick darüber zu bekommen, wie das mittlere Stabilitätssystem und die SL in Relation zu Ihrer eigenen und zu den oberflächlichen Rücken- und Frontallinien des Pferdes funktionieren, denken Sie an die doppelten durchgezogenen gelben Linien, die auf amerikanischen Straßen »Überholverbot« und auf britischen Straßen »Parkverbot« bedeuten. Stellen Sie sich ähnliche Linien vor, die vom Ballen der Hinterbeine des Pferdes über die Sprunggelenke und Oberschenkelrückseite über die Kruppe auf der gleichen Seite verlaufen, von dort weiter entlang des langen Rückenmuskels unter den Sattelkissen hindurch und seitlich hoch bis zu den Ohrenspitzen. Dies ist der Verlauf seiner oberflächlichen Rückenlinie.

Wenn diese Muskelketten auf beiden Seiten gut funktionieren und das Pferd »über den Rücken« arbeitet, bietet jeder der langen Rückenmuskeln dem Reiter eine feste Oberfläche, auf der er sitzen kann, und das Becken des Reiters passt auf beiden Seiten wie in Abb. 5.8 (b) auf Seite 105. Ich finde es hilfreich, sich die langen Rückenmuskeln des Pferdes wie zehn oder zwölf Zentimeter breite Gummistreifen vorzustellen – so ähnlich wie die Laufbänder an der Supermarktkasse, aber etwas nachgiebiger.

Stellen Sie sich vor, dass die »doppelten gelben Linien« auch Ihren Rücken hochlaufen, über die Schultern und vorne nach unten. Ihr Ziel ist es, Ihre gelben Linien über die des Pferdes zu stapeln – bis nach oben zu Ihren imaginären Schulterklappen (wie bei der Uniform eines Offiziers), die das obere Ende der äußeren Drittel Ihrer Oberkörper-Box markieren. »Klare« Bretter und feste Ränder Ihrer Oberkörper-Box machen dies möglich – und tragen enorm zur Geraderichtung und »Lenkbarkeit« bei, indem sie die Tensegrität des Pferd-Reiter-Systems verstärken. Ihr Einfluss wird noch größer, wenn Sie in der Lage sind, eine Verbindung durch die Bretter des Pferdes bis hinunter zu den Ösenreihen zu »denken«, die die äußeren Ränder seiner oberflächlichen Frontallinie bilden.

Mit Zeit, Einsatz und der Fähigkeit, mit der Zeit immer subtilere Unterschiede zu fühlen, ist es möglich, genug Widerstandskraft im äußeren und mittleren Stabilitätssystem zu entwickeln, um Kräfte durch Ihren Körper und durch den des Pferdes in die Richtung weiterzuleiten, wie Sie das wollen. Häufiger werden Kräfte in die Richtung weitergeleitet, die das Pferd wählt, oder in die Richtung, die sich durch die Kombination Ihrer beider Asymmetrien ergeben, ergänzt durch die Zentrifugalkraft, wenn man sich auf einem Zirkel befindet. Es braucht Genauigkeit und Energie, um diese Hindernisse zu überwinden. Doch wenn sich Muskelketten ausrichten, kann Ihre Arbeit energisch und leicht zugleich aussehen, und Sie haben eine wundervolle Verbindung zum Pferd.

Kapitel 5 Fußnoten:

1. Clayton, Hilary, 2015, personal communication (2015)
2. Bennet, Dr Deb, 'Lessons from Woody', on_www.equinestudies.org
3. McLean, Andrew, *Academic Horse Training*, Equitation | Science International (2008): www.esi-education.com | McLean, Andrew and McGreevy, Paul, *Equitation Science*, Wiley-Blackwell (2010) | McLean, Andrew , 'Thinking about horses, Part 2', www.horsemagazine.com/thm/2015/01/andrew-mclean-thinking-about-horses/
4. McLean, Andrew, 'A fresh look at the training scale', www.horsemagazine.com/thm/.../a-fresh-look-at-the-training-scale-with-andrew-mclean
5. Houghton, Julie, Equestrian Balance Therapy: www.equinetherapyservices.co.uk
6. This exercise has been adapted from Muscle Activation Techniques, devised by Greg Roskopf, see www.muscleactivation.com

TEIL 3

Funktionslinien und Armlinien – die Hände nach vorne drücken

KAPITEL 6: DIE FUNKTIONSLINIEN

Die Linien, die wir bisher betrachtet haben, durchlaufen Vorderseite, Rücken und Seiten des Oberkörpers und der Beine. Aber um traben und galoppieren zu können, benötigt das Pferd einige seiner Muskeln, die die Mittellinie kreuzen, wobei sie die kontralateralen Gürtel verbinden, d. h. das linke Hinterbein wird mit dem rechten Vorderbein verbunden und umgekehrt. Da wir diese Verbindungen ebenfalls brauchen, lernen wir jetzt die Funktionslinien (FL) kennen, die aus oberflächlichen Muskeln und aus Fasziengewebe bestehen, deren Aufgabe eher die Koordination der Bewegung und nicht die Erhaltung der Stabilität ist. Daher ist es leichter, an ihnen zu arbeiten, und die Arbeit bringt große Erfolge.

Beim Menschen bestehen die vorderen und hinteren FL aus vier separaten Linien, die zwei »X« auf der Vorder- und Rückseite des Körpers bilden. Sie werden bei jedem Schritt aktiviert, denn bei jedem Vorwärtsschritt Ihres rechten Oberschenkels wird Ihre linke Schulter als Gegengewicht nach vorne geschoben (und andersherum). Diese beiden »X« auf Vorder- und Rückseite koordinieren die beiden »Uhrfedern« des Brustkorbs und des Beckens, die sich beim Laufen und Rennen ein- und wieder ausdrehen.

Die FL haben ihren Namen von der Notwendigkeit, die sie beim Verstärken diagonaler Bewegung spielen, beispielsweise beim Kajakfahren und bei den meisten Sportbewegungen, einschließlich eines Tennisaufschlags, eines Speerwurfs, eines Baseballschlags oder eines Kricketwurfs. Die FL können auch umgekehrt verwendet werden – die Arme stabilisieren die Beine, wie beim Hürdenlauf oder einem Fußballschuss.

Beim Pferd geht es, wie wir sehen werden, weniger um eine tatsächliche spiralförmige Abgrenzung im Rumpf als vielmehr darum, jeden Trabtritt koordinieren zu können, während sich die gegenüberliegenden Gliedmaßen zusammen bewegen. Bei ihm werden unsere vier Linien zu zwei: Die vorderen und hinteren FL, die direkt über jedem Ellbogen beginnen, bilden eine komplette Schleife über Rücken und Bauch und führen dann bis zum gegenüberliegenden Knie. Sein Torso ist wie mit zwei Paketschnüren diagonal eingewickelt.

Für Reiterinnen liegt die Bedeutung unserer FL darin, dass jedes »X« zentriert und ausgeglichen wird. Ebenfalls fixieren die Linien die Stützbasis für den gegenüberliegenden Arm. Die FL setzen die Armlinien (die wir im nächsten Kapitel ansprechen werden) diagonal über den Oberkörper bis zur gegenüberliegenden Seite des Beckens und des gegenüberliegenden Beins fort und helfen dabei, den Arm und auch die Diagonale zu stabilisieren. Im Gegensatz zum Jogger oder Walker möchte die Reiterin während des Reitens nicht viel Bewegung in den »Sprungfedern« haben. Die Reiterin möchte eher, wie das Pferd, die Anpassungsfähigkeit beibehalten und gleichzeitig die Rotation im Oberkörper auf ein Minimum reduzieren.

Lassen Sie uns die Funktionslinien im Detail betrachten (Abb. 6.1). Die funktionale Rückenlinie (FRL) (siehe Abb. 6.1 (b)) beginnt am Oberarmknochen, der nah an der Schulter liegt und verläuft weiter die Sehne hinab, die Sie leicht erfühlen können, wenn Sie in die Rückseite der Achselhöhle greifen (siehe Abb 3.12 Seite 69). Die Linie läuft dann weiter durch den Latissimus dorsi-Muskel. Dies ist der große dreieckige Muskel, der beide Seiten des Rückens, von der Rückseite der Achselhöhle zu der Spitze des Beckens und Kreuzbeins der gleichen Seite, bedeckt. Wenn Sie reiten und diesen Muskel und die Sehnen auf jeder Seite herunterziehen, bringt Ihnen das Stabilität. Bei Vögeln und Fledermäusen treiben die »Lats« die Flügel an.

Die FRL verläuft durch den Latissimus und dann zur Mittelinie an der Spitze des Beckens. Hier kreuzt sie die

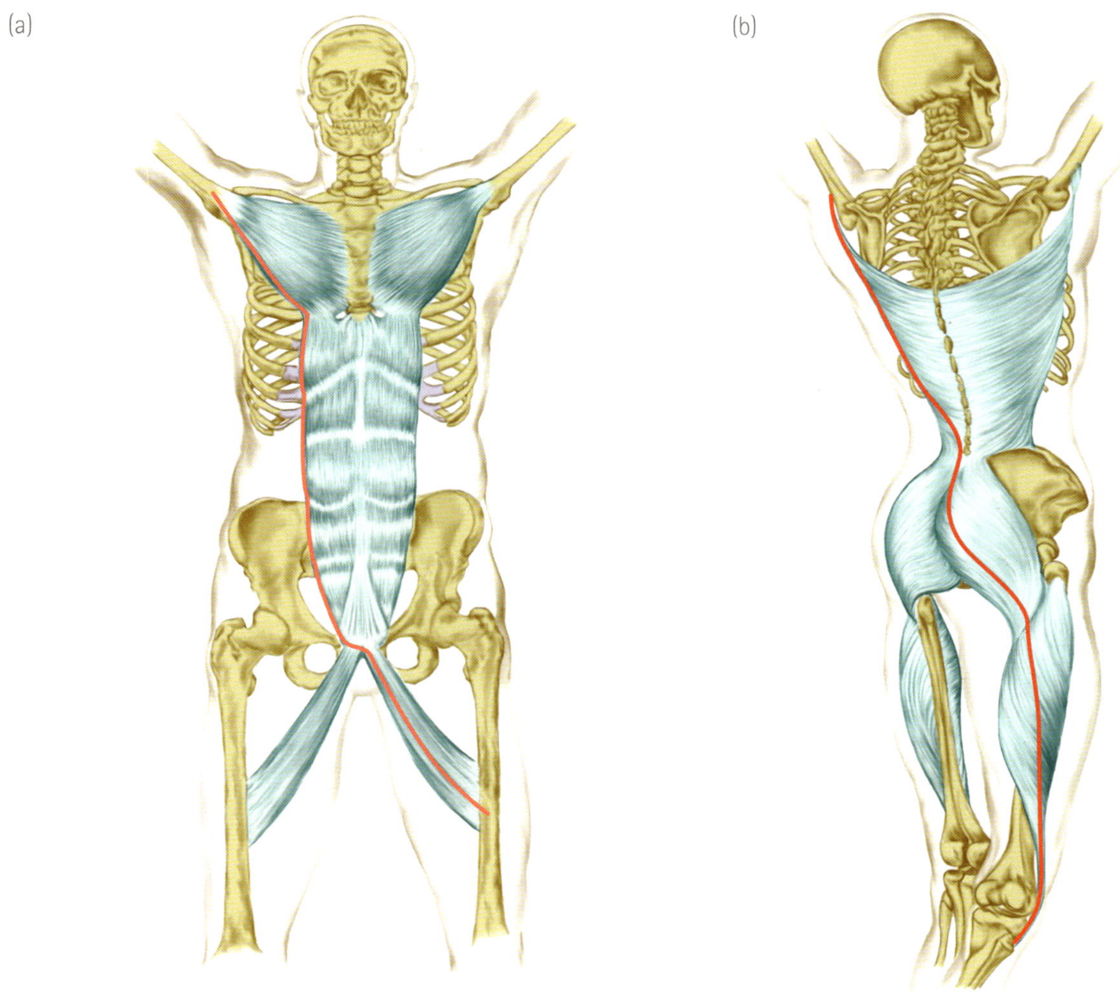

Abb. 6.1: Die funktionale Frontallinie (a) und die Funktionale Rückenlinie (b) formen »X« auf der Vorder- und Rückseite des Körpers. Es ist leichter für Reiterinnen, sich vorzustellen, dass das vordere »X« eine direkte Linie von der Achselhöhle zum Schambein auf der anderen Seite bildet.

Mittellinie des Körpers und läuft weiter durch die Fasern nah am unteren Teil des großen Gesäßmuskels (Gluteus maximus), der Ihre Rückseite formt. Die Linie läuft unter den Muskeln des äußeren Oberschenkels (die die Seitenlinie bilden) und verbindet sich dann mit der Außenseite/Rückseite des Oberschenkelknochens. Dann verläuft sie über den äußersten Muskel des Quadrizeps zur Außenseite des Oberschenkels und Knies. Hier verbindet sie sich mit der vorderen Spitze der Tibia, des größere Knochens in der Wade.

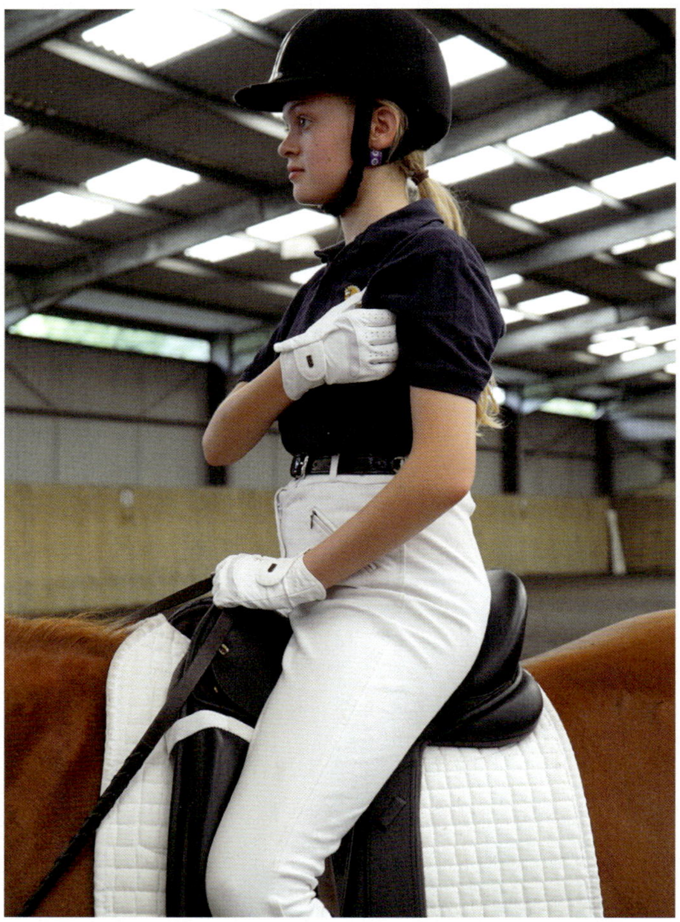

Abb. 6.2: Legen Sie einem Arm über Ihre Vorderseite und greifen Sie vorne in die Achselhöhle. Ziehen Sie Schulter und Ellbogen nach unten. Fühlen Sie nach der Sehne, die Ihren Brustmuskel mit Ihrem Oberarm verbindet. Die Schultern und diese Sehne sollten nach unten gezogen werden, während Sie reiten.

Obwohl es nicht eine von Myers Anatomische Bahnen ist, können Sie sich hier vorstellen, wie die Linie bis zur Außenseite Ihres Fußes weiterläuft. Diese gedachte Verlängerung der FL entlang der Außenseite der Waden über die Seitenlinie kann Ihre Fähigkeit, Ihren Unterschenkel stabil zu halten, erheblich verbessern. Was für eine Freude!

Die funktionelle Frontallinie (FFL, Abb. 6.1 (a)) beginnt auf der Vorderseite des Oberarmknochens nahe der Schulter und setzt sich über die Sehne fort, die sich vor der Achselhöhle befindet und die Sie leicht finden können. Greifen Sie mit einem Arm über Ihre Brust in die Vorderseite Ihrer Achsel und fühlen Sie nach der Sehne, während Sie Ihre Schulter und Ihren Ellenbogen nach unten ziehen. Wie gesagt, diese Sehne sollte beim Reiten nach unten gezogen sein.

Die FFL läuft weiter in die untere Kante des Brustmuskels, die bei einem gut bemuskelten Mann den Großteil der Brust bildet. Die darunterliegende Faszie umfasst auch den kleineren Musculus pectoralis minor, der entlang der Linie des Brettes an der fünften Rippe ansetzt (siehe vorheriges Kapitel). (Die Bedeutung wird in Kapitel 7, indem es um die Armlinien geht, klar.) Die Fasern des Pectorales major verlaufen diagonal, bis sie am äußeren Rand des großen M. rectus abdominis, den wir als »Six-Pack« kennen, ansetzen. Wie Sie in Abb. 6.1 (a) auf Seite 125 sehen können, handelt es sich eigentlich um ein »Zehner-Pack« mit dem höchsten »Pack« über dem Brustbein. Von diesem Punkt bei der fünften und sechsten Rippe aus verläuft die Linie auf dieser Seite entlang der Kante des M. rectus abdominis. Von der Taille abwärts krümmt sich der äußere Rand dieses Muskels leicht zum äußeren Rand des Schambeins hin.

Die Fasern der Faszien verbinden sich durch und über den Knorpel zwischen den beiden Seiten des Schambeins (der Schambeinsymphyse) zur starken, offensichtlichen

Sehne an der oberen Innenseite des Oberschenkels (die schubbert, wenn Sie beim Reiten die falsche Unterwäsche tragen!). Diese gehört zum Adduktor longus-Muskel (langer Schenkelanzieher), der etwa in der Mitte der Länge des Oberschenkels an der Innenseite des Oberschenkelknochens ansetzt, etwa dort, wo die Oberschenkel über dem Steigbügelhaken des Sattels liegen.

In der Praxis funktioniert es gut, wenn man sich vorstellt, dass die Arme des »X« eine gerade Linie von einer Achsel zur gegenüberliegenden Leiste bilden und das Kreuz des »X« somit etwas höher liegt als seine tatsächliche Position ist, die auf Höhe des Schambeins liegt (Abb. 6.1 (a), Seite 125). Die FFL setzt etwa auf halber Höhe am Oberschenkelknochen an. Doch sobald Sie gelernt haben, die FFL gut einzusetzen, werden sie noch leistungsfähiger, wenn Sie sie in Ihrer Vorstellung von der Innenseite der Oberschenkel und Waden zu den Innenseiten der Füße verlängern.

MIT DEN FUNKTIONSLINIEN ARBEITEN

Um Verwirrung zu vermeiden, benennen wir jede Funktionslinie nach der Schulter, von der sie ausgeht. Die rechte FFL schließt also die Vorderseite der rechten Achselhöhle und die linke Hüfte mit ein.

1. Zu welcher FL fühlen Sie sich intuitiv hingezogen, wenn Sie anfangen, sie zu erkunden? Diese wird wahrscheinlich die stabilere sein.
2. Verfolgen Sie Ihren Weg auf Ihrem Körper, indem Sie an einem der Enden beginnen und ihren Spannungszustand erfühlen – ist sie angespannt genug, dass sie wie eine Gitarrenseite gezupft werden könnte, oder ist sie zu »wabbelig«, um »eine Note zu spielen«? Ist die Spannung von der Schulter bis zur gegenüberliegenden Hüfte gleichmäßig? Kreuzt die FL Ihre Mittellinie oder verliert sie sich stattdessen?
3. Fühlen Sie bewusst nach, wo die Linie an Ihrem Oberschenkel ansetzt. Die Schwäche von mindestens einer FFL trägt wahrscheinlich dazu bei, dass der innere Oberschenkel dieser Seite weiter vom Sattel entfernt ist, als er sollte.
4. Um hier Abhilfe zu schaffen, legen Sie den Zeige- und Ringfinger dieser Seite in die Sattelkammer und ziehen Sie nach außen, wie in Abb. 5.10, Seite 107, gezeigt. Fühlen Sie, wie dadurch die Sehne an der Ecke Ihres Schambeins mehr gegen den Sattel kommt. Hierdurch reduzieren Sie den Freiraum am Widerrist des Pferdes: Stellen Sie sich Ihre Oberschenkel als zwei Brotscheiben in einem Pferdesandwich vor!
5. Mindestens eine der FRL wird wahrscheinlich undeutlicher werden, während sie um Ihr Gesäß und zu Ihrem äußeren Oberschenkel verläuft.
6. Um hier Abhilfe zu leisten, greifen Sie mit der gegenüberliegenden Hand über die Rückseite des Sattels und ziehen Sie an seiner Seite direkt hinter Ihrem Gesäß (siehe Abb. 6.3). Fühlen Sie, wie sich die FRL anspannt und sich verkürzt und die Spannung an diesem Teil Ihres Gesäßes vergrößert wird. Merken Sie, wie wackelig Sie bis dahin waren?
7. Wenn Sie die erste Linie klar und deutlich fühlen, versuchen Sie sich an der nächsten, die Sie anspricht; gehen Sie hierbei nicht zu schnell vor, und versuchen Sie nicht übereilt, mit weiteren Linien zu arbeiten.

Welche zwei diagonalen Linien Sie zu Beginn auch wählen, seien es beide vorderen, beide hinteren oder die vordere und hintere Linie, die von derselben Schulter ausgehen oder (für diejenigen mit einer Rotation in der Wirbelsäule) sogar von den gegenüberliegenden Schultern, können Sie damit rechnen, dass sie voneinander abweichen. Eine Linie kann stark und fühlbar sein, während die andere schwach ist. Eine funktioniert gut am Oberschenkelende, aber nicht am Schulterende, während die andere das entgegengesetzte Muster hat. Gehen Sie davon aus festzustellen, dass mindestens eine Schulter das Leben an einem Ort lebt, von dem Sie jetzt merken, dass er weit vom Ideal entfernt ist – und machen Sie sich klar, wie eine Schulterfehlstellung den Sitz beeinflussen kann! Dies zu ändern könnte Ihre Fähigkeit, den Oberkörper »aufzustapeln« und Ihr Pferd zu steuern, deutlich verbessern.

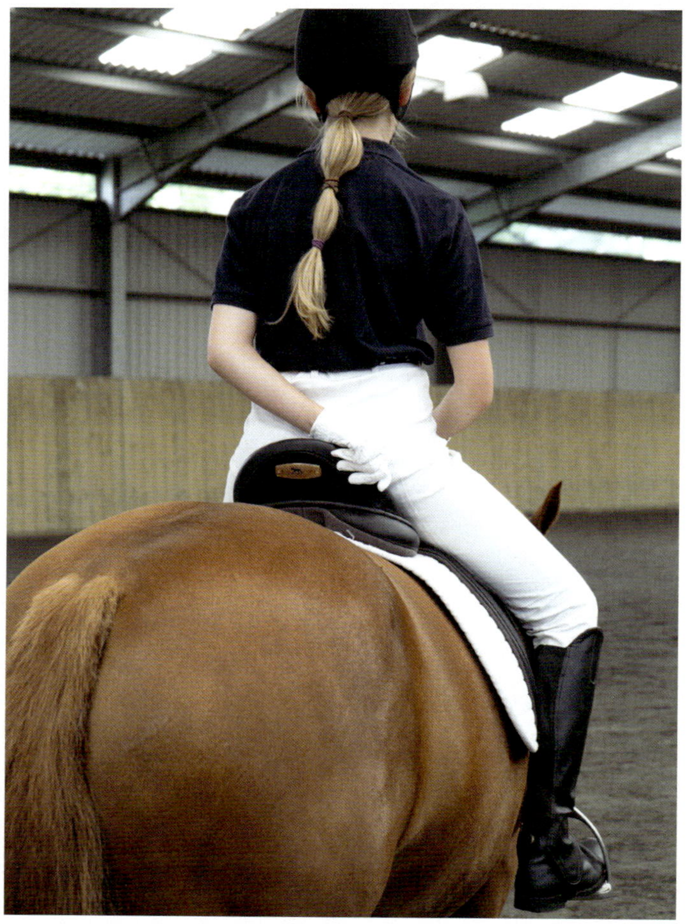

Abb. 6.3: Nehmen Sie Ihren Arm hinter sich, greifen Sie an die gegenüberliegende Seite des Hinterzwiesels und ziehen Sie daran, um die funktionale Rückenlinie anzuspannen, die durch den Gesäßmuskel zum äußeren Oberschenkel läuft. Ihr linker Arm spannt Ihren linken Gesäßmuskel an, welcher Teil der rechten funktionalen Rückenlinie ist.

Die Arbeit mit zwei der FL kann Ihr Gehirn für einige Zeit beschäftigen, aber die Überwachung aller vier wird irgendwann möglich. Sobald sie Teil Ihrer unbewussten Kompetenz geworden sind, können Sie davon ausgehen, dass Sie ab und an hierher zurückkommen werden, wenn Sie neue Einsichten bekommen.

LÖSUNGEN VOM BODEN

ZEITLICHE KOORDINIERUNG DER FUNKTIONSLINIEN

Die zeitliche Koordinierung der FL ist äußerst wichtig.

1. Legen Sie sich auf den Boden, entweder auf den Rücken oder auf den Bauch, abhängig davon, an welchen Linien Sie arbeiten möchten. Heben Sie die kontralateralen Gliedmaßen vom Boden ab – zum Beispiel Ihren linken Arm und Ihr rechtes Bein. Konzentrieren Sie sich auf die Bewegung; die Wahrscheinlichkeit ist groß, dass Sie ein Körperteil um einen Bruchteil einer Sekunde vor dem anderen anheben. Arbeiten Sie daran, sie genau gleichzeitig anzuheben, und Sie werden die Mitte der Linien spüren, wo sie den Oberkörper kreuzen.
2. Um die Linie zu stärken, können Sie Gewichte hinzufügen – kleine Kugelhanteln funktionieren gut – oder bitten Sie jemanden, Ihre Gliedmaßen festzuhalten, so dass Sie gegen den Widerstand drücken können. Dies funktioniert gut für die FFL, ist aber hauptsächlich eine Übung für die FRL.

Legen Sie sich auf den Bauch und heben Sie jede Linie des »X« zur genau gleichen Zeit in die Luft, um die thorakolumbale Faszie deutlich zu fühlen.

Die folgende Bodenübung hilft, die längere FRL zu verkürzen und Ihr Bewusstsein für sie zu entwickeln.

1. Legen Sie sich auf einer festen Matratze oder auf dem Boden mit ausgestreckten Beinen hin.
2. Ziehen Sie Ihre großen Trochantermuskeln (siehe Abb. 5.2, Seite 93) nach unten Richtung Boden und nach innen zueinander. Dies wird Ihr Becken etwas anheben, während sich Ihre Gesäßmuskeln anspannen.
3. Entspannen Sie diese Muskeln jetzt ganz langsam. Können Sie dies geschmeidig und gleichmäßig mit beiden Seiten im Einklang tun, oder »ruckt« es auf der einen oder auf beiden Seiten? Erreichen beide Seiten gleichzeitig den Moment maximaler »Losgelassenheit«?
4. Wenn nicht, stellen Sie fest, wie viel mehr Sie die längere, schwächere Seite loslassen können. Diese Seite wird auch die mit der längeren Seitenlinie sein.
5. Wiederholen Sie diese Übung, und verhindern Sie, dass die längere, lockerere Seite das zusätzliche Bisschen mehr loslässt, wie sie es gerne möchte. Halten Sie sie auf dem gleichen Spannungslevel wie die andere, die schon vollständig losgelassen ist.
6. Nach einiger Zeit entspannen Sie die schwächere Seite komplett und spannen Sie sie dann wieder in der Stärke an, dass sie der anderen gleicht. Halten Sie sie dort für einige Sekunden und beginnen Sie die Übung von vorne, indem Sie beide Seiten anspannen.
7. Wiederholen Sie dies jeden Tag einige Male, vielleicht im Bett, bevor Sie schlafen gehen. Es wird weniger Zeit brauchen, als Sie erwarten, um das »Rucken« zu verringern und die Spannung Ihrer längeren, schwächeren FRL zu stärken.

Die Bedeutung hiervon ist groß, da die längere FRL es dem Brustkorb erlaubt, von Ihrem Becken wegzuwandern, und Ihrem Rücken und den Gesäßknochen den Spielraum gibt, von der Mittellinie weg zu rutschen. Die Mittelpunkte der »X« wandern dann von Ihrem Mittelpunkt weg und die »C«-Kurve Ihrer längeren Seitenlinie verlängert die Außenseite Ihres Körpers. Dann ist es sehr wahrscheinlich, dass Sie sich nach innen drehen, so dass Ihr Oberkörper dem Zirkelmittelpunkt zugewandt ist ... und Sie kennen bereits den Rest der Geschichte!

DEN MITTELPUNKT DES »X« ZENTRIEREN

Machen Sie sich klar, dass die FL im Verhältnis zu Ihren Seitenlinien und allen lateralen »C«-Kurven in Ihrem Oberkörper stehen. Ungleiche FL erzeugen eine Asymmetrie zwischen vorderem und hinterem »X« und verschieben ihre Zentren von der Mittellinie des Körpers weg.

1. Während Sie sitzen und das hier lesen, bringen Sie Ihren Oberkörper in eine »C«-Kurve. Wo sind die Zentren der »X« der FL im Verhältnis zu Ihrer Wirbelsäule? Fühlen Sie, wie sich Ihre Zentren von der Mittellinie entfernt haben.
2. Stellen Sie sich eine Hand vor, die an Ihrer Wirbelsäule zieht, um sie mit der Mitte des hinteren »X« auszurichten. Bringen Sie die Mittelpunkte beider »X« auf Ihre Mittellinie, wobei Ihr Rücken senkrecht und Ihre »Box« symmetrisch ist. Was macht das mit der »Materialfüllung« und dem Druck in jeder Seite Ihres Oberkörpers?

Es funktioniert gut, wenn man sich vorstellt, dass die FFL und FRL im Oberkörper alle ein großes Cavaletti-»X« bilden, mit quadratischen Ecken, die an Ihr Gesäß und Ihre Schultern passen (Abb. 6.4).

DIE FUNKTIONSLINIEN IN IHREN BEINEN

Die Fortsetzung beider Linien bis zu Ihren Füßen – das vordere »X« an der Innenseite des Schienbeins und das hintere »X« an der Außenseite – hat als Endergebnis eine dramatische Steigerung Ihrer Fähigkeit, Ihren Unterschenkel ruhig zu halten und Ihre Beinhilfe so einzusetzen, wie Sie es wollen.

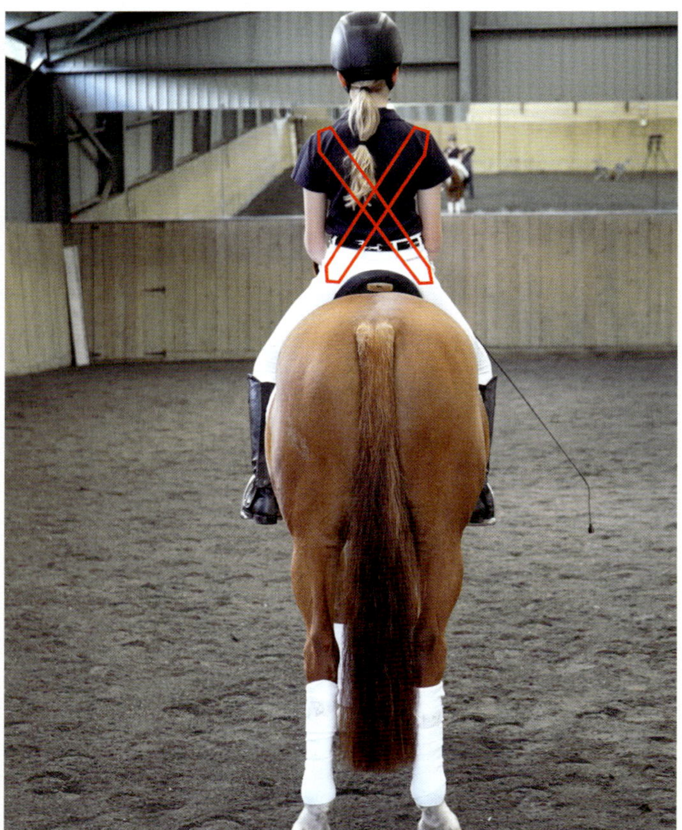

Abb. 6.4: Stellen Sie sich ein großes Cavaletti-»X« in Ihrem Inneren vor, mit quadratischen Ecken, die an Ihre Schultern und Ihr Gesäß passen.

1. Liegen Ihre Unterschenkel an den Seiten des Pferdes an oder von ihnen weg? Der Widerstand der entsteht, indem man die Fersen nach außen drückt (siehe Abb. 5.17 auf Seite 119) hilft, Ihre Waden vom Pferd fernzuhalten (während Ihre Oberschenkel am Sattel bleiben). Dies gibt dem Pferd einen klaren Kontrast zwischen einer und keiner Beinhilfe, was dazu beiträgt, dass Ihr »Tritt« seine Bedeutung behält.
2. Ist Ihre Beinhilfe eher wie ein Klaps oder ein Stoß? Ein Klaps (ob leicht oder stark) ist eine schnelle Berührung am Pferdebauch, die zurückprallt. (Die Bewegung eines Tritts ist etwas anders – eine Trittbewegung hält die Richtung, nachdem das Ziel des Tritts erreicht worden ist. Nichtsdestotrotz kann »Tritt« relativ gut als alternativer Begriff zu »Klaps« gebraucht werden.) Ein Klaps (Tritt) ist viel effektiver als ein Stoß, der relativ lang ist und mit mehr Kraft durchgeführt wird – was die meisten Reiterinnen zu Verrenkungen verführt.
3. Wenn Sie »treten«, werden Ihre Waden »wabbelig«? Zielen Ihre Beine nach innen oder nach hinten? Drehen Sie Ihre Zehen nach außen, heben Sie die Fersen und/oder verdrehen Sie Ihre Füße auf eine andere Weise? Welches Bein ist am wenigsten effektiv und was läuft schief?
4. Ihr Ziel ist es, die Fersen weg von den Seiten des Pferdes zu halten, bis Sie eine Beinhilfe geben möchten. Dabei ist es wichtig, dass die Wade angespannt bleibt. Die Beinhilfe, der Tritt, wird nach innen ausgeführt. Dabei stellen Sie sich Ihre Waden und Füße wie einen Stiefelspanner vor, der in Ihrem Stiefel sitzt, um die Stabilität zu bewahren.

Die Verbindung der FL in den Unterschenkeln gibt Ihnen vielleicht das Gefühl, dass Sie »Ihre Beine nach unten strecken« und dass die Innen- und Außenseite Ihres Fußes mit der Vorder- bzw. Rückseite Ihrer gegenüberliegenden Schulter verbunden ist. Mehr Kontrolle über die Unterschenkel zu erlangen ist ein großes Problem für viele Reiterinnen, und die Einbeziehung der FL in Ihr Körperbewusstsein kann ein bedeutender Schritt dahin sein!

Myers hat vor kurzem eine weitere Linie zu diesen hinzugefügt. Sie verläuft vom hinteren Teil der Achselhöhle am vorderen Rand des Latissimus dorsi (den wir vorher gespürt haben) seitlich hinab bis zu den unteren äußeren Rippen, über die Vorderseite der Hüfte und über den Sartorius-Muskel zur Innenseite des Knies. Dieser Muskel folgt der Naht einer altmodischen Reithose über die Vorderseite des Oberschenkels. Über diese ipsilaterale (auf der gleichen Körperseite gelegene) Funktionslinie (IFL) können wir die Verbindung zwischen dem Bein und der gleichen Schulter und auch zwischen dem Bein und der gegenüberliegenden Schulter fühlen. So verbindet die IFL die »Box« des Oberkörpers mit dem Bereich, in welchem die Innenseite Ihres Oberschenkels und Knies am Sattel liegt.

DIE FUNKTIONSLINIEN BEIM PFERD

Wie ich am Anfang gesagt habe funktionieren die FL beim Pferd etwas anders als bei der Reiterin. Unser Oberkörper ist so angelegt, dass er in der Taille zwischen den Rippen und dem Becken rotieren kann, wohingegen die meisten Vierbeiner, wie Ihr Pferd, wenig Rotation im Torso nutzen.

In den verschiedenen Gangrhythmen müssen sie durch die koordinierte Bewegung der Gliedmaßen, die in erster Linie von den zentralen Mustergeneratoren im Rückenmark organisiert wird, Balance herstellen.[1]

Stellen Sie sich ein großes »X« innerhalb der diagonalen »Packschnüre« der FL vor, das auf den Rücken des Pferdes gemalt wurde. Sie sitzen auf der Fläche, an der es sich kreuzt (siehe Abb. 6.5 (a)). Die Arme des Kreuzes beginnen kurz über dem Ellbogen jedes Vorderbeins und über seinem Latissimus dorsi kreuzen sie seine Wirbelsäule in der größten Schicht der thorakolumbaren Faszie. Diese erstreckt sich wie eine Satteldecke direkt unter und hinter dem Sattel und liegt auf den beiden Gleisen aus Muskeln, die die oberflächliche Rückenlinie formen.

Die hinteren Arme des »X« setzen sich in die Außenseiten jeder gegenüberliegenden Hinterhand fort. Sie reichen vom Kniegelenk unter der Patella (Kniescheibe) bis zur Innenseite des Oberschenkels und dann wieder bis zum Schambein (siehe Abb. 6.5 (b)). Wie unsere FFL erstrecken sich die Linien dann zur gegenüberliegenden Seite und setzen sich entlang seinen Bauchmuskeln fort, um sich auf seinen Brustmuskeln zu treffen. Die Fasern dieser Muskeln verschmelzen über seinem Ellenbogen mit dem Latissimus dorsi und bilden einen kompletten diagonalen Ring.

Um sich die FL am Bauch des Pferdes noch klarer zu machen, vergleichen wir jetzt Mensch und Pferd, indem Sie die Arme vor sich halten. Sie werden erkennen, dass die Schultergelenke des Pferdes nach innen an seinem Oberkörper liegen, während unsere zur Seite stehen – also sind seine Brustmuskeln kürzer und dichter als unsere. Sie verbinden sich mit den Faszienschichten an seinem Bauch, die viel stärker sein müssen als unsere, um sein enormes Verdauungssystem zu halten. In ähnlicher Weise sind seine Adduktoren an den Hüften kürzer und stärker. Sie sind gebeugt und nahe am Körper gehalten.

(a)

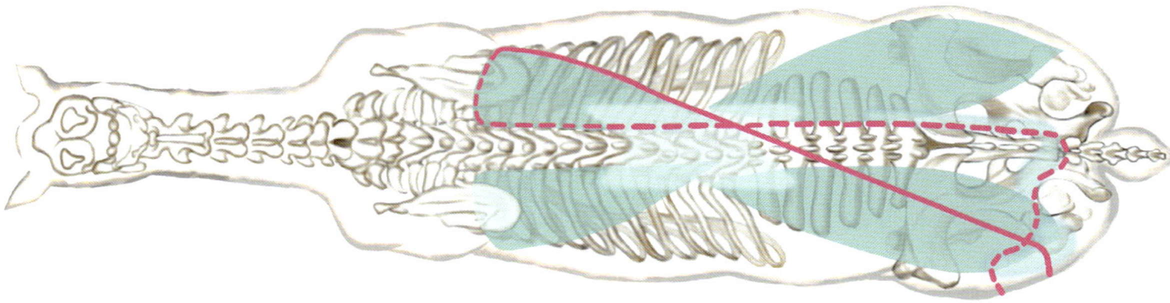

Abb. 6.5: (a), (b) Hier sind die Funktionslinien beim Pferd von oben und von der Seite dargestellt. Die rechte FL ist pink hervorgehoben. Die gepunktete Linie weist darauf hin, dass sie auf der Rückseite oder Unterseite des Pferdekörpers liegt. Wie auch bei uns kreuzen sich die Linien auf dem Rücken und auch Nähe des Schambeins des Pferdes und bilden zwei »X«. Beim Pferd verbinden sich die vorderen und hinteren Funktionslinien, die der gleichen Diagonale folgen, zu einem vollständigen Ring (das ist nicht ganz so einfach wie »Packschnüre«!). Abb. 1.1 (c), Kapitel 1, zeigt Faszienfasern, die sich in der Nähe des Schambeins vom inneren Oberschenkel bis zu den Bauchmuskeln auf der gegenüberliegenden Seite erstrecken.

(b)

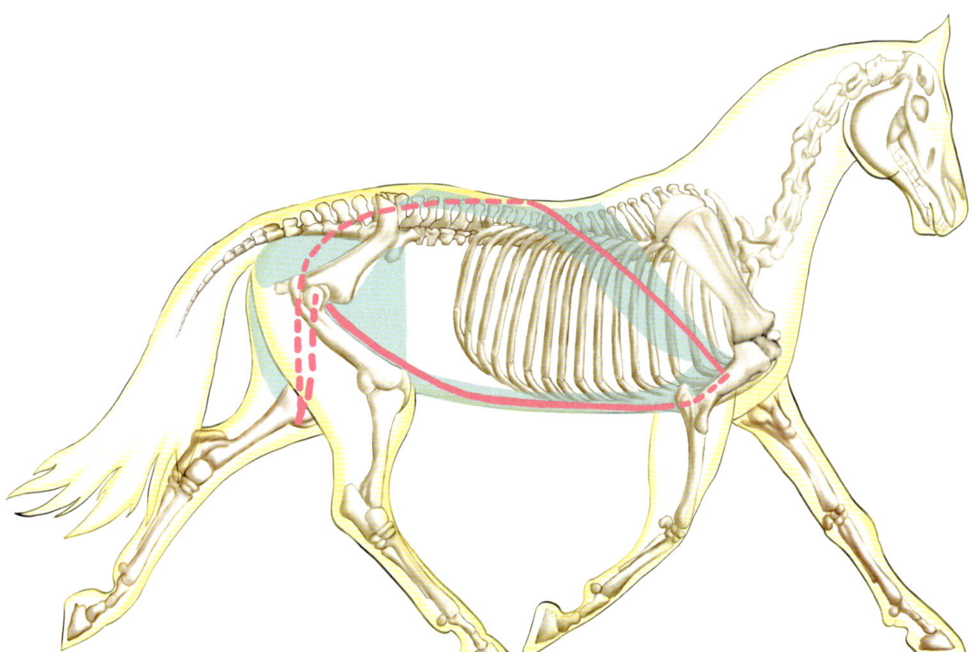

Wie das »X« auf dem Rücken des Pferdes ist auch das »X« unter seinem Bauch nicht dazu da, mehr Rotation zu erzeugen (wie beim Gehen oder Werfen), sondern um die Rotation des Rumpfes zu verhindern, indem ein Ausgleich der gegenüberliegenden Teile des Schulter- bzw. Beckengürtels bewirkt wird. Während diese Stabilisierung seine primäre Rolle ist, beugen und dehnen die FL auch den Rücken des Pferdes abhängig von ihrer relativen Länge in Rücken und Bauch.

Ich sehe einen kleinen Prozentsatz von Pferden, bei denen ich vermute, dass dies von besonderer Bedeutung ist. Sie laufen jeden Schritt wie eine Balletttänzerin, die eine Arabeske macht: Ihre Vorderbeine bewegen sich aufwendig nach vorne, während ihre Hinterbeine weit nach hinten herausarbeiten – seine Ellenbogen und Kniegelenke entfernen sich weit voneinander, vergleichbar mit der Haltung beim Urinieren. Wenn Sie diese Art von Pferd reiten (das sich etwas von der Mehrheit unterscheidet), kann es hilfreich sein, sich darauf zu konzentrieren, seine Ellbogen näher an seine Brust zu bringen, so dass sie nicht vom Rest von ihm »weglaufen« können.

Da die primäre Rolle der FL darin besteht, die diagonale Bewegung im Trab zu stabilisieren, leite ich Reiterinnen dazu an, mit den oberflächlichen Rückenlinien zu arbeiten, lange bevor wir uns an die FL wagen. Ein Teil der Kraft, die von jedem Hinterbein übertragen wird, wird über die oberflächliche Rückenlinie »über den Rücken« auf der gleichen Seite übertragen, während ein anderer Teil über die FL zum gegenüberliegenden Vorderbein gelangt.

Mit der Zeit werden wir mehr über diese Kraftübertragung lernen. Professor Emerita Hilary Clayton ist jedoch überzeugt, dass ein wesentlicher zugrundeliegender – und häufig übersehener – Faktor die Beckenstabilität des Pferdes ist, da ohne diese keine Kräfte von den Hinterbeinen auf das Wirbelsäulenskelett übertragen werden können.[2] In der Praxis steigert das Bewusstsein der Reiterin für ihre eigene und die oberflächliche Rückenlinie (und oberflächliche Frontallinie) des Pferdes viele Facetten der Fähigkeit, gut zu sitzen und zu lenken. Gleichzeitig wird die Selbsthaltung des Pferdes verbessert. Die Diagonalen der FL des Pferdes verbessern sich oft von selbst, wenn wir uns den längeren Längslinien widmen.

GEDANKLICHE EXPERIMENTE MIT DEN FUNKTIONSLINIEN DES PFERDES

Bei Menschen und Pferden ist der Latissimus der einzige Muskel, der den Arm (oder das Vorderbein) mit dem Becken verbindet. Für eine erfahrene Reiterin, die herausgefunden hat, wie kraftvoll der fokussierte Wille sein kann, ist ein Gedanke an diese Tatsache schon genug, um die Vorhand des Pferdes zu entlasten. Der Fokus der Reiterin hilft dem Pferd, einen faszialen Zug innerhalb seines Latissimus von seinen Vorderbeinen in Richtung seines Lenden- und Beckenbereichs zu erzeugen, wobei ein Teil seines Gewichts von seinen Vorderbeinen auf sein Becken und seine Hinterbeine verlagert wird. Stellen Sie sich vor, dass sein Latissimus und seine Haut über seine Knochen nach hinten gezogen werden, wodurch eine ganzheitliche Spannung entsteht und ebenso eine beeindruckende Tensegrität.

Gedankenexperimente können auch helfen, die Asymmetrie in der FL des Pferdes anzugehen. Da die FL die Diagonalen in der rechteckigen Box des Torsos des Pferdes sind, bedeuten Unterschiede in ihrer Länge, dass das Rechteck nicht wirklich rechteckig ist. (Das gleiche gilt für uns.) Die Diskrepanz der Längen führt normalerweise dazu, dass das Pferd wie ein Flugzeug im Seitenwind seitlich wegläuft (wahrscheinlich in Richtung nach Hause oder zu einem Freund!). Sein Torso bewegt sich schräg und die Vorder- und Hinterbeine laufen auf unterschiedlichen Spuren (siehe Abb. 6.6). Wenn dies geschieht kann es außerdem passieren, dass es, wie in Abb. 5.5 (c), im Kapitel über die Seitenlinien, zum Klappmesser wird.

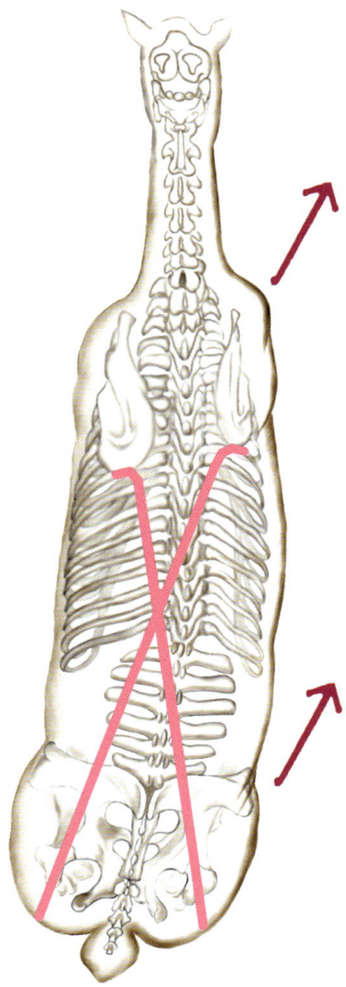

Abb. 6.6: Das Pferd mit ungleichen Funktionslinien bewegt sich auf einer schrägen Linie fort, wobei das Rechteck seines Oberkörpers so verschoben ist, dass seine Hinterhand sich zu einer Seite der Schulter bewegt. Möglicherweise wird es dabei zum Klappmesser (siehe Abb. 5.5 (c), Seite 96).

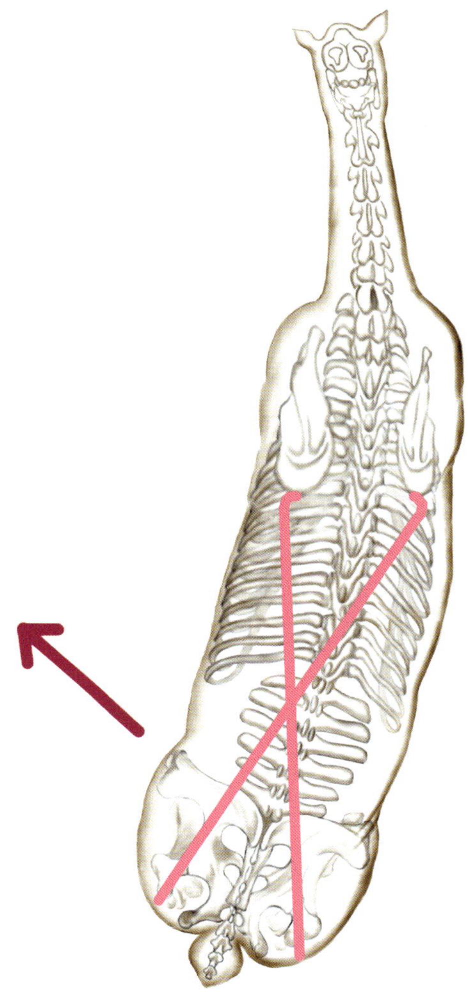

Abb. 6.7: Die Funktionslinien und auch die Seitenlinien können das Pferd dazu veranlassen, seine Hinterhand seitlich neben die Schulter zu bringen, so dass sein Torso kein Rechteck mehr bildet. Diesem Pferd wird es nicht leichtfallen, seine Schultern nach links vor die Hinterhand zu bringen, so dass auf der linken Hand Zirkel und Schulterherein schwierig werden.

Während Sie reiten, stellen Sie sich die Linien der FL des Pferdes vor und auch wo sie sich auf seinem Rücken kreuzen. Ist dieser Punkt auf seiner Wirbelsäule oder seitlich daneben? Stellen Sie sich vor, Sie können die Linien so anpassen, dass sie sich auf seiner Mittellinie kreuzen, damit Sie sich über dem Kreuz des »X« positionieren können. In diesem Bereich kann es zu Blockaden im Energiefluss kommen, die jedoch verbessert werden können, indem Sie Ihr Bewusstsein auf diesen Bereich fokussieren.

Abb. 6.7 zeigt, wie sich auf der »weichen Seite« des Pferdes seine ungleiche FL mit seinen unebenen Seitenlinien (und oberflächlichen Rücken- und Frontallinien) verbinden kann, um seine Hinterhand und sein Hinterbein zur Seite zu bringen, während sein Körper sich biegt, vor allem hinter dem Sattel. Die Reiterin bemüht sich, die Pferdeschultern vor seine Hinterhand oder nach innen zu bringen. Auf dieser Seite ist sowohl das Reiten eines Zirkels als auch Schulterherein schwierig, da das Pferd Ihnen stattdessen nur Traversalen anbietet und Ihre Oberkörper-Box in die »Traversale-Position« verschiebt, wobei die innere Seite der Box zu weit nach vorne kommt. Dies gibt dem Pferd Ihre ständige Erlaubnis, seine Hinterhand nach innen zu bringen!

In die entgegengesetzte Richtung kann es durchaus in den Zirkel fallen, und die Versuche der Reiterin, Schulterherein zu reiten, werden leicht zu einem Schenkelweichen mit zu viel Abstellung. Ich gestehe, dass alle Pferde, die ich ritt, in der Vergangenheit lieber ihre Hinterhand nach rechts gebracht haben – und ich habe Kollegen und Schüler, deren Pferde das gegenteilige (oder auch das gleiche) Muster zeigen. Aber unabhängig davon, ob das Muster vom Pferd oder von der Reiterin stammt, ist letztere die einzige Partnerin, die daran interessiert ist, es zu verändern – und die Herausforderung für die Reiterin besteht darin, sich zuerst selbst und dann ihr Pferd auszugleichen. Alle Linien, die wir bisher kennengelernt haben, sind hier beteiligt, und der Beweis des Ganzen ist, dass die Reiterin diejenige ist, die ihre eigenen und die »doppelten gelben Linien« ihres Pferdes organisiert und ihre Positionierung in den verschiedenen Bewegungen bestimmt.

Kapitel 6 Fußnoten:

1. McLean, Andrew 'Thinking about horses, Part 2', www.horsemagazine.com/thm/2015/01/andrew-mclean-thinking-about-horses/
2. Clayton, Hilary, private correspondence, 2016

KAPITEL 7: DIE ARMLINIEN

DIE MENSCHLICHEN ARMLINIEN

Die myofaszialen Linien im Arm im Detail sind ziemlich kompliziert. Erfreulicherweise können wir als Reiterinnen alles, was wir verstehen müssen, schon aus einem groben Überblick ihrer Funktionsweise ziehen.

Wir haben bereits gesehen, dass sie als Verlängerungen der Funktionslinien arbeiten, so dass jeder Arm vom gegenüberliegenden Becken und Oberschenkel stabilisiert wird. Da die Schultern auf den Rippen ruhen, werden Unordnung – oder Symmetrie und Stabilität – von den anderen Linien in die Armlinien (AL) geleitet. Dies bedeutet, dass zur Armpositionierung noch viel mehr gehört als nur die Arme selbst. In der Praxis wissen wir das alle! Indem wir erklären, wie die Arme mit dem Oberkörper verbunden sind, sehen wir, wie die anderen Linien das Schicksal der Ellbogen, Handgelenke und Hände beeinflussen.

Im Wesentlichen gibt es vier AL in jedem Arm, die den Oberkörper mit der Außenseite des Daumens, der Außenseite des kleinen Fingers, der Handfläche und dem Handrücken verbinden. Die tiefe vordere Armlinie (TVAL) verbindet die tieferen Muskeln der Brust mit dem Daumen, und die tiefe hintere Armlinie (THAL) verbindet die tiefen Muskeln des Rückens und Halses (unter dem Schulterblatt) mit der »Karateschlag«-Seite der Hand und dem kleinen Finger. Die oberflächliche vordere Armlinie (OVAL) verbindet die oberflächlicheren Muskeln in der Brust mit der Handfläche und der Vorderseite der Fingerspitzen, während die oberflächliche hintere Armlinie (OHAL) die oberflächlicheren Muskeln des Rückens mit dem Handrücken und den Fingerspitzen verbindet (siehe Abb. 7.1 und 7.2).

Die OVAL beginnen von der knöchernen Befestigung an der oberen, mittleren und unteren Seite des großen Brustmuskels, während die TVAL im Ursprung der kleineren Brustmuskeln beginnt, die darunterliegen. Der kleinere Muskel hat »Finger«, die sich auf der Linie der Bretter in die Rippen einfügen, und er verbindet die tiefen vorderen Armlinien (TVAL) mit dem mittleren Stabilitätssystem (siehe Seite 108). Er verbindet es auch mit der tiefen Frontallinie, die wir in Kapitel 9 besprechen werden.

Die OHAL beginnen im Trapezmuskel. Zusammen bilden der linke und der rechte Trapezmuskel eine Rautenform auf dem Rücken; seine Mittellinie erstreckt sich entlang der Wirbelsäule vom hinteren Schädelknochen bis zur untersten Rippe und verleiht der Linie viele Verbindungspunkte. Die THAL beginnen mit dem Rhomboideus-Muskel, der unter ihnen liegt. Dieser setzt an den Wirbelfortsätzen der unteren Halswirbel und den ersten fünf Dornfortsätzen der Brustwirbel an.

Menschliche Schultern und Arme sind auf Beweglichkeit ausgelegt, wohingegen die Beine, mehr Stabilität brauchen. Arme haben also viel mehr Möglichkeiten als Beine, und für uns als Reiterinnen haben sie mehr, als uns lieb ist! Sie können Dinge stabil halten, Dinge zu uns bringen oder sie wegschieben. Wenn die Hände ein festes Objekt ergreifen, können sie den Körper ziehen, schieben oder stabilisieren. Die TVAL ist in erster Linie eine stabilisierende Linie, die den Daumen mit der Brust verbindet und den Winkel der Hand kontrolliert. Sie bestimmt, ob wir beim Reiten den »Daumen oben drauf« haben.

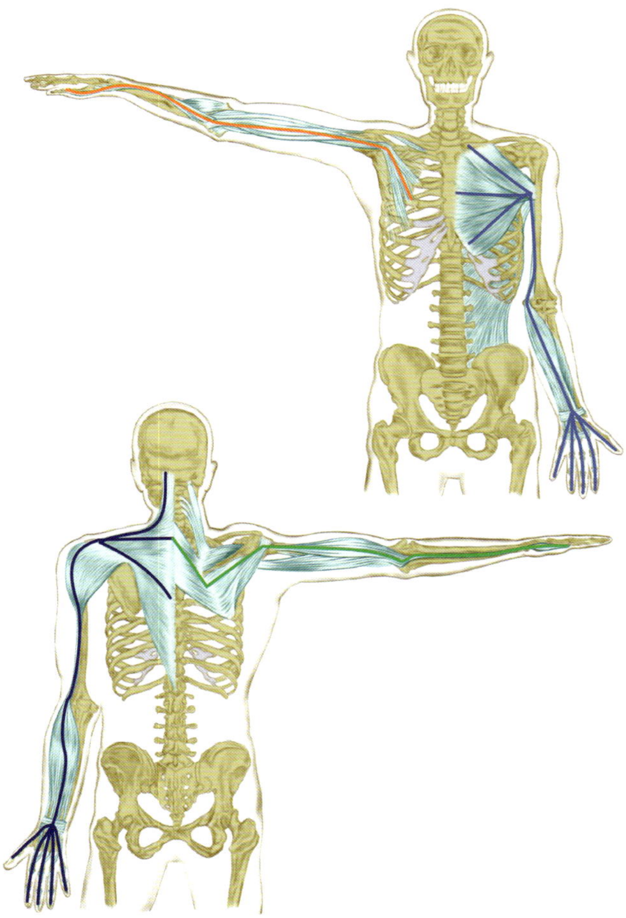

Abb. 7.1: Die oberflächliche und tiefe vordere (a) und hintere Armlinie (b). Der angehobene Arm in jeder Zeichnung zeigt die tiefe Armlinie. Die oberflächlichen Linien laufen von oberflächlicheren Muskeln in Brust und Rücken in die Vorder- und Rückseite der Finger. Der große Latissimus dorsi-Muskel des Rückens kann aufgrund dessen, wo und wie er sich im Embryo entwickelt hat, als Teil der oberflächlichen Vorderarmlinie gesehen werden. Die tiefen Armlinien verlaufen durch tiefere Muskeln in der Brust und im Rücken zum Rand des jeweiligen Daumens bzw. kleinen Fingers.

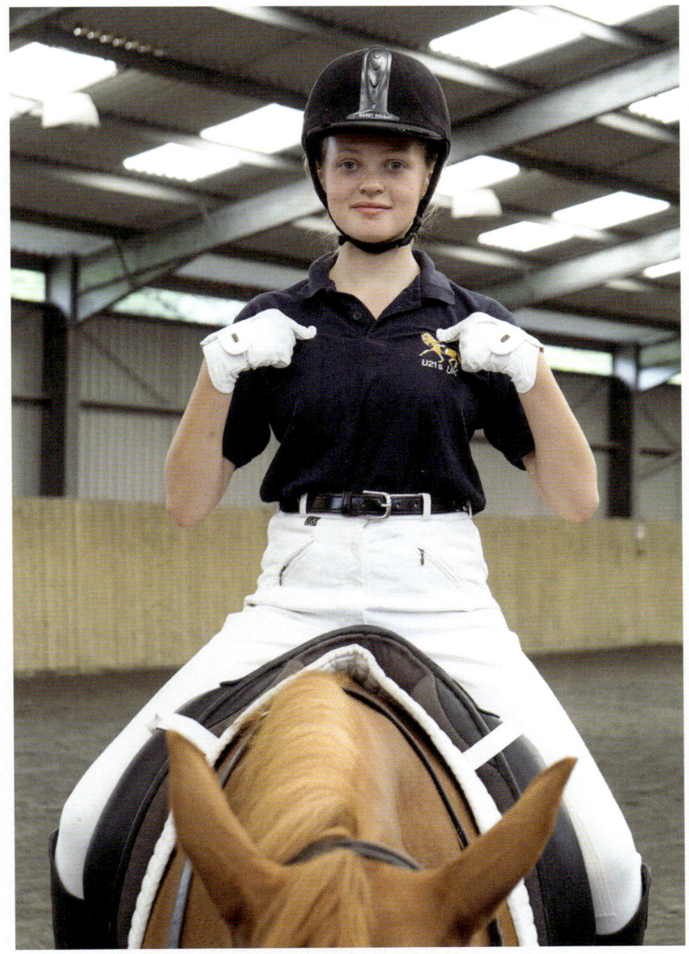

Abb. 7.2: Die Vertiefungen in Ihren Brustmuskeln, wo die tiefen vorderen Armlinien ansetzen, liegen auch auf den Funktionslinien und tiefen Frontallinien. Die Bretter des mittleren Stabilitätssystems, Teile der Seitenlinien, laufen ebenfalls durch diesen Punkt.

Zusätzlich können unsere Schulterblätter, da sie sich frei über unseren hinteren Rippen bewegen, durch verschiedene Linien in verschiedene Richtungen gezogen werden. Die vier Hauptzuglinien bilden ein »X«: Eines seiner Beine zieht sie entweder nach unten und nach außen oder nach oben und nach innen. Das andere Bein bringt sie nach unten und innen oder nach oben und außen (letzteres verursacht durch einen kurzen kleinen Brustmuskel, der an der Vorderseite des Schulterblattes zieht, sodass Ihre Brust einsinkt und die Schultern rund werden). Wenn man vor einem Computer kauert, wird dieses letzte Muster aktiviert – um das Gegenmittel zu finden, legen Sie Ihre Arme hinter Ihren Rücken, verschränken Sie Ihre Hände und ziehen Sie diese herunter, um Ihre Schulterblätter nach unten zu ziehen (siehe Abb. 7.4).

Wie wir gesehen haben, sind die tiefen Armlinien (TAL) mit tieferen Muskeln in unserem Oberkörper verbunden und auch (bei den hinteren Armlinien) mit Halsmuskeln. Dies sind die Linien, die die Arme stabilisieren, und der Unterschied zwischen dem Aufbau dieser Linien und den oberflächlicheren Armlinien ist sehr erheblich für Reiterinnen. Die TAL (vordere und hintere) haben die meisten Muskeln im Oberarm, während sie in den Unterarmen aus einem faserigen

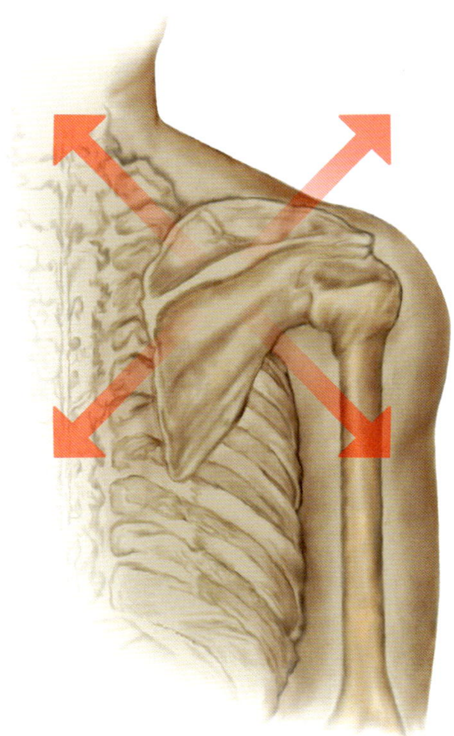

Abb. 7.3: Die Schulterblätter werden in viele Richtungen gezogen, doch vereinfacht können wir uns ein »X« auf dem Schulterblatt denken. Die Beine des »X« ziehen entweder nach oben und innen/unten und außen oder nach oben und außen/unten und innen.

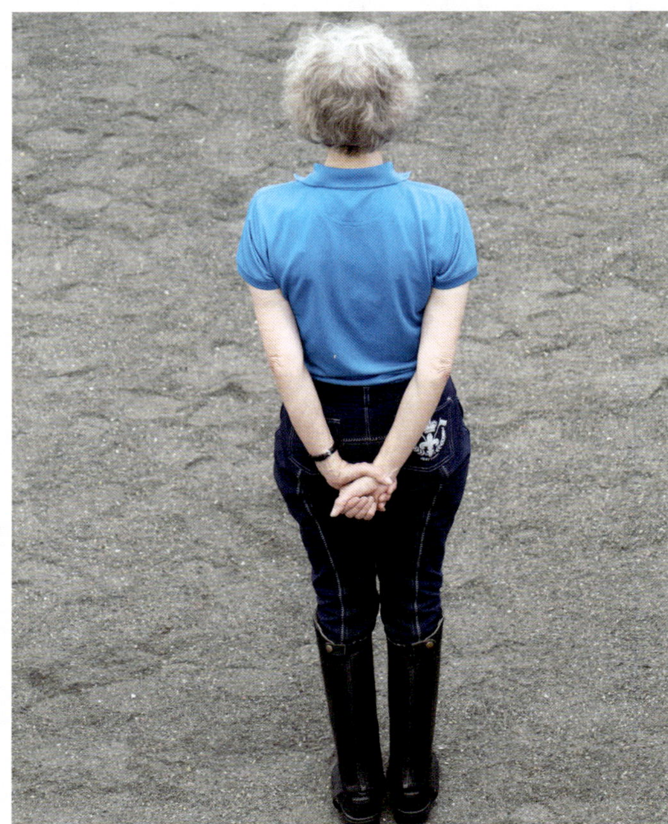

Abb. 7.4: Wenn Sie Ihre Schultern wie hier im Bild nach unten ziehen, zieht dies Ihre Schulterblätter nach unten und innen. Diese Übung hilft, die Stunden, die wir krumm vor dem Computer gesessen sind, auszugleichen.

Band bestehen, das neben den Armknochen liegt (Elle und Speiche). Die OAL haben eine entgegengesetzte Struktur mit faserigen Bändern, die sie von der Schulter zum Ellenbogen führen und ihrem muskulöseren Teil im Unterarm.

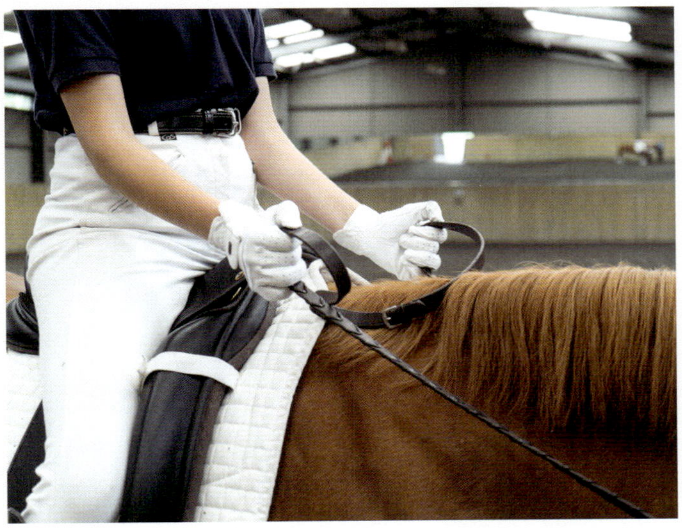

Abb. 7.5: Die Handgelenke! Eins oder beide Handgelenke können folgende Fehlstellungen zeigen:
(a) Zu weit nach innen – bringt die Finger und die Knöchel zu weit nach außen.

SCHLECHTES BENEHMEN DER ARME UND HÄNDE

Wenn der Oberkörper optimal funktioniert, ist es leicht, Zugriff auf die TAL zu bekommen, die Ellenbogen zu beugen und die Hände vor sich zu drücken, mit den Daumen oben drauf – genau wie Sie es gelernt haben. Meistens jedoch verlassen wir uns auf die OAL, welche eher für Verdrehungen im Handgelenk und in den Ellenbogen sorgen – tatsächlich ermöglichen unsere Handgelenke so viele Fehlstellungen, dass ich häufig denke, dass wir Reiterinnen ohne sie besser dran wären! (siehe Abb. 7.5)

ORGANISIEREN DER HANDGELENKE UND ELLENBOGEN

Am nächsten kam ich der Korrektur von fehlgestellten Handgelenke, indem ich Schüler aufforderte, für einige Tage mit Karpaltunnelstützen zu reiten. Ohne diese können Handgelenke die Hände dazu bringen, sich zueinander zu bewegen und/oder sie zu sehr nach unten, zu sehr nach oben oder zu sehr nach außen bringen.

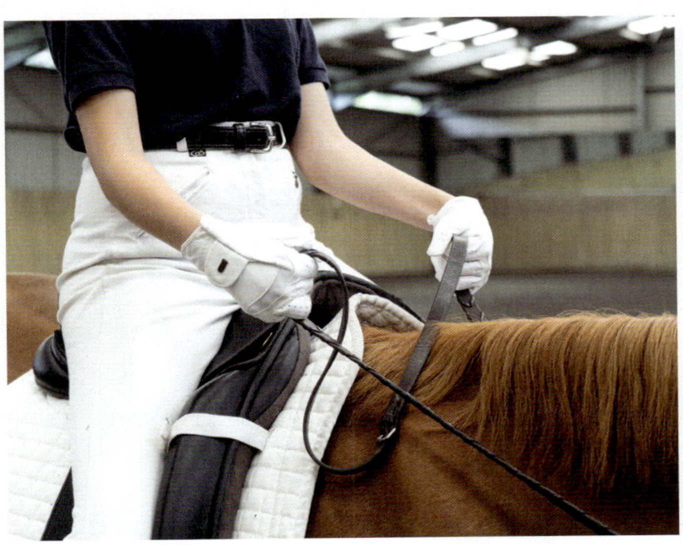

(b) Zu weit nach außen – bringt die Finger und Knöchel zu weit nach innen.

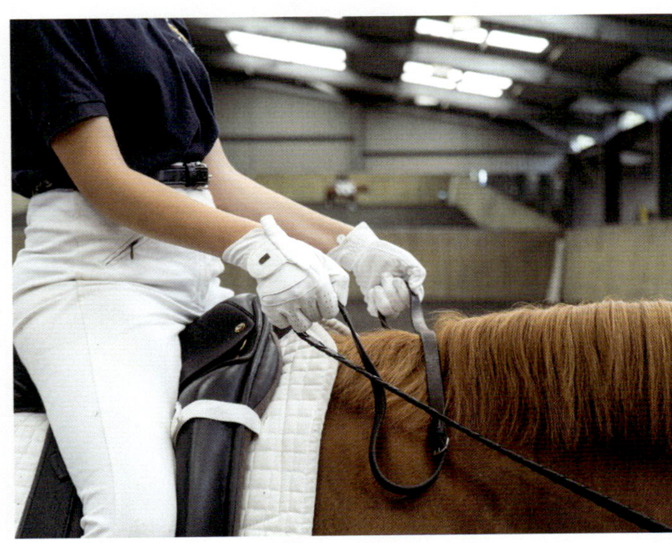

(c) Zu weit nach oben – bringt die Finger zu weit nach unten und die Knöchel zeigen zum Boden.

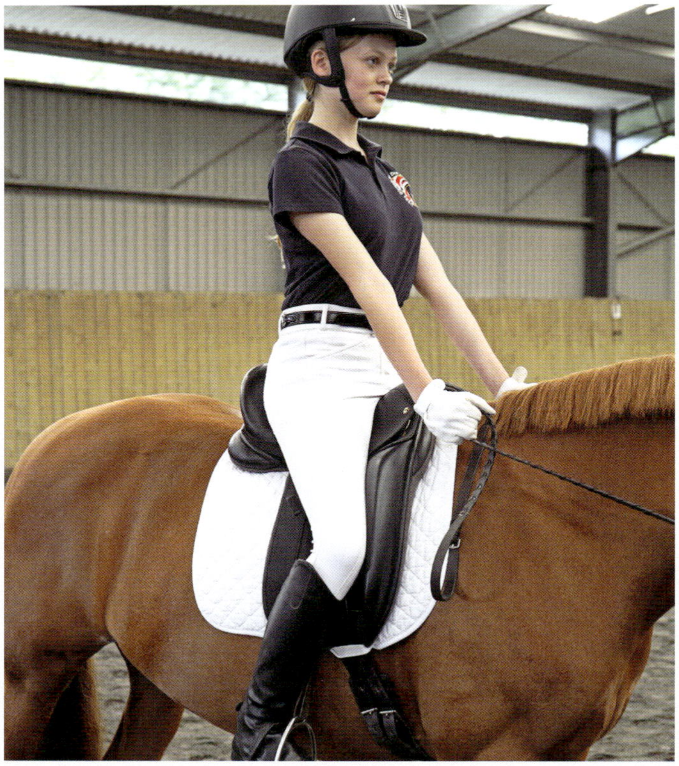

(d) Zu weit unten – bringt die Finger zu weit nach oben und die Knöchel zeigen zu den Augen des Pferdes (dies ist oft verbunden mit zu geraden Ellenbogen).

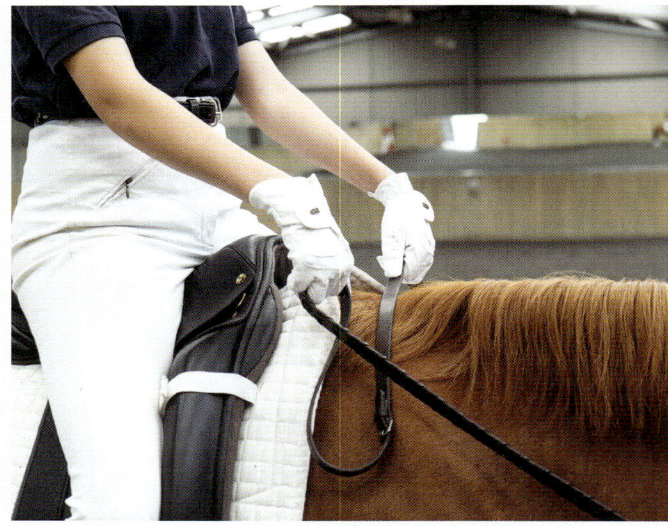

(e) Die »Bettelposition« – diese ist immer mit losen Zügeln verbunden.

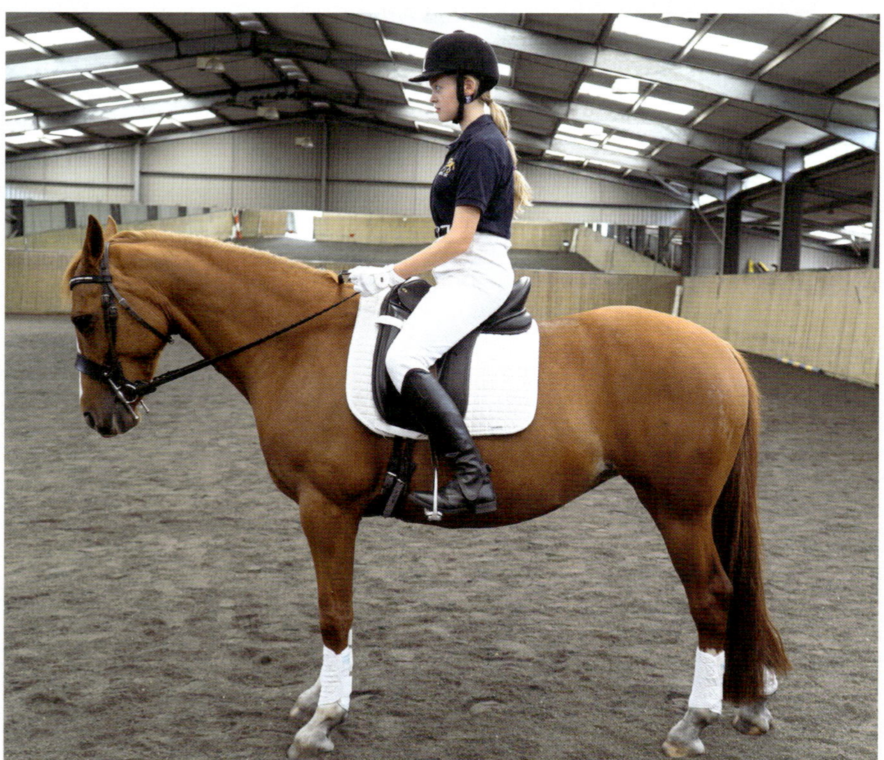

(f) Genau richtig. Hier verläuft die Rückseite der Hand in einer geraden Linie mit dem Arm und der Unterarm und der Zügel bilden eine gerade Linie vom Ellenbogen der Reiterin zum Gebiss. Wenn der Unterarm der Reiterin sich wie die Nase von Pinocchio verlängern könnte, könnten die drei Finger, die um den Zügel liegen, sich um die Gebissringe legen.

Die meisten dieser Verrenkungen sind Versuche, zu lange Zügel aufzunehmen (siehe Abb. 7.5, vorherige Seite). Alternativ werden die Hände mit den Fingernägeln nach unten in »Bettelposition« gehalten, was auch immer durchhängende Zügel zur Folge hat. Zu den obigen Fehlstellungen können wir gerade Arme, schwebende Arme, schlaffe Arme und flatternde Ellbogen hinzufügen – und natürlich haben nur sehr wenige Reiterinnen Arme und Hände, die ein passendes Paar bilden.

Die folgende Übung hilft Ihnen, Ihre Handgelenke und Ellenbogen zu organisieren:

1. Wenn Ihre Arme für einen Beobachter angespannt aussehen, lasse Sie ihn identifizieren, wo er die Spannung vermutet. Beeinflusst diese hauptsächlich die Ellbogen oder Handgelenke?
2. Stellen Sie sich Ihre Unterarme wie Pinocchios Nase vor. Wenn sie durch Magie wachsen könnten, in welche Richtung würden ihrer Hände gehen? Würden Ihre Fingerknöchel auf die Augen des Pferdes, auf den Boden oder in eine andere Richtung zeigen?
3. Positionieren Sie Ihre Handgelenke so, dass Sie Ihre ersten drei Finger um die Gebissringe des Pferdes legen könnten, wenn sich Ihre Arme wie durch Zauberei verlängern würden, natürlich ohne daran zu ziehen. (Die meisten Reiterinnen mögen diese Vorstellung und träumen von der Kontrolle, die sie ihnen geben würde!) Wenn Sie sich das vorstellen, werden Ihre Fingerknöchel auf die Gebissringe gerichtet und viele der Abweichungen korrigiert sein, zu denen die Handgelenke neigen (siehe Abb. 7.5, vorherige Seite).
4. Wenn Sie Ihre Hände immer wieder nach unten drehen, so dass Ihre Fingernägel nach unten zeigen, benutzen Sie eine Hand, während Sie dies lesen, um das Innere Ihres gegenüberliegenden Ellbogens zu fühlen. Sie werden einen großen knochigen Knubbel finden. Legen Sie diesen an Ihre Seite oder drücken Sie ihn sogar hinein. Diese Korrektur ist viel effektiver als der Versuch, die Handgelenke zu korrigieren, indem man sich auf sie fokussiert. Es wird auch flatternde oder nach oben und außen driftende Ellenbogen neu positionieren.
5. Wenn Ihre Ellenbogen immer noch nicht entsprechend der Schwerkraft nach unten hängen, bitten Sie einen Freund, Ihre Ellenbogen hin und her wackeln zu lassen, bis Sie beide spüren, dass es keinen Widerstand gibt. Dann spannen Sie sie wieder an und fühlen Sie den Widerstand, der dadurch entsteht. Wackeln Sie noch einmal an ihnen, bis sie einfach nur nach unten hängen, und wiederholen Sie dies ein paar Mal. Sie können vielleicht auch davon profitieren, dass Sie Ihre Ellenbogen innen und außen gegen einen Widerstand drücken. Was fühlt sich vertrauter an? (siehe Abb. 7.6)
6. Sie können diese Idee an die Handgelenke anpassen, sie wackeln lassen und dem Wackeln widerstehen etc.

Wenn Sie einen Arm haben, der sich immer noch nicht benimmt, fragen Sie sich:

1. Ist dies ein Ergebnis von einem missglückten Lenkversuch? Können Sie keinen Kontakt am Ende des äußeren Zügels aufbauen? Diese Dinge können dazu führen, dass Ihr Unterarm und Ihr Handgelenk nach unten sinken. Haben Sie den Impuls, am inneren Zügel zu ziehen?
2. Wenn ein Arm herumwackelt wie ein »Alienarm«, überlegen Sie, womit dieser Arm verbunden ist. Stellen Sie sich vor, wie Ihr Daumen über die TVAL mit dem Punkt Ihrer Brustmuskeln auf der Linie der

Bretter verbunden ist. Stellen Sie sich auch vor, wie Ihr kleiner Finger und die THAL unter Ihren Schulterblättern auf der Rückseite des Bretts ansetzen. Hilft das? (Siehe Abb. 7.2, Seite 137)

Sogar mit diesen ungewöhnlich effektiven Ideen können viele Reiterinnen nicht einfach das machen, was ihnen gesagt wird und eine effektive und langanhaltende Korrektur ihrer Handposition bewirken!

Willenskraft und Gehorsamkeit (in anderen Worten unser Bewusstsein) werden uns immer scheitern lassen – sie genügen dieser Aufgabe nicht. Ganz egal, wie oft Ihnen gesagt wird: »Hören Sie auf zu ziehen«, »Verkürzen Sie die Zügel«, »Halten Sie Ihre Hände still« oder »Bauen Sie eine Verbindung zum äußeren Zügel auf« – Sie werden bald wieder durcheinandergebracht und in Ihrer alten Gewohnheit stecken. Sie können nie ein Symptom beseitigen, ohne den tieferen Ursprung zu finden.

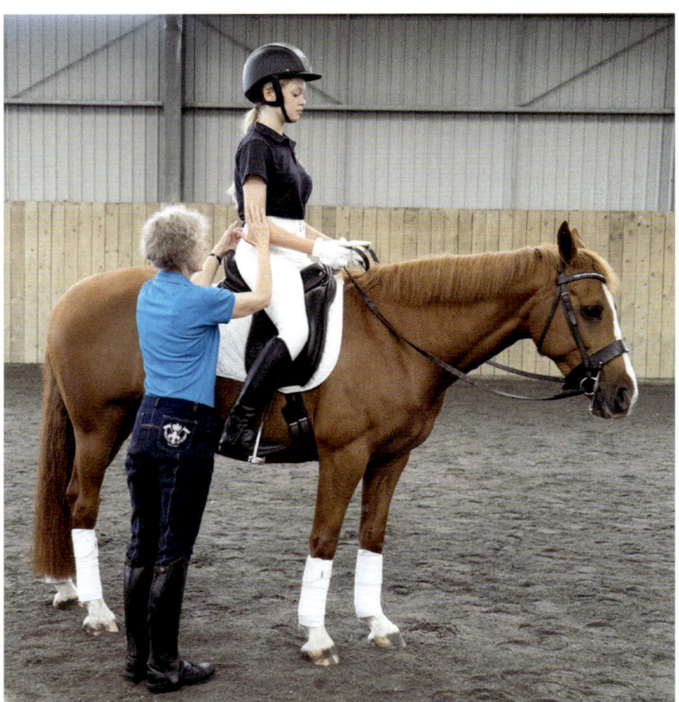

Abb. 7.6: Eine Freundin hält Ihren Arm knapp über und unter Ihrem Ellenbogen. Fühlen Sie den Unterschied zwischen der Spannung, die verhindert, dass sie den Arm schütteln kann und dem Loslassen, das das Schütteln möglich macht. Drücken Sie gegen ihren Widerstand nach innen und außen, bis Sie Ihren Ellenbogen einfach hängen lassen können.

KRÄFTE AUSGLEICHEN UND DIE HÄNDE NACH VORNE DRÜCKEN

Unsere Asymmetrie ist entscheidend für unsere Probleme mit Händen und Zügeln, aber daneben gibt es auch die fundamentale, verborgene Anforderung für gutes Reiten, die darin besteht, die Kräfte der Pferdebewegung bei jedem einzelnen Schritt auszugleichen. Stellen Sie sich vor, auf einem Hüpfball herumzuhüpfen: Der Körper muss bei diesem Hüpfen proaktiv sein – wenn Sie einfach nur dasitzen und nichts tun, würden Sie hinten herunterfallen, wenn er von Ihnen weg hüpft. Viele Menschen verhalten sich beim Reiten so, als wären die Zügel dafür da, sie zu retten! Das gehört in die Kategorie »traurig aber wahr«. An den Zügeln zu ziehen – was wie ein Armproblem aussieht – ist eigentlich ein Becken- und Rückenproblem. Reiterinnen ziehen, weil sie die Herausforderung des »Mithüpfens« nicht gemeistert haben und die Kräfte, die die Bewegung des Pferdes auf den Körper ausübt, nicht ausgleichen können. Aber nur so können Sie Ihre Hände nach vorne schieben – das traditionelle Erkennungszeichen eines »unabhängigen Sitzes«. Entweder Sie schieben Ihren großen schweren Oberkörper in Richtung der Hände (und »hüpfen« mit) oder Sie ziehen die leichten, beweglichen Hände zurück zum Oberkörper (während Sie nicht effektiv »hüpfen«). Dies können Sie vergleichen mit dem Unterschied zwischen einem einfachen Zurückziehen der Hände und Arme und dem Aufwand, ein unbewegliches Objekt über den Boden nach vorne zu drücken! Letzteres ist sehr anstrengend für die Muskeln.

Abb. 7.9 (d), Seite 148 zeigt, wie die Reiterin ihre Hände gegen einen Widerstand nach vorne drückt – üben Sie dies immer wieder: Drücken Sie Ihre Hände gegen Ihr Lenkrad, Ihre Arbeitsfläche in der Küche und jede Oberfläche, die Sie finden können!

Darüber hinaus stehen die Chancen gegen uns, nicht nur in der Herausforderung, die Kräfte auszugleichen, sondern auch auf der fundamentalen Ebene der Neurologie. Wir manipulieren die Welt mit unseren Händen: Wir benutzen sie, um fast alle unsere Probleme zu lösen, und wir erwarten, dass dies bei unseren Pferden auch funktioniert. Die Voreingenommenheit dafür, unsere Hände zu benutzen, ist in uns angelegt, da eine große Menge unseres sensorischen und motorischen Kortex den Botschaften gewidmet ist, die zu und von unseren Händen gesendet werden. Dies ist im Homunculus von Abb. 7.7 bildlich dargestellt. Nur ein kleiner Teil des Kortex ist dem Fühlen und Bewegen des Beckens usw. gewidmet, aber hier müssen wir »geschickter« werden.

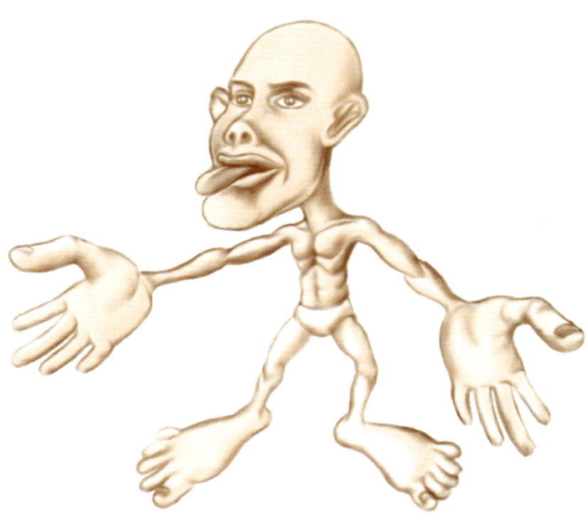

Abb. 7.7: Der Homunculus: So bildet der sensorische Kortex Ihren Körper ab, wobei deutlich mehr »Grundbesitz« Ihren Händen, der Zunge, den Lippen und dem Mund gewidmet ist als Ihrem Becken und Ihrem Oberkörper.

Es ist wirklich bemerkenswert, dass ein hoher Prozentsatz der Reiterinnen überhaupt nicht weiß, dass sie permanent an den Zügel ziehen! Ob sie es zugeben oder auch nicht, diese Reiterinnen sind nervös. Die Hand vorzuschieben ist – so sollte es scheinen – als würde man die Kontrolle abgeben, und dies ist eine große Herausforderung für viele. Ich hoffe, dass dieses Buch Ihnen helfen wird zu entdecken (mit weniger Blut, Mühe, Schweiß und Tränen als es sonst braucht), dass Kontrolle in anderen Zuglinien liegt und nicht in den AL.

1. Wenn Sie reiten, ist dann der Druck nach vorne durch das Niederdrücken mit Ihren Bauchmuskeln stärker (siehe Übung auf Seite 61), oder das Ziehen nach hinten an den Zügeln? Dies ist ausschlaggebend dafür, ob Sie »mit« Ihrem Hüpfball mitgehen und die Kräfte jedes Schrittes Ihres Pferdes ausgleichen können, oder ob Sie stattdessen versuchen, ihn davon abzuhalten, von Ihnen weg zu hüpfen. Sie müssen eine Wahrnehmung dafür entwickeln, wann das Ziehen stärker wird – und sich darüber bewusst werden!
2. Wenn Sie nicht sofort erfolgreich sind, suchen Sie immer weiter nach Wegen, die Sie auf dem korrekten Balancepunkt halten, vielleicht indem Sie Ihren unteren Rücken etwas runden, um Ihr Gewicht mehr auf den »Hüpfball« Ihres Pferdes zu bringen. Immer dann, wenn Sie nach hinten fallen und die Kräfte Ihres Pferdes nicht ausgleichen können, werden Sie das Gefühl haben, dass Sie ziehen müssen (siehe Abb. 3.5, Seite 55). Beurteilen Sie sich ehrlich und machen Sie sich klar, dass es letzten Endes alles eine Frage der Physik ist!
3. Bitten Sie Ihren Trainer oder Freund, sich vor Ihr Pferd zu stellen und die Zügel in der Nähe des Gebisses festzuhalten. Dann soll er Sie auffordern, »Kontakt aufzunehmen«. Spürt er Ihren Kontakt als

ein Ziehen? Wenn ja, ziehen Sie in erster Linie mit Ihren Ellenbogen oder indem Sie Ihre Hände nach unten und/oder hinten ziehen?

4. Der Kontakt zum Zügel muss aufgrund der Position Ihrer Hände und der Länge Ihrer Zügel zustandekommen.
5. Üben Sie wiederholt, Kontakt aufzubauen, bis das funktioniert. Ihr Trainer sollte kontrollieren, ob es eine gerade Linie von Ihrem Ellenbogen zum Maul des Pferdes gibt, wenn er von der Seite schaut, wobei Ihre Ellenbogen sich etwas vor der Seitennaht Ihres T-Shirts befinden (siehe Abb. 7.5 (f)).
6. Kontrollieren Sie, dass Sie die Zügel so halten, dass sie auf dem ersten Knochen Ihrer Finger liegen und nicht auf dem zweiten (siehe Abb. 7.8 (a)). Beugen Sie das erste Gelenk und lassen Sie das zweite gerade, so dass Ihre Fingerkuppen (und nicht Ihre Fingernägel) gegen Ihre Handfläche kommen. Lassen Sie das mittlere Gelenk Ihres Daumens oben, so dass der Daumen ein Dach bildet (siehe Abb. 7.8 (b)).
7. Halten Sie die Zügel in erster Linie zwischen Daumen und Zeigefinger oder zwischen Ringfinger und kleinem Finger? Oder halten Sie die Zügel mit allen Fingern, aber ohne den Druck des Daumens fest? Bringen Sie sich selbst bei, sie zwischen Ihrem Daumen und Ihrem Zeigefinger zu halten.

PASSIVER WIDERSTAND

Um zu verstehen, wie der Kontakt zum Pferdemaul wenn nötig stärker werden kann, ohne zu ziehen, müssen Sie den »passiven Widerstand« beherrschen.

1. Wenn Sie in »neutraler Wirbelsäulenposition« sitzen, bitten Sie Ihren Trainer, die Zügel in der Nähe des Gebisses festzuhalten und allmählich einen leichten Zug auszuüben.
2. Während Ihr Trainer zieht, drücken Sie fester mit Ihrem Daumen auf den Zeigefinger und aktivieren die Sehne in der Achselhöhle (siehe Abb. 3.12, Seite 69 und Abb. 6.2, Seite 126). Denken Sie an Ihre

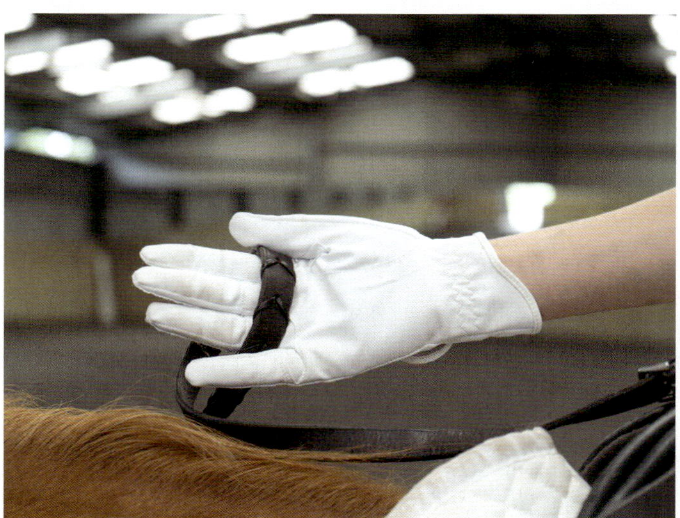

Abb. 7.8: (a) Halten Sie die Zügel so, dass sie den Bereich der Fingerknochen bis zum ersten Gelenk bedecken. Das zweite Fingergelenk bleibt gerade, der Daumen bildet ein Dach.

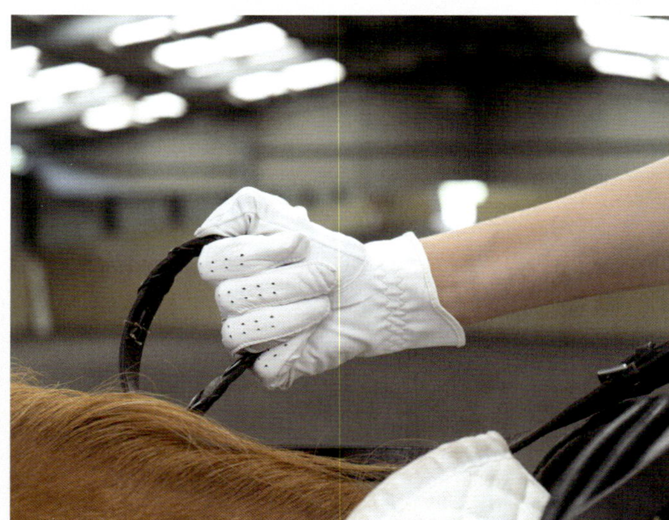

(b) Das zweite Gelenk Ihrer Finger sollte gerade sein, so dass die Fingerkuppen an den Handflächen anliegen und nicht Ihre Fingernägel. Ihre Daumen sollten wie gesagt ein Dach bilden.

Trapezmuskeln, die die Form eines Diamanten bilden, dessen Spitze an Ihrer Taille liegt, und ziehen Sie Ihre Schulterblätter nach unten in die Richtung dieses Punktes. So aktivieren Sie die beiden HAL.

3. Wenn Sie dies gut können, funktionieren Ihre Arme wie Hilfszügel, die nie ziehen (haben Sie jemals den »Jitterbug« getanzt?). Stattdessen muss Ihr Pferd seine Bewegungen danach ausrichten. Machen Sie sich mit Hilfe Ihres Trainers den Unterschied zwischen Ziehen und »passivem Widerstand« klar.
4. Ihr Trainer kann Sie testen, indem er plötzlich die Zügel loslässt. Wenn Sie nach hinten fallen, haben Sie gezogen! Wenn Sie einen guten »passiven Widerstand« haben, werden Sie sich nicht bewegen.

Halten und Paraden in eine langsamere Gangart werden nie gut funktionieren, wenn Sie keinen passiven Widerstand herstellen können, doch es steckt natürlich noch mehr dahinter!

1. Der passive Widerstand ist der letzte Teil Ihrer ganzen Parade. Um eine gute ganze Parade zu erlernen (und auch halbe Paraden), müssen Sie sich davon abhalten, die vielen möglichen Fehler zu machen, so dass die richtigen Dinge zum Vorschein kommen können. Leider haben viele Reiterinnen viel Geld dafür gezahlt, die falschen Dinge zu lernen!
2. Um eine gute Parade zum Halten zu reiten, müssen die Zügel kürzer sein, als die meisten Reiterinnen denken.
3. Es ist wichtig, dass die Wasserski-/ Motorboot-Dynamik nicht entsteht. Also sollten Sie senkrecht bleiben und einem Druck gegen Ihre obere Brust standhalten können (siehe Abb. 3.7, Seite 61). Lehnen Sie sich nicht nach hinten, machen Sie kein Hohlkreuz und keinen Rundrücken: Bleiben Sie die ganze Zeit in neutraler Wirbelsäulenposition.
4. Sie brauchen ein visuelles Feedback, um sicherzustellen, dass Sie das auch wirklich tun. Die meisten Reiterinnen fallen nach hinten, wenn sie eine Parade zum Halten reiten und haben das Gefühl, dass sie nach vorne fallen, wenn sie eigentlich vertikal bleiben.
5. Strecken Sie sich nicht nach oben und drücken Sie nicht nach unten gegen den Steigbügel. Bringen Sie stattdessen Ihre Oberschenkel noch etwas fester an den Sattel. Wenn Sie dazu tendieren, im Hohlkreuz zu reiten, versuchen Sie Ihre Knie und Ihre Brust nah aneinander zu halten.
6. Bleiben Sie weiter angespannt und erlauben Sie Ihrem Pferd nicht, seine Beine zu verlangsamen oder in die Parade zum Halten auszulaufen. Es muss »Schritt, Schritt, Halten« schaffen (und Sie beide müssen das zuverlässig meistern, bevor Sie anfangen, dies im Trab zu versuchen). Ein gutes Halten ist vergleichbar mit einem Messer, das durch Butter gleitet.
7. Stoppen Sie die Bewegung Ihrer Gesäßknochen und stellen Sie sich vor, Ihr Pferd so anzuhalten, wie Sie ein Trampolin anhalten würden. Drücken Sie nach unten und atmen Sie aus. Machen Sie das Geräusch »Pscht«.
8. Setzen Sie einen passiven Widerstand an den Zügeln ein, indem Sie mit dem Daumen fester drücken. Das wird leicht zu einem Ziehen, wenn Ihre Zügel zu lang sind und Sie Ihre Hände zurücknehmen, um die durchhängenden Zügel aufzunehmen. Sie werden auch ins Ziehen kommen, wenn Sie in Ihre Steigbügel drücken oder Ihre vertikale Oberkörper-Box in irgendeiner Weise verzerren.
9. Wenn Sie den passiven Widerstand für eine längere Zeit halten müssen, tun Sie dies. Wenn es wirklich

nicht funktioniert, diagnostizieren Sie sich selbst: Haben Sie Ihren Bauch eingezogen, sich nach oben gestreckt, in die Bügel gedrückt, sich nach hinten gelehnt oder eine andere Abweichung erfunden? Viele dieser Abweichungen verschwinden, wenn Sie konstant niederdrücken und in neutraler Wirbelsäulenposition bleiben!

KURZE ZÜGEL UND »ARMSCHELLEN«

Wie Charlotte Dujardin einst bei einer Dressurfachtagung sagte: »Kurze Zügel gewinnen Medaillen!« Aber die meisten Reiterinnen halten ihre Zügel nicht kurz genug, wenn sie ohne Unterstützung reiten. Ironischerweise ziehen die meisten Reiterinnen am Zügel, wenn sie ihre Hände nach hinten bringen, um die durchhängenden Zügel, die ja bereits zu lang sind, aufzunehmen. Kurze Zügel verleiten selten dazu zu ziehen (außer vielleicht bei sehr nervösen Anfängern). Unterdessen hören sich viele Trainer immer und immer wieder sagen: »Nehmen Sie die Zügel kürzer.« Die Korrektur ist einfach nicht von Dauer. Trotz aller guten Vorsätze ertappen sich Reiterinnen immer wieder dabei, an zu langen Zügeln zu ziehen.

Die meisten Reiterinnen haben das »Arm«-Problem, da die Kraft der Bewegung des Pferdes eine Abkopplung in der Oberkörper-Box der Reiterin schaffen, bei der die Rückseite von der Vorderseite wegfällt. Die HAL weichen dann ebenfalls nach hinten und die Zügel, werden länger und länger. Die Zügel werden dann statt zwischen Daumen und Zeigefinger meistens zwischen kleinem und Ringfinger gehalten. Letztere ist eine der heimtückischsten Arten für Reiterinnen, ins Ziehen zu verfallen.

Wenn die Rückseite Ihrer Oberkörper-Box gut mit der Vorderseite verbunden ist, ist es viel leichter, die Hände nach vorne von sich weg zu drücken und die Zügel dabei kurz genug zu halten. Machen Sie sich auch klar, dass Sie nur so eine angemessene Chance haben, die Hinterhand mit der Vorderhand Ihres Pferdes zu verbinden. Das wird niemals passieren, wenn Sie nicht genug Kraft haben, um Ihre eigene Vorderseite mit Ihrer Rückseite zu verbinden!

Um Ihnen zu helfen dies zu tun, werden wir die »Armschellen« erfinden, die wie Handschellen aussehen. Ein Paar Armschellen auf jeder Seite wird dafür sorgen, dass Ihre Oberarme mit Ihrem Latissimus verbunden bleiben. Eine Schelle wird um Ihren Oberarm am unteren Ende des oberen Drittels angebracht und die andere wird durch das Fleisch Ihres Latissimus-Muskels unter der Rückseite Ihrer Achselhöhle gepierct. (Entschuldigung!) Stellen Sie sich ein Kettenglied (oder ein kleines Stück eines sehr starken Gummis) vor, das zwischen den Schellen liegt.

1. Um den Zug der Schelle an Ihrem Arm zu der an Ihrem Rückenmuskel zu erhalten, müssen Sie Ihren Ellenbogen etwas vor der Naht Ihres T-Shirts halten, um das Glied dazwischen auf Spannung zu halten. Diese Position der Ellenbogen ist entscheidend.
2. Wenn Sie eine Reiterin sind, deren Arme und Ellenbogen nach hinten ziehen, wird ein permanenter Zug auf der Schelle an Ihrem Latissimus sicherstellen, dass stattdessen Ihre Hände und Ellenbogen nach vorne drücken.
3. Wenn Sie eine Reiterin sind, deren Ellenbogen nach vorne, nach oben und weg von Ihrem Oberkörper schweben, so dass Ihre Zügel immer durchhängen, wird diese Idee Ihnen auch helfen, einen Kontakt aufzubauen. Ihre Ellenbogen können sich so nur etwas nach vorne bewegen, bevor sie den (imaginären) Widerstand der Armschellen fühlen.
4. Wenn Sie an dem letzteren Problem leiden, arbeiten Sie auch daran, Ihre oberflächliche Frontallinie

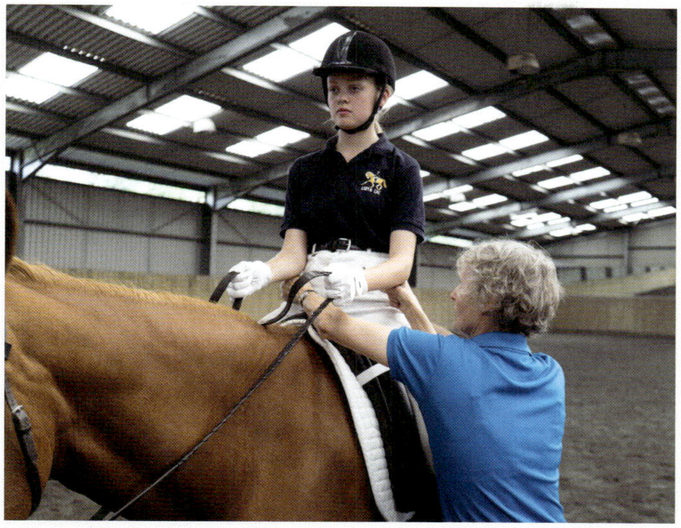

Abb. 7.9: (a) Die Sehnen an der Vorder- und Rückseite Ihrer Achselhöhlen werden fester, wenn Sie Ihre Ellenbogen nach unten gegen einen Widerstand drücken.

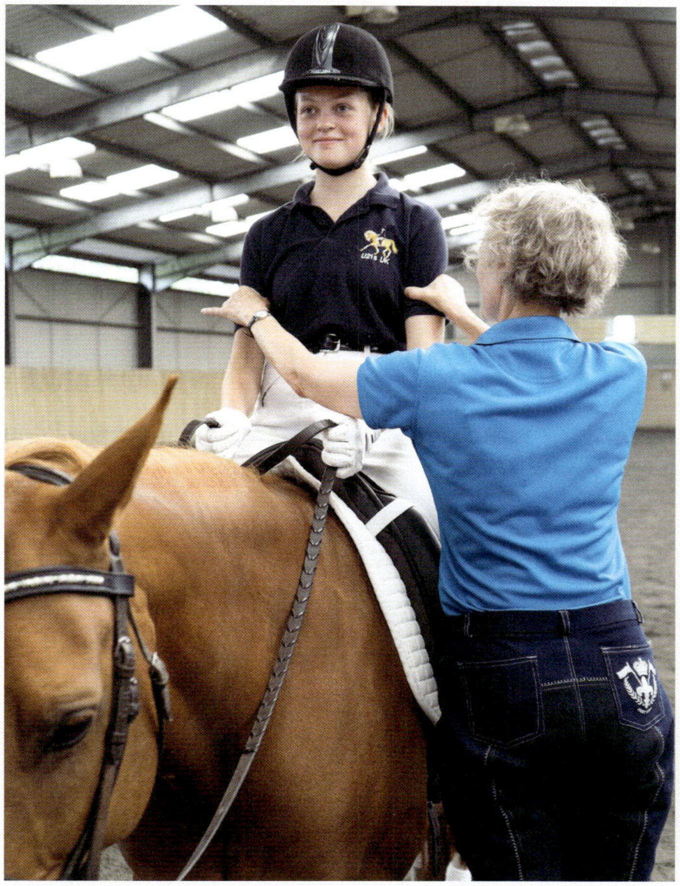

(b) Die Trainerin bietet einen Widerstand an den Oberarmen der Reiterin, der die Armschellen nachahmt.

zu stärken. Denken Sie dabei immer daran, einem Druck an Ihrer oberen Brust zu widerstehen und lernen Sie, die Wand, die Ihre Bauchmuskeln bilden zu stabilisieren. Diese Wand ist höchstwahrscheinlich auch zu »lasch«! Wiederholen Sie einige der Töne von Seite 63.

5. Wenn Sie immer noch dazu tendieren zu ziehen und die Armschellen nicht das Problem lösen, müssen Sie sich etwas eingehender mit Anatomie beschäftigen, um die Kraft zu finden, die Sie brauchen. Beginnen Sie damit, die Sehnen an der Vorder- und Rückseite Ihrer Achselhöhle zu finden. Halten Sie beide Hände in Reitposition und ziehen Sie beide Sehnen nach unten, während Sie auch Ihre Ellenbogen nach unten ziehen. Fühlen Sie, wie sich die Vorder- und Rückseite Ihrer Achselhöhlen anspannen.
6. Stellen Sie sich, vor wie sich die Sehne an der Rückseite Ihrer Achselhöhle nach vorne zu der vorderen Sehne zieht, als ob beide mit einem Schnürsenkel zusammengezogen würden. Sie könnten

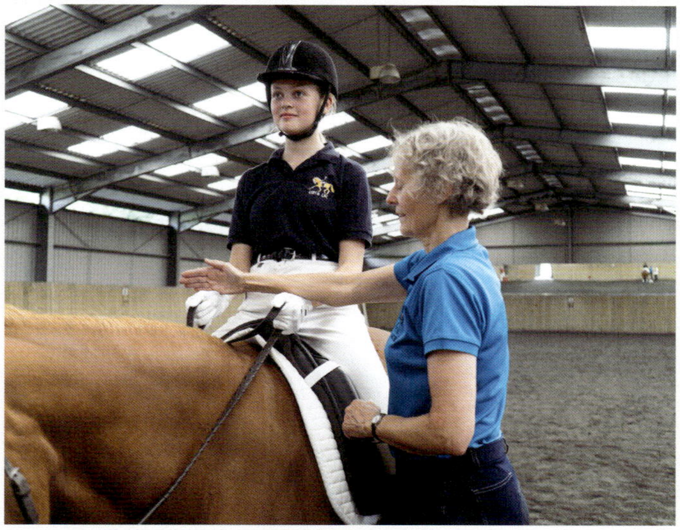

(c) Es hilft vielen Reiterinnen, mit ihren Handgelenken gegen einen Widerstand nach oben zu drücken. Dies ist eine gute Korrektur, wenn Sie durchgedrückte Ellenbogen haben.

sich auch vorstellen, dass beide in Richtung der Ohren Ihres Pferdes gezogen werden (ohne dabei nach vorne zu fallen).

7. Bitten Sie Ihren Trainer, Ihnen einen Widerstand unter den Ellenbogen und dann an der Vorderseite Ihres Oberarms zu geben, so dass Sie gegen diese Armschellen drücken können. Vor allem wenn Sie sonst oft Ihre Handgelenke oder Hände nach unten fallen lassen, nehmen Sie noch den Widerstand hinzu, den Ihr Trainer Ihnen mit ausgestrecktem Arm auf Ihre Handgelenke gibt und dann einen Widerstand vorne an Ihren Fingerknöcheln (siehe Abb. 7.9).

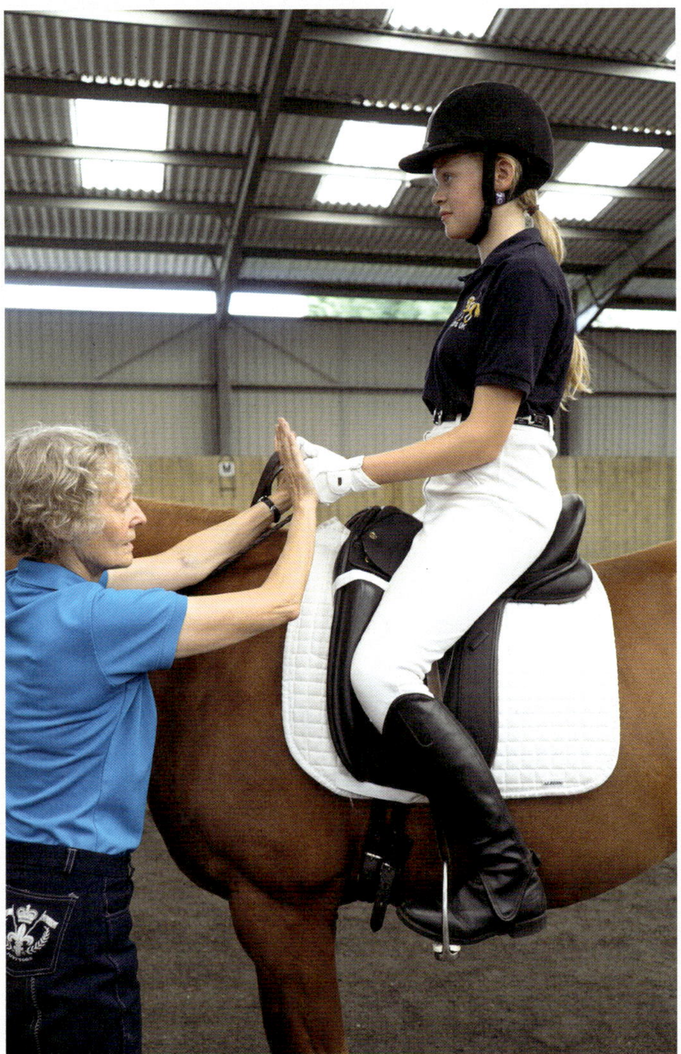

(d) Alle ziehen einen Vorteil daraus, die Hände nach vorne gegen einen Widerstand zu drücken.

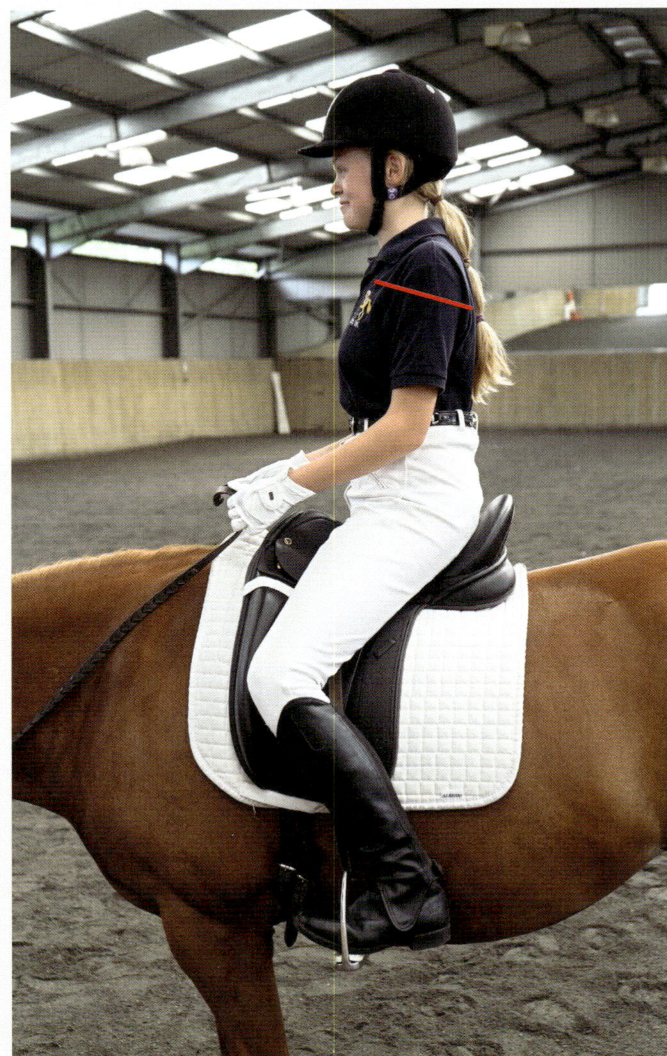

(e) Die diagonale Linie verbindet einen Punkt ein wenig unter und oberhalb der Spitze der Schulterblätter mit dem Punkt der Brustmuskeln.

Wenn das immer noch nicht klappt, dann liegt das Problem darin, dass (vor allem) die Spitzen Ihrer Schulterblätter nach hinten weg von Ihrem Oberkörper fallen und Ihre Arme mitnehmen. In diesem Fall:

1. Stellen Sie sich eine Befestigung in Ihrem Inneren vor, die einen Punkt unter und knapp über dem unteren Ende des Schulterblattes (siehe Abb. 7.9 (e) und 7.10) zum »Punkt in Ihrem Brustmuskel« zieht, wo die TVAL ansetzt (siehe Abb. 7.2, Seite 137). Stellen Sie sich vor, Ihr Daumen ist mit diesem Punkt vorne verbunden und Ihr kleiner Finger ist über die THAL mit diesem Punkt in Ihrem Rücken verbunden.
2. Somit ziehen Sie den Ansatzpunkt der THAL in Richtung des Ansatzpunktes der TVAL. Ziehen Sie beide Achselhöhlen nach unten und drücken Sie Ihre Hände nach vorne. Für manche Menschen ist dies die Schlüsselidee, die es plötzlich ermöglicht, auf beide TAL zugreifen zu können und die Hände nach vorne zu drücken.

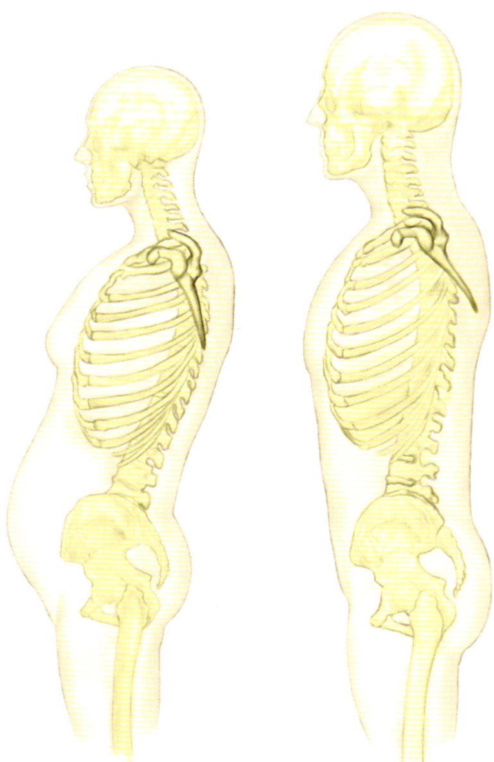

Abb. 7.10: Wenn der Brustkorb nach hinten geneigt ist, erscheinen die Schulterblätter flach, doch sind sie eigentlich geneigt und werden vom kleinen Brustmuskel nach vorne gezogen. Sich vorzustellen, die Spitzen der Schulterblätter in Richtung Ihrer Brustmuskeln zu ziehen, kann es viel leichter machen, Ihre Hände nach vorne zu drücken.

DIE SKALA DES ZÜGELKONTAKTS

Ihr Ziel ist es, dass Sie es sind, die festlegt wie viel Zügelkontakt Sie auf einer Skala von 0 bis 10 haben, und nicht Ihr Pferd. Eine Anzahl von Übungen folgt, denn es gibt eine Vielzahl von Problemen, mit denen Reiterinnen zu kämpfen haben – von der Reiterin, die zieht, über das Pferd, das zieht, dem Pferd, das die Zügel durchhängen lässt etc.

1. Legen Sie die Skala fest, während Ihr Trainer die Zügel in der Nähe des Gebisses hält, sodass Sie ohne Missverständnisse kommunizieren können. (Ohne diese Definition kann keiner von Ihnen wissen, was der andere mit einem »starken« oder einem »leichten« Kontakt meint.)
2. Sie möchten nicht immer eine 1, vor allen Dingen bei Pferden, die Ihnen einen sehr leichten Zügelkontakt anbieten. Sie möchten natürlich auch keine 10, aber Sie sollten, wahrscheinlich mehr als Sie denken, dazu in der Lage sein, sich auf der Skala zu bewegen, ohne dass der Kontakt zu einem Ziehen wird.

KAPITEL 7: ARMLINIEN

3. Erinnern Sie sich daran, wie der Zügel in Ihrer Hand liegen soll und in erster Linie zwischen Ihrem Daumen und Ihrem Zeigefinger gehalten wird (siehe Abb. 7.8, Seite 144).
4. Ihre Aufgabe ist es, das Gebiss ruhig in den Maulwinkeln Ihres Pferdes zu halten, so dass Sie es dort fühlen können und Ihr Pferd den gleichbleibenden Kontakt fühlen kann. Es kann helfen daran zu denken, die Hand eines Kindes festzuhalten oder den Kontakt in Ihren Ellenbogen zu fühlen, anstatt in Ihren Händen.
5. Wenn der Kontakt stärker werden soll, ist die Regel immer noch, dass das Niederdrücken in Ihren Bauchmuskeln stärker sein muss, als das Festhalten der Zügel. Ihre Körpermitte muss stärker werden, bevor Ihr Arm fähig ist, einen stärkeren Zügelkontakt zu haben, ohne dabei zu ziehen.

Wir alle müssen herausfinden, was es zwischen den allzu häufigen Optionen der durchhängenden Zügel und dem Ziehen gibt. Reiterinnen, die süchtig nach durchhängenden Zügeln sind, müssen häufig dazu überredet werden, dass es nicht grausam ist, einen »Zügelkontakt aufzunehmen«. Ich bitte sie, sich vorzustellen, dass das Pferd keine Trense trägt, sondern nur das Gebiss und die Zügel. Es wäre schrecklich grausam, dem Gebiss zu erlauben, gegen die Zähne des Pferdes zu knallen oder aus seinem Maul zu fallen!

Ich habe Reiterinnen auch von dem Wert einer stetigen Anlehnung überzeugt, indem ich eine schlechte Handyverbindung nachgespielt habe: »Hallo, sind Sie da? Die Verbindung bricht ab, Ich kann Sie nicht hören, hallo? Ah, besser, ich kann Sie jetzt hören ... Oh nein, Sie sind wieder weg ...«. Wir wissen alle, wie frustrierend dies sein kann!

Wenn alles andere scheitert, bin ich auch schon in der Mitte des Zirkels gestanden und habe gerufen: »Durchhänger, Durchhänger, Durchhänger« (meistens treten sie paarweise auf), wenn sich eine durchhängende Stelle im Zügel bildete. Dies nervt die Leute so sehr, dass die Reiterinnen sehr viel schneller die Motivation finden!

KÜRZEN DER ZÜGEL

Die Zügel gut verkürzen zu können ist eine Kunst, vor allem, weil viele Pferde zurecht eine »Zügelverkürz-Phobie« haben! Das Problem ist oft, dass viele Reiterinnen ihre Aufmerksamkeit von allem anderen abwenden, wenn sie ihre Zügel aufnehmen.

1. Zuerst sollten Sie sich klarmachen, dass ein kürzerer Zügel nicht unbedingt einen stärkeren Kontakt bedeutet. Es bedeutet, dass Ihre Arme und Hände weiter vor Ihnen sind, wobei Ihre Ellenbogen etwas vor der Naht des T-Shirts liegen (und an den imaginären Armschellen ziehen).
2. Während Sie die Zügel verkürzen, bleiben Sie mit mindestens 80 % Ihrer Aufmerksamkeit bei Ihrem Körper – Niederdrücken, Oberschenkel dran, Füße leicht etc.
3. Verkürzen Sie Ihre Zügel mit nicht mehr als 20 % Ihrer Aufmerksamkeit.
4. Üben Sie, Ihre Zügel im Schritt aufzunehmen. Das Pferd darf nicht wissen, dass Sie es tun. Es wird es allerdings bemerken, wenn Ihr Körper sich verändert und/oder wenn Ihre Zügel währenddessen durchhängen oder zu straff werden.
5. Legen Sie einen Zügel unter den anderen Daumen, während Sie Ihre Finger am Zügel entlanggleiten lassen. Zügel mit Lederstegen können Ihnen helfen, dass Ihnen die Länge der Zügel bewusster wird.

6. Prüfen Sie nochmals: Ziehen Sie jetzt am Zügel? Oder haben Sie einfach nur einen kürzeren Zügel und Ihre Hände und Arme weiter vor sich? Drücken Sie Ihre Hände weiterhin nach vorne, gegen einen imaginären Widerstand, während Sie weiter auf Ihrem Hüpfball hüpfen.

WENN DAS PFERD DIE ZÜGEL DURCHHÄNGEN LÄSST

Ihre Armschellen sorgen dafür, dass Ihre Hände und Ellenbogen nach vorne gedrückt bleibt, doch, wenn Ihr Pferd seinen Hals verkürzt und so die Zügel durchhängen, brauchen Sie auch eine Strategie, um die Zügel aufzunehmen, ohne dabei nach hinten zu ziehen. Auf Pferden mit einer sich häufig ändernden Kopfhaltung ist es schwierig, jedoch ein wesentlicher Punkt, um dieses Muster zu verändern.

1. Fragen Sie Ihren Trainer oder Freund, sich vor Ihr Pferd zu stellen und die Zügel in der Nähe der Gebissringe festzuhalten, so dass er die Rolle des Pferdes einnehmen kann. Die Zügel müssen lang genug sein, dass Ihr Helfer eine Schlaufe im Zügel zum Gebiss des Pferdes machen kann, während Sie beide einen Kontakt aufnehmen können (ohne zu ziehen!).
2. Ihr Helfer bewegt dann seine Hände in Ihre Richtung, sodass die Zügel durchhängen.
3. Wie reagieren Sie? Bewegen sich Ihre Hände zurück in Richtung Körper, oder haben Sie eine andere Strategie, um die Zügel aufzunehmen? Hängen die Zügel weiterhin durch?
4. Um die Zügel wieder auf Spannung zu bringen ist es am besten, wenn man die Hände seitlich nach außen bringt, ähnlich wie beim Akkordeonspielen. Ihre Ellenbogen bleiben am gleichen Platz. Ihre Fingernägel zeigen wenn überhaupt etwas nach oben, während sich Ihre Hände öffnen. Es ist wichtig, dass Ihre Fingerknöchel nicht nach unten zeigen und sich Ihre Ellenbogen nicht strecken (siehe Abb. 7.11).
5. Können Sie so schnell auf ein mögliches Durchhängen reagieren, dass es gar nicht erst zustandekommt und dies so geschmeidig, dass das Gebiss in den Maulwinkeln des Pferdes liegen bleibt? Es braucht meistens einige Wiederholungen, bis die Reiterin merkt, wann die Zügel gerade anfangen durchzuhängen und sie die Hände etwas auseinandernehmen muss, um die Zügel weich aufzunehmen, bevor sie durchhängen.
6. Wiederholen Sie dies oft, auch mit geschlossenen Augen, so dass Sie sich nur noch durch Ihr Gespür leiten lassen.
7. Wenn Sie reiten, machen Sie sich für den Moment bereit, in dem Sie vielleicht Ihre Hände breiter stellen müssen, um die Zügel aufzunehmen.
8. Der ideale Abstand zwischen den Händen liegt in der Vorstellung einer von oben betrachtet geraden Linie aus Unterarmen und Zügeln (zusätzlich zu der offensichtlichen geraden Linie vom Ellenbogen der Reiterin bis zum Maul des Pferdes, die ein Beobachter von der Seite sehen würde) (siehe Abb. 7.11 (a), Seite 152, Abb. 7.5 (f), Seite 140).
9. Wenn Sie ständig mit den Händen in einem größeren Abstand als in Abb. 7.11 (b) gezeigt reiten, müssen Sie Ihre Zügel verkürzen und von vorne anfangen.

WENN DAS PFERD EINE DEHNUNG DES HALSES ANBIETET

Es ist nicht so schwer, die Hände und Ellenbogen nach vorne zu schieben oder die Zügel etwas aus der Hand gleiten zu lassen, wenn das Pferd eine Dehnung anbietet. Es ist allerdings wahrscheinlich, dass es seinen Hals

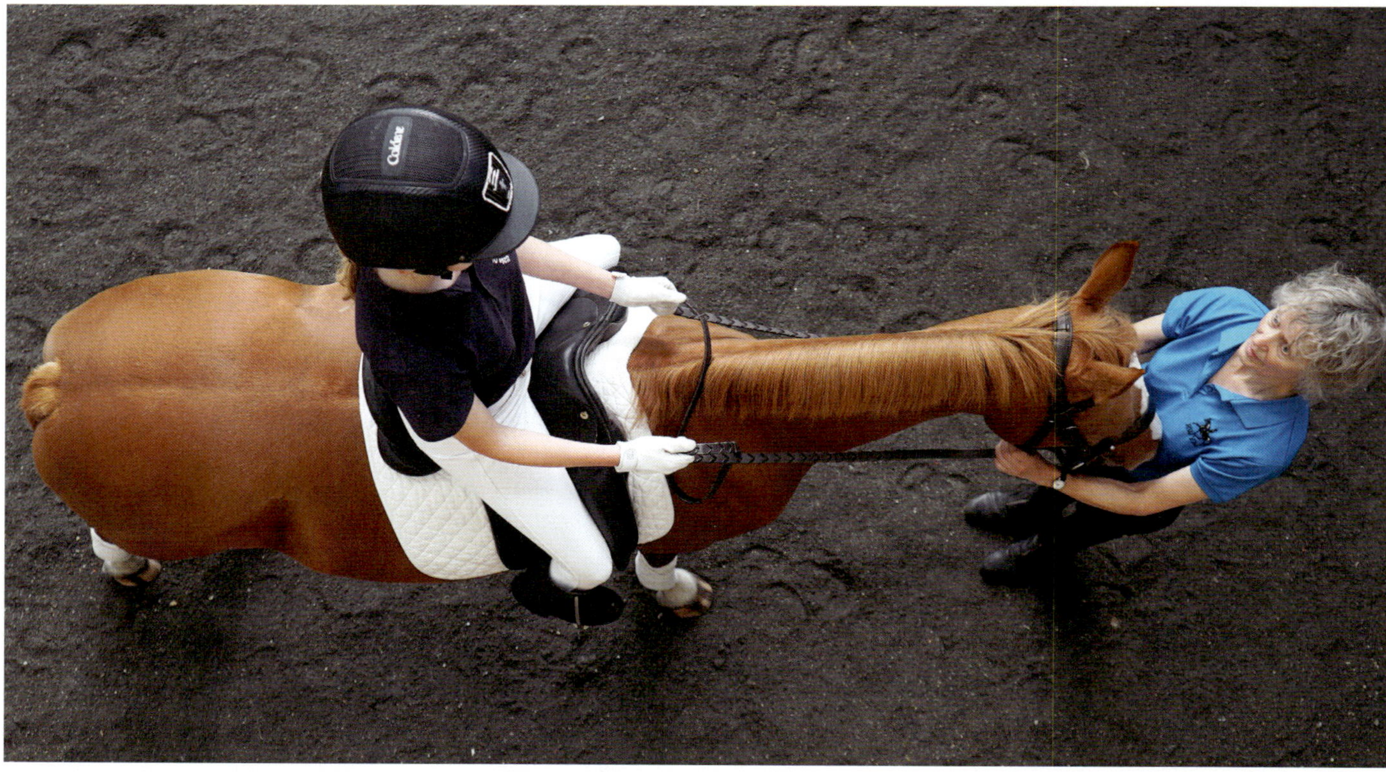

Abb. 7.11: Nehmen Sie die Hände breiter, um die Zügel aufzunehmen, wenn das Pferd seinen Hals nach hinten drückt und der Zügel durchhängt. (a) Im Idealfall bilden die Unterarme und der Zügel, wenn sie von oben betrachtet werden, ein langes, spitzes Dreieck.

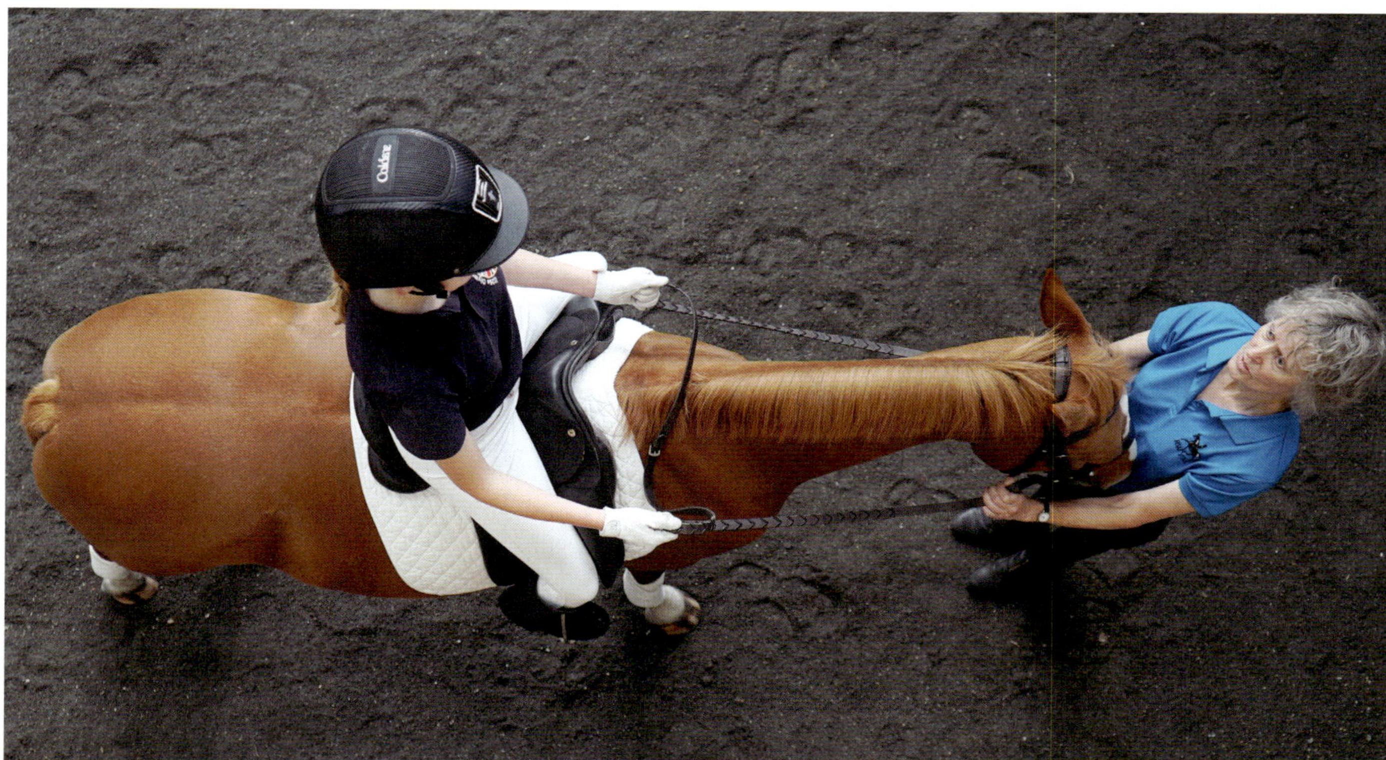

(b) Die Hände der Reiterin entfernen sich voneinander, um den hängenden Zügel aufzunehmen, den ich (als Pferd) verursacht habe. Die Fingernägel zeigen leicht nach oben und außen und nicht nach unten.

auch wieder verkürzt, was von Ihnen verlangt, entweder Ihre Hände etwas breiter zu nehmen oder Ihre Zügel zu verkürzen. Das Pferd zur Dehnung zu bringen, obwohl es eigentlich lieber »gegen Sie drückt« (siehe Seite 86) braucht die Fähigkeiten aus den Kapiteln 3 und 4. Es geht eigentlich um das Niederdrücken der Bauchmuskeln (siehe Seite 61), das eine Kraft nach vorne erzeugen kann, die das Nach-hinten-Drücken des Pferdes übersteigt. Es wird dann seinen Hals von Ihnen weg dehnen und seine Oberflächliche Rückenlinie verlängern. Gleichzeitig hebt es seinen Rücken, wodurch es leichter zu reiten und schöner anzuschauen wird![1]

WENN DAS PFERD ZIEHT

Bodenarbeit ist oft die beste Möglichkeit, um dem Pferd zu zeigen, dass Ihre Beine »Los!« bedeuten und die Zügel »Stopp!«. und auch um Pferde wieder auf das »Los« und das »Stopp« zu sensibilisieren, die entweder nicht verstehen, was die Reiterin meint, oder die Reiterin nicht ernst nehmen. Es ist eine traurige Wahrheit, dass eine beachtliche Prozentzahl der Pferde kein bewusstes Verständnis hiervon hat![2]

Immer wenn das Pferd an Ihnen zieht, könnte man sagen, dass Sie ein Problem mit dem »Stopp« haben. Dagegen zu ziehen ist nie die beste Antwort, da das Pferd viel größer ist als Sie und sehr viel länger als Sie glücklich weiterziehen kann!

1. Stellen Sie sich vor, wie Ihre Arme sich über die TVAL mit dem »Punkt in Ihrem Brustmuskel« verbinden, an dem die Linie ansetzt (siehe Abb. 7.1, 7.2, Seite 137). Wenn Sie Ihren Arm so verbinden, wird es leichter, der Kraft des Pferdes nicht mit der Stärke Ihrer Armmuskeln und der Seiten Ihrer Oberkörper-Box zu entgegnen. Diese Taktik kann wie Zauberei wirken, um einen starken Kontakt leichter zu machen, besonders wenn das Pferd nur an einem Zügel zieht.
2. Wenn Sie und das Pferd sich gegenseitig im Gleichgewicht halten – wie zwei Menschen, die sich an den Händen halten und sich voneinander weglehnen – müssen Sie aufhören, dieses Spiel zu spielen! Wenn Sie sich weigern, das Pferd hochzuhalten, bleibt ihm nichts anderes übrig, als sich selbst aufzurichten. Dies erfordert, dass Sie selbst im Gleichgewicht sind,

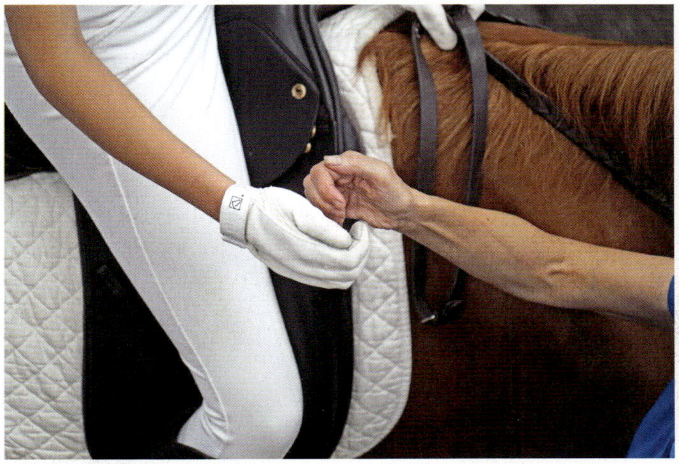

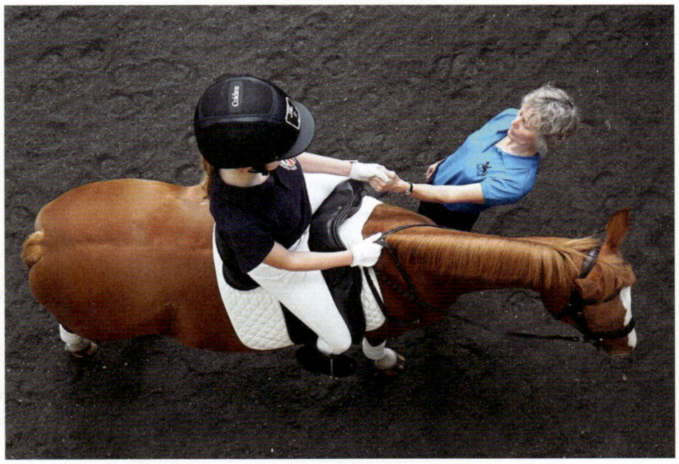

Abb. 7.12: (a) Reiterin und Trainerin halten sich an den Händen, indem sich ihre Finger ineinander verhaken. Wenn die Trainerin sich nach hinten lehnt und zieht, werden sich die meisten Reiterinnen auch nach hinten lehnen und ziehen, wie in (b).

unabhängig vom Pferd. Dies zwingt das Pferd, Verantwortung zu übernehmen.

3. Üben Sie das Folgende am Besten im Halten: Sie und Ihr Trainer halten sich wie in Abb. 7.12 an den Händen. Bitten Sie Ihren Trainer, sich zurück zu lehnen und zu ziehen. Wie würden Sie sich hiervon befreien?
4. Es gibt eine Option, an die wenige Reiterinnen denken: Strecken Sie Ihre Hand schnell nach vorne aus und halten Sie sie ungefähr drei Sekunden lang dort. Gehen Sie davon aus, dass Ihr Trainer einen Schritt zurück machen muss, um seine Füße unter seinen Schwerpunkt zu bekommen! Wenn Ihr Trainer sich Ihrer Bewegung anpassen kann, waren Sie zu langsam. Passen Sie auf, dass Sie sich nicht nach vorne lehnen oder den Rücken rundmachen etc., wenn Sie Ihre Hand nach vorne strecken – Ihre Oberkörper-Box muss angespannt bleiben.
5. Bringen Sie Ihre Hand langsam zurück an ihren Platz. Ihr Trainer kann beurteilen, ob wieder ein Zug entstanden ist, während Sie dies getan haben. Es kann einige Wiederholungen brauchen, bis Sie Ihre Hand zu ihrem Platz zurückführen können, ohne zu ziehen. Ich habe schon einmal geschlagene zwanzig Minuten mit einer Reiterin daran gearbeitet, bevor sie es gut gemacht hat!
6. Wiederholen Sie dies, während Sie Schritt reiten, indem Sie Ihre innere Hand in Richtung des Pferdemauls vorgeben (nicht in Richtung seiner Augen oder dem Boden). Sie muss schnell nach vorne kommen und so lange vorne bleiben, wie Ihr Pferd braucht, um mit beiden Vorderbeinen einen Schritt zu gehen. Bringen Sie Ihre Hand langsam und vorsichtig zurück zu ihrem Platz.
7. Wie viele Schritte schaffen Sie, bis Ihr Pferd Sie dazu bringt, wieder zu ziehen?
8. Geben Sie Ihre Hand immer wieder nach vorne, wenn es passiert. Wenn sich der Hals Ihres Pferdes zur anderen Seite biegt, wenn Sie Ihre Hand vorgeben, haben Sie ein ziemlich großes Problem mit der Lenkung und müssen viel mehr »Materialfüllung« in die Seite bekommen, zu der sich der Hals

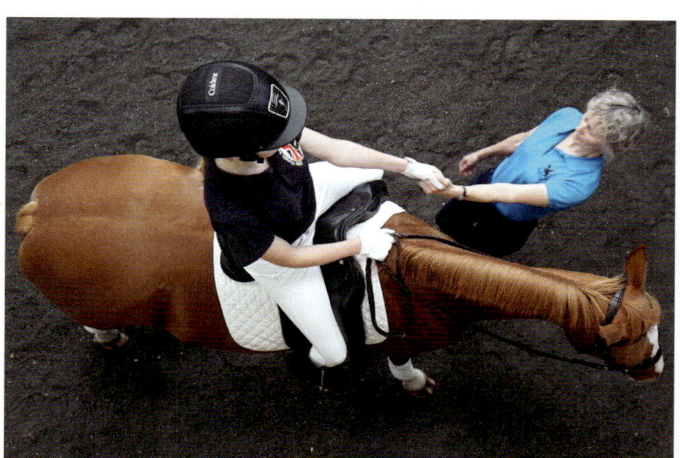

Aber die Reiterin sollte ihre Hand nach vorne geben wie in (c) und das »Spiel« des Pferdes verweigern.

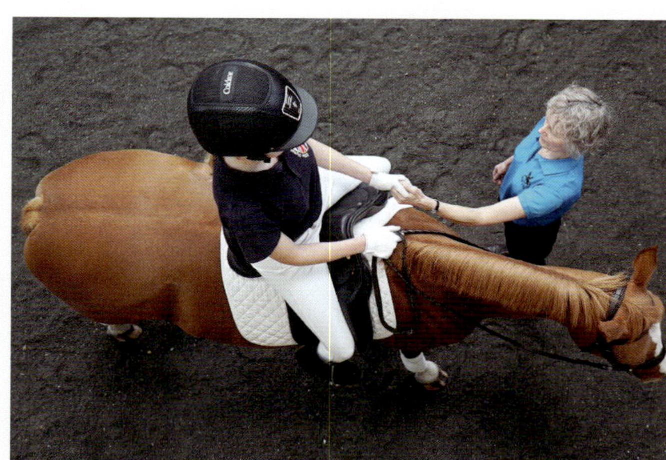

In (d) ist die Trainerin, wie auch das Pferd, in der gleichen Situation, verantwortlich dafür, sich selbst aufrecht zu halten – ebenso auch die Reiterin.

biegt, um das Pferd zu auszufüllen, dass die seitliche Linie sich verlängert.

9. Versuchen Sie, Ihre Hände im Trab vorzugeben und wenn es sein muss auch im Galopp.
10. Machen Sie sich klar, dass Sie die ganze Zeit vertikal bleiben müssen (oder leicht nach vorne gelehnt, wenn Sie leichttraben), wobei die oberflächliche Frontal- und Rückenlinie stabil bleibt.

VISUALISIERUNG DER ZÜGEL ALS STANGEN

Wenn Sie reiten, sollten sich Ihre Zügel idealerweise anfühlen wie solide Stangen, die die Nase des Pferdes von Ihnen wegdrücken. Aber leider wissen nur wenige Reiterinnen und Trainer, wie viel Stabilität in den Armen und Oberkörper dies braucht, kombiniert mit widerstandsfähigen, ausgeglichenen oberflächlichen Frontal- und Rückenlinien, die Ihnen dabei helfen, sauber »aufeinandergestapelt« zu bleiben und sich an die Bewegungskraft des Pferdes anzupassen. Mit Hilfe des mittleren Stabilitätssystems und gut ausbalancierten seitlichen Linien, Funktionallinien, Spirallinien und tiefen Frontallinien wird das Reiten wie eine Schubkarre zu schieben, ohne an einem der Zügel zu ziehen. Wenn Sie sich jetzt denken »Träum weiter«, wird Ihre Rettung in den nächsten zwei Kapiteln kommen!

DIE »ARMLINIEN« DES PFERDES

Die dänischen Wissenschaftlerinnen Vibeke Sødring Elrønd und Rikke Schultz[3] haben zwei »Armlinien« (Vordergliedlinien – VGL) beim Pferd gefunden, die auf der Vorder- und Rückseite der Gliedmaßen liegen und diese nach vorne – die Vordergliedzuglinie (VGZL) – und nach hinten ziehen – die Vordergliedrückzuglinie (VGRL). Die menschliche AL kann nicht gut auf unsere (Hinter-) beine oder die Vorderbeine des Pferdes abgebildet werden; aber im Großen und Ganzen sind seine VGL (siehe Abb. 7.13) die Entsprechungen der OVAL und der OHAL beim Menschen, da das Pferd ja genau genommen auf dem Fingernagel seines Mittelfingers läuft. Die anderen Zehen sind im Laufe der Evolution verloren gegangen, so dass die tiefen Armlinien beim Pferd stark reduziert, doch im oberen Teil der Gliedmaße immer noch vorhanden sind. (Sie bewegen die Gliedmaße in Richtung der Mittellinie und davon weg und sind Gegenstand aktueller Forschung.)

Das Pferd hat keine Schlüsselbeine, daher sind seine Schulterblätter nicht mit dem Rest seines Skeletts verbunden. Dies erlaubt es ihnen, pendelartig über das darunterliegende Gewebe und die Rippen zu gleiten. Während menschliche AL bestimmen, wie wir strecken, drücken und ziehen können, muss die VGL des Pferdes stattdessen viel von seinem Gewicht tragen (viel mehr als die Hinterbeine) – also haben die Vorderbeine einen großen Einfluss darauf, wie das Pferd steht und tritt. Die moderne Zucht von Sportpferden hat Vorderbeine mit einem viel größeren Bewegungsspielraum hervorgebracht, und der Spanische Schritt (der normalerweise in der spanischen Tradition trainiert wird) ermutigt Pferde, dies zu maximieren.

Manche Pferde lieben es, sich wie Katzen zu dehnen, indem sie die Vordergliedzuglinie verlängern. Sie neigen dazu, die Mulde der »Fallgrube« (siehe Seite 86) direkt hinter den Schulterblättern zu haben, und die Reiterin wird leicht in diese hineingezogen. Umgekehrt sind die Vordergliedzuglinien verlängert, wenn ein Pferd wie auf einem Sockel piaffiert, und seine Vorderfüße kommen unter sein Gewicht nach hinten, eine Taktik, die vermutlich darauf abzielt, einen Teil der Last von seinen Hinterbeinen zu nehmen.

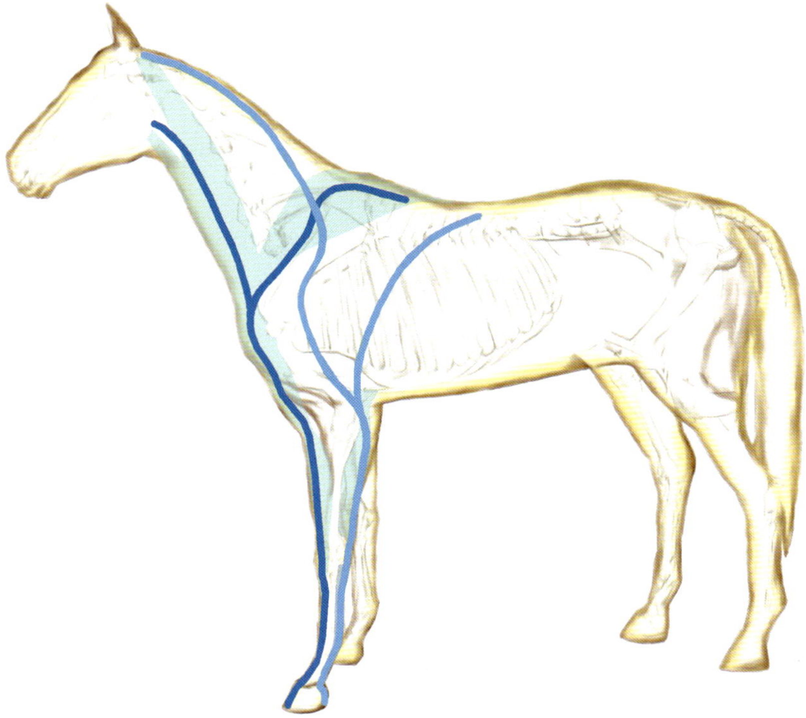

Abb. 7.13: Die »Armlinien« des Pferdes (a). Die Vordergliedzuglinie (in dunklerem Blau) bewegt die Gliedmaße nach vorne. (b) Die Vordergliedrückzuglinie (in hellerem Blau) bewegt die Gliedmaße zurück.

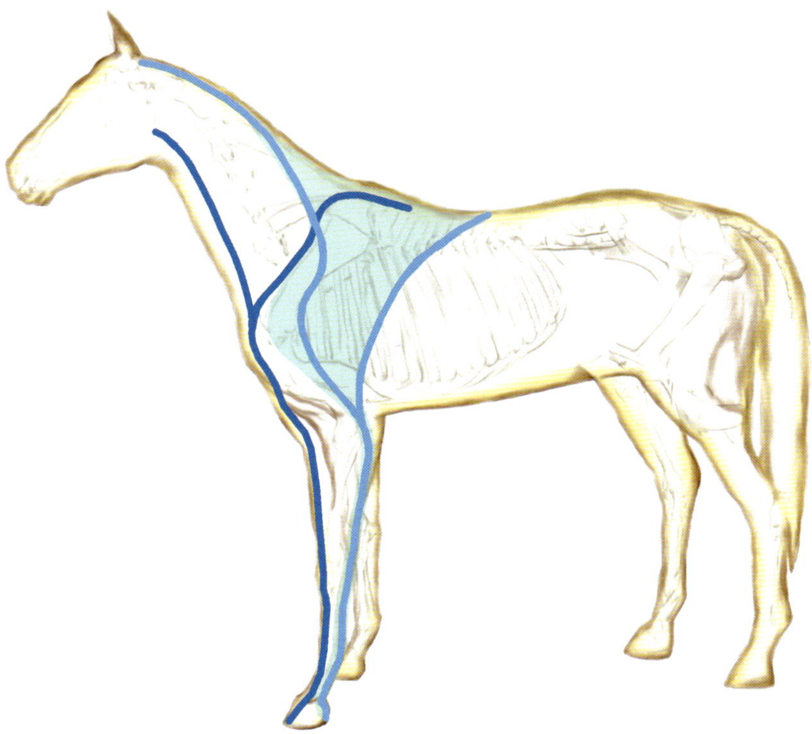

Professor Emerita Hilary Clayton[4] argumentiert, dass die Vorderbeine des Pferdes darauf ausgerichtet sind, mehr Bremskraft zu erzeugen, während die Hinterbeine mehr Antriebskraft bieten. Sie hat in ihrem Labor gezeigt, dass Pferde ihre Vorderbeine (und damit ihre VGL) in der Versammlung einsetzen, um ihr Gewicht zurück zu ihrer Hinterhand zu drücken. Reiterinnen mit guter Biomechanik können ihren eigenen Körper benutzen, um dies zu unterstützen (Seiten 86 und 134).

HÄNDIGKEIT

Die TAL (die sich mit unserer Körpermitte verbinden) laden uns ein, die Händigkeit bei uns und bei unserem Pferd zu betrachten. Dies beschränkt sich nicht nur auf unsere dominantere Hand oder unser dominanteres Bein; auch unser dominanteres Auge oder Ohr bestimmen stark unsere Persönlichkeit und unseren Lernstil, und auch unsere Asymmetrie.[5]

Pferde neigen dazu, ihre Umwelt durch jeweils ein Auge wahrzunehmen. Da ihre Augen an den Seiten ihres Kopfes sind, müssen sie, wenn sie mit dem bevorzugten Auge schauen, eine Seite ihres Körpers verlängern. Manche Autoren halten dies für einen signifikanten Faktor in der Asymmetrie des Pferdes.

Einige französische Untersuchungen haben gezeigt, dass Pferde sich schneller auf der Seite des linken Auges erschrecken (welches hauptsächlich Information zu ihrer rechten Gehirnhälfte schickt).[6] Außerdem liefert die Forschung Hinweise darauf, dass Pferde in erster Linie mit ihrem rechten Ohr einem bekannten, freundlichen Wiehern zuhören, und mit ihrem linken Ohr einem unbekannten.[7]

Wir Menschen haben eine Hand und ein Bein, mit denen wir uns geschickter anstellen, und eins, das wir eher zur Unterstützung nutzen. Eine Gliedmaße ist also auf Mobilität spezialisiert, die andere auf Stabilität. (Welches Bein würden Sie nehmen, um einen Fußball zu treten?) Wenn das Pferd auf natürliche Weise mehr Gewicht auf einem Vorderbein aufnimmt, sollten wir dieses vielleicht das stabilisierende Bein nennen: Es hält zuerst mit diesem Bein an und stellt es neben das andere. Mit dem zweiten (geschickteren) Bein geht es dann los und benutzt das stabilisierende Bein zur Unterstützung.

Um die gleiche Sprache zu benutzen, die wir auch beim Menschen verwenden, ist sein dominantes Bein das geschicktere. Jedoch haben manche Autoren auch das stabilisierende Bein als das dominante bezeichnet, und die Ideen und Terminologie, die zurzeit von verschiedenen Autoren benutzt werden, sind widersprüchlich und verwirrend.

DIE HALTUNG BEIM GRASEN UND IHRE AUSWIRKUNG AUF DIE ASYMMETRIE

Wenn Fohlen grasen, müssen sie ihre Vorderbeine spreizen, um an den Boden zu kommen, wie auch viele erwachsene Pferde, die oft eine Vorliebe für ein Bein zeigen, das sie nach vorne stellen, wenn sie ihren Kopf nach unten bringen. Die Vorderbeine entwickeln sich dann unterschiedlich, mit einer tieferen Ferse an dem Bein, das nach vorne gestellt wird, und einer höheren Ferse an dem, das nach hinten steht. Es wird mehr Gewicht auf der Zehe des nach hinten stehenden Beins aufgenommen und der Blutfluss der Ferse ist erhöht, was sie dazu bringt zu wachsen. Das Gegenteil passiert bei dem weiter vorne stehenden Huf – mehr Gewicht wird auf der Ferse aufgenommen, was sie zusammendrückt und dafür sorgt, dass der Zeh länger wächst.

Das Gewebe der gesamten VGRL des Beines, das hinten steht, ist durchgehend verkürzt – dieser Effekt beschränkt sich nicht nur auf die Beugesehne. Dahingegen ist die Linie auf der Vorderseite seiner Gliedmaße vergleichsweise länger. Das Gegenteil passiert mit der vorderen Gliedmaße, denn die flache Ferse ist Teil der längeren Rückzuglinie. Die Schulter seines nach vorne stehenden, flacheren Fußes tendiert dazu, sich auszubeulen und wird weiter vorne gehalten. Die Schulter des aufrechteren, zurückgehaltenen Fußes steht flacher zu den Rippen und weiter hinten. Um eine solche Asymmetrie bei Ihrem eigenen Pferd zu sehen, stellen Sie Ihr Pferd so gleichmäßig wie möglich hin und schauen Sie von oben und von hinten auf seine Schultern (siehe Abb. 7.14).

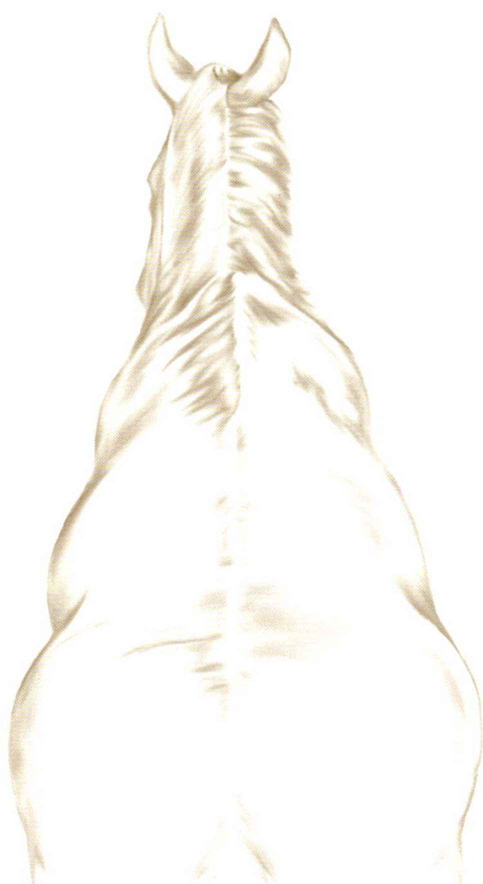

Abb. 7.14: Ungleiche Schultern kann man am besten von einer erhöhten Position aus von hinten sehen. Dieses Pferd wird sich nicht gleichmäßig hinstellen: Sein rechtes Vorderbein hat die tiefere Ferse, und diese nach vorne zu stellen hilft ihm, seinen Körper auszubalancieren, indem es den Abstand zwischen seiner Schulter und dem Boden verkleinert. Die Mähne fällt zu der tieferen linken Seite, welche die höhere Ferse hat. Dieses Bein nach hinten zu stellen hilft ihm, seinen Körper auszubalancieren, indem es den Abstand zwischen Schulter und Boden vergrößert.

Wenn das lange genug so geschieht, entsteht ein Muster, das die Symmetrie der Gangarten des Pferdes beeinflusst. Sandra Kuhnke hat jedoch in ihrer Doktorarbeit an der Universität Kassel herausgefunden, dass diese Präferenz nicht die Asymmetrie des Reitpferdes bestimmt, was darauf hindeutet, dass in vielen Fällen die Asymmetrie der Reiterin die dominierende Rolle spielt. Ihre Studie verglich die Spannungen auf dem Zügel, aber bedenken Sie, dass Händigkeit nicht unbedingt das Problem sein muss; der Arm, der mehr zieht, gehört zu der Seite des Körpers, die dazu neigt, nach hinten zu fallen (da die Ferse zu weit nach vorne geht). Sie ist weniger in der Lage, Kraft von hinten nach vorne zu übertragen und mit dem Pferd Schritt zu halten.[8]

Dr. Andrew McLean, ein Gründungsmitglied der International Society for Equitation Science (ISES), hat beobachtet, dass ein diagonales Beinpaar dazu tendiert, in der Schwungphase, d. H. in der Luft, zu beschleunigen.[9] Er glaubt, dass 75 % der Pferde Vorderbein-Läufer auf der rechten Seite (in der Schwungphase) sind und er beobachtet, dass das rechte Vorder- und das linke Hinterbein sich dann nicht so verkürzen oder verlangsamen wie das andere Paar. (Dies betrifft auch die Funktionslinien.) Bei der Piaffe mogelt sich dieses diagonale Paar in der Schwungphase vorwärts, während das andere eher vertikal angehoben wird. Ich vermute, dass das Pferd, das auf das laufende Vorderbein fällt, wenn es auf einem Zirkel geht, beschleunigt, während das Pferd, das auf das andere Vorderbein fällt, eher langsamer wird.

DIE ASYMMETRIE MINIMIEREN

Je mehr Pferde mit langen Beinen und kleinen Köpfen wir züchten, desto häufiger werden Huf-, Vorderbein- und Schulterasymmetrien zu einem wichtigen Problem. Um das zu beeinflussen, müssen viele zusammenarbeiten – der Hufschmied, Sattler und Pferdephysiotherapeut spielen alle eine Rolle, obwohl es verschiedene Meinungen darüber gibt, was ihre hilfreichsten Maßnahmen sind. Um das Problem noch komplizierter zu machen gibt es außerdem Auswirkungen auf die Symmetrie der Hinterhand des Pferdes über die Funktions- und Spirallinien (siehe nächstes Kapitel für Letzteres). Ihr Biomechanik-Trainer hat die am wenigsten kontroverse Rolle, sein Ziel ist es, Sie (und den Sattel) auf einer Ebene zu halten, damit Sie nicht von der Asymmetrie des Pferdes aus dem Lot gebracht werden, da Sie sie sonst weiterführen. Ansonsten hoffe ich, dass Ihr Team die Chancen des Pferdes, das zu tun, was Sie von ihm verlangen, bestmöglich ausbauen kann und dass Sie geschickt und diszipliniert genug sind, Ihr Pferd in jeder Phase seiner Rehabilitation angemessen zu trainieren.

Es wird immer geringfügige Unterschiede in den linken und rechten Armlinien des Pferdes geben, meistens sind sie jedoch nicht von Bedeutung. Ich habe bemerkenswerte Veränderungen bei Pferden mit extrem asymmetrischen Beinen und Schultern gesehen – sie sind gesund und funktionell geworden, selbst wenn die Ungleichheit zuvor zu Lahmheit geführt hatte. Das heißt, Sie und Ihr Tierarzt sollten besonders auf die Vorderbeine und Schultern jedes Pferdes achten, das Sie kaufen möchten.

Kapitel 7 Fußnoten:

1. Wanless, Mary, *Ride with your Mind Essentials*, Kenilworth Press (2001)
   Wanless, Mary *Ride with your Mind Clinic*, Kenilworth Press (2008)
2. McLean, Andrew www.hosemagasine.com/thm/..../principles-of-horse-training-with-andrew-mclean www.esi-education.com
3. Sødring Elbrønd, Vibeke and Schultz, Mark, Rikke, 'Myofascia – the unexplored tissue: myofascial kinetic lines in horses, a model for describing locomotion using comparative dissection studies derived from human lines', *Medical Research Archives* (2015) Issue 3
4. Clayton, H.M., H C Schamhardt and Hobbs, S.J., 'Ground reaction forces of elite dressage Horses in collected trot and passage', *The Veterinary Journal* (2017) 211 pp.30–3
5. Hannaford, Carla, *The Dominance Factor: How Knowing Your Dominant Eye Ear Brain Hand and Foot Can Improve your Learning*, 2nd edn, Edition, Anglo American Publishing (2011)
6. De Boyer des Roches, A., Richard-Yris, A.M., Henry S.,and Hausberger, M., 'Laterality and emotions: visual laterality in the domestic horse (Equus caballus) differs with objects' emotional value', *Physiology & Behavior* (2008), 94: pp.487–490
7. Basile, M., Boivin, S., Boutin, A. et al., 'Socially dependent auditory laterality in domestic horses (Equus caballus)' *Animal Cognition* (2009) 12:611 3 and Christa Lesté-Lasserre, MA, 'Listen up: horses demonstrate auditory laterality, (2010) www.thehorse.com/articles/24881/listen-up-horses-demonstrate-auditory-laterality
8. Kuhnke, Sandra, U. and von Borstel, König , 'A comparison of methods to determine equine laterality in thoroughbreds', *Journal of Veterinary Behaviour Applications and Research* (Sept. 2016) and 'A comparison of rein tension with methods to determine equine laterality', *Journal of Veterinary Behaviour Clinical Applications and Research* (Sept. 2016)
9. McLean, Andrew, 'Thinking about horses, Part 2', www.horsemagasine.com/htm/2015/01/andrew-mclean-thinking-about-horses/

TEIL 4

Drehungen, Biegungen und was es wirklich mit der Körpermitte auf sich hat

KAPITEL 8: DIE SPIRAL-LINIEN – EINE EINFÜHRUNG

Auf den ersten Blick sind die linken und rechten Spirallinien (SL) von allen Linien am schwierigsten zu verfolgen, denn sie kreuzen die Mittellinie dreimal von rechts nach links (und umgekehrt). Viele der Muskeln in der SL sind auch Teil der Linien, die wir bereits kennengelernt haben, was das Verstehen erleichtert. Es bedeutet auch, dass die SL die seitliche Stabilität, die durch die anderen Linien entsteht, erhöhen kann. Unglücklicherweise bedeutet es auch, dass Funktionsstörungen in den SL ihre Funktion stark beeinträchtigen können.

Die SL umschlingen die Körpermitte in einer Doppelspirale und tragen so zu Rotationen und Drehungen bei. Feste Linien halten den Oberkörper jedoch in Position, und da sie auch wie Steigbügel unter der Wölbung der Füße verlaufen, stabilisieren sie die Unterschenkel und Füße. Dies erhöht Ihre Fähigkeit, sie zu fühlen und zu kontrollieren. Die SL macht eine lange und komplexe Reise; also atmen Sie tief durch und folgen Sie mir, während Sie sich Abb. 8.1 ansehen.

Jede SL beginnt auf der Rückseite des Schädels hinter dem Ohr, läuft mit breiten Muskelpartien auf einem diagonalen Weg, kreuzt die Wirbelsäule über den unteren zwei Halswirbeln und den ersten fünf des oberen Rückens. Dann berührt sie das gegenüberliegende Schulterblatt und verläuft dann unter ihm zu der Außenseite der Rippen. Von den Rippen schlängelt sich die SL diagonal über den Bauch zur gegenüberliegenden Hüfte. Nachdem sie die Mittellinie auf dem Rücken und anschließend auf der Vorderseite gekreuzt hat, ist sie wieder auf der Seite angelangt, von der sie ausgegangen ist, und wird sich nun um das Bein auf derselben Seite wickeln (siehe Abb. 8.1).

Von der Vorderseite des Hüftknochens verläuft die Linie nach vorne/außen über Oberschenkel und Knie. Um einen entscheidenden Muskel in dieser Linie zu fühlen, legen Sie Ihren Daumen direkt unter, außerhalb des Hüftknochens auf der Vorderseite Ihrer Hüfte an (der vordere obere Darmbeinstachel oder SIAS). Beugen Sie Ihre Hüfte und drehen Sie Ihr Knie, um zu fühlen, wie der Muskel reagiert. Dieser Musculus tensor fasciae latae ist ein wichtiger Muskel für die Reiterin. Sie werden eine Kombination aus Kitzeln und Schmerzen fühlen, wenn Sie Ihren Daumen hineindrücken. Schieben Sie Ihre Hand den Oberschenkel herunter zur Außenseite Ihres Knies, um das Faszienband zu spüren, das daran ansetzt. Der Tractus iliotibialis ist das oft verfluchte Ziel vieler »Faszienrollen«.

Die SP kreuzt dann die Vorderseite des Schienbeins zur Innenseite des Fußes. Sie bildet eine Schlinge unter dem Fußgewölbe, die von den alten deutschen Anatomen »Steigbügel« genannt wurde. Sie liegt jedoch weiter hinten am Fuß, als wir beim Reiten den Steigbügel platzieren – denken Sie an einen Steg, der von einer Hose unter dem Fuß verläuft.

Die Schlaufe setzt sich an der Außenseite des Fußgewölbes fort und an der Außenseite der Wade nach hinten/außen am Knie, wo Sie eine Sehne spüren können (Abb. 3.2, Seite 49 und Übung auf Seite 74). Dies ist ein Teil des äußersten Oberschenkelmuskels, der einen diagonalen Weg zu den Gesäßknochen nimmt. Kurz davor, am Kreuzbein, kreuzt die Linie auf die andere Seite (über die sakro- und dorsalen Iliosakralbänder). Diese sind in die dicke Faszie eingebettet, die das Kreuzbein bedeckt und die langen Rückenmuskeln verankert, die an dieser Seite der Wirbelsäule nach oben laufen. Wir haben diese zuvor als Teil der oberflächlichen Rückenlinie kennengelernt. Sie verlaufen weiter bis zum Hals, indem sie auf der gegenüberliegenden Seite des Startpunkts etwas näher an der Mittellinie am Schädel ansetzen. Verglichen mit der Vorderseite, der Rückseite und den Seiten ist dies eine schwerere Route; aber wir haben es vom einen bis zum anderen Ende geschafft, und wir leben noch!

Zusammen bilden die linke und die rechte SL ein helix-förmiges Doppelgitter, das die Mittellinie kreuzt und dabei drei »X« bildet (Abb. 8.1). Das obere »X« kreuzt auf dem oberen Rücken oberhalb und zwischen den Schulterblättern. Das zweite »X« hat sein Kreuz vorne in der Nähe des Bauchnabels und das dritte »X« liegt über dem Kreuzbein.

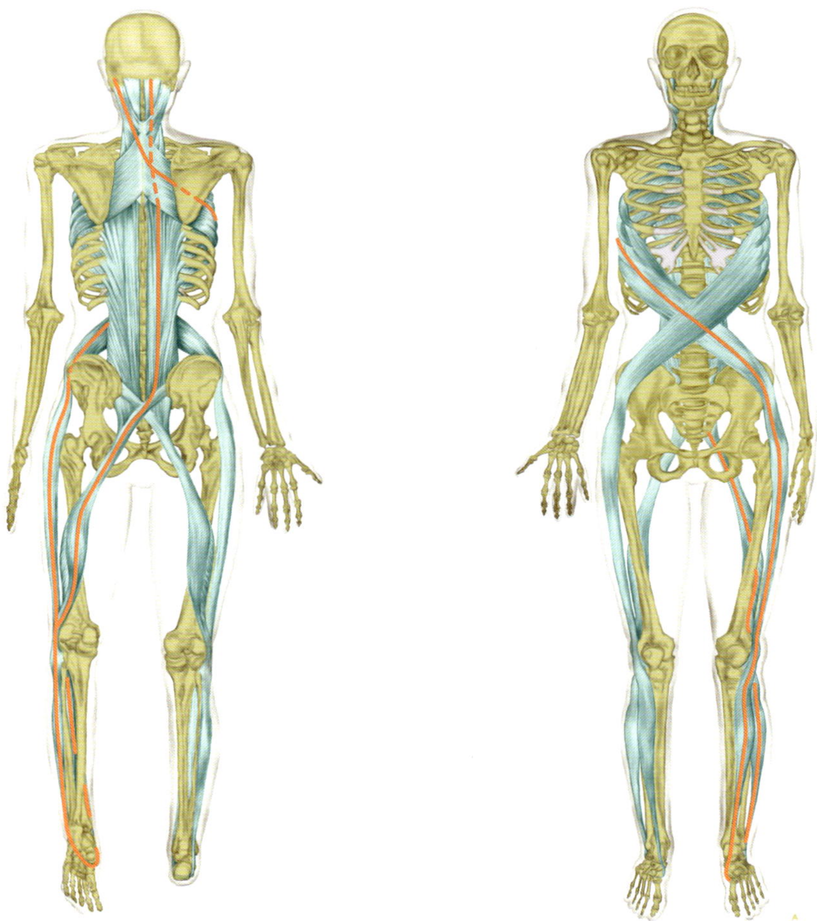

Abb. 8.1: Die Spirallinie von der Vorder- und Rückseite. Die rote Linie markiert einen Arm des »X« auf dem Rücken zwischen den Schulterblättern, das »X« über den Bauchmuskeln und das »X« über dem Kreuzbein.

Die Spirallinie ist von zentraler Bedeutung für die richtige Schulterhaltung. Sie geht durch die gleichen Muskeln wie die tiefe hintere Armlinie von der Wirbelsäule zum Schulterblatt. Jedoch verläuft sie dann unter dem Schulterblatt anstatt über ihm weiter, wodurch eine Schlinge geformt wird, in der das Schulterblatt sitzt. Die tiefe hintere Armlinie und die SL sind miteinander verschmolzen, so dass ein Ungleichgewicht oder eine zu starke Spannung die Fähigkeit beeinträchtigen kann, Ihre Arme mit Ihrem Rücken zu verbinden und Ihre Hände nach vorne zu drücken.

Die SL und auch die funktionale Frontallinie von Kapitel 6 bilden ein »X« auf dem Bauch, aber nicht am gleichen Ort. Viele Reiterinnen genießen es, das »X« der funktionalen Frontallinien zu finden und merken die Vorteile, die das auf ihr Reiten hat. Das Trainieren des breiten muskulösen »X« der SL in der Nähe des Nabels beinhaltet tiefere Muskeln und mehr Schweiß. Das kann sich am Anfang sehr eigenartig anfühlen, aber dieses »X« spricht effektiver den Kern unserer Asymmetrie an als irgendeine der anderen Linien, die wir bisher kennengelernt haben.

Oft habe ich beim Unterrichten beobachtet, wie eine Reiterin ihre SL anpasst und erstaunlich effektive Änderungen an ihrer Asymmetrie geschehen. Innerhalb weniger Augenblicke veränderte ihre neu entdeckte Fähigkeit zu steuern auch ihr Pferd. Mit einem

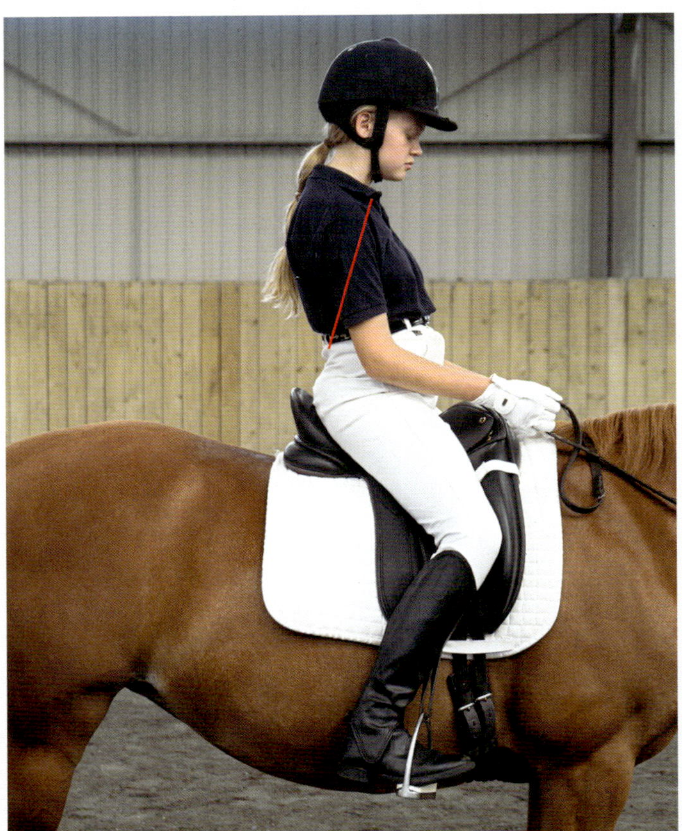

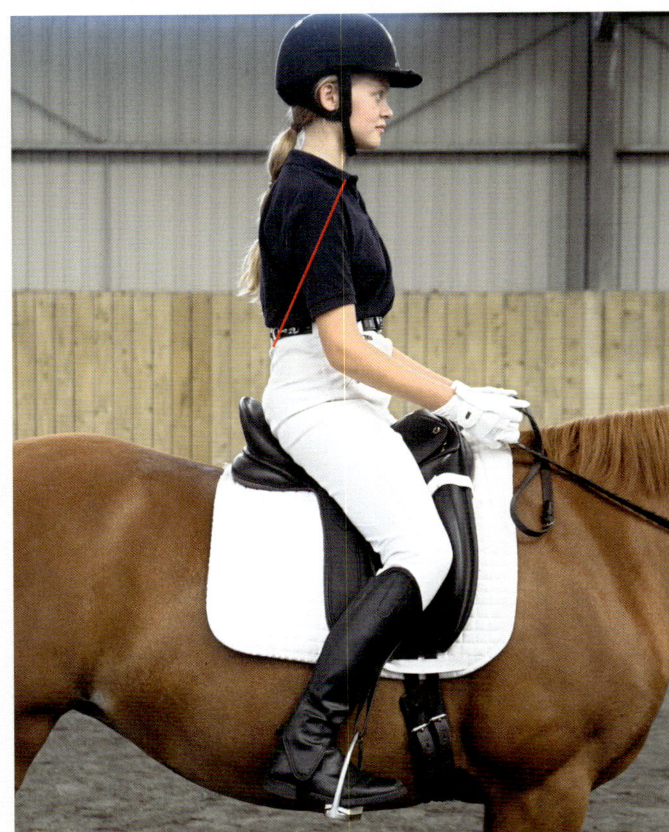

Abb. 8.2: (a) Um das »Auslaufen« der Spirallinien zu minimieren, stellen Sie sich eine Verbindung von Ihrer oberen Brust zu Ihrer Wirbelsäule vor, entweder zur Höhe Ihrer unteren Rippe oder zur Oberseite Ihres Beckens. Benutzen Sie dies als Hilfe, um Ihren Oberkörper in einer Box-Form zu halten wie in (b) gezeigt.

Verständnis der Zuglinien – und insbesondere dieses »X« in der SL – können Sie schnell etwas verändern, was sonst Jahre gebraucht hätte, ähnlich wie beim »steten Tropfen, der den Stein höhlt«.

AUSQUETSCHEN DER ZAHNPASTA-TUBE

Wenn beide SL im Oberkörper durchhängen, dann bringen Sie oft eine nach vorne fallende Kopfhaltung, einen runden oberen Rücken wie bei einem »Witwenbuckel« und einen hervorstehenden Bauch mit sich. Die Reiterin sitzt krumm nach hinten und fällt hinter die Vertikale; ihr mittlerer Rücken sieht hohl aus und ihr Bauch steht nach vorne heraus. Von der Seite gesehen bildet ihr Oberkörper also ein »S« – ein komplexeres Muster als ein Hohlkreuz (kurze oberflächliche Rückenlinie und längere oberflächliche Vorderlinie) oder ein Rundrücken (lange oberflächliche Rückenlinie und kurze oberflächliche Vorderlinie, siehe Abb. 8.2 (a)). Dieses »Auslaufen« der SL trägt zu der zehnten Option (j) in Abb. 3.5, Seite 55, bei. Wir haben schon gesehen, wie dies die Schulterblätter beeinträchtigt und sehen es hier nochmal in Abb. 8.3.

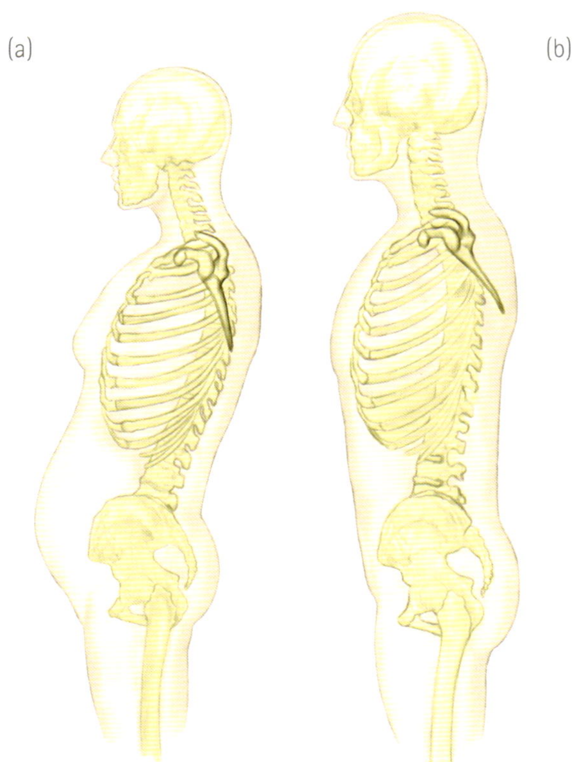

Abb. 8.3: Die Skelette spiegeln die Haltung von Abb. 8.2 (a) und (b) wider und zeigen, wie die Schulterblätter, die in (a) flach aussehen, nicht mehr flach sind, wenn der Oberkörper neu positioniert wurde. Das zeigt, wie notwendig die Korrektur aus 8.2 (b) ist. Sehen Sie sich an, wie sowohl in Abb. 8.2 (a) wie auch in 8.3 (b) das Schlüsselbein praktisch genau über dem Lendenwirbelbereich ist. Doch beim effektiven Reiten bildet die Vorderseite der Oberkörper-Box eine vertikale Linie parallel zur Rückseite der Box, welche eine zweite vertikale Linie bildet.

Wie man dieses Auslaufen verhindert:

1. Setzen Sie sich auf einen stabilen Stuhl und stellen Sie sich dieses »Auslaufen« in Ihrem Körper vor: Runden Sie Ihren oberen Rücken, während Sie Ihren Bauch herausstrecken. Manche Leute schaffen es sogar, ihr Schlüsselbein, das eigentlich vertikal über dem Schambein liegen sollte, so weit nach hinten zu bringen, dass es fast direkt über dem Lendenwirbelbereich ihres Rückens liegt! Legen Sie eine Hand auf Ihre obere Brust und die andere auf den Lendenwirbelbereich Ihres Rückens: Kommen Sie dem nahe?
2. Lassen Sie Ihre Hände dort liegen, während Sie Ihre Vorder- und Rückseite parallel machen und in die Vertikale bringen, wobei Sie die vordere Hand nach oben anheben und die Hand auf dem Rücken benutzen, um ihn noch mehr nach hinten zu bringen. Stellen Sie sich eine diagonale Verbindung in Ihrem Inneren vor, die von der Kerbe über Ihrem Brustbein zu Ihrer unteren Wirbelsäule läuft und

Ihre Hände verbindet. Benutzen Sie Ihren Atem, um Ihr Schlüsselbein weiter nach vorne zu bewegen und Ihre Rippen nach hinten zu bringen, so dass die Vorder- und Rückseite Ihrer Oberkörper-Box vertikal ausgerichtet bleibt (siehe Abb. 8.2 (b)).

3. Wenn Sie reiten, nutzen Sie diese Idee zusätzlich, um »dem Druck standzuhalten« (siehe Abb. 3.7, Seite 61).

SEITENBIEGUNG UND SEITLICHE VERLAGERUNG

Wie alle Linien, können die SL von beiden Enden Zug ausüben und auch von fast allen Bereichen in ihrem Verlauf. Wenn sie nicht ausbalanciert sind, »sind sie daran beteiligt Drehungen, Rotationen und seitliche Verschiebungen im Körper zu verursachen, zu kompensieren und zu erhalten«.[1] Manchmal liegt der Grund dafür im ungleichen Tonus der SL selber, doch meist kompensieren die SL eine starke Drehung oder Rotation in der Wirbelsäule. Die meisten von uns haben eine leichte Biegung oder Rotation von ungefähr 4 Grad oder weniger in der Wirbelsäule – auch wenn das nicht ideal ist, ist es normal. Wenn eine Verkrümmung von 20 Grad oder mehr besteht, heißt dies, dass eine Skoliose vorliegt – jedoch ist es eine Frage der Schwere und nicht der Symptomatik.

Der neue Begriff in der oberen Beschreibung ist »seitliche Verschiebung« – darauf sind wir aber bereits einmal gestoßen, als wir von der »mädchenhaften« Hüfte gesprochen haben. Wenn der Brustkorb sich im Verhältnis zum Becken seitlich bewegt, wird das zwangsläufig von einer »S«-Kurve in der Wirbelsäule begleitet.

1. Denken Sie an »Breakdance« und verschieben Sie Ihren Brustkorb zu beiden Seiten. Fühlen Sie, welche Seite Ihnen vertrauter vorkommt. Schauen Sie in den Spiegel und betrachten Sie, welche Seite sich weiter verschieben kann (siehe Abb. 8.4).
2. Wenn Ihr verschobener Brustkorb Sie dazu bringt, sich beim Reiten nach innen zu lehnen, werden Sie, wenn überhaupt, Falten auf der Außenseite Ihres Oberkörpers, ungefähr eine Handbreite unter Ihrer Achselhöhle (etwa auf BH-Höhe) haben. Die Verschiebung kann Sie auch dazu bringen, sich nach außen zu lehnen, wodurch Falten unter Ihrer inneren Achselhöhlen entstehen.

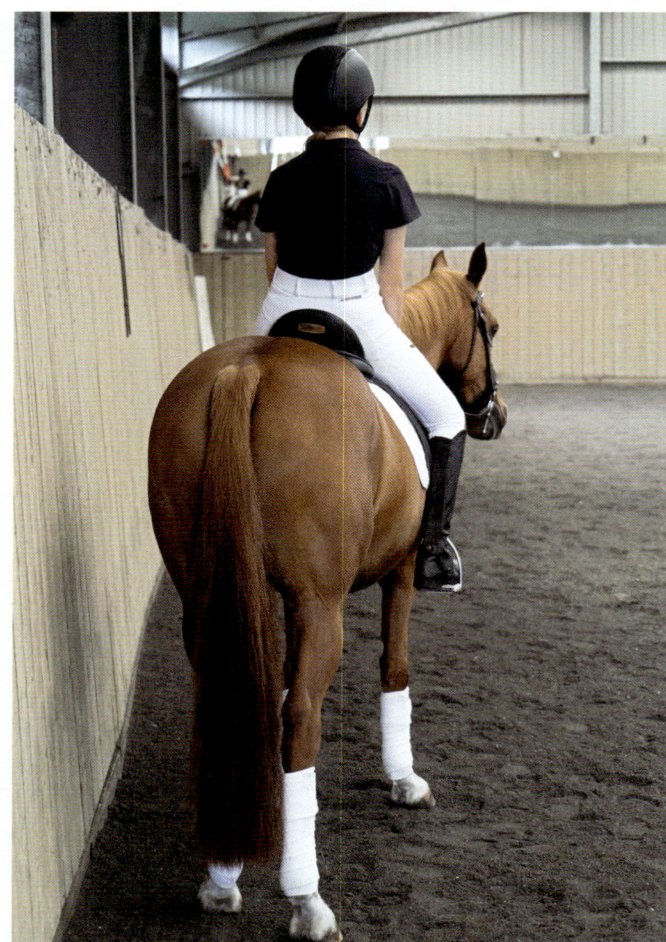

Abb. 8.4: Eine seitliche »S«-Verschiebung des Brustkorbs, hier beim Schenkelweichen. In seitlichen Bewegungen ist diese Verzerrung viel wahrscheinlicher als die »C«-Kurve, die oft auf dem Zirkel auftritt.

3. Machen Sie eine seitliche Verschiebung in die vertrautere Richtung und fügen Sie dann eine seitliche Biegung in die andere Richtung hinzu, wobei Sie die Schulter heben, die seitlich absteht.
4. Als nächstes fügen Sie eine Rotation hinzu, die die gleiche Schulter nach vorne bringt. Sie haben dies schon mal in der Übung auf Seite 99 gemacht, und das Muster ist sehr verbreitet – wie leicht passt sich Ihr Körper daran an?
5. Für die Erfahrung »nicht Sie selbst« zu sein, erzeugen Sie ein Spiegelbild hiervon. Beginnen Sie mit einer seitlichen Verschiebung auf die andere Seite, dann die Seitenbiegung, dann die Rotation! Können Sie sich vorstellen, dass diese »Korrektur« vertrauter und weniger merkwürdig wird?
6. Sobald Sie lernen, die »C«-Kurve zu korrigieren, bleibt Ihnen eventuell weiterhin das »S« der seitlichen Verschiebung. Dies ist das Problem hinter dem offensichtlichen Problem! Auch ruft das Reiten von Schulterherein und Traversalen eher seitliche Verschiebungen als »C«-Kurven bei der Reiterin hervor. Die Herausforderung dieser Bewegungen besteht darin, dass Kräfte diagonal durch den Körper des Pferdes und der Reiterin geschickt werden. Abb. 8.4 zeigt das typische Ergebnis.

Es ist am effektivsten, wenn man die SL in Abschnitten bearbeitet. Wenn wir uns genug Zeit geben, in der Praxis eine gefühlte Wahrnehmung der einzelnen Partien zu bekommen, können wir diese sehr wirkungsvoll beeinflussen. In unserem Oberkörper denken wir an alle einzelnen »X« der Reihe nach und überlegen uns dann, wie die Linien in unseren Beinen arbeiten.

DAS OBERE »X« – ENTSPANNUNG DER KOPFHALTUNG

Wie kann die SL die Kopfhaltung beeinflussen? Die große Mehrheit der Reiterinnen trägt ihren Kopf zu weit vorne, und wenn sie auf einer Hand reiten, neigen sie ihren Kopf und schauen nach unten wie etwa auf die Innenseite des Zirkels. Die äußere Schulter ist nach oben oder/und nach vorne gezogen und ihr Oberkörper folgt dem Kopf, während sie sich nach innen verdrehen und zusammensacken.

Die unausgeglichenen SL, Funktionslinien und seitlichen Linien arbeiten alle zusammen und formen eine »schlechte Hand«. Sie rotieren nach innen, ziehen am inneren Zügel und ... den Rest der Geschichte kennen Sie, genauso wie den Preis, den diese Reiterinnen für ihre Asymmetrie zahlen.

Ihnen muss bewusst sein, dass wir die Sachen, die wir auf unserem Pferd machen, auch machen, wenn wir nicht auf dem Pferd sitzen. Wir sitzen am Computer und ziehen unseren Kopf nach vorne und sacken immer mehr zusammen. Dies verschlimmert sich im Alter. In vielen unserer täglichen Aktivitäten verlängern wir unser oberes »X« der SL (und auch die darunterliegende oberflächliche Rückenlinie). Unwissentlich tendieren wir immer mehr zu diesem laufenden Bild!

Zusätzlich bauen wir unbewusst auch noch unsere bevorzugte Rotationsseite in unser Arbeitsumfeld ein. Unsere Asymmetrie legt häufig fest, wo wir unseren Computerbildschirm und unsere Lieblingsgeräte hinstellen und auch, wo wir am Abendbrottisch im Verhältnis zu unseren Familienmitgliedern sitzen. In diesem Kontext scheinen diese alltäglichen Ausgleichbewegungen uns nicht zu schaden; aber über längere Zeit gesehen werden aus unseren Verformungen verdickte Sehnen, die eines Tages Schmerzen hervorrufen. Doch wenn wir reiten, arbeiten schon kleine Ausgleichmuster gegen uns – ob wir es bemerken oder nicht.

Zusätzlich zu diesen Asymmetrien der Linien, die wir ohne zu reiten entwickelt haben, kommt die Tendenz, beim Reiten nach unten auf den Hals des Pferdes zu schauen. Vor allem Dressurreiterinnen möchten sehen, wie der Hals des Pferdes positioniert ist und fühlen sich oft ohne diese visuelle Bestätigung unsicher – sie trauen ihrer gefühlten Wahrnehmung kein korrektes Feedback zu. Sie tendieren dazu, ihren Kopf nach unten fallen zu lassen, genau wie ihre Augen. Ich habe die Erfahrung gemacht, dass es meist nicht lange hält, meinen Schülerinnen zu sagen, dass sie nach oben schauen sollen. Wenn Reiterinnen dazu gezwungen werden, nach oben zu schauen, fühlen sich manche buchstäblich unsicher und sind eventuell weniger dazu in der Lage, Informationen zu verarbeiten. (In »For the good of the rider« finden Sie eine eingehendere Diskussion hierüber).[2]

Zur richtigen Zeit bringt das Nach-oben-Schauen enorme Vorteile, aber bis dahin hören sich Trainer manchmal an wie kaputte Plattenspieler!

1. Während Sie auf einem Stuhl sitzen, schieben Sie Ihren Kopf nach vorne und schauen Sie nach unten. Achten Sie darauf, wie Sie die oberen Arme des »X« der SL verlängern (musculus splenius). Übertreiben Sie dies noch mehr und ziehen Sie Ihre Schulterblätter auseinander, um einen »Witwenbuckel« zu formen.
2. Der mit Abstand beste Weg, den ich gefunden habe, damit Reiterinnen ihr Kinn heben und »die Hinterseite des Halses gegen den Kragen« legen ist, dass sie die Arme des oberen »X« anpassen sollen, indem sie ihren Kopf nach oben und hinten gleiten lassen.
3. Fühlen Sie, wie dies die Rückseite des Kopfes nach hinten in Richtung des Zentrums des »X« bringt und den Buckel in Ihrem oberen Rücken reduziert! Stellen Sie sich auch vor, die unteren Arme zu verkürzen, so dass Ihr Rücken flacher wird.
4. Schauen Sie nach unten auf den Hals Ihres Pferdes, wenn Sie reiten? Idealerweise sollten Sie den Rand Ihrer Reitkappe in dem oberen Teil Ihres Sichtfeldes sehen, den Hals des Pferdes im unteren Teil und die Reithalle in der Mitte. So wird Ihr unscharfes peripheres Sehen genutzt – Sie sehen alles, während Sie nichts fokussieren und die Welt in Ihre Augen kommen lassen. (Sie haben diese Erfahrung nach der Ballonübung von Seite 62 schon einmal gemacht.)
5. Können Sie Ihre Augen genügend vom Hals des Pferdes lösen, so dass Sie mit einem weiteren Blickwinkel sehen können während Sie reiten? Wenn Sie »süchtig« danach sind, nach unten zu gucken, ist »lösen« wahrscheinlich das richtige Wort.

Wenn ich eine Schülerin frage, deren Kopf nach vorne fällt, ob sie sich noch mehr nach vorne lehnen kann (zum Beispiel im Leichttraben), wird sie als Reaktion oft ihren Kopf noch mehr nach vorne schieben. Diese Reiterin hat den Winkel ihres Oberkörpers nicht verändert, aber ist überzeugt, dass sie das Richtige getan hat! Wenn Sie so im obigen Beispiel reiten würden, würde ich sicherstellen, dass Sie verstanden haben – und es mir zeigen können – dass Sie sich aus Ihrem Hüftgelenk nach vorne lehnen und nicht aus dem Hals!

1. Setzen Sie unsere Experimente mit dem oberen »X« fort, indem Sie Ihren Kopf zu einer Seite neigen. Dies beinhaltet eigentlich immer, dass man nach unten schaut: Welche Seite würden Sie wählen? Testen Sie beide Seiten, um herauszufinden, welche Ihnen mehr vertraut ist. Bemerken Sie, was dies mit beiden Seiten und auch mit den unteren Beinen des »X« macht.

2. Verfolgen Sie jedes der vier Beine des »X« in Ihrem Kopf. Sie werden wahrscheinlich feststellen, dass Ihr normales Muster zwei kürzere Beine auf einer Seite und zwei längere Beine auf der anderen Seite Ihres Körpers mit sich bringt.
3. Das »X« hat eine »C«-Kurve entwickelt, die Ihren Kopf auf Ihrer kürzeren Seite näher an Ihre Schulter bringt und weiter weg von der Schulter Ihrer längeren Seite.
4. Es ist möglich, aber weniger wahrscheinlich, dass Ihr Hals und Ihre Rippen sich in gegenüberliegende Richtungen biegen und ein seitliches »S« erschaffen. Manche Reiterinnen entwickeln dieses komplexere Muster in einem fehlgeleiteten Versuch, ihre einfachere »C«-Kurve zu korrigieren. Biegen Sie sich in ein »C« und stellen Sie sich dann vor, jemand hätte Ihnen gesagt, das höher liegende Ohr nach unten zu bringen.
5. Nehmen Sie sich genug Zeit, um Ihr Muster zu analysieren, so dass Sie wissen, welche der Beine Ihres »X« länger sind und welche kürzer. Schütteln Sie sich und beginnen Sie erneut, wenn Sie müssen. Lassen Sie Ihren Kopf nach oben und aus jeder Kurve herausschweben, bis Sie das »einheitliche Gleichgewicht« gefunden haben.
6. Stellen Sie fest, wie sich Ihre Rippen in der »C«-Kurve an der Stelle zusammendrücken, an der das kürzere Bein des »X« um Ihre Seite kommt und auf dem Weg ist, Ihr weiter unten gelegenes »X« auf der Vorderseite zu werden. Wenn Sie dies nicht fühlen können, drücken Sie diese Stelle mit Absicht zusammen.
7. Wenn Sie dieses »X« in seiner Gesamtheit wahrnehmen können, merken Sie sich, wo das Zentrum im Verhältnis zu Ihrer Wirbelsäule liegen würde. Können Sie das Zentrum des »X« und auch Ihre Wirbelsäule auf Ihre Mittellinie bringen? Dies ist ein viel besserer Weg, um die obere »C«-Kurve loszuwerden, als einfach nur Ihren Hals in die andere Richtung zu neigen!
8. Wie verändert dies Ihre Kopfhaltung, was für einen Unterschied merken Sie auf jeder Seite Ihrer Wirbelsäule und Ihrer Rippen? Können Sie alle vier Beine des »X« ausgleichen?
9. Wiederholen Sie dies einige Male, so dass Ihnen bewusster wird, wann Sie diese Veränderung richtig eingesetzt haben und wann nicht. Während Sie Ihren Kopf und das Zentrum von »X« anpassen, können Sie »Füllmaterial« in Ihre zusammengequetschten Rippen stopfen, während Sie die auseinandergehaltenen mehr zusammendrücken?
10. Wiederholen Sie diese Erkundungstour, während Sie reiten.

So die Symmetrie des oberen »X« auszugleichen macht einen bedeutenden Unterschied für Reiterinnen. Die Veränderungen können sich den ganzen Weg nach unten durch die Länge der SL erstrecken und die Symmetrie der Reiterin und ihre Fähigkeit zu lenken verändern.

DAS »X« IN DER BAUCHMUSKULATUR

Die Spirallinie formt ein »X« wie ein Andreaskreuz, von der Seite der linken Rippen zu der rechten Hüfte und andersherum. Dies fordert uns dazu auf, an die verschiedenen Zugbewegungen zu denken, die auf die vier Beine des »X« wirken: Diese würden ihre Hüftknochen und die Seiten Ihrer unteren Rippen in Richtung Ihres Bauchnabels oder von ihm weg ziehen. Unausgeglichene Zuglinien könnten sogar dazu führen, dass sich Ihr Bauchnabel als Zentrum des »X« von Ihrer Mittellinie entfernt!

Die folgenden Übungen sind kompliziert. Seien Sie geduldig, gehen Sie langsam vor und vertrauen Sie Ihrer gefühlten Wahrnehmung. Diese erste Übung macht Sie mit dem »X« vertraut.

1. Denken Sie an »Breakdance« und verschieben Sie Ihren Brustkorb zur Seite. Dies wird wahrscheinlich dazu führen, dass sich die zwei Beine des Bauch-»X«, die diagonal durchgehend sind (der äußere schräge Muskel auf dem oberen Bein wird mit dem inneren schrägen auf dem unteren gekoppelt) länger und stärker anfühlen als die gegenüberliegenden zwei, die sich im Vergleich kurz und unklar anfühlen. Können Sie dafür sorgen, dass Sie die stärkeren Linien wirklich deutlich spüren? Legen Sie Ihre Hände auf sie, wenn Ihnen das so leichter fällt. Es kann sein, dass Sie spüren, wie Sie währenddessen niederdrücken und dass sich dieses ganze Experiment sehr anstrengend anfühlt.
2. Machen Sie eine seitliche Verschiebung in die andere Richtung. Können Sie dieses Muster umkehren, und die gegenüberliegende Diagonale länger und stärker werden lassen? Nehmen Sie sich Zeit hierfür. Welche Diagonale ist am schwersten zu fühlen?
3. Bilden Sie eine laterale »C«-Kurve. Welche Beine des »X« sind länger? Ich würde erwarten, dass es die beiden auf Ihrer längeren Seite sind, aber sie fühlen sich vielleicht weniger deutlich an als in der seitlichen Verschiebung. Schaffen Sie es, dieses Gefühl deutlicher wahrzunehmen?
4. Formen Sie eine »C«-Kurve in die andere Richtung. Schaffen Sie es, die längeren, stärkeren Beine des »X« in Ihrer gefühlten Wahrnehmung zu schärfen?
5. Schaffen Sie es, die unteren beiden Beine des »X« stark und symmetrisch zu machen?
6. Schaffen Sie es, dass sich die oberen zwei Beine des »X« stark und symmetrisch anfühlen? Um dies zu tun, müssen Sie möglicherweise ihre Rippen tatsächlich vorschieben (anstatt sie anzuheben), und Ihren Bauch noch mehr einziehen, als Sie es bis jetzt getan haben, um eine stabile Wand zu bilden.
7. Es kann helfen, an diese Form zu denken ><, wenn Sie versuchen, dass alle vier Beine des »X« sich gleichmäßiger und funktioneller anfühlen. Können Sie dem nahekommen? Was wäre Ihr Standardmuster – werden alle Beine schwammig? Inwieweit könne Sie dies ändern?
8. Haben irgendwelche der Änderungen, die Sie in dieser Übung vorgenommen haben, Auswirkungen auf die Gleichmäßigkeit Ihrer »Materialfüllung« auf jeder Seite Ihrer Oberkörper-Box? Und wie ist es mit der Tendenz, Falten auf einer Seite Ihres Oberkörpers zu bekommen?

DER SCHWERERE GESÄSSKNOCHEN

Gehen Sie in dieser Übung davon aus, dass Ihr Körper eine »C«-Kurve in einer beliebigen Richtung formt, wie bei den meisten von uns. Diese Übung zeigt uns, warum der innere Gesäßknochen meistens auf der schlechten Hand der Reiterin schwerer wird und der äußere Gesäßknochen zur Seite weggleitet – vielleicht sogar bis zu dem Maße, dass er vom Sattel herunterrutscht. Vielleicht gehören Sie auch zu dem geringen Anteil der Reiterinnen, die dies kompensieren, indem sie mehr Gewicht auf den äußeren Gesäßknochen legen.

1. Während Sie auf einem Stuhl sitzen, lassen Sie Ihren Körper in die bevorzugte »C«-Kurve fallen. Spüren Sie das »X«, das Ihre Bauchmuskeln kreuzt. Stellen Sie sich die Beine des »X« vor und verfolgen Sie diese. Sind sie schwammig?

2. Denken Sie jetzt an die unteren Beine des »X« und übertreiben Sie den Unterschied der beiden, indem Sie Ihre längere Seite noch mehr dehnen. Fühlt es sich natürlicher an, indem Sie die Vorderseite Ihrer Hüfte nach unten weg von Ihrem Bauchnabel ziehen, oder Ihren Bauchnabel weg von Ihrer Hüfte? Probieren Sie dies in beiden Richtungen aus. Folgen Sie währenddessen in Ihrem Kopf der Linie in die entsprechende Richtung und vielleicht auch mit Ihrer Hand, wenn es Ihnen schwerfällt, sie zu fühlen. Wie verschiebt sich Ihr Oberkörper in beiden Fällen?
3. Jetzt verkürzen Sie die kürzeren Linien noch mehr. Ziehen Sie instinktiv die Hüftknochen in Richtung Ihres Bauchnabels oder Ihren Bauchnabel in die Richtung Ihrer Hüfte? Probieren Sie es auf beiden Seiten aus.
4. Wenn Sie Ihre Hüftknochen in Richtung Ihres Bauchnabels ziehen, werden Sie fühlen, wie sich der Gesäßknochen auf der Seite hochhebt. Währenddessen fällt Ihr Gesäß auf der gegenüberliegenden Seite nach unten ab, wölbt sich nach außen und wird eher »mädchenhaft«. Sie haben eine größere Sitzfläche auf Ihrem Stuhl und Ihr Gesäßknochen fühlt sich schwerer an.
5. Jetzt ziehen Sie Ihren Bauchnabel in Richtung dieser Hüfte. Fühlen Sie, wie Sie sich dadurch zu der gleichen Seite lehnen und dieser Gesäßknochen schwerer wird und der andere leichter. Erkennen Sie, dass das Konzept des Verkürzens der Muskeln allein nicht genug ist, um Ihr Schicksal zu besiegeln – es kommt darauf an, wie die erhöhte Spannung an Ihrem Skelett zieht: Bei der einen Art wird der Gesäßknochen auf dieser Seite schwerer, während die andere Art ihn leichter werden lässt!
6. Bei den meisten Leuten entstehen Probleme, wenn das kürzere, untere Bein des »X« (der tiefe schräge Bauchmuskel) auf der Innenseite liegt. Dies bedeutet, dass die Pobacke auf der längeren Seite auf der Außenseite liegt, wenn man auf der »schlechten« Hand reitet.
7. Beim Reiten verkürzen die meisten Reiter die verkürzte Seite, indem sie den Bauchnabel in Richtung der Hüftknochen ziehen. Auch wenn die andere Richtung für Sie natürlicher ist, wenn Sie auf einem Stuhl sitzen, kann es sein, dass Sie das Gegenteil tun, wenn Sie auf einem Zirkel reiten und von der Zentrifugalkraft beeinflusst werden.
8. Den Bauchnabel in Richtung Ihrer Hüfte zu ziehen bewirkt, dass Sie sich in diese Richtung lehnen. Sie haben den Gesäßknochen belastet, der auf Ihrer »schlechten« Hand der innere wäre. Der äußere Gesäßknochen neigt dazu, vom Sattel zu rutschen, während sich Ihre Schultern nach innen neigen. Dies ist das Muster der Asymmetrie der meisten Reiterinnen.
9. Wiederholen Sie, was Sie oben in Nummer 2 getan haben. Biegen Sie Ihren Oberkörper in Ihre bevorzugte »C«-Kurve, indem Sie das untere Bein des »X« verlängern.
10. Jetzt für die schwierigste, aber effektivste Lösung: Stellen Sie sich vor, dieses Bein zu verkürzen. Müssen Sie Ihre Hüfte diagonal zu Ihrem Bauchnabel oder Ihren Bauchnabel zu Ihrer Hüfte bringen? Es wird wahrscheinlich Ersteres sein, wenn Sie reiten, auf dem Stuhl kann es möglicherweise anders aussehen.

Wir haben es jetzt zur Hälfte geschafft, und wenn Sie jeden Schritt mitgemacht haben, sehr gut (vor allem, wenn Sie nicht das am häufigsten auftretende Muster haben)! Erkennen Sie, wie viel Körperbewusstsein Sie aufbauen und wie wichtig dies sein wird.

Ich bin mir sicher, dass es Sie nicht überraschen wird, im nächsten Schritt nun an die oberen Beine des »X« zu denken (die äußeren schrägen Muskeln) und einen Weg zu finden, diese auszugleichen.

11. Wenn Sie Ihr Bewusstsein von dem längeren unteren Bein des »X« auf die diagonale Fortsetzung nach oben legen, muss dieser obere Teil sich wahrscheinlich verlängern, während er sich zu Ihren gegenüberliegenden Rippen erstreckt. (Verfolgen Sie die Linie noch einmal mit Ihrer Hand von Ihrem Bauchnabel in Richtung Ihrer Rippen.) Sie suchen nach einer Korrektur, die die Unterseite Ihrer Oberkörper-Box ausgleicht und die längere Seite verkürzt, die sich eventuell schon so anfühlt, als hätte sie Falten. Gleichzeitig werden Sie Ihre kürzere, schwammigere Seite ausfüllen und längen.
12. Das fühlt sich vielleicht an wie der Gegensatz zur seitlichen Verschiebung »nach Hause«; es ist unnatürlich und viel Arbeit. Es wird jedoch helfen, die natürlich verankerte Asymmetrie zu minimieren ebenso wie die Asymmetrie, die durch die Zentrifugalkraft ausgelöst wird, wenn man auf einem Zirkel reitet. Wenn ein Gesäßknochen schwerer wird beim Reiten, ist dies Ihre beste Korrekturmöglichkeit.
13. Jetzt stellen Sie sich vor, das untere, kürzere Bein des »X« von Ihrem Bauchnabel zu Ihrer Hüfte zu verlängern. Zusätzlich muss sich die Verlängerung dieses Beins in Richtung der Rippen Ihrer längeren Seite verkürzen, wodurch die Rippen in Richtung Ihres Bauchnabels gezogen werden. Dies wird sich auch komisch anfühlen.
14. Können Sie jeden Teil Ihres neu angeordneten »X« anspannen und klar wahrnehmen? Achten Sie darauf, dass Sie weiteratmen!
15. Während Sie alle vier Beine des »X« ausgleichen, wiederholen Sie den Vorgang mit dem oberen »X« auf Ihrer Rückseite. Können Sie den Mittelpunkt des oberen »X« über dem Mittelpunkt des unteren stapeln? Fühlen Sie, wie viel Stabilität Sie in Ihrer Körpermitte erzeugt haben!
16. Jetzt haben Sie einen Weg gefunden, wie Sie Ihre Unterseite viel gleichmäßiger im Sattel halten können und die Seiten Ihrer Oberkörper-Box ausgeglichener und aufrechter bleiben. Wenn Sie dies einmal effektiv in der Bewegung halten können, können Sie der »C«-Kurve auf Wiedersehen sagen, während Sie in den Sonnenuntergang reitet!

DAS PROBLEM 2.0

Reiterinnen, die viel mit einer asymmetrischen »C«-Kurve gearbeitet haben, behalten möglicherweise einige Falten bei den Rippen, ungefähr eine Handbreit unter der Achselhöhle (wo der BH sitzt), da wo das untere Bein des oberen »X« sich um die Seite wickelt (mit dem Musculus serratus anterior). Dies bringt Ihnen eine seitliche Verschiebung im Brustkorb – es bildet sich also eher eine »S«-Kurve als eine »C«-Kurve im Oberkörper.

Ich sehe dies oft beim Schenkelweichen und beim Schulterherein, wenn die Reiterin versucht, das Pferd zur Seite zu bewegen. Ein verzweifeltes Feuerwerk aus Treten und Schieben maximiert die Probleme, jedoch sind auch sehr erfahrene Reiterinnen nicht immun hiergegen. Die Schultern der Reiterin geraten leicht hinter den idealen vertikalen Balancepunkt, während ihr Oberkörper sich in das seitliche »S« verformt und sich Falten unter ihrer Achselhöhle, von der sie sich weg bewegt, formen (siehe Abb. 8.4, Seite 166).

Manchmal sehe ich ähnliche Falten auf der Außenseite auf dem Zirkel, wenn die Reiterin das Pferd weg von dieser Seite bekommen möchte. Meistens hat sie auch den äußeren Zügel gegen den Hals des Pferdes gedrückt in dem Versuch, es abzuwenden.

Auf einem Zirkel, wenn die kürzere Seite ihres Körpers auf der Außenseite liegt und sie auf der entgegengesetzten und nicht der schlechten Hand reitet, setzt diese Reiterin nun aktiv ihre Asymmetrie als Lenkhilfe ein! Ihr Körper hat eine neue Methode entwickelt, ihre (sehr viel schwächer gewordene) Asymmetrie zu nutzen. Sie ist nicht mehr der Zentrifugalkraft ausgesetzt, was zu Problemen führte, als ihre kürzere Seite auf der Innenseite des Zirkels war.

Viele Reiterinnen entwickeln sich oft nicht bis hin zu dieser Version 2.0 des Problems, aber wenn Sie denken, dass Sie dies getan haben, dann machen Sie sich klar, dass Sie schon einen erheblichen Fortschritt hinter sich haben! Sie haben Ihren Weg in eine weitere Schicht der Zwiebel geschafft und zum Glück wird die Korrektur, die Sie in dieser neuen Phase des Lernens brauchen, viel, viel leichter sein, als die Korrektur des ursprünglichen Problems!

1. Verschieben Sie Ihren Brustkorb seitlich (siehe Abb. 8.4, Seite 166). Fühlen Sie, wie sich Ihr Brustkorb ungefähr eine Handbreit unter Ihrer Achselhöhle an einer Seite ausfüllt, während sich die andere Seite zusammendrückt. Verschieben Sie den Oberkörper auf die andere Seite. Machen Sie sich klar, dass das, was sich vielleicht anfühlt wie eine Verschiebung in die andere Richtung, in Wirklichkeit eine vertikale Wirbelsäule sein kann! Überprüfen Sie dies in einem Spiegel oder lassen Sie sich filmen.
2. Stellen Sie sich vor, dass ein Bolzen durch Sie hindurchläuft, ungefähr eine Handbreit unter Ihrer Achselhöhle, der Ihre beiden Seiten miteinander verbindet und Ihre Oberkörper-Box stärkt.
3. Eine Mutter an diesem imaginären Bolzen festzuziehen bietet Ihnen die Möglichkeit, Ihre Seiten nach innen zueinanderzuziehen, was die »Wände« in Ihrer Box stärker werden lässt. Die Box wird dann etwas schmaler. Dann drücken Sie nach außen gegen diese Wände, ohne dass sie diese nachgeben lassen.

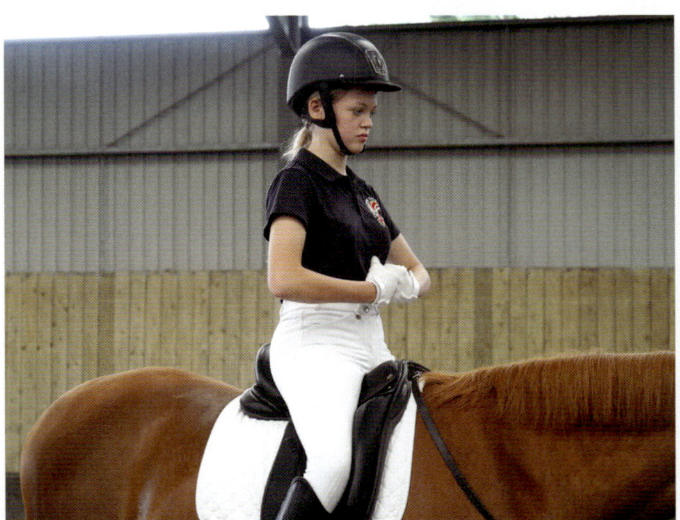

Abb. 8.5: Um die Außenseite Ihrer Oberkörper-Box zu stärken, drücken Sie Ihre Fingerknöchel gegeneinander.

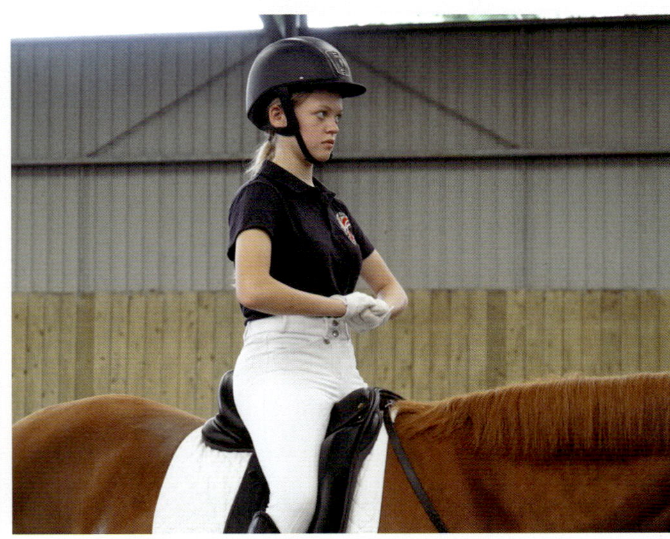

Abb. 8.6: Um die schon stärkeren Ränder aus Abb. 8.5 auszufüllen, versuchen Sie Ihre Hände auseinander zu ziehen, während die Finger Ihrer Hände ineinander verhakt sind.

Abb. 8.5 und 8.6 zeigen, wie Gegendruck mit Ihren Händen helfen kann, dies zu tun.

4. Ich hoffe, diese Idee hört sich bekannt an: Sie drücken jetzt mit Ihren Seiten nieder und spannen die Muskeln Ihrer seitlichen Linien und Ihrer SL an.
5. Können Sie Ihr Pferd wenden, während Sie diesen Bolzen beibehalten und den äußeren Zügel weg von seinem Hals lassen? Hilft Ihnen dies, Ihre »doppelten gelben Linien« über denen des Pferdes zu positionieren (siehe Seite 120)?

DIE SPIRALLINIEN IN DEN BEINEN

Es ist jetzt an der Zeit, an die SL zu denken, die sich um jedes Bein wickeln. Verfolgen Sie die Linie mit Ihren Fingern (siehe Abb. 8.1, Seite 163). Beginnen Sie mit dem vorderen Punkt Ihres Hüftknochens. Gehen Sie zu dem Muskel direkt unter der äußeren Kante und verfolgen Sie ihn über die vordere/äußere Seite Ihres Oberschenkels in Richtung der Außenseite des Knies, wo Sie die starke Sehne des Tractus iliotibialis fühlen können. Diese verläuft über die Vorderseite der Wade (über den Tibialis anterior) und kommt genau vor dem knöchernen Knubbel ihres Knöchels und damit am Spann an.

Unter Ihrem Fuß verläuft die Linie direkt hinter dem äußeren Knubbel Ihres Knöchels und an der Rückseite/Außenseite Ihrer Wade vorbei, über die Rückseite/Außenseite Ihres Knies und über die Rückseite Ihres Oberschenkels bis zu Ihren Gesäßknochen. Wiederholen Sie dies, bis Sie mit der Linie so vertraut sind, dass Sie diese im Schritt im Gedächtnis oder vielleicht Teile davon mit dem Gertenknauf verfolgen können.

Sobald Sie dies können, werden Sie eventuell feststellen, dass sich Teile der Linie – besonders in der Wade und/oder am Oberschenkel – sehr unklar anfühlen. Es könnte sich sogar so anfühlen, als ob Bereiche davon außerhalb Ihres Körpers herumschweben, so komisch es auch klingt! Können Sie eine Möglichkeit finden, diese Teile in Ihren Körper hinein zu bekommen, so dass die gesamte Linie innerhalb der Grenzen Ihrer Haut funktioniert? Wenn Sie Ihr Bein innerhalb der Linie nachhaltig »in Päckchen verpacken« können, werden Sie mehr Kontrolle über Ihre Unterschenkel haben, und es wird sich für Sie anfühlen als hätten Sie längere Beine. Hier werden Sie in der Fortsetzung der funktionellen Linien, die bis zu Ihren Füßen gehen, eine Verbesserung fühlen.

Wenn die SL in den Beinen nicht gut arbeiten, können sie die Knie und Knöchel aus der richtigen Position ziehen. Sie haben wahrscheinlich die Erfahrung gemacht, dass sich fremde Schuhe, auch in Ihrer eigenen Größe, sehr seltsam anfühlen. Die unterschiedlichen Muster des Eintragens entstehen durch Unterschiede in unseren verschiedenen Zuglinien. Wenn die SL um Ihre Beine herum gleichmäßiger sind, sind Sie wahrscheinlicher in der Lage, Ihr Gewicht über die Fußballen zu verteilen, wobei die Fersen mehr nach außen gebracht werden und die Zehen mehr nach innen.

1. Stellen Sie sich mit leicht auseinander und parallel stehenden Füßen und mit nach hinten gekipptem Becken hin – im Kampfsport bekannt als die »Reiterstellung«.
2. Beugen Sie langsam Ihre Knie und schauen Sie nach unten – sind Ihre Knie in einer Linie über Ihrem Fuß oder drehen sie sich nach außen oder innen? Wenn Sie Ihren großen Zeh nicht sehen können, während Sie Ihre Knie beugen, drehen sich die Knie nach innen – halten Sie Ihre Kniescheibe direkt über Ihrem zweiten Zeh.
3. Tendieren Sie dazu, im Stehen und im Reiten Ihren inneren Fußbogen bei einem oder beiden Füßen nach unten fallen zu lassen, so dass Ihre Zehen sich nach außen drehen? Wenn ja wird ein Beobachter Ihre

Fußsohle sehen können, wenn Sie reiten. Oder bringen Sie bei einem oder beiden Füßen mehr Gewicht auf die Außenseite und Ihren kleinen Zeh? Egal welche Tendenz Sie haben, Ihr Ziel ist es, Ihren Fußrücken und die Gewichtsverteilung neutral zu gestalten. Mit den Fersen gegen einen Widerstand nach außen drücken (wie in Abb. 5.17, Seite 119) kann Ihnen helfen, dies zu entwickeln. Die gleiche Übung ist auch nach innen möglich. Derjenige, der Ihnen diese Widerstände bietet, muss sehr genau beobachten, dass Sie Ihre Knöchel nicht nach innen oder nach außen rollen. Achten Sie auch selbst darauf.

4. Wie deutlich ist Ihr Gefühl für die SL in Ihrer hinteren äußeren Wade? Greifen Sie an die Außenseite jedes Knies und zupfen Sie an dem Gewebe: Die SL beinhaltet die robuste Sehne an der Außenseite, die mit Ihrer äußeren Oberschenkelmuskulatur verbunden ist. Wiederholen Sie die Übung von Seite 74, und lassen Sie die Sehnen dazu nach außen gegen Ihre Finger herausragen. Wenn Ihnen das schwerfällt, dann drehen Sie Ihre Zehen nach außen, um die Sehne klarer zu fühlen. Drehen Sie dann Ihre Zehen wieder nach vorne, während die Sehne weiter hervorsteht.
5. Können Sie sich gedanklich darüber klarwerden, wie die SL durch Ihre äußeren Oberschenkelmuskeln zu Ihren Gesäßknochen verläuft?
6. Wie verändert jeder dieser Schritte Ihre Wahrnehmung und Kontrolle der Beine und Füße?

Wenn es Ihnen gelingt, ihre Beine von den SL umwickeln zu lassen, werden Sie wahrscheinlich auch plötzlich Ihre großen Zehen bemerken! Das ist nicht so seltsam, wie es sich anhört. Der »Steigbügel«, wo die Linie unter Ihrem Spann verläuft, besteht aus zwei Sehnen, die beide an dem langen Knochen ansetzen, der zu Ihrem großen Zeh wird. Das Anspannen der SL in Ihrem Bein aktiviert also Ihren großen Zeh.

DAS »X« AM KREUZDARMBEINGELENK

Wenn die SL am Kreuzbein ankommen, kreuzen sie sich ein drittes Mal (siehe Abb. 8.1, Seite 163). Sich auf dieses »X« zu konzentrieren hilft Ihnen dabei, im Beckenbereich schmaler zu werden und die Enge der Position »beide Bretter dran« (das mittlere Stabilitätssystem, siehe Seite 108) zu verbessern. Dies wiederum hilft Ihnen, beide Gesäßknochen am inneren Rand des langen

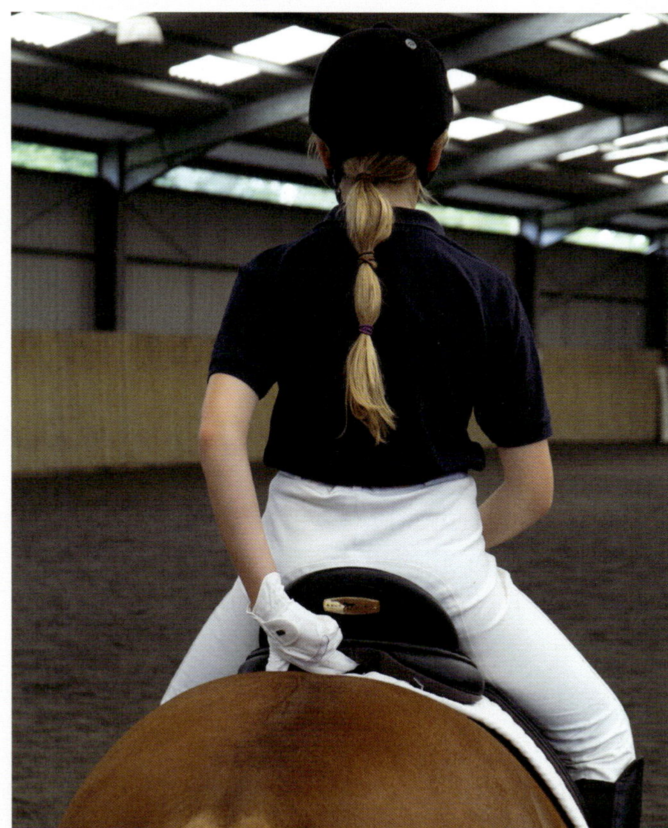

Abb. 8.7: Um zu lernen, wie Sie Kraft durch das untere »X« der Spirallinien übertragen, ziehen Sie an der Kammer des Sattels nach außen. Es hilft auch dabei, die Bretter auf der gleichen Seite hinten schmaler zu machen. Sie können ebenso hinten an der Lehne eines harten Stuhls ziehen.

Rückenmuskels des Pferdes zu halten (das ist der äußere Rand der Sattelkissen), was es Ihnen leichter macht, beide Seiten Ihres Pferdes zu kontrollieren. Um schmaler zu werden, können Sie an der Kammer des Sattels nach außen ziehen wie in Abb. 8.7 auf Seite 175.

Die SL folgen dann dem gleichen Weg wie die oberflächlichen Rückenlinien und laufen die langen Rückenmuskeln hinauf (aber jetzt auf der gegenüberliegenden Seite des Bogens um das Bein), bis sie an der Kante am Hinterkopf ankommen. Es kann hilfreich sein, sich vorzustellen, dass die Enge des Kreuzbeines den ganzen Rücken hinauf geht – ich habe schon Reiterinnen erlebt, die sehr begeistert über die Veränderungen waren, die sie an ihrem Rücken und dem Rücken ihres Pferdes fühlen, wenn sie sich eine Korsage vorstellen, die vom Steißbein bis zum Nacken mit Schnüren zugezogen wird. Ziehen Sie die Korsage fester, um Ihre Bretter zusammenzubringen.

Wir haben jetzt die gesamte Länge der SL verfolgt. Das ganze Hin und Her von rechts nach links und der komplexe Verlauf der Linien macht es schwer, ihnen zu folgen, doch sie sind absolut essentiell beim Reiten. Wenn Ihnen dies alles zu viel war, kommen Sie nochmal zu diesem Punkt zurück, wenn Sie bereit für die Herausforderung sind. Manchmal treten Verbesserungen ein bisschen hier und ein bisschen dort und dann wieder etwas da hinten auf – vor allem bei den Spirallinien.

DIE SPIRALLINIEN BEIM PFERD

Die SL beim Pferd haben einen weiten Weg zurückzulegen (durch deutlich längere Nackenmuskeln als beim Menschen), vom Genick bis kurz vor dem Widerrist, wo sie sich das erste Mal kreuzen. Von hier aus kreuzen beide Linien unter seinem Schulterblatt und verlaufen um seinen Brustkorb in Richtung des zweiten »X«, welches hinten bei seinem Nabel liegt. Jede SL setzt ihre Reise dann nach oben zum und um den Hüfthöcker fort, bevor sie wieder nach unten an der Seite des Oberschenkels bis zum Sprunggelenk (Ferse) verläuft. Sie wickelt sich um die Vorderseite des Sprunggelenks, bevor sie auf der Rückseite des Hinterbeins weiterläuft, durch die Achillessehne und den Oberschenkelmuskel. Nach der letzten Querung auf der Kruppe folgt die SL dem Weg der oberflächlichen Rückenlinie und kehrt zurück zum Kopf des Pferdes auf der gegenüberliegenden Seite des Anfangspunktes (siehe Abb. 8.8).

Wie auch bei Ihnen gibt es beim Pferd viele Wege, um das »X« auf seinem Bauch zu verformen. Eine ungleiche SL kann seinen Körper tatsächlich auswringen wie einen Lappen. Wir haben schon gesehen, wie die entstehende Verdrehung zwischen einer Schulter und der gegenüberliegenden Hüfte oft unserer Asymmetrie zugrundeliegt. Wenn die Satteldecke Ihres Pferdes die ganze Zeit rutscht, haben Sie jetzt vielleicht eine Idee, wer der Hauptverdächtige ist – aber denken Sie daran, dass keine der Linien jemals alleine arbeitet.

Es sind die SL, die eine Biegung in ihrer idealen koordinierten Form erlauben: Dies erfordert, dass das »X« am Bauch zwei längere Arme auf der einen Seite und zwei kürzere Arme auf der anderen Seite haben muss. Der Brustkorb rotiert, was die Innenseite verkürzt und die Außenseite ausfüllt, um dann zum Herantreten an den äußeren Zügel zu führen. Das »X« am Widerrist spielt auch eine große Rolle, da es eine leichte Neigung in die Mittelachse bringt. Wie wir sehen werden, erfordert eine Biegung, dass sich sein ganzer Körper leicht nach innen lehnt – und dies passiert nicht allein durch die seitlichen Linien.

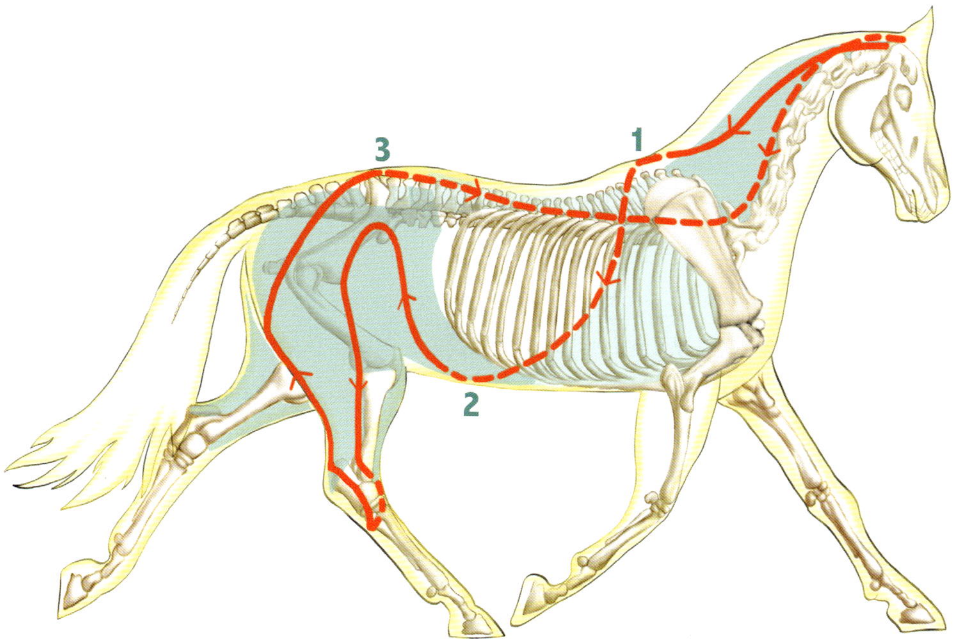

Abb. 8.8: (a), (b) Die Spirallinie beim Pferd von der Seite (a) und von oben (b). Die rot gestrichelte Linie zeigt den Verlauf auf der anderen Seite und unter dem Pferd. Die Pfeile helfen Ihnen, die Linie zu verfolgen, aber denken Sie daran, dass man sie in beide Richtungen von jeder Stelle aus ziehen kann. Die drei »X«, wo die Linien sich über der Mittellinie des Pferdes kreuzen, sind nummeriert: 1) kurz vor dem Widerrist, 2) weit hinten am Bauchnabel und 3) auf der Kruppe. Die Komplexität der Linien erlauben verkantete Mäuler und Hälse, schräge Schultern und rotierte Brustkörbe … einige der für die Reiterin am schwierigsten zu korrigierenden Probleme!

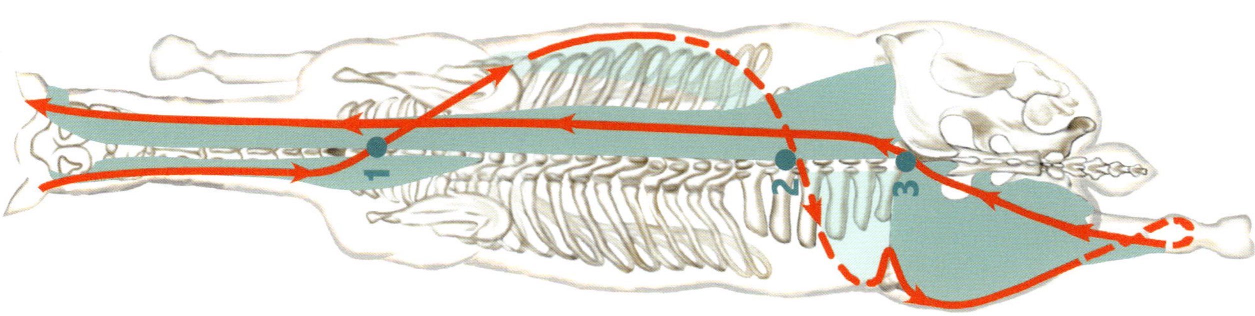

Überraschenderweise bleiben die langen Rückenmuskeln des Pferdes auf einer Ebene und gerade, obwohl der Brustkorb unter ihnen rotiert. Tatsächlich begrenzen die beiden SL, während sie durch die Oberseite des Körpers verlaufen (und der oberflächlichen Rückenlinie folgen) das Ausmaß, in dem der untere Teil der Linie die Schultern und das Becken beeinflussen kann. Die SL biegt auch den Torso des Pferdes, um seinen Rücken nach oben zu wölben – und die Wellenbewegung vor allem im Galopp verwendet diese gesunde Bewegung von Rotation und Beugung.

Sie wissen ja schon, dass Pferde kein Schlüsselbein haben, so dass ihre Schulterblätter in weichem Gewebe schweben und nicht mit dem Rest des Skeletts verbunden sind. Sie bewegen sich, indem sie über das darunterliegende Gewebe gleiten (wie unsere, wenn sie frei liegen). Der Brustkorb des Pferdes ist buchstäblich zwischen den Schulterblättern und dem Oberarm an der »myofaszialen Schlinge« aufgehängt (siehe Abb. 8.9 (a)).

Diese Anordnung gibt dem Brustkorb des Pferdes die Freiheit, zwischen den Schulterblättern zu schwingen. Im Vergleich ist die Bewegung unseres menschlichen

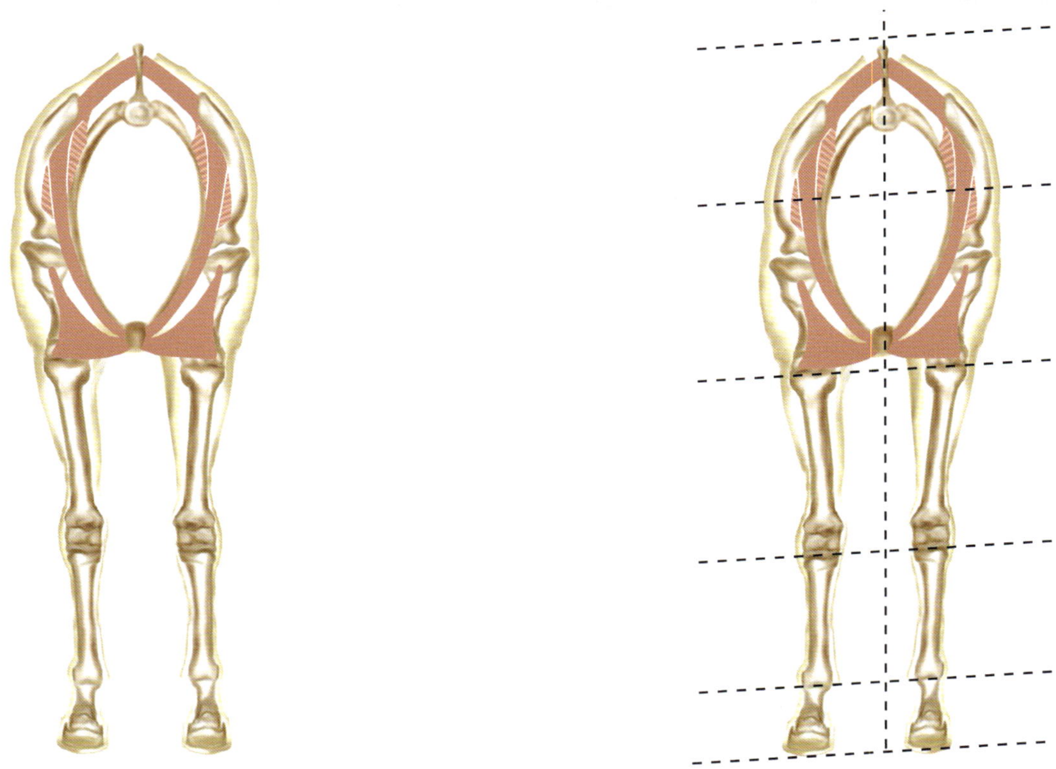

Abb. 8.9: (a), (b) Die Spirallinien formen Teile der Muskelschlingen, an denen der Brustkorb zwischen den Schulterblätter aufgehängt ist und verlaufen durch den Musculus rhomboideus am Widerrist und den Musculus serratus, der hier gestreift dargestellt ist. In (a) ist das Pferd gerade. Um die Verformung des Pferdes in (b) zu verstehen, spielen Sie dies in Ihrem eigenen Körper nach, indem Sie Ihre Arme so hinstellen, als ob sie der Brustkorb des Pferdes sind: Es hat seinen Widerrist nach links gelehnt und hat dann seine Muskelschlinge genutzt, um den Brustkorb so zu neigen, dass er vertikal bleibt. Die Vorderbeine sind dann weder vertikal noch auf einer Ebene ... und die Folgeeffekte durch die verschiedenen Faszienlinien sind riesig. In der Bewegung erkennen wir diese Verkantung im Hals, Maul und den Ohren; das rechte Ohr würde tiefer getragen werden.

Brustkorbs eingeschränkt durch unsere aufrechte Wirbelsäule und unsere Schlüsselbeine, die wie Streben unseren Brustkorb am Platz halten. Wenn wir auf allen Vieren krabbeln, können wir nicht das freie Schwingen des Brustkorbs in der SL nachahmen, genauso wenig wie wir die Achse finden, die wir für eine Biegung brauchen.

Dr. Deb Bennet, die den obigen Vergleich vorgenommen hat,[3] ist eine der genausten Denkerinnen im Bereich der Geraderichtung. Ein laut ihrer Definition (stehendes) gerades Pferd hat sein Brustbein zwischen dem Ellenbogen und den Schultergelenken (siehe Abb. 8.9 (a)). Doch in einer der ultimativen Verrenkungen kann das stehende Pferd (beispielsweise) seinen Torso zu einer Seite lehnen und dann seine SL einsetzen, um seinen Brustkorb zu rotieren, um ihn vertikal zu halten! Dies bringt sein Brustbein dichter an sein Vorderbein, so dass ein Lot von seinem Brustbein nach unten näher an einem Huf landet. Seine Vorderbeine neigen sich und seine Gelenke sind nicht auf gleicher Höhe (siehe Abb. 8.9 (b)). Gott hilf Reiterin und Schmied!

Diese Verrenkungen werden am deutlichsten, wenn das Pferd sich in seinen Hals und seinem Maul verwirft und auch der Widerrist in eine Richtung rotiert ist und das Ohr auf der gleichen Seite nach unten kommt. Wenn die Reiterin einfach nur ihre Hand auf der Seite, auf der das Ohr tiefer ist, anhebt, ist dies keine umsetzbare langfristige Korrektur; stattdessen sollten beide SL ausgeglichen werden – eine große Herausforderung für die Reiterin, jedoch möglich!

Ob sich das Maul vom Pferd nun verkantet oder nicht, sensible Reiterinnen merken oft, dass das Hinterteil des Pferdes sich geneigt hat, da die »hintere Kante« ihrer Oberkörper-Box auf einer diagonal nach unten und hinten abfallenden Oberfläche steht. Entweder fällt die Unterseite der Reiterin mit dem Pferd nach unten ab, oder aber sie hält ihren Körper auf eine solche Weise gerade, dass sich auch der Körper des Pferdes wieder ausrichtet. Das ist Können in Aktion!

Behalten Sie jedoch im Kopf, dass eine Lahmheit der Hinterhand auch dieses Gefühl erzeugen kann, also gibt es eine Grauzone, in der die erfahrene Reiterin vielleicht ein »lahmes Pferd klar reitet«. Eine Alternative ist, dass die Probleme der Asymmetrie der Reiterin zu der Lahmheit beigetragen haben; wir können nur hoffen, dass kein Langzeitschaden entstanden ist und durch die Korrektur der eigenen Asymmetrie auch die des Pferdes korrigiert werden kann.

UND SO KOMMEN WIR ENDLICH AN ...

Ihr Ziel ist es so reiten zu lernen, dass Ihr Pferd dabei zwei gleichlange Rückenmuskeln entwickeln kann. Sie haben in Kapitel 5 gelernt, Ihre »doppelten gelben Linien« übereinander zu stapeln. Mit diesem Wissen werden Sie besser dazu in der Lage sein, es »wie einen Bus« zu wenden, so dass es ihrer imaginären Linie mit seinem Widerrist folgt. Die »A«-Form ihrer Oberschenkel verkleinert seinen »Bewegungsspielraum«; seine und auch Ihre seitlichen Linien werden gleichmäßiger in der Länge und Ihr Zügelkontakt ebenfalls. Der »Zug« seines Körpers kann dann vom Motor seiner Hinterhand angeschoben werden, ohne dass er zu einem »Klappmesser« wird oder »entgleist«. Dann wird es Zeit für den nächsten Schritt. Somit sind wir schließlich beim Problem der Biegung angekommen!

Wir arbeiten hier gegen den Instinkt des Pferdes, da ein freilaufendes Pferd sich in der Kurve nach innen lehnt und zu einem Klappmesser nach innen wird. Aber machen Sie sich klar, dass Pferde von alleine kaum einmal zum

Klappmesser nach außen werden und nach außen fallen – dieses Problem entwickelt sich hauptsächlich durch schlechtes Reiten. Pferde sind den gleichen Gesetzen der Physik wie Flugzeuge und Fahrradfahrer unterworfen und kürzlich erstellte tierärztliche Untersuchungen haben gezeigt, dass gut trainierte Pferde sich weniger nach innen lehnen, als die entsprechende mathematische Formel vorhersagt, während unerfahrenere Pferde sich mehr nach innen lehnen.[4]

Im Idealfall neigen Pferd und Reiterin ihre zentrale Achse leicht (und wir hoffen gleichmäßig) auf einer ausbalancierten Wendung (siehe Abb. 8.10). Denken Sie daran, dass ein trainiertes Pferd die Innenseite seines Körpers in dieser Wendung verkürzt, während das untrainierte Pferd diese verlängert hat. Hier ist der Schlüssel: In einer ausbalancierten Wendung neigen sich die Schulterblätter und der Brustkorb als eine Einheit, so dass das Pferd sich nicht von einem fehlerhaften Vorderbein (und dem Schulterblatt und den seitlichen Linien etc.) vom rechten Weg abbringen lässt und dann seinen eigenen Weg geht und dabei zu einem Klappmesser wird.

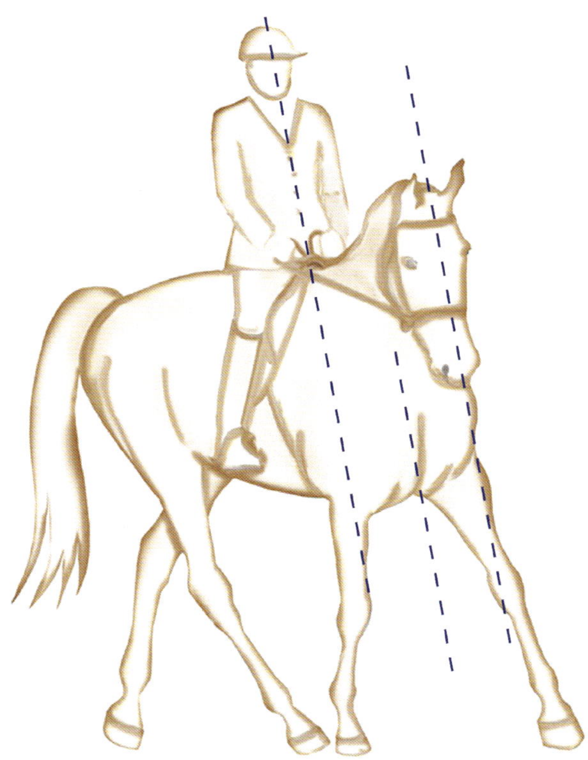

Abbildung 8.10 zeigt Pferd und Reiter bei der Arbeit auf dem Zirkel. Die zentralen Achsen haben dieselbe Neigung. Das Pferd ist in der Lage, sich zu biegen und folgt der imaginären Linie seines Reiters, statt zu einem Klappmesser nach außen zu werden oder sich zu sehr nach innen zu lehnen.

Mit der korrekten Neigung erlauben es die seitlichen Linien und die SL dem Pferd durch kleine Verformungen der Zwischenwirbelgelenke, sich in einer Wendung zu biegen. Die Dornfortsätze seiner Wirbelsäule sind leicht geneigt. Wenn diese und/oder seine Muskelschlingen sich nicht neigen können, ist auch keine Biegung möglich!

In diesem Prozess wird der Brustkorb nach oben zwischen die Schulterblätter gezogen, die dann den Widerrist anheben und Versammlung fördern – etwas, das nicht im Klappmesser passieren kann. Wie macht man das? Diese Frage wird sich sicher die ein oder andere Reiterin stellen.

Meine Antwort lautet: Arbeiten Sie daran, Ihr Pferd zu wenden »wie einen Bus«. Reiten Sie viele kleine Zirkel im Schritt, legen Sie Ihr Augenmerk auf die kleinen Abweichungen von Ihrer imaginären Linie und lernen Sie, wie Sie diese korrigieren können. Wenn Ihr Pferd sich gut ausbalancieren kann (stellen Sie sich Ihr Pferd wie einen Turner auf einem Schwebebalken vor), werden Sie fühlen, wie sich sein Widerrist und seine Vorderbeine ganz anders bewegen. Die Achse des Pferdes hat diese leichte Neigung, während die SL ihre Magie entfaltet; während Sie Ihre Fertigkeiten verbessern, können Sie langsam kreativer mit den Bahnfiguren werden.

DREHEN ODER NICHT?

Die Anweisung, die wir meistens bekommen, wenn es ums Lenken geht, ist: »Inneres Bein zum äußeren Zügel.« Wie wir bereits gesehen haben, brauchen wir eine präzise Positionierung, um Kontakt zum äußeren Zügel zu halten. Unser Gesäßknochen, unsere Oberschenkel und unser Oberkörper müssen genau positioniert sein, genauso wie unsere Mittellinie auf einer Linie mit der Mähne des Pferdes sein muss und die Spieße entlang der Tangente des Zirkels zeigen müssen (siehe Abb. 5.7, Seite 103). Ohne dies werden Sie zwangsläufig Ihre äußere Hand wegnehmen – trotz all Ihrer guten Absichten.

Eine andere häufig verwendete Anweisung ist, Ihr Becken parallel zu dem des Pferdes zu positionieren und auch Ihre Schultern parallel zu seinen. Dies nennt man mancherorts den »Drehsitz«. Diese beiden Richtlinien gehören zu den bedeutendsten Abweichungen der Dressurwelt zwischen Fachwissen und Erklärung, und sie bringen durchschnittliche Reiterinnen in echte Schwierigkeiten. Die Wahrheit ist, dass Sie, egal welcher Theorie Sie vertrauen (wenn Sie es tatsächlich tun), diese mit ziemlicher Sicherheit auf einer Hand befolgen werden, aber nicht auf der anderen. Im wahren Leben bestimmen Ihre Zuglinien, was passiert, wenn Sie lenken – und so schaffen sie oft eine Trennung zwischen Ihrer mentalen Absicht und der physischen Ausführung.

Sowohl Reiterinnen als auch Eiskunstläufer sammeln Erfahrungen darin, wie sie mit der Zentrifugalkraft auf

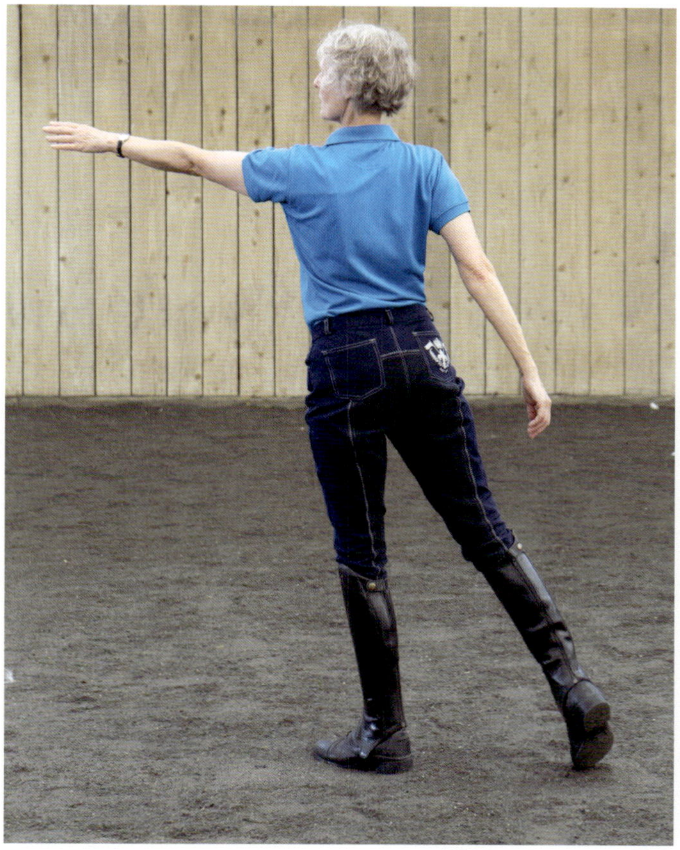

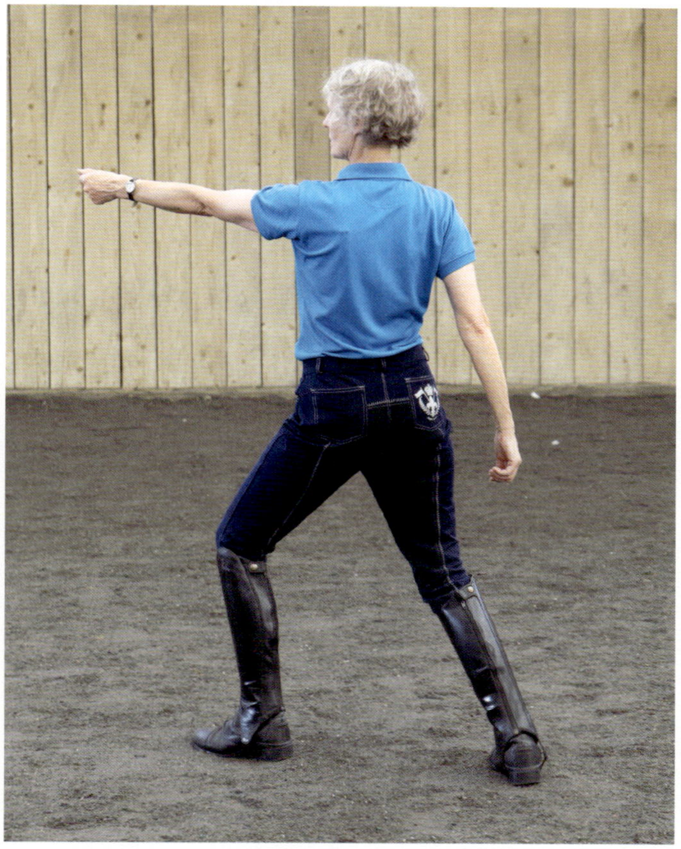

Abb. 8.11: (a) Die Position des Schlittschuhläufers und (b) der Fecht-Ausfallschritt. Beides gesehen von der Innenseite des Zirkels.

KAPITEL 8: SPIRALLINIEN

einem Kreis arbeiten können; der Eiskunstläufer ist vergleichbar mit Pferd und Reiterin. Der Eiskunstläufer beginnt einen Kreis damit, dass er mit dem äußeren Bein zuerst abdrückt und dann auf dem inneren Bein gleitet, oft während er eine Arabesque macht. Wohin zeigt der Oberkörper des Eisläufers während dieses Prozesses? Er zeigt nach außen und seine Spieße zeigen noch weiter nach außen als die Tangente des Kreises (siehe Abb. 8.11, (a)). Wenn der Eisläufer beginnt, sich nach innen zu lehnen, wird er die Kontrolle der Drehung verlieren und sich spiralförmig nach außen drehen und vielleicht sogar hinfallen. Dies entspricht einem Pferd, das auf dem Zirkel nach außen fällt. Dies bedeutet, dass die Schlittschuhläuferposition (oder »Fecht-Ausfallschrittposition«, siehe Abb. 8.11 (b)) auch die ideale für die Reiterin ist. Um dies widerzuspiegeln, sollten Ihre Spieße noch weiter nach außen zeigen – oder sollten sich anfühlen, als würden sie noch weiter nach außen zeigen – als die Tangente des Zirkels. Diese Position erlaubt es Ihnen, eine Kraft von der hinteren Außenseite Ihrer Oberkörper-Box zu Ihrer inneren Vorderseite zu erzeugen.

Aber was ist, wenn das Pferd in einer Wendung nach innen fällt? Sein Körper erzeugt eine Kraft, die seine Schultern nach innen bringt, also muss die Reiterin verhindern, dass das Pferd sich nach innen lehnt und nach innen fällt. Es wird eine andere Taktik gebraucht, die eine Kraft von der hinteren Innenseite der Oberkörper-Box der Reiterin zu der äußeren Vorderseite der Oberkörper-Box erfordert. Die Reiterin ermutigt das Pferd, die ganze äußere Seite seines Torsos auszufüllen. Es könnte auch nötig sein, seine Hinterhand zu verankern, da diese nach außen abdriften kann, während die Schulter nach innen fällt.

Diese Erkenntnis gibt uns einen Überblick, der Verwirrungen ausschließt und es uns (im nächsten Teil) ermöglicht, die vielen Teilerklärungen über das Lenken zu konkretisieren. Machen Sie sich auch klar, je weniger der Körper des Pferdes als eine ausgewogene »Tensegritäts-Struktur« funktioniert, umso weniger »ausgestopft« wird er sein, so dass er an den Schwachpunkten ausfallen wird. Je weniger Kraft seine Zuglinien übertragen, desto »betrunkener« wird es sich anfühlen. Im Gegensatz dazu wird das Pferd, je mehr Tensegrität es hat, natürlicherweise umso verbundener und ausgefüllter sein – und das macht es der Reiterin sehr viel leichter, diese Füllung zu ergänzen und anzupassen, da sie weiß, dass sein Körper definierte Grenzen hat.

»BEWEHRUNGSSTÄBE«

Bewehrungsstäbe aus Stahl kommen in Betonpfeilern zum Einsatz – sie sind oft auf Baustellen zu sehen. Wir stellen uns vor, dass einer dieser Stäbe innerhalb jeder vertikalen Ecke unserer Oberkörper-Box liegt und diese verstärkt (siehe Abb. 8.12). So sind Ihre »Bewehrungsstäbe« deutlich weiter von Ihrer Mittellinie entfernt als Ihre Bretter, und obwohl sie nicht genauso stark eingebunden sind, sind sie sehr kräftig. Diese Übung macht man am besten auf einem Esszimmerstuhl, oder auf einem dieser Plastikgartenstühle mit Armlehnen.

1. Setzen Sie sich in neutraler Wirbelsäulenposition auf die Vorderkante des Stuhls. Greifen Sie mit der linken Hand über Ihren Rücken und krümmen Sie Ihre Finger um eine senkrechte Strebe der Stuhllehne. Ziehen Sie an der Strebe und denken Sie an Ihren linken »Stab« – das heißt, den, der diagonal gegenüber Ihrer Hand liegt. Können Sie ihn anspannen?
2. Sie müssen in der Lage sein, mit Ihrem Körper diese definierte Grenze auszufüllen. Finden Sie einen Weg, um auch auf den Stuhl zu drücken, und fühlen Sie, ob Sie die linke Vorderseite Ihrer Oberkörper-Box ausfüllen können.

3. Wenn Sie diese Übung auf einem Sattel machen würden, würden Sie Ihren Arm über Ihren Rücken führen und mit Ihren Fingern den gegenüberliegenden Hinterzwiesel greifen (siehe Abb. 8.12 (a)).
4. Nun strecken Sie Ihre linke Hand über Ihre Vorderseite und ziehen Sie an der Armlehne des Stuhls. Während Sie dies tun, konzentrieren Sie sich darauf, Ihren hinteren linken »Stab« zu finden und ihn anzuspannen. Wenn Sie keinen Stuhl mit Armlehnen haben, verwenden Sie Ihren vorderen/äußeren Oberschenkel als Widerstand für die Außenseite Ihrer Faust auf Höhe des kleinen Fingers. Beim Reiten können Sie eventuell an der Schabracke ziehen, doch ein Maria-hilf-Riemen funktioniert besser (und lohnt sich schon allein für diese Übung!).

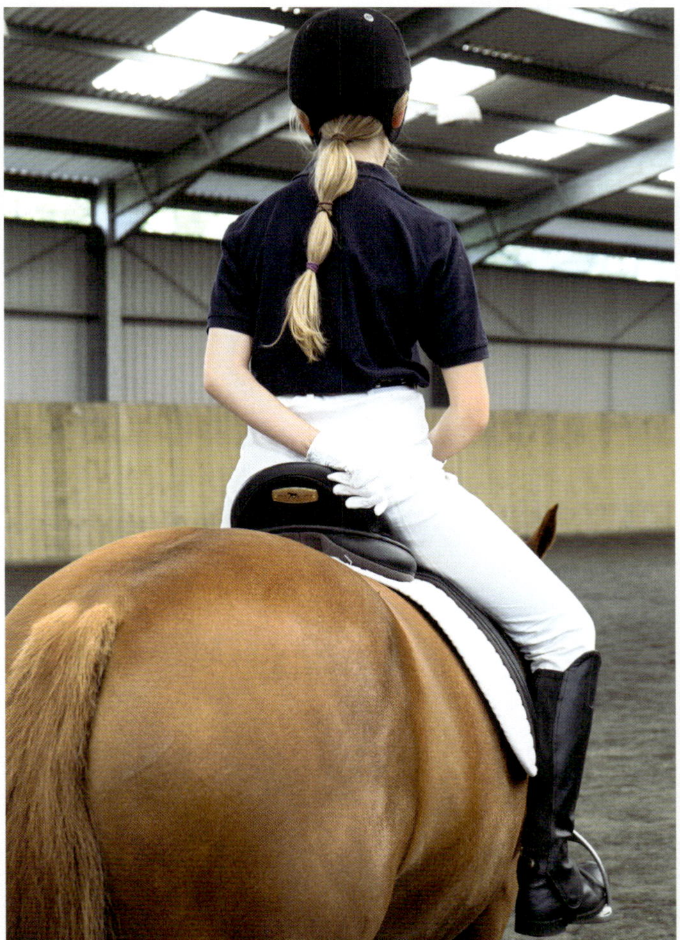

Abb. 8.12: (a) Bringen Sie Ihren Arm hinter Ihren Rücken und ziehen Sie an der gegenüberliegenden Seite des Hinterzwiesels. Ihr Ziel ist es, Ihren vorderen Stab auf der Seite, von der Ihr Arm stammt, anzuspannen – d.h. der Stab, der diagonal gegenüber dieser Handposition liegt. Dann drücken Sie gegen den Hinterzwiesel, um diesen Stab auszufüllen.

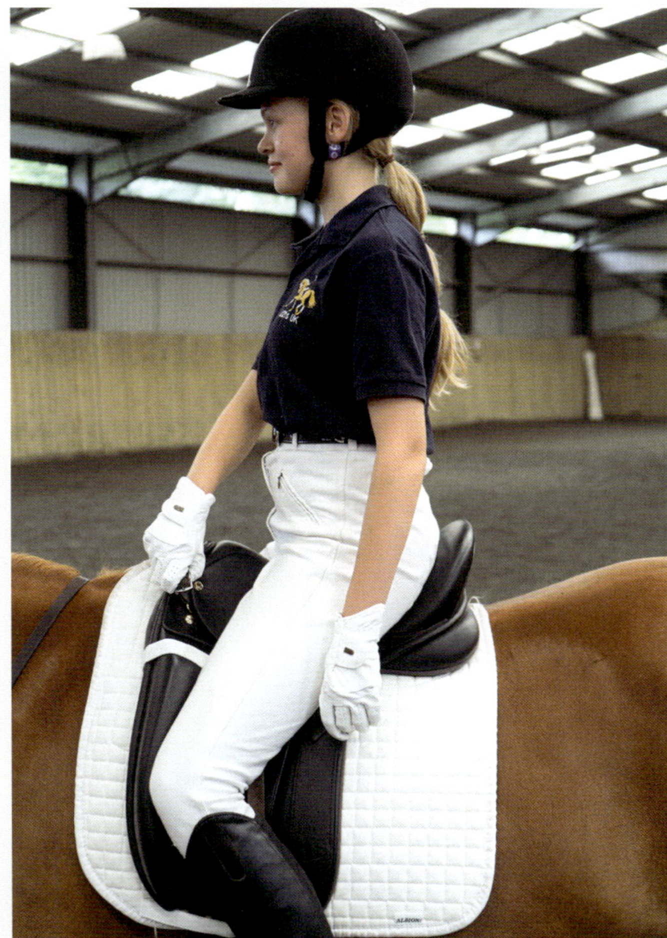

(b) Bringen Sie Ihre Hand über Ihre Vorderseite und ziehen Sie idealerweise an einem Maria-hilf-Riemen (oder der Satteldecke). Ihr Ziel ist es, Ihren Stab im Rücken auf der Seite, von der Ihr Arm stammt, anzuspannen – d.h. der diagonal gegenüber dieser Handposition liegt. Dann drücken Sie auf den Maria-hilf-Riemen, um diesen Stab auszufüllen.

5. Können Sie gegen die Armlehne des Stuhls drücken (oder gegen Ihren Oberschenkel oder den Maria-hilf-Riemen), so dass Sie diese Seite Ihres Oberkörpers ausfüllen können?
6. Bleiben Sie eine Weile sitzen und fühlen Sie den Unterschied zwischen den Seiten Ihres Oberkörpers. Die linke Seite sollte sich definiert anfühlen und eine klare Kante bilden. Die rechte Seite wird sich schwammig und durchlässig anfühlen. Diese Übung wird Sie den Unterschied klar erkennen lassen. Stärkere Begrenzungen erhöhen die Kraft und die Fertigkeiten.
7. Wiederholen Sie die oben genannten Schritte mit Ihrer rechten Hand, ziehen und drücken Sie erst an der Rückseite und dann an der Armlehne des Stuhls. Denken Sie daran, dass Sie, egal in welcher Position Ihre Hand ist, nach dem Stab in der diagonal gegenüberliegenden Ecke Ihrer Box suchen.
8. Wie hat dies die Begrenzung auf der rechten Seite Ihres Oberkörpers verändert? Haben Sie jetzt vier ganz klare Stäbe? Welcher ist am leichtesten zu finden und welcher ist am unklarsten? Machen Sie sich klar, dass dies durch Ihre Faszienzüge bestimmt wird, die die »C«-Kurve, Rotation und/oder seitliche Verlagerung erzeugen.
9. Wiederholen Sie diese Übung häufig auf dem Stuhl und auch während Sie Schritt reiten.
10. Fällt es Ihnen schwer zu glauben, dass Elitereiterinnen so viel Druck in ihrem Oberkörper haben und so viel Festigkeit und Präzision in den Ecken und Seiten ihrer Box? Die besten Reiterinnen haben mindestens einige ihrer Stäbe für einige Zeit aktiviert – und würden ihre Fähigkeiten verbessern, wenn sie mehr Stäbe längere Zeit im Einsatz hätten! Diese Reiterinnen werden Ihnen jedoch wahrscheinlich sagen, dass sie »einfach nur sitzen«!

Wenn Sie das Können besitzen, das wir bis jetzt beschrieben haben (was schon mal gar nicht schlecht wäre!), dann ist es besser, einen Stab beim Reiten zu finden als gar keinen. Zwei zu haben ist besser als einen. Drei sind besser als zwei und vier ist das Beste. Doch wenn Sie auf einmal alle vier finden würden, würde sich Ihr Pferd vielleicht fragen, was ihm gerade passiert! In der Realität werden Sie langsam Ihren Weg hierhin finden und Ihr Pferd wird die Zeit haben, sich daran anzupassen, was genau richtig ist.

Jetzt können wir dies auf einem Zirkel anwenden. Setzen Sie sich erneut auf Ihren Stuhl, wobei Sie alle vier Stäbe so gut es geht aktivieren.

1. Denken Sie an die Unterseite Ihrer Oberkörper-Box. Können Sie innen eine diagonale Verbindung von der hinteren linken Ecke zu der vorderen rechten herstellen? Dies wird Sie eher zu einem Parallelogramm machen, bei dem die rechte vordere Ecke nach vorne und die linke hintere Ecke mehr nach hinten gerückt ist.
2. Stellen Sie sich Ihr Zwerchfell wie eine kreuzende Membran in Ihrer Oberkörper-Box auf der Ebene Ihrer unteren Rippen vor. Können Sie diese zwischen Ihrer hinteren linken Ecke und Ihrer vorderen rechten Ecke spannen und eine Verbindung zwischen ihnen aufbauen?
3. Denken Sie an die Sehnen an Ihrer hinteren linken und vorderen rechten Achselhöhle. Können Sie eine diagonale Verbindung zwischen ihnen aufbauen?
4. Bleiben Sie für einige Momente so sitzen und atmen Sie. Sie bauen eine Verbindung (und eventuell eine Kraftlinie) in Ihrer Oberkörper-Box von der linken

Hinterseite zu Ihrer rechten Vorderseite auf. Dies ist ein Fecht-Ausfallschritt auf der rechten Seite und die Position, die die Schulter Ihres Pferdes auf der rechten Hand nach rechts bringen wird.

5. Doch falls Ihr Pferd auf der linken Hand nach innen fallen möchte, wird eine Kraft von der hinteren inneren Seite zur äußeren vorderen Seite Ihrer Oberkörper-Box (die an Ihrem äußeren Arm ankommt), Ihnen helfen, es auf einer Wendung außen zu halten. Dies wird auch eine Biegung entstehen lassen, die sich mit einer definierten äußeren Grenze ausfüllen lässt. Ich vermute, dass diese »Stabverbindung« das ist, was mit »inneres Bein zum äußeren Zügel« eigentlich gemeint ist.
6. Jetzt errichten Sie die gegenüberliegende diagonale Verbindung auf allen Ebenen. Diese verläuft von Ihrer hinteren rechten Ecke zu Ihrer vorderen linken Ecke. Ihr Oberkörper bildet nun das entgegengesetzte Parallelogramm. Welche Diagonalen sind für Sie natürlicher?
7. Machen Sie sich klar, dass dies der Fecht-Ausfallschritt auf der linken Seite ist und sehr hilfreich, wenn das Pferd auf der linken Hand nach außen fällt. Die Kraft von der äußeren Rückseite zur inneren Vorderseite mindert diese Tendenz und wirkt gegen die Auswirkungen der Zentrifugalkraft.
8. Wenn Ihr Pferd auf der rechten Hand nach innen fallen möchte, wird dieses Parallelogramm Ihnen auch dabei helfen, dies zu minimieren, indem Sie eine Kraft von der hinteren inneren Ecke Ihrer Oberkörper-Box zur äußeren vorderen Ecke herstellen. Dies wird Sie dabei unterstützen, das Pferd außen zu halten und eine Biegung nach innen herzustellen.
9. Üben Sie diese Positionen auf einem Stuhl, auch wenn Sie noch nicht mal ansatzweise das Gefühl haben, dies auf dem Pferd umsetzen zu können und zurzeit eher das kleine 1 x 1 der Reitlehre lernen müssen. Sie werden Ihnen helfen, Ihre Asymmetrie zu mindern und »C«-Kurven oder seitliche Verlagerungen mindern. Eines Tages, wenn Sie reiten, wird Ihnen auffallen, dass Sie einen der Stäbe richtig in Position haben! Dann bauen Sie hierauf auf!

Es gibt viele Pferde, deren Zuglinien einen signifikanten Teil des Gewichts in Richtung einer Schulter befördern. Egal in welche Richtung Sie reiten, Sie müssen sich immer darauf ausrichten, eine dieser Diagonalen zu erhalten.

SCHENKELWEICHEN UND SCHULTERHEREIN

Jetzt haben wir eine wundervolle Methode gefunden, um uns das Schenkelweichen mit dem Schweif des Pferdes Richtung Wand vorzustellen. Dies dreht die ganze Wirbelsäulenachse des Pferdes um etwa 30 Grad. Beim Schulterherein würde noch eine Biegung hinzukommen, während die Hinterhand des Pferdes parallel zum Hufschlag gehalten wird (siehe Abb. 8.13 (a), (b)).

Wenn Sie Ihren inneren hinteren Stab mit Ihrem äußeren vorderen Stab auf eine Linie bekommen und die Linie erhalten können, die sie parallel zum Hufschlag verbindet, würden Sie und Ihr Pferd um die Mittelachse rotieren. So würde das Pferd in die Position des Schenkelweichens gebracht werden! Noch präziser wird es, wenn Sie sich die Kraftübertragung wie in Abb. 8.13 (a) gezeigt vorstellen. Bretter und Stäbe brauchen genug Widerstandskraft, um Ihre Oberkörper-Box intakt zu halten – üblicherweise verdrehen Reiterinnen sich im Versuch, ihr Pferd neu zu positionieren (so ähnlich wie die Lagen eines Zauberwürfels sich drehen). Wenn die Oberkörper-Box einmal verformt ist, wird das Pferd nicht mit ihr rotieren und sein »Widerstand« wird die Reiterin noch mehr verdrehen.

Um beim Schulterherein die Kontrolle über die Hinter- und Vorhand des Pferdes zu erhalten, müssen Sie Ihre hinteren äußeren Stäbe zu den anderen beiden hinzufügen und eine Linie erhalten, die die beiden hinteren Stäbe verbindet und senkrecht zum Hufschlag verläuft.

Dann müssen Sie die Außenseite Ihrer Oberkörper-Box ausfüllen, um die Distanz zwischen dem hinteren und vorderen Stab auf der Seite zu vergrößern, ähnlich wie wenn Sie einen Fächer öffnen. Dies passiert auch auf der Außenseite eines Zirkels – Sie und Ihr »gebogenes«

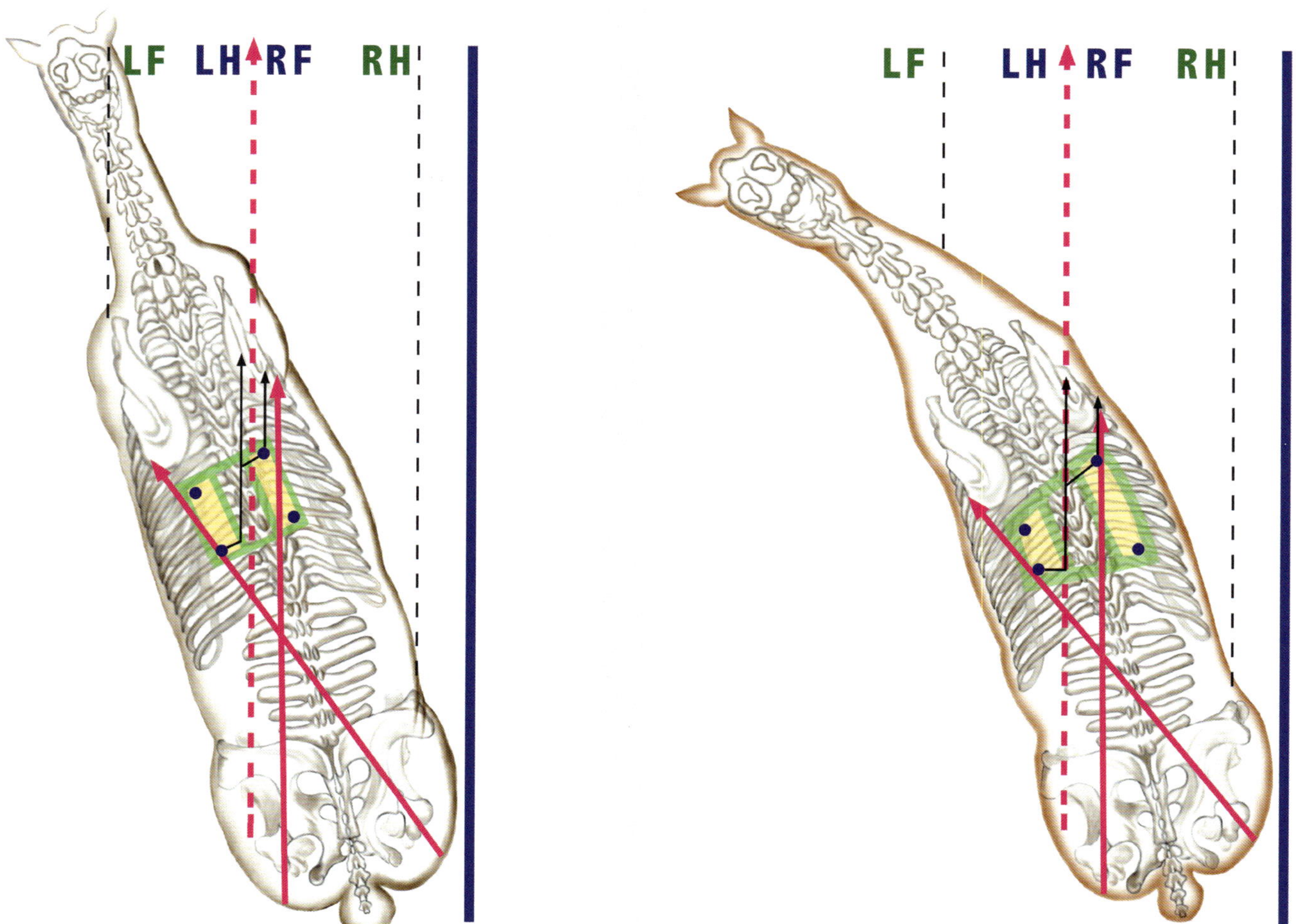

Abb. 8.13: (a) Um zu präzisieren, welche Kraftlinie Sie im Schenkelweichen mit dem Schweif zur Wand erzeugen können, müssen Sie Ihren hinteren inneren Stab mit der Rückseite Ihres inneren Bretts diagonal über die Wirbelsäule des Pferdes nach vorne mit Ihrem äußeren Brett und Ihrem äußeren vorderen Stab verbinden.

(b) Im Schulterherein müssen beide hinteren Stäbe senkrecht zur Bahn bleiben. Die äußeren zwei fächern auseinander, um die Biegung zu schaffen. Die Kraftlinie, die Sie erzeugen, ist ansonsten ähnlich wie beim Schenkelweichen. Sie geht vom hinteren inneren Stab zum hinteren inneren Brett, über die Wirbelsäule des Pferdes zur Vorderseite des äußeren Bretts und zum äußeren vorderen Stab.

Pferd sind nicht mehr geformt wie eine Box! (siehe Abb. 8.13 (b)). Schulterherein kann nur gut funktionieren, wenn Sie die Begrenzung der Außenseite Ihrer beiden Körper definieren und erhalten können. Dann können Sie Ihr Pferd dort ausfüllen; doch ohne dies wird es nur am Widerrist abknicken und wie ein Klappmesser an der langen Seite entlanglaufen.

Für viele Reiterinnen ist das Lernen der Seitengänge wie das Lernen einer neuen Sprache. Die Bewegung lädt Reiterinnen dazu ein, eine seitliche Verschiebung in ihrem Brustkorb zu schaffen, während sie daran denken, ihr Pferd zur Seite zu »schieben« (siehe Abb. 8.4, Seite 166). Der Gesäßknochen, das Brett und der vordere Stab in der Bewegungsrichtung gehen sehr leicht verloren. Es ist unglaublich wie die richtigen Korrekturen genau dem Instinkt zuwiderlaufen und wie schwierig sie für die meisten Reiterinnen zu erreichen sind.[5]

Immer auf die Taille zu achten ist nicht leicht – das gilt für Diäten ebenso wie für das Reiten. Aber wenn Sie Ihre vertikalen Bretter und Stäbe erhalten können, können Sie die Verformungen vermindern, die Ihr Körper gerne machen würde, und dies minimiert auch die Verformung Ihres Pferdes. Die verlorenen Stäbe zu finden liefert Ihnen eine Vorlage für die Widerstandskraft, die gebraucht wird, um Seitengänge zu reiten.

Kapitel 8 Fußnoten:

1. Myers, Thomas, *Anatomy Trains*, 3rd edn, Edinburgh, Churchill Livingstone (2014), p.133
2. Wanless, Mary, *For the Good of the Rider*, Kenilworth (1998)
3. Bennet, Dr Deb, 'Lessons from Woody', www.equinestudies.org
4. Greve, Line and Dyson, Sue, 'Body lean angle in sound dressage horses in-hand, on the lunge and ridden', *The Veterinary Journal* 217 (Nov. 2016), pp.52–7).
5. Wanless, Mary, *Ride With Your Mind Clinic*, Kenilworth (2008)

KAPITEL 9: DIE TIEFE FRONTALLINIE

DIE TIEFE FRONTALLINIE DER REITERIN – EINE EINFÜHRUNG

Der Begriff »Körpermitte« oder »Core« wird normalerweise in Übungen und Therapien genutzt, um ausschließlich auf die tiefe Korsage von Muskeln einzugehen, die um die Bauchmuskelwand liegt und sie vom oberen Zwerchfell bis zum unteren Beckenboden bedeckt. Ich zeige Ihnen eine viel weitreichendere Definition Ihrer »Körpermitte« als einfach nur einen beeindruckenden Muskeltonus im Transversus abdominis (querer Bauchmuskel). Die tiefe Frontallinie (TFL) ist die buchstäbliche »Körpermitte« des Körpers – diese würden Sie sehen, wenn Sie den Körper wie einen Apfel entkernen würden. Die TFL läuft von den Zehen über den inneren Rand der Beine, dann weiter durch den Beckenboden und den Oberkörper bis zur Zunge, zum Kiefer und Schädel. Sie umfasst die Muskeln, die vor Ihrer Wirbelsäule liegen, und auch die Faszienstränge und verschiedenen Faszienlagen, die sich um und durch Ihre Organe winden und sie an die Körperwand binden. Hier werde ich nur die wichtigsten Elemente für Reiterinnen erklären. Trotzdem werden in diesem Kapitel eher anspruchsvolle Muskelnamen und anatomische Ausdrücken vorkommen. Wenn es zu viel wird, genießen Sie die Illustrationen und kommen Sie später wieder hierhin zurück. Es wird einige althergebrachte Verwirrungen aufklären, und wenn Sie sich als Reiterin besonders herausgefordert fühlen sollten, wird dieses Kapitel Ihre Notlage verdeutlichen, aber auch Gegenmittel anbieten. Es beschreibt auch die Fähigkeiten von außergewöhnlichen Reiterinnen und macht diese viel zugänglicher.

Die wenigen Elitereiterinnen, die das Reiten mühelos aussehen lassen, haben von oben bis unten Zugang zu ihrer TFL. Dies führt zu einer gleichmäßigen Spannung, die sie stabilisiert und auf das Pferd ausrichtet. Währenddessen halten sie ihre Extremitäten beweglich und unter Kontrolle. Zugang zur Körpermitte zu finden minimiert die Auswirkungen der Asymmetrien und Einschränkungen unseres Körpers, die so viele von uns belasten. Wir haben die Reise zu unserer Körpermitte auf Seite 61 mit Übungen zum Atmen und Niederdrücken begonnen; ich hoffe, Sie sind jetzt bereit, auf diesem Fundament aufzubauen!

Die TFL beginnt tief in und unter jedem Fuß in den Sehnen und Muskeln, die dafür verantwortlich sind, dass Sie Ihre Zehen einrollen können, was vor allem passiert, wenn Sie gestresst sind (siehe Abb. 9.1). Da die TFL einen Stamm hat, der jedes Bein hinaufläuft, ist es besser, die Teile im Singular zu beschreiben. Im Fuß verbinden sich zwei lange Sehnen, die an Ihren Zehen ansetzen, mit einer anderen, die aus Ihrem inneren Fußbogen ragt, und krümmen sich dann um Ihren

Spann. Sie gehen direkt hinter dem knochigen Knubbel an der Innenseite des Knöchels vorbei und werden zu Muskeln, die tief in der Wade in einem eigenen Faszienraum liegen, direkt hinter dem Schienbein und seinem kleineren Partner (Tibia und Fibula).

Auf dieser Ebene liegt die TFL hinter der oberflächlichen Frontallinie und vor der oberflächlichen Rückenlinie (siehe Abb. 9.2). Von der Wade verläuft sie über die Kniekehle bis zu den knochigen Knubbeln, die Sie an Ihrem Oberschenkel genau über der Innenseite Ihres Knies spüren können. Sie wird dann zur Vorder- und Rückseite des Faszienpakets, das die (für die Reiterin) so wichtigen Adduktoren des Innenschenkels enthält.

Um dies zu verstehen, müssen wir zurück zu unserem ursprünglichen Vergleich mit der Orange kommen. Während Sie das einzelne Segment der Orange essen, trennen Sie es von seinen Nachbarn, während Sie zwei Schichten voneinander lösen. Innerhalb des Körpers ist jede Muskelgruppe von der benachbarten Gruppe ebenso durch zwei Schichten umgeben und getrennt.

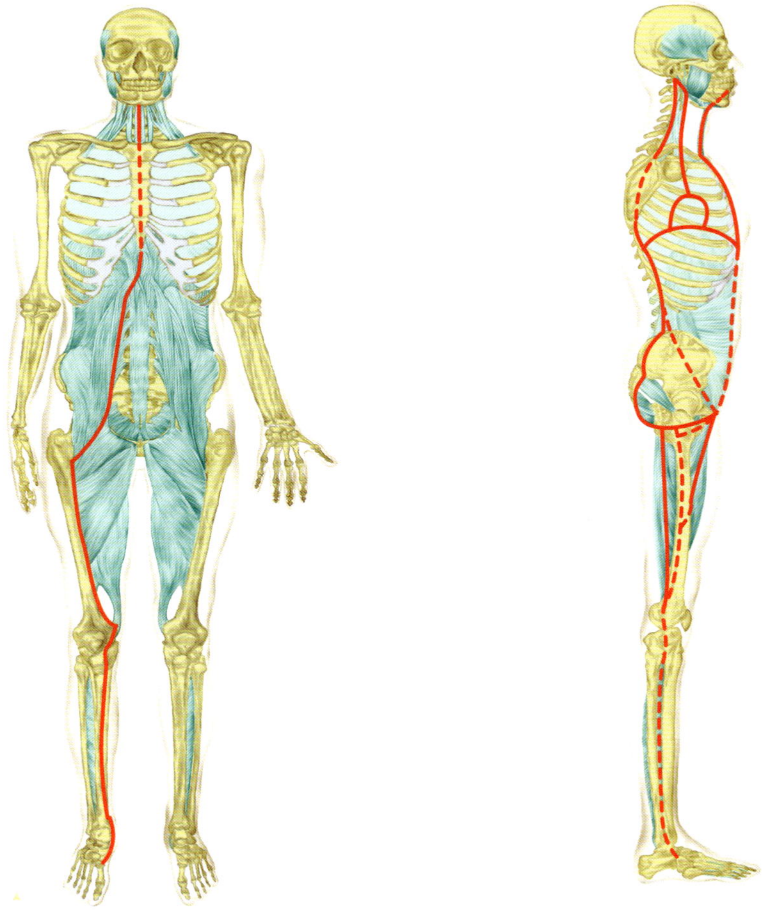

Abb. 9.1: Die tiefe Frontallinie (a) von vorne und (b) seitlich zeigt eine erweiterte Definition der Körpermitte. Diese beinhaltet den tiefsten Muskel der Wade, die Adduktoren des inneren Oberschenkels und den Psoas-Komplex der inneren Muskeln, die Faszien der abdominalen Organe, Herz und Lunge und die tiefen Muskeln in der vorderen Halswirbelsäule, die sich dann mit Ihrem Schädel verbinden.

Diese sollten eigentlich übereinander gleiten können, stecken aber im menschlichen Körper oft fest. Zusammen bilden sie eine Wand, die als intermuskuläres Septum bezeichnet wird.

In Ihren Oberschenkel sind drei große Septen, die drei Gruppen von Muskeln trennen und umfassen. (Die vierte Gruppe, die Abduktoren der seitlichen Linie, liegen oberhalb des Oberschenkels in der Hüfte, und ihre Verlängerung, das Iliotibialband, führt nach unten entlang der Außenseite des Beins zum Knie. Sie verlaufen innerhalb des »Gymnastikanzugs« der Faszien, der die »Orangensegmente« der Muskeln bedeckt – also im Zentrum der Orange) (siehe Abb. 5.1, Seite 93)). Die drei Septen verbinden Ihren Oberschenkelknochen mit dem »Gymnastikanzug«, also stellen Sie sich Ihren Oberschenkel als eine langgestreckte Orange mit drei Segmenten vor (siehe Abb. 9.3.)! Das Segment mit den Quadrizeps-Muskeln ist doppelt so groß wie die anderen beiden, es bedeckt die Vorderseite des Oberschenkels und reicht weiter in Richtung des hinteren äußeren Schenkels, als Sie es sich wahrscheinlich vorgestellt haben. Die hintere Oberschenkelmuskulatur bildet das zweite hintere Segment, und das Adduktoren-Dreieck füllt das Innere aus.

Der hintere Zweig der TFL folgt dem Septum hinter den Adduktoren, das sie von den hinteren Oberschenkelmuskeln trennt. Dieser Zweig erreicht an mehreren Stellen direkt den Beckenboden und verbindet diese Linie mit der Vorderseite der Wirbelsäule. Der vordere Hauptast der TFL folgt dem Faszienseptum zwischen den Quadrizeps-Muskeln und den Adduktoren. Das Septum und diese Muskeln verbinden sich mit der geraden hinteren Kante des Oberschenkelknochens.

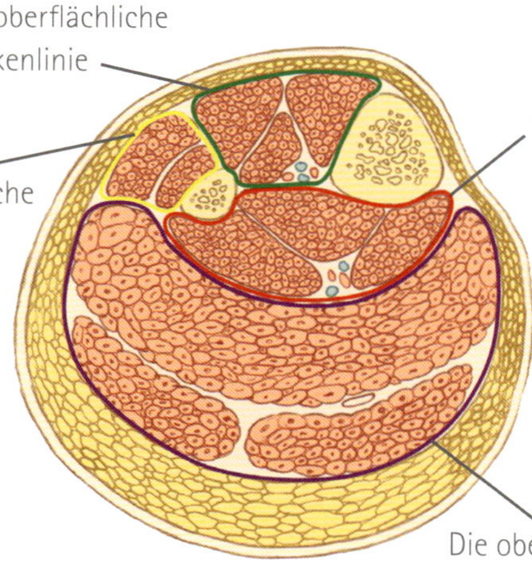

Abb. 9.2: Die tiefe Frontallinie in Ihren Waden liegt in ihrer eigenen Faszienkammer, hinter und zwischen den zwei Knochen (Tibia und Fibula). Sie ist hier rot umrandet, die oberflächliche Frontallinie lila und die oberflächliche Rückenlinie grün und die seitliche Linie gelb. Dies ist das linke Bein.

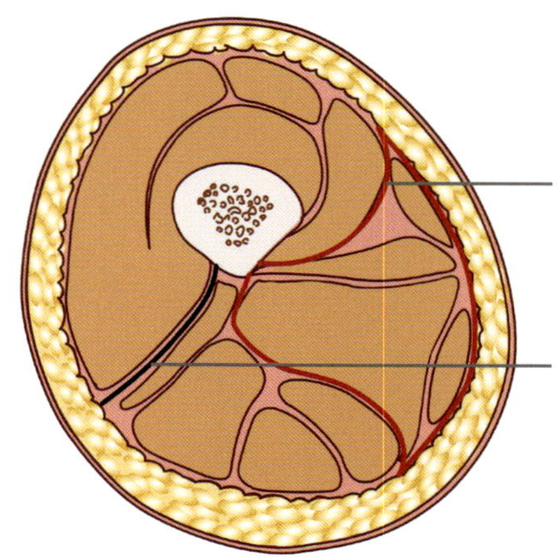

Abb. 9.3: In Ihren Oberschenkeln liegen drei »Orangensegmente« der Muskeln, jedes in seiner eigenen Faszientasche. Abgebildet ist der linke Oberschenkel: Schauen Sie sich an, wie der Quadrizeps einen viel größeren Teil einnimmt, als die Adduktoren auf der Innenseite oder der Oberschenkelmuskel auf der Rückseite. Die Adduktoren haben einen roten Umriss, um die Septen mit den vorderen und hinteren Ästen der tiefen Frontallinie zu zeigen. Die schwarze Linie trennt den Quadrizeps von den Oberschenkelmuskeln.

Der vordere Zweig setzt sich fort mit Muskeln, die über den Knochenrücken zu jeder Seite des Schambeins und vor dem Kopf Ihres Hüftgelenks verlaufen. Am bedeutsamsten ist der Psoas-Muskel, der dann auf der Reise von der unteren Vorderseite der Bauchhöhle zur Wurzel des Zwerchfells, das auf der Vorderseite der Wirbelsäule liegt, hinter den Organen eintaucht (siehe Abb. 9.4).

Das Zwerchfell trennt Ihre Lunge von Ihren Eingeweiden und je nachdem, wie gut es funktioniert, bewegt es sich bei jedem Einatmen nach unten und entspannt sich bei jedem Ausatmen wieder. Es ist wie die Kappe eines Pilzes geformt, und vom Zwerchfell nach unten können wir die Anatomie der TFL vereinfachen, indem wir an eine ziemlich altmodische Briefklammer denken: ihre Oberseite ist eine Kuppel, und ihre zwei Beine wären durch ein Loch in einen Stapel Papiere gefädelt und nach außen gebogen, um die Papiere zusammenzuhalten. Stellen Sie sich vor, dass seine Beine ein wenig voneinander getrennt sind, genau wie die rechten und linken Zweige der TFL, wenn sie sich über den Psoas-Muskel zu den inneren Schenkeln, dann tief in die Waden und schließlich zur Unterseite der Füße erstrecken (siehe Abb. 9.1, Seite 189).

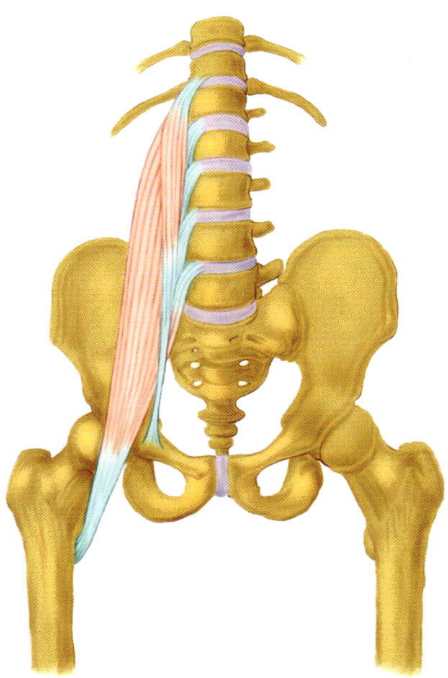

Abb. 9.4: Der große und der kleine Psoas liegen in Ihrer Bauchhöhle. Die Abbildung zeigt sie auf der rechten Seite; Unterschiede des Psoas Ihrer rechten und linken Seite beeinflussen Ihre Asymmetrie enorm.

Die meisten Menschen denken, dass ihre Beine am Kugelgelenk der Hüfte beginnen, jedoch beginnen die Beine genau unter den Rippen, mit dem Psoas-Muskel, der in Abb. 9.4 und 9.8, Seite 197, gezeigt wird. Es ist nicht überraschend, dass sich die besten Sportler so bewegen, als ob ihre Beine vom Ansatz des Psoas-Muskels an der Oberseite dieses umgekehrten »V« ausgehen und von den unteren thorakalen und ersten Lendenwirbeln (T12-L1) schwingen und damit viel längere Pendel bilden, als wenn sie am Hüftgelenk beginnen würden.

Von den Wurzeln des Zwerchfells (der Crura) setzt sich die TFL im Brustkorb fort. Man kann sich Vorder-, Mittel- und Hinterzweige vorstellen, doch im lebenden Körper sind sie nahtlos verbunden. Der vordere Zweig ist der wichtigste: Er läuft über die Kuppel des Zwerchfells von der Rückseite nach vorne und dann weiter nach oben hinter das Brustbein. Die mittlere Bahn beinhaltet die Faszientaschen um das Herz und die Lungen. Die hintere Bahn läuft direkt auf der Vorderseite der Wirbelsäule hoch.

Die drei Zweige kommen alle vor Ihren Nackenwirbeln in Ihrem Hals an und liegen alle tiefer in Ihrer Kehle als die Muskeln der anderen Linien. Die TFL beendet dann ihre lange Reise auf Ihrem Kiefer und der Unterseite Ihres Schädels. Der vordere Zweig verbindet sich mit Ihrem Zungenbein, das an der Wurzel Ihrer Zunge liegt, und dann mit Ihrer Zunge selbst. Das bedeutet, dass Ihre Zunge mit Ihren Zehen verbunden ist! So kann die weitverbreitete Tendenz, die Zehen vor Anspannung in den Stiefeln einzurollen, Ihren Körper bis ganz nach oben beeinflussen. In der Tat wirkt sich das Einrollen der Zehen nachteilig auf alle drei »mittleren« Linien aus – auf die oberflächlichen Rücken- und Frontallinien wie auch auf diese TFL. Dieses hohe Maß an Verbundenheit hat zahlreiche Folgen, die wir näher kennen lernen, wenn wir uns einzelne Bereiche der TFL näher ansehen.

DIE TIEFE FRONTALLINIE VON DEN ZEHEN ZUM ZWERCHFELL

EINGEROLLTE ZEHEN UND WACKELNDE WADEN

Die Zehen einzurollen destabilisiert enorm, und viele Reiterinnen tun dies an einem oder beiden Füßen. Nervöse Reiterinnen rollen ihre Zehen vielleicht sogar ständig ein, aber meistens passiert es im Galopp, vor allem wenn die Dinge nicht wie geplant laufen! Die Auswirkung hiervon laufen entlang der TFL nach oben, durch die tiefen Muskeln der Wade weiter in den inneren Oberschenkel und vielleicht noch höher. Um dieser Tendenz entgegenzuwirken, ziehen Sie Ihre Zehen hoch und spreizen Sie sie. Dies lässt die Sehnen um Ihren Knöchel hevorstehen (siehe Übung auf Seite 81).

Wenn man die Zehen einrollt, rollt man meistens auch die Finger ein. Dies ist Teil einer Greifreaktion, die in einem älteren Teilen unseres Gehirns entsteht. Diese Reaktion hätte Ihnen vielleicht dabei geholfen, sich an einem Ast festzuhalten, bevor Sie in das offene Maul eines hungrigen Tigers gefallen wären, doch das Festhalten der Steigbügel mit Ihren Zehen wird Sie nicht retten! Wenn Sie die Zügel festhalten, ohne das letzte Gelenk Ihrer Finger zu beugen, neigen Sie weniger dazu, Ihre Zehen einzurollen, und dies ist Grund genug, die Idee »Fingerspitzen gegen Handflächen« (siehe Abb. 7.8, Seite 144) zu verfolgen.

Füße, die sich beim Reiten verdrehen sind noch häufiger als eingerollte Zehen, und wir haben uns schon angeschaut, wie die Spirallinien die Füße verdrehen können. Stellen Sie sich zusätzlich die TFL und die seitlichen Linien wie Bogensehnen auf jeder Seite eines Holzbogens vor (die Knochen Ihres Oberschenkels und Ihrer Wade – siehe Abb. 9.5). Ihre Beine und Füße werden von der Ungleichheit dieser Linien beeinflusst: Wenn Ihre seitlichen Linien verkürzt sind und die TFL zu lang, haben Sie X-Beine. Ihr innerer Oberschenkel liegt fest am Sattel an und vielleicht werden Sie mit Ihren Knien klemmen. Die Außenseite Ihrer Füße ist

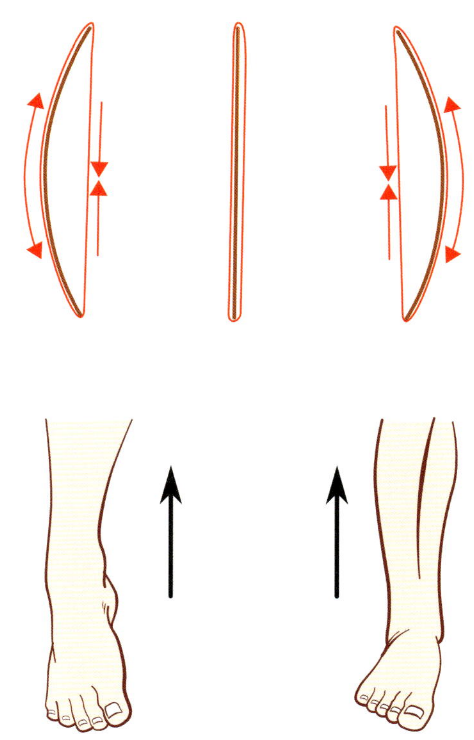

Abb. 9.5: Die tiefe Frontallinie und die seitliche Linie arbeiten wie zwei Schnüre, eine auf jeder Seite eines Holzbogens. Wenn eine Schnur nach oben gezogen wird, resultiert dies in X- Beinen, O-Beinen und verdrehten Füßen.

nach oben gezogen und Ihr Gewicht verlagert sich in Richtung Ihres großen Zehs, so dass ein Beobachter die Sohle Ihres Stiefels beim Reiten sehen kann (ein nach innen gedrehter Knöchel). Das gegenteilige Szenario wären O-Beine. Hier wird das Gewicht in Richtung des kleinen Zehs verschoben (nach außen gedrehter Knöchel) und Ihre Knie kommen vom Sattel weg.

Für viele Jahre war die beste Methode, die ich kannte, um unruhige Unterschenkel und verdrehte Füße zu korrigieren, die Sehnen an den Knöcheln hervortreten zu lassen, was zu einem gewissen Maß funktioniert hat (siehe Übung auf Seite 81). Die Stabilität der funktionellen, seitlichen und Spirallinien hinzuzufügen hilft uns erheblich, beispielsweise durch die Übungen mit Widerständen in Abb. 3.16 (a), Seite 75 und 5.17, Seite 119. Doch wenn wir Zugang zu der TFL in unserer Wade bekommen, drehen wir das Spiel wirklich zu unseren Gunsten! Die Vorderseite ihrer Umhüllung besteht aus einer Membran, die Ihre Tibia mit der kleineren Fibula verbindet. Letzterer beginnt unter den Knien als knöcherner Knubbel in Richtung Rückseite und Außenseite des oberen Rands des Reitstiefels und bildet den äußeren Teil des Knöchels (siehe Abb. 9.1, 9.2, Seite 189/190).

Die TFL richtig aktivieren:

1. Setzen Sie sich auf einen stabilen Stuhl und drücken Sie Ihre Knöchel nach außen gegen die Beine des Stuhls. Dies aktiviert die seitlichen Linien.
2. Wiederholen Sie diese Übung, aber stellen Sie sich nun die Membran vor und auch, wie Ihre Wade im Querschnitt aussehen würde (siehe Abb. 9.2, Seite 190). Können Sie sich vorstellen, diese Membran so anzuspannen, dass Sie sie von innen nach außen ausbreiten und glätten können? Können Sie dieses Gefühl dann in den Druck gegen die Stuhlbeine mitnehmen?
3. Macht dies einen großen Unterschied? Haben Sie die Membran schon automatisch angespannt, als Sie die Übung das erste Mal gemacht haben? Ich habe bisher nur Elitereiterinnen erlebt, die dies »fest installiert« hatten.
4. Wenn Sie die Membran anspannen, werden Sie wahrscheinlich bemerken, dass Ihre Zehen automatisch nach oben kommen und sich auseinanderspreizen. Genauso werden Ihre Sehnen an Ihrem Knöchel und Ihrem Knie nach außen treten. Dies zeigt, dass Sie auch die oberflächliche Frontal- und Rückenlinie anspannen.

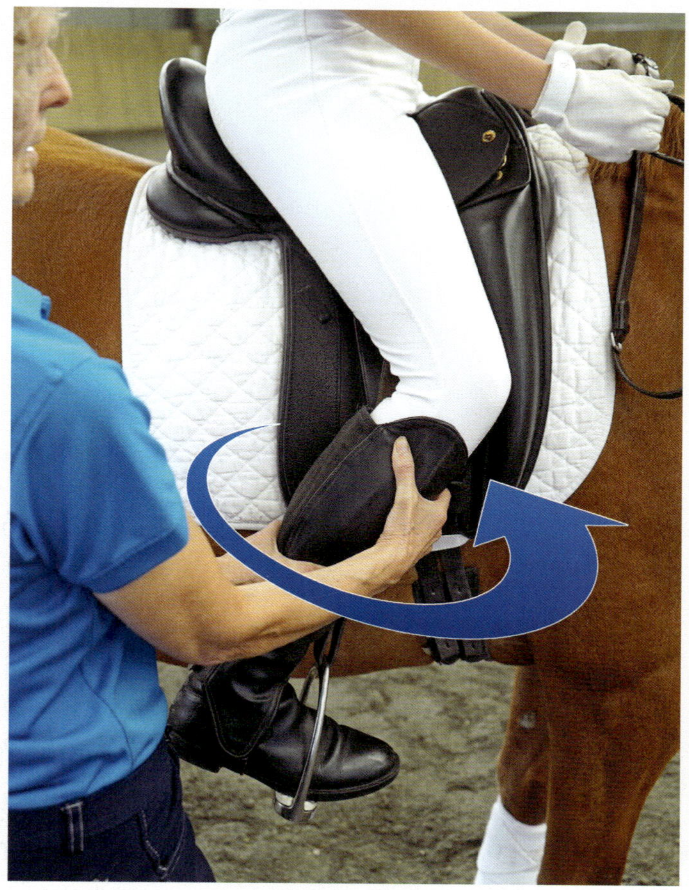

Abb. 9.6: »Fibula um Tibia«: Hier wird die Wade nach innen rotiert, so dass die Außenseite nach vorne kommt und die Zehen mehr nach innen.

5. Falls Sie eher Ihre Zehen nach außen drehen, versuchen Sie die Fibula um die Tibia zu rotieren. Im Training helfen wir der Reiterin, indem wir unsere Hände um die Wade legen und sie nach innen und hinten drehen (Abb. 9.6).
6. Für ein Workout der ganzen Wade, drücken Sie Ihre Fußknöchel nach außen gegen einen Widerstand, während Sie die Membran anspannen, Ihre Zehen hochziehen und die Sehnen an Knie und Knöchel hervortreten lassen. Denken Sie daran zu atmen! Müssen Sie zusätzlich an »Fibula um die Tibia« denken?
7. Wenn Sie alles oben Beschriebene richtig positioniert haben, legen Sie Ihre Fersen an die Außenseite des Stuhlbeins und treten Sie einige Male mit einer schnellen, abprallenden Bewegung dagegen. Denken Sie daran, Ihre Beinhilfe sollte sich anfühlen wie ein Klaps und Sie sollten nicht mehr Kraft aufwenden als bei einem Klaps. Sie versuchen nicht, Ihr Pferd in Bewegung zu setzen: Ihr Ziel ist es, ihm die Bedeutung dieses Signals beizubringen und sicherzustellen, dass das Pferd es ernst nimmt.

DIE OBERSCHENKEL

Die Balance zwischen dem inneren und äußeren Oberschenkel

Die dynamische Spannung zwischen der TFL und der seitlichen Linie führt dazu, dass der Oberschenkel wie ein »feuchtes Küchentuch« auf dem Sattel liegt. Dies ist ein traditionelles Bild, das eine Muskelspannung suggeriert, die nur wenige Reiterinnen erreichen werden. Diese ideale Muskelspannung führt zu einem ruhigen Unterschenkel und einem Fuß, der vom kleinen bis zum großen Zeh gleichmäßig belastet ist. Ich habe die inneren Oberschenkelmuskeln schon in Kapitel 3 (Die oberflächlichen Frontal- und Rückenlinien) und in Kapitel 5 (Seitenlinien) angesprochen: Die meisten Reiterinnen brauchen diese vorbereitende Arbeit an ihren inneren Oberschenkeln. Nun werden wir die dynamische Balance zwischen den inneren und äußeren Oberschenkeln betrachten.

Das »Wie« wurde hierbei nie ausreichend gelehrt, da Trainer aller Generationen nicht genau verstanden haben, wie die Oberschenkelmuskeln beim Reiten funktionieren. Wenn Sie eine ältere Reiterin sind, wurde Ihnen bestimmt früher gesagt: »Halten Sie sich mit Ihren Knien fest.« Dies suggeriert, dass der Kontakt von Ihren Knien am Sattel stärker ist als der Ihres oberen inneren Oberschenkels, und das ist das Fatale an dieser Anweisung. Wenn Sie mit Ihrem Knien klemmen, »katapultieren« Sie sich hoch und weg vom Rücken des Pferdes, wie eine altmodische Wäscheklammer. Das Klemmen mit den Knien könnte das Pferd zusätzlich davon abhalten, sich frei zu bewegen.

In den frühen 1970er Jahren kam dann das Gegengift hierzu, Reiterinnen wurde gesagt: »Entspannen Sie Ihre Oberschenkel und nehmen Sie Ihre Knie weg vom Sattel.« Diese Aussage wurde von der Angst vor »Wäscheklammern« befeuert und von der Erkenntnis, dass die vielen Muskeln der inneren Seite leicht die wenigen der äußeren übermannen können, motiviert. Seither ist dies die gültige Lehre – und auch wenn es vielleicht manche Reiterinnen davon abhält zu klemmen, ist es keine gute Erklärung dafür, wie erfahrene Reiterinnen ihren äußeren Oberschenkel benutzen.

Der richtige Einsatz der TFL und der Seitenlinie innerhalb der Oberschenkel bringt ein überraschendes Ergebnis hervor, welches einen inhärenten Widerspruch enthält (und ein feuchtes Küchentuch!). Um ein ausgewogenes Gleichgewicht zwischen beiden zu finden, müssen Ihre Oberschenkel erstmal so am Sattel liegen, dass sie Ihr Körpergewicht unterstützen und

Teil Ihrer Sitzfläche sind. Erinnern Sie sich an die Neupositionierung der Abb. 3.6 (b), Seite 59.

1. Stellen Sie sicher, dass Ihre Oberschenkel gut nach innen gedreht sind. Benutzen Sie dann den Widerstand Ihrer Faust oder Finger, die auf den Vorderzwiesel drücken (siehe Abb. 5.9, 5.10, 5.11, Seite 106/107), um sicherzustellen, dass Ihr oberer, innerer Oberschenkel fest am Sattel liegt. Wahrscheinlich braucht eine Seite diesen Widerstand mehr als die andere.
2. Wenn Sie dies mit Leichtigkeit halten können, stellen Sie sich vor, dass Ihre Oberschenkel mit Saugglocken bedeckt sind, die den Brustkorb Ihres Pferdes nach außen bringen können, um ihm ein leichteres, volleres Atmen und flüssigere Bewegungen zu ermöglichen.
3. Ihnen muss jedoch bewusst sein, dass Sie eine Saugglocke nur an der Oberfläche benutzen können, nachdem Sie Kontakt zu ihr aufgebaut haben. Das bedeutet, wenn Ihre Oberschenkel nicht am Sattel liegen, ist dieser Sog unmöglich. Einen oder beide Oberschenkel vom Pferd weg zu nehmen, um dem Pferd »Platz zu geben, ihn auszufüllen«, funktioniert nicht.
4. Wenn Ihr Versuch, Sog herzustellen, Ihre Oberschenkel dazu bringt, vom Sattel weg zu kommen, müssen Sie diese erstmal wieder an den Sattel schmiegen, schmaler werden, und noch einmal von vorne beginnen.
5. Paradoxerweise kommen die Oberschenkel auf diese Weise enger an den Sattel und werden zugleich weiter. Hierbei werden die inneren und äußeren Oberschenkelmuskeln (die TFL und die Seitenlinien) angespannt.

Die Reiterinnen, die dies gut anwenden können, wissen meistens nicht genau, was sie eigentlich machen. Dies ist ein gutes Beispiel dafür, dass Elitereiterinnen das, was sie mit ihren Muskeln eigentlich tun, höchstwahrscheinlich nicht akkurat beschreiben können. Dies bringt Reiterinnen am Totempfahl eine Etage nach unten. Beispielsweise würden Elitereiterinnen mit außergewöhnlich gutem Kontakt zwischen ihrem inneren Oberschenkel und dem Sattel sagen, dass sie »nichts tun«, was eigentlich bedeutet, sie tun »nichts, das sie für ungewöhnlich halten«. Die Benutzung dieser Muskelpartie, die ich hier beschreibe, ist für die meisten Reiterinnen sehr substantiell – Sie werden die benötigte Stärke dieser Partie niemals erreichen, wenn Sie dem Spruch: »ich mache nichts«, verbreitet von einem berühmten Namen in der Reiterwelt, nacheifern.

Die drei Segmente der Orange im Oberschenkel

Den Oberschenkel umfassen zwei Septen, die Zweige der TFL. Dies bedeutet, dass wir von der Haut bis zum Knochen Zugriff auf den Oberschenkel haben. Dies gibt uns ein Gefühl von »Substanz« (in der Welt der Biomechanik bekannt als »hydraulische Verstärkung«), welches uns viel mehr Stabilität bietet, als wenn wir uns nur auf die Oberfläche fokussieren würden (siehe Abb. 9.3, Seite 190). Wir werden unsere Gedanken über die TFL hinaus erweitern und das dritte Septum mit einbeziehen. Es liegt auf der hinteren Außenseite des Oberschenkels, zwischen der Außenseite des Oberschenkelmuskels und der Rückseite der Gruppe des Quadrizeps.

Die folgende Übung kann auf einem Stuhl und danach beim Schrittreiten durchgeführt werden.

1. Setzen Sie sich auf einen Stuhl. Stellen Sie sich vor, Sie würden Schritt reiten und Ihr innerer Oberschenkel wäre nach innen zum Sattel eingedreht und würde Gewicht tragen, so dass Sie »knien«. Erinnern Sie sich daran, wie es sich anfühlt, wenn Ihre Beine neu positioniert sind wie in Abb. 3.6, Seite 58, und auch nach den Widerstandsübungen von Abb. 5.9, 5.10, 5.11 auf Seite 106/107.
2. Behalten Sie den Vergleich der gestreckten Orange im Kopf und denken Sie an drei Septen, die die drei Fächer des Oberschenkels beinhalten, wobei Sie sich klarmachen, dass jedes die ganze Strecke von der Haut bis zum Knochen verläuft. Dann betrachten Sie diese drei Fächer Ihres Oberschenkels. Welche sind in Ihrer Wahrnehmung am meisten und welche am wenigsten »ausgefüllt«?

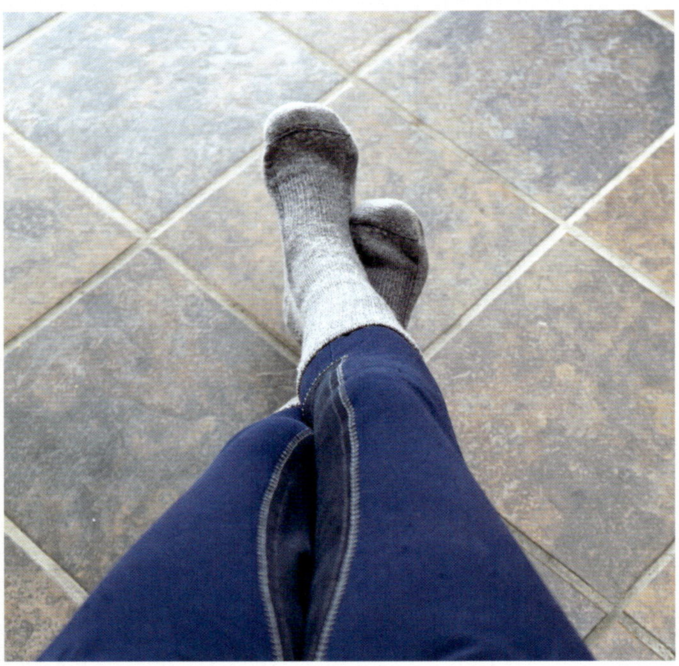

Abb. 9.7: Strecken Sie Ihre Beine und überkreuzen Sie Ihre Knöchel, so dass sie gegeneinanderdrücken. Machen Sie dies in beide Richtungen und fühlen Sie, wo Sie sich auf jeder Seite anspannen.

3. Wenn Ihre Oberschenkel ein dreidimensionales Gemälde wären, wäre jedes Fach mit der gleichen dunklen Farbe ausgefüllt? Wären Teile mit hellerer Wasserfarbe und andere mit dunkler Acrylfarbe ausgefüllt? Können Sie die Wasserfarbe verdunkeln, so dass sie der Acrylfarbe ähnelt? Als Alternative können Sie sich auch vorstellen, dass Sie eine ausgestopfte Kuscheltier-Reiterin sind. Welche Fächer hätten mehr und welche weniger Füllung?
4. Ist das Muster in beiden Oberschenkeln das gleiche, oder unterscheidet es sich? Sind Ihre Oberschenkel weiter oben oder weiter unten mehr ausgefüllt? Wie deutlich können Sie sich die Septen vorstellen?
5. Während Sie auf Ihrem Stuhl sitzen, strecken Sie Ihre Beine aus, überkreuzen Ihre Knöchel und drücken sie gegeneinander (siehe Abb. 9.7). Hilft Ihnen diese Übung, Ihr Septum an Ihrem hinteren äußeren Oberschenkel zu finden und das äußere Segment »auszufüllen«?
6. Wenn Sie das »Knien« auf die Spitze treiben und Gewicht auf Ihre Oberschenkel verteilen würden, würden Sie auf dem inneren hinteren Septum des Oberschenkels von Ihrem Gesäßknochen zu der hinteren Innenseite Ihres Knies knien.
7. Denken Sie auch an das Septum Ihres hinteren äußeren Oberschenkels und stellen Sie es sich als feste Struktur vor, die aus Ihrem Oberschenkelknochen bis zu Ihrer Haut heraussteht. Können Sie das Gefühl wiederherstellen, das Sie hatten, als Sie Ihre Knöchel gekreuzt haben? Dies kann Ihnen helfen, Ihre äußeren Oberschenkel zu aktivieren und sich stabiler und gerader zu halten.

»Beinhöhlen«

Bevor wir den inneren Teil der Oberschenkel hinter uns lassen, können wir noch stark vom oberen Teil der

Septen an der Vorder- und Rückseite des Oberschenkels profitieren. Dies ist der Bereich des »Oberschenkeldreiecks«, den Myers »Beinhöhle« nennt, da der Aufbau dieses Dreiecks der Achselhöhle sehr ähnelt.

1. Strecken Sie Ihren Arm über Ihre Brust und legen Sie Ihre Finger in die Vorderseite Ihrer Achselhöhle. Der Daumen liegt dabei auf der äußeren Fläche. Zwischen Daumen und den Fingern liegt jetzt eine kräftige Sehne, die sich anspannt, wenn Sie Ihre Schulter und Ellenbogen nach unten ziehen (siehe Abb. 6.2, Seite 126)
2. Ihr Daumen und Finger liegen auf zwei Oberflächen, die übereinander gleiten können: Sie können also Ihre Finger tiefer in Ihre Achselhöhle gleiten lassen und Ihren Daumen weg vom Schultergürtel. Sie können auch das Gegenteil versuchen und Ihren Daumen in Richtung Ihres Schlüsselbeins gleiten lassen, während Ihre Finger aus Ihrer Achselhöhle gleiten.
3. Ihre Beinhöhle hat die gleiche Struktur. Zwischen jeder Oberfläche liegt eine kräftige, gut zu erkennende Sehne, welche den langen Schenkelanzieher mit dem Schambein verbindet.
4. Nehmen Sie diese Sehne in Ihre Hand. Legen Sie Ihren Daumen oben hin und Ihre Finger nach unten. (Seien Sie nicht schüchtern, es ist nur Fleisch!) Der Großteil der oberen Oberfläche unter Ihrem Daumen wird vom Pectineus-Muskel gebildet, welcher ein wichtiger Teil der TFL ist (siehe Abb. 9.8).
5. Genau wie oben beschrieben können Ihre Finger weiter nach unten gleiten, während Ihr Daumen sich weiter weg von der Leiste bewegt, und Sie können auch die umgekehrte Bewegung machen.
6. Wenn Sie eine Reiterin sind, die schon immer die Tendenz dazu hatte, nach vorne zu fallen (egal wie oft Ihnen gesagt wurde, Sie sollen es nicht tun!), werden Sie jetzt das Gegenmittel für Ihr Problem entdecken. Sie fallen nach vorne, da die untere Oberfläche Ihrer Beinhöhle im Verhältnis zur oberen Oberfläche nach hinten gleitet. Sie verschwindet nach hinten unter Sie und verkleinert den Winkel zwischen Ihrem Oberschenkel und Oberkörper.
7. Stellen Sie sich vor, Ihre »Beinhöhle vor sich zu halten«, so dass die untere Oberfläche weiterhin im

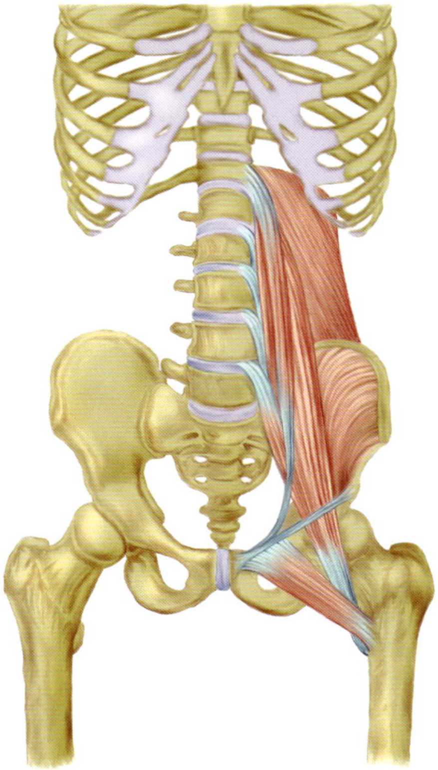

Abb. 9.8: Die obere Oberfläche der Beinhöhle wird durch den Pectineus- und den Psoas-Muskel geformt. Die Zeichnung zeigt auch den linken Iliopsoas-Komplex in seiner Gesamtheit, einschließlich zweier »Lokalverbindungen«, die später noch erklärt werden. Der Quadratus Lumborum und der Iliacus-Muskel formen die breitere der beiden »Lokalverbindungen«. Das andere Paar besteht aus dem Pectineus-Muskel und dem Psoas Minor. Das Schnittbild von Abb. 5.13, Seite 110, der seitlichen Linien zeigt ebenfalls den Psoas-Muskel.

KAPITEL 9:
TIEFE FRONTALLINIE

Verhältnis zur oberen Oberfläche nach vorne gleiten kann. Sie werden feststellen, dass Sie sich plötzlich nicht mehr nach vorne lehnen (aber nur so lange Sie damit weitermachen!).

Stellen Sie sich diese Septen als Anspannseile vor. An Ihrem vorderen inneren Oberschenkel ist ein Anspannseil, das Ihr Schambein mit der Innenseite Ihres Knies verbindet. Das Septum am hinteren inneren Oberschenkel ist ein Anspannseil, das Ihre Gesäßknochen mit der hinteren Innenseite Ihres Knies verbindet (siehe Abb. 9.9). Wenn Sie sich nicht davon abhalten können, nach vorne zu fallen und ein Hohlkreuz zu machen, ist das vordere zu kurz und das hintere zu lang. Hinzu kommt, dass die Faszienschichten innerhalb der Septen verklebt sein können. Diese Verklebung erzeugt Einschränkungen in der Position des Beckens und stellt es in der Tendenz zum Hohlkreuz bzw. Rundrücken fest.

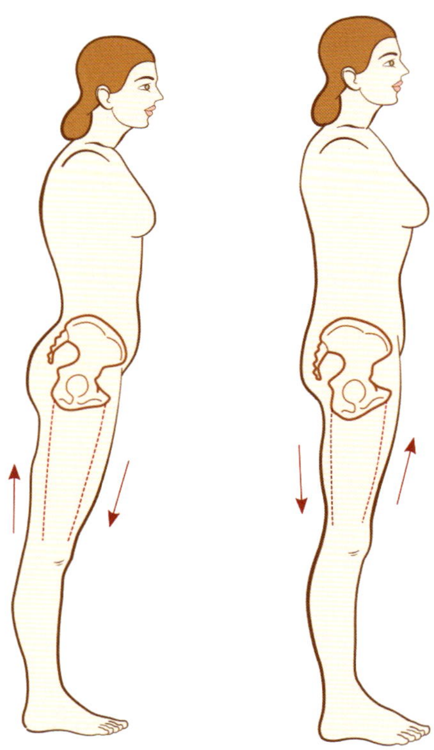

Abb. 9.9: Die Septen fungieren als Anspannseile, die die Fähigkeit des Beckens einschränken können, sich zwischen Beugung und Streckung zu bewegen, wodurch Sie möglicherweise in einer dieser Positionen stecken bleiben. Die Person auf der linken Seite hat das Becken vorne heruntergezogen und einen extrem hohlen Rücken. Die Person rechts hat das Becken hinten heruntergezogen.

Die Beinhöhle vor sich zu halten gleicht die Anspannseile aus und hilft Ihnen erheblich, durch kräftigen Gegendruck, nicht in die »Fallgrube des Pferdes zu rutschen« (siehe Seite 86). Wenn das Pferd ein Hohlkreuz macht, wird sich sonst die Unterseite der Beinhöhle (die sowieso schon zu lang ist) an diese neue Form der (verschwindenden) Oberfläche anpassen. Die Beinhöhle vor sich zu halten hat sich als eine bemerkenswert schnelle und nachhaltige Lösung für ein hartnäckiges Problem vieler Reiterinnen erwiesen.

Wenn Sie hingegen eine Reiterin sind, deren Schultern bei jedem dritten Takt des Galoppsprungs nach hinten geworfen werden, stellen Sie sich vor, die Unterseite Ihrer Beinhöhle nach hinten unter sie gleiten zu lassen. Dies wird Ihnen helfen, Ihre Schultern und Ihr Gesäß bei jedem Sprung still zu halten, wobei Ihr Gewicht auf dem richtigen Teil Ihrer Unterseite ruht.

DER BECKENBODEN

Unsere nächste Anlaufstelle ist die Oberfläche, auf der wir sitzen. Unser gesamter Beckenboden ist geformt wie ein Diamant: Die Punkte, die vorne und hinten liegen, sind das Schambein und das Steißbein. Die Punkte an den Seiten sind unsere Gesäßknochen. Die zwei vorderen Seiten des Diamanten werden von Knochenästen gebildet, die das Schambein mit dem Gesäßknochen auf jeder Seite verbinden (siehe Abb. 9.10 (a)).

Diese Knochenäste sind wie die Kufen eines Schaukelstuhls oder eines Schlittens, laufen jedoch nicht nur nach oben und vorne, sondern werden auch schmaler und laufen aufeinander zu. So passen sie (wenn Sie Ihren Sattel lieben) zwischen die Nahtlinien am Sitz und (wenn Sie Ihren Sattel lieben) entsprechen der Aufwärtsneigung des Sattels zum Vorderzwiesel hin (siehe Abb. 9.10 (b)). Die hinteren zwei Seiten des Diamanten werden durch kräftige Bänder geformt, die die Gesäßknochen mit dem Steißbein verbinden.

Die meisten Reiterinnen sind sich ihrer Gesäßknochen bewusst, aber nur wenige erkennen, dass die spitzen, fühlbaren Knochen als Kufen nach vorne weiterlaufen. Dies macht den Gedanken des »Drei-Punkte-Kontakts«, bei dem der dritte Punkt das Schambein ist, unsinnig. Um die Verwirrung zu verstärken wissen die meisten Reiterinnen ungefähr, wo ihr Steißbein ist, und einige (vor allem Männer) stellen sich irrtümlich vor, dass dies der dritte Punkt ist.

Wäre Ihr Steißbein ein Druckpunkt Ihres Sitzes, würden Sie unter Schmerzen leiden und das Becken viel zu weit nach hinten gekippt haben. Darüber hinaus denken manche Männer, dass ihr Trochanter Minor (ein weiteres Paar knochenartiger Knubbel, die wir uns später anschauen werden), ihre Gesäßknochen sind. Ich würde meine Hand nicht für die Genauigkeit traditioneller Literatur ins Feuer legen. Das Potential für Verwirrung ist riesig!

In den meisten Fällen sollte Ihr Gewicht auf der vorderen Hälfte des Diamanten des Beckenbodens liegen, da der hintere Teil zu weit hinter dem Schwerpunkt des Pferdes und dem stärksten Teil seines Rückens liegt. Der hintere Teil muss Kontakt zum Sattel haben, sollte jedoch wenig Gewicht tragen. Dieses Rätsel zu lösen ist eine große Herausforderung für viele Reiterinnen:

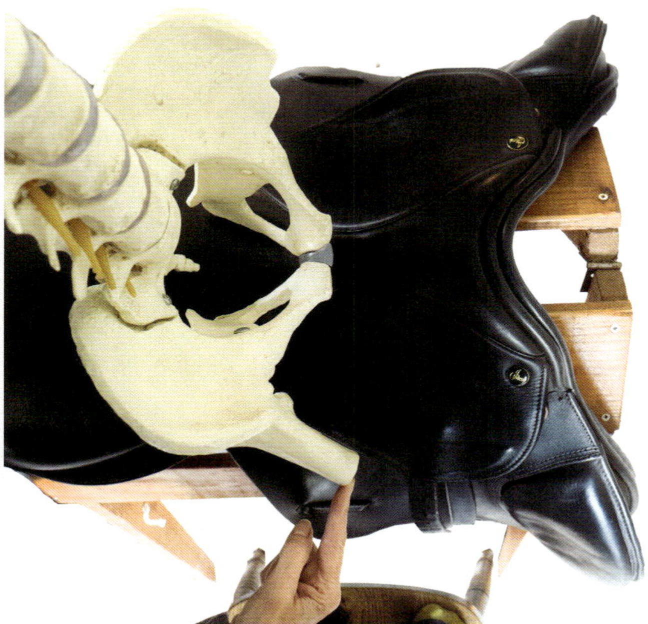

Abb. 9.10: (a) Das Becken auf einem Sattel zeigt die Diamantenform des Beckenbodens mit dem Knochenast, der das Schambein mit den Gesäßknochen verbindet, und starken Bändern, die die Gesäßknochen mit dem Steißbein verbinden.

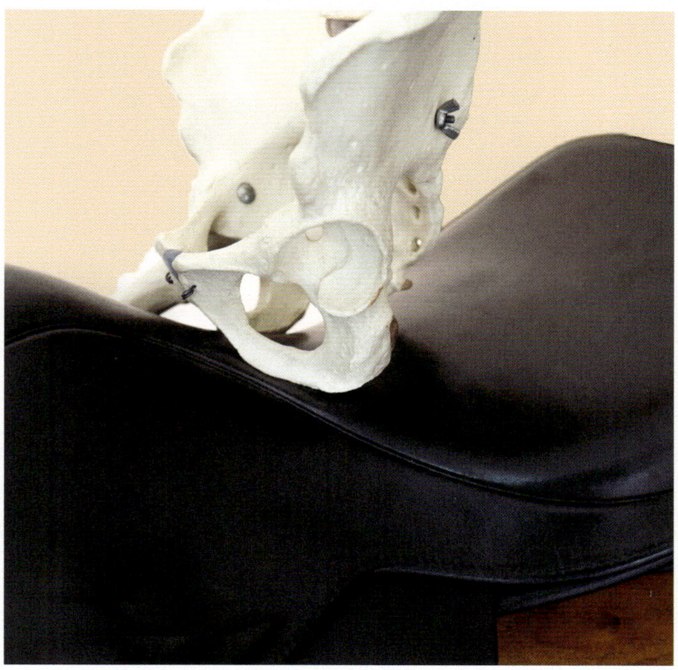

(b) Dies zeigt, wie die Knochenäste, die das Schambein und die Gesäßknochen verbinden, perfekt (wenn Sie Ihren Sattel lieben) in die Nahtlinie der Sitzfläche passen.

Im Hohlkreuz sitzende Reiterinnen haben Schwierigkeiten, das hintere Dreieck in Kontakt zu bringen, während Reiterinnen mit Rundrücken sehr leicht zu viel Gewicht darauf bringen. Ein Beobachter kann beiden Gruppen helfen, indem er kontrolliert, dass die Unterseite der Oberkörper-Box sich nicht verformt: Sie muss die korrekte Distanz zwischen der vorderen und hinteren Vertikalen haben.

Die meisten Reiterinnen kennen den langen Schenkelanzieher (und seine leicht erkennbare Sehne), welche an der Ecke des Schambeins einsetzt. Jedoch realisieren nur wenige, dass noch mehr Anziehmuskeln auf der ganzen Länge des Knochenasts ansetzen und nur der hintere Teil – die Gesäßknochen – reserviert ist für die Verbindung mit dem hinteren Oberschenkelmuskel (siehe Abb. 9.11). Somit bilden die Anziehmuskeln ein wichtiges »Segment der Orange«, welches hinten vom hinteren Muskelseptum umhüllt wird.

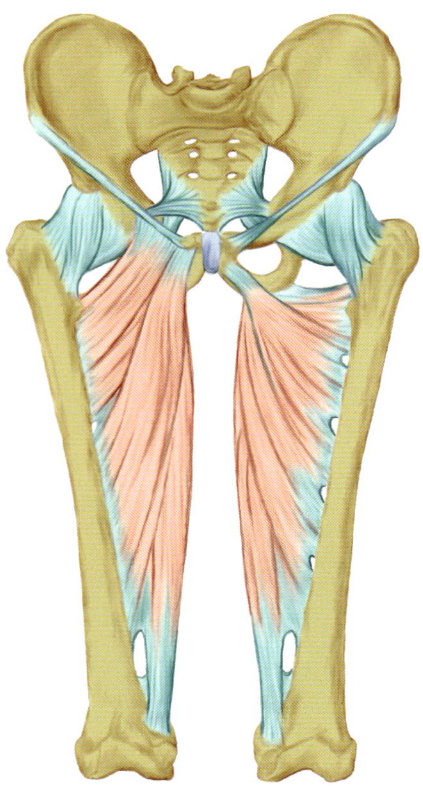

Abb. 9.11: Diverse Adduktoren setzen an der gesamten Länge der Knochenäste an. Die hinteren Oberschenkelmuskeln (welche Sie hier nicht sehen können) setzen ganz hinten am Gesäßknochen an. Die linke Seite zeigt die Muskeln auf der Oberfläche der Beinhöhle. Diese wurden auf der rechten Seite entfernt.

Dieses Septum verläuft weiter nach vorne und oben, vorbei an den Anziehmuskeln und der inneren Ecke der beiden Knochenäste und verbindet sich dann mit den Muskeln des Beckenbodens. Dies ist eine Schlinge – ein Trichter, der in der Schüssel des Beckens aufgehängt ist – die dazu bestimmt ist, Ihre inneren Organe zu stützen.

1. Würden Sie Ihren Beckenboden von vorne nach hinten oder von hinten nach vorne betrachten?
2. Reiterinnen mit Hohlkreuz, deren Beinhöhlen verschwinden und einer Unterseite, die zu lang ist, wählen die erste Option. Sie haben einen übermäßig schlaffen Beckenboden, der zu sehr nach unten durchhängt.
3. Reiterinnen mit Rundrücken betrachten ihren Beckenboden von hinten nach vorne, genauso wie gut organisierte Reiterinnen, die mit neutraler Wirbelsäule reiten.
4. Ziehen Sie permanent Ihr Steißbein in Richtung Ihres Schambeins, wenn Sie reiten? Dies ist tatsächlich eine hilfreiche Idee für Reiterinnen mit Hohlkreuz. Doch für andere bewirkt das, dass der Beckenboden kürzer wird, als er unter der Oberkörper-Box eigentlich sein sollte.
5. Ziehen Sie Ihr Steißbein in Richtung Ihres Schambeins: Beobachten Sie, wie dies die Unterseite Ihrer Oberkörper-Box verkürzt und Sie dazu bringt, den Rücken zu runden. Sie fallen dann zurück hinter

den idealen Balancepunkt und legen somit zu viel Gewicht auf das hintere Dreieck. Diese Strategie wird meistens von Männern angewendet, da der Beckenboden des Mannes stärker ist, da er eine Körperöffnung weniger hat; doch ich sehe es auch bei Frauen.

6. Wenn Sie das nächste Mal reiten, fragen Sie einen Beobachter, ob er Ihnen Feedback über die Länge der Unterseite der Oberkörper-Box geben kann und ob die Box vertikal ist. Ist die Unterseite zu lang, zu kurz oder genau richtig?
7. Die »genau richtige« Länge des Beckenbodens zu finden kann einen bedeutenden Unterschied bewirken – hier geht es um den goldenen Mittelweg!

Wenn ich eine Reiterin sehe und denke: »Ihre Reithose ist zu klein, sie verhindert, dass ihre Unterseite wirklich in den Sattel kommt«, halte ich mich zunächst zurück. Aber wenn ich dies über mehrere Unterrichtsstunden gedacht und sie mit verschiedenen Reithosen gesehen habe, fange ich an mir zu überlegen, wann ich ihr die Nachricht beibringe! Sie hält ihren Beckenboden zu sehr oben und zu fest: Ich spreche sie dann normalerweise vorsichtig an, dass sie reiten sollte, als ob sie »Klein und Groß« machen könnte.

Wenn Sie mit einem fest angespannten Beckenboden reiten (also so zusammenziehen, als ob Sie einen Urinstrahl stoppen möchten), bringt Sie dies in große Schwierigkeiten, da Sie Ihren Beckenboden zu sehr »verkrampfen« und somit unempfänglich für die Kraftveränderung der Gangarten des Pferdes sind. Versuchen Sie die nächsten Übungen auf einem Stuhl.

1. Spannen Sie Ihren Beckenboden an. Sie müssen dies vielleicht übertreiben, um zu bemerken, dass Sie Ihr Schambein anheben und Ihre Bikini-Linie einziehen (welche manche Männer die »Speedo-Linie« nennen). Im Sattel wäre das nicht vermeidbar.
2. Wenn Sie den Beckenboden stark nach oben ziehen, wird Sie dies auch in eine Rundrückenhaltung bringen und Ihr Gewicht mehr auf das hintere Dreieck Ihrer Unterseite verlagern. Ihre Oberschenkel rotieren somit also nach außen und kommen weg vom Sattel. Machen Sie die übertriebene Version und bemerken Sie, dass Sie eigentlich nicht mehr nur den Beckenboden, sondern auch die tiefe Gesäßmuskulatur anspannen. Dies imitiert zwar die richtige Spannung in Ihrem Beckenboden, ist aber kein guter Ersatz!
3. Wenn Sie versuchen würden, anzuhalten oder eine Wendung zu reiten, hätten Sie kein Niederdrücken und auch keine inneren Oberschenkel zur Unterstützung. Alles was Ihnen bleibt ist, an den Zügeln zu ziehen! Das allein ist schon schlecht – aber ich vermute, dass die Verspannung des Beckenbodens auch noch ein »elektrisches Gesäß« hervorruft. Wenn die Anspannung Ihres Beckenbodens Ihr Pferd aufdrehen lässt, dann verschlimmert dies zusätzlich Ihre Misere!
4. Sie haben viel Muskelkraft aufgewendet und haben vielleicht fälschlicherweise gedacht, dass dies Ihr Niederdrücken ist. Um von der Anspannung des Beckenbodens zum Niederdrücken zu kommen, müssen Sie Ihr Schambein etwas nach unten fallen lassen und gegen Ihre Bikini-Linie drücken. Somit bringen Sie Ihr Gewicht auf das vordere Dreieck und Ihre Oberschenkel an den Sattel. Räuspern Sie sich, während Sie das tun.
5. Das Niederdrücken neu zu erlernen kann ein langer Prozess sein, und wenn Sie sich in Stresssituationen befinden, werden Sie höchstwahrscheinlich fälschlicherweise wieder Ihren Beckenboden anspannen. Rollen Sie zusätzlich Ihre Zehen ein?

6. Manche Ideen, die Sie beim Pilates hören, können hier auch verwirrend sein. Wenn jemand sagt, dass Sie Ihr Inneres hochziehen sollen, müssen Sie dies wahrscheinlich nicht beim Reiten machen. Denken Sie eher daran, Ihre Unterseite nach unten auf den Sattel fallen zu lassen.

Beckenböden können eine bedeutende Sache für Reiterinnen sein. Sie können sich auch rechts und links unserer Mittellinie unterschiedlich anfühlen und steuern viel zu unserer Asymmetrie bei. Wir kommen nochmal hierhin zurück, wenn wir über unser Zwerchfell reden.

DER PSOAS-MUSKEL – DAS ZENTRUM DES OBERKÖRPERS

Von der Beinhöhle setzt sich der vordere Ast der TFL fort zum großen Psoas-Muskel. Während viele Muskeln Ihre Beine mit Ihrem Becken verbinden, haben die Psoas-Muskeln das bemerkenswerte Privileg, die einzigen zu sein, die jedes Bein mit der Wirbelsäule verbinden. Dies macht sie außerordentlich wichtig, jedoch wissen nur wenige Reiterinnen, dass sie existieren (siehe Abb. 9.4, Seite 191).

Der Psoas fügt sich in den Trochanter Minor – ein kleiner, knochenartiger Knubbel, der auf der Unterseite des Trochanter Major liegt, welchen Sie in Abb. 5.2, Seite 93, entdeckt haben. Es sind diese Knubbel, die Männer eventuell fälschlicherweise für ihre Gesäßknochen halten. (Die Form des weiblichen Beckens macht dies unwahrscheinlicher.) Der Pectineus-Muskel, der die Vorderseite Ihrer Beinhöhle formt, setzt ebenfalls hier an (siehe Abb. 9.8, Seite 197).

Vom Trochanter Minor jedes Oberschenkelknochens verlaufen die Psoas-Muskeln über die Vorderseite des Beckens zu jeder Seite des Schambeins und dann über die Vorderseite Ihrer Hüftgelenke. Sie führen nach oben durch Ihre Bauchhöhle, vorbei an Ihren Eingeweiden und setzen an den Seiten jedes Lendenwirbels an. Sie setzen sich weiter nach oben zu ihrer höchsten Ansatzstelle fort, die entweder an Ihrem ersten Lendenwirbel oder an den Wirbeln Ihrer untersten Rippe liegt.

Die Psoas-Muskeln formen ein auf dem Kopf stehendes »V« (denken Sie an den Vergleich zur altmodischen Briefklammer), und jeder Ansatzpunkt an jedem einzelnen Lendenwirbel verstärkt ihre Substanz, während sie zu Ihren Beinen hinablaufen. An der Spitze des »V« geht der Psoas in die Ansätze des Zwerchfells über. Der Psoas-Muskel verbindet also die »Wellenbewegung der Atmung mit dem Rhythmus des Gehens«.[1]

Der Psoas ist das Filet Mignon bei Rindern und das Lendenstück bei Schweinen; er ist zart, weil er aus langsam zuckenden Muskelfasern besteht und kein Fett hat. Bemerkenswerterweise streiten sich die Anatomen immer noch über seine Funktion, wobei einige denken, dass er die Hüfte nach innen dreht und andere, dass er sie nach außen dreht. Myers argumentiert, dass der Psoas keins von beidem tut, sondern dass der obere Teil die Lendenwirbelsäule biegt (was Ihren Rücken rundet), während der untere Teil die Lendenwirbelsäule streckt (was zu einem Hohlkreuz führt). Das würde bedeuten, dass wir alle – und insbesondere Reiterinnen – die Lendenwirbelsäule in der neutralen Position zwischen Streckung und Biegung stabilisieren können, indem wir die beiden Enden des Psoas ausbalancieren. Man muss nur (nur!) lernen, wie man das macht – wobei klar sein muss, dass es natürlich auf der einen Seite wesentlich schwerer sein könnte als auf der anderen.

Jüngste Forschungsergebnisse legen nahe, dass Bauchmuskeltraining weniger Auswirkungen auf die Reduzierung von Rückenschmerzen hat als bisher angenommen.[2] Stattdessen sind die Psoas-Muskeln der Schlüssel. Sie müssen ein dynamisches Gleichgewicht mit den langen

Rückenmuskeln haben, die Teil der oberflächlichen Rückenlinie sind. Diese liegen jeweils in einer Rinne hinter und zu jeder Seite der Wirbel; die Psoas-Muskeln liegen in den Rinnen vor und zu jeder Seite der Wirbel. Wenn diese vier Zuglinien gut ausbalanciert sind, haben Sie einen stabilen, schmerzfreien unteren Rücken und jede Chance, den Trab gut zu sitzen (siehe Abb. 9.12).

Funktionstüchtiger und beeinträchtigter Psoas-Muskel

Die beiden Psoas-Muskeln werden aufgrund von Haltungsabweichungen, die zumindest aufgrund der Händigkeit (der Hände und Beine) und vielleicht auch aufgrund von Verletzungen entstehen, nie völlig gleich sein. Ihr Weg durch die Bauchhöhle erinnert an die Bretter aus Kapitel 5, und wenn Sie an »beide Bretter dran« denken, kann Ihnen dies helfen, sie zu finden und auszugleichen (siehe Seite 108). Wenn einer der Muskeln wirklich stark ist, gibt der andere seine Rolle fast auf, und es könnte sich anfühlen, als ob es nur Brei in dieser Seite Ihres Oberkörpers gibt!

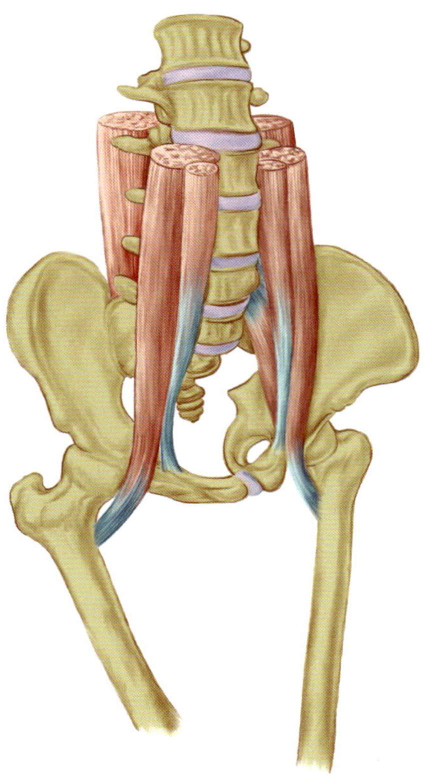

Abb. 9.12: Der Psoas-Muskel und der lange Rückenmuskel liegen in Rinnen auf jeder Seite der Wirbelsäule. Wenn die Spannung zwischen ihnen ausbalanciert ist, dann ist die Wirbelsäule stabilisiert. Dies ist auch sichtbar im Schnittbild 5.13 auf Seite 110 in Kapitel 5, bei den seitlichen Linien.

Gute Reiterinnen kommen der funktionellen Symmetrie innerhalb der rechten und linken TFL sehr nahe und erreichen das während ihrer gesamten Reitkarriere durch unzählige kleine Durchbrüche. Viele von uns »frieren« sich jedoch vom Becken aufwärts ein, manchmal auch einschließlich dem Zwerchfell. Das führt dazu, dass wir nur aus den Hüftgelenken gehen und sehr wenig Atemkapazität haben.

Angenommen, Ihr Trainer möchte Ihr Hohlkreuz korrigieren, aber wenn Sie anfangen darüber nachzudenken, kommen Ihre Knie am Sattel hoch. Wenn Sie dann daran denken, dass Ihre Knie nach unten kommen sollen, wird Ihr Rücken wieder hohl. Und so geht es weiter ... mit einem Ende des Psoas-Muskels, das sich von dem anderen entfernt, wonach dieses Ende dann verkündet: »Ich kann diese zusätzliche Länge nicht mehr aufnehmen!«

Außerdem können Einschränkungen der TFL um die Hüftgelenke und Oberschenkel die differenzierte Bewegung zwischen Becken und Bein auf einer oder beiden Seiten behindern und unsere Hüfte in die gebeugte Position ziehen. Fast alle dieser Gewohnheitsmuster sind auf die natürlichen Schreckreaktionen des Körpers zurückzuführen, und leider bleiben manchmal Furcht, Angst und andere emotionale Probleme (wie unsere Denkweise und/oder das »Einfrieren« unseres Gewebes) unser ganzes Leben lang bei uns. Wie bereits erwähnt sind Zehen, die sich einrollen, ein weiterer Ausdruck dieser Verletzbarkeit.

DIE ZWEI »LOKALEN« VERBINDUNGEN

Hilfe ist auf dem Weg! Hier kommen die zwei Gruppen von »Lokalverbindungen« ins Spiel, die der gleichen Spur folgen wie der Psoas Major. Das bedeutet, dass drei separate Muskel- und Faszienbahnen von der inneren Hüfte zum Zwerchfell verlaufen. Zusammen bilden sie den sogenannten Iliopsoas-Komplex (siehe Abb. 9.8, Seite 197). Wenn das Hohlkreuz einer Reiterin nicht leicht darauf reagiert, die Muskelspannung in der oberflächlichen Frontal- und Rückenlinie auszugleichen, ist die TFL oft der Übeltäter, der die Lendenwirbelsäule nach unten zieht und nach vorne in Richtung der Vorderseite des Beckens.

Die erste Gruppe von »Lokalverbindungen« umfasst den Pectineus-Muskel, der die obere Oberfläche Ihrer Beinhöhle bildet. An Ihrem Schambeinkamm läuft er durchgehend entlang mit dem Psoas Minor, der vor dem viel größeren Psoas Major liegt und auch näher an Ihrer Mittellinie ist. Zusammen decken diese »lokalen« Muskeln das gleiche Gebiet ab wie der Psoas Major (ein »überregionaler« Muskel) – siehe Abb. 9.8, Seite 197.

1. Setzen Sie sich in neutraler Wirbelsäulenposition und drücken Sie sich leicht von Ihren Füßen weg. Stellen Sie sich vor, Ihre Beinhöhlen verbinden sich mit der Rückseite ihres Zwerchfells über die Psoas Minor-Muskeln, die diagonal nach hinten und oben durch Ihren Bauch verlaufen und ein umgekehrtes »V« bilden.
2. Können Sie diese Verbindung in Ihrem Inneren spüren? Ist die eine Seite schwieriger zu fühlen als die andere? Sind beide Seiten »Brei«?
3. Ziemlich oft haben Reiterinnen ein Gefühl von etwas Substanz an der unteren Vorderseite des Bauches und auch weiter oben und am Rücken, jedoch sind diese Bereiche nicht miteinander verbunden. Erinnern Sie sich an die Vorstellung der Briefklammer. Können Sie diese Bereiche auf jeder Seite zusammenführen?

Die zweite Spur der »Lokalverbindungen« erhöht außerdem enorm Ihre Fähigkeit, auf die Stärke Ihrer Körpermitte zuzugreifen. Sie liegt außerhalb des Psoas Major (siehe Abb. 9.8, Seite 197). Der untere Muskel ist der Iliacus, der wie der Psoas Major am Trochanter Minor ansetzt. Er erstreckt sich nach oben, um das Innere des knöchernen Flügels des Beckens zu bedecken. Ja, hier ist wirklich ein Muskel! Wenn Sie Ihre Hände in die Hüften legen, ruhen sie auf diesen Flügeln, welche ich als Füllung eines »Knochensandwiches« ansehe. Das »Brot« ist der Iliacus-Muskel auf der Innenseite und die Gesäßmuskeln der seitlichen Linie auf der Außenseite.

Wenn beide »Brotscheiben« fest und nicht »matschig« sind, fühlt sich der Knochen stark und stabilisiert an. Wenn die Muskeln schwach sind, verhindern sie, dass Kraft von hinten nach vorne über die Seiten des Beckens übertragen wird, so dass die Reiterin sich »schlaffer« und unorganisierter fühlt. Das Brot in einem Sandwich ist oft viel fester (dunkles Roggenbrot im Vergleich zu »Watte«-Brot). Dies trägt zur Tendenz bei, sich auf dem Zirkeln nach innen zu neigen und zu drehen.

1. Legen Sie Ihre Hände auf Ihre Hüfte und fühlen Sie den knochigen Rand Ihres Beckens. Legen Sie dann Ihren Daumen in den Rand, um zu fühlen, wie der Iliacus dort arbeitet – heben Sie Ihre Knie ein wenig, um ihn hervortreten zu lassen.
2. Drücken Sie Ihre Fersen nach außen, gegen die Stuhlbeine oder gegen den Widerstand eines Freundes beim Reiten. Können Sie fühlen, wie sich die äußeren Muskeln festigen?

3. Stellen Sie sich als nächstes vor, die vorderen Spitzen der Hüftknochen zueinander zu führen, als ob sie schielen würden. Können Sie fühlen, wie der Iliacus-Muskel sich in Ihnen anspannt?
4. Können Sie diese beiden Dinge gleichzeitig ausführen? Sind beide Seiten gleich stark?
5. Üben Sie dies, bis Sie Zugang zur inneren und äußere Muskulatur haben. Wenn Sie den Zugang gefunden haben, werden Sie auch ein starkes Niederdrücken fühlen. Sie werden vielleicht überrascht sein, welche Stärke und Spannung Sie erzeugt haben. Vergessen Sie nicht zu atmen!

DER QUADRATUS LUMBORUM (QL)

Weiter oben verbindet sich der Iliacus mit dem Quadratus Lumborum oder »Quadrat des Rückens«, auch bekannt als QL. Diese Muskeln liegen auf beiden Seiten der Wirbelsäule und füllen den Raum zwischen dem hinteren knöchernen Beckenrand und der unteren Rippe aus. Pilates-Lehrer betrachten sie als Teil des »inneren Korsetts« der Muskeln in Ihrem Bauch – sie sind die tiefsten Muskeln Ihres Rückens, liegen direkt hinter Ihren Eingeweiden und ihre tiefste Oberfläche verbindet sich mit dem Iliacus. Wenn Sie Ihre Fäuste auf jeder Seite der Lendenwirbelsäule mit den Knöcheln einander gegenüberstellen, legen Sie sie auf die Muskeln, die die QL überlagern (siehe Abb. 9.13). Lehnen Sie sich von einer Seite zur anderen, um zu spüren, wie sich diese Muskeln auf der gegenüberliegenden Seite, zu der Sie sich lehnen, anspannen.

Der Quadratus Lumborum sitzt auf den Beckenknochen und ruht wie eine quadratische Platte auf einem (knochigen) Zaun. Die oberflächliche Rückenlinie liegt dahinter und der Psoas davor (siehe Abb. 5.3, Seite 94).

1. Sie haben den QL in der Übung auf Seite 72 schon einmal aktiviert, als Sie gegen die Rückenlehne eines Stuhls oder des Sattels gedrückt haben. Überprüfen Sie dies jetzt noch einmal. Können Sie diese Kraft auch beim Reiten anwenden?
2. Denken Sie an den QL, der oben auf einem Zaun sitzt. Wenn Sie beim Reiten fühlen, dass der QL

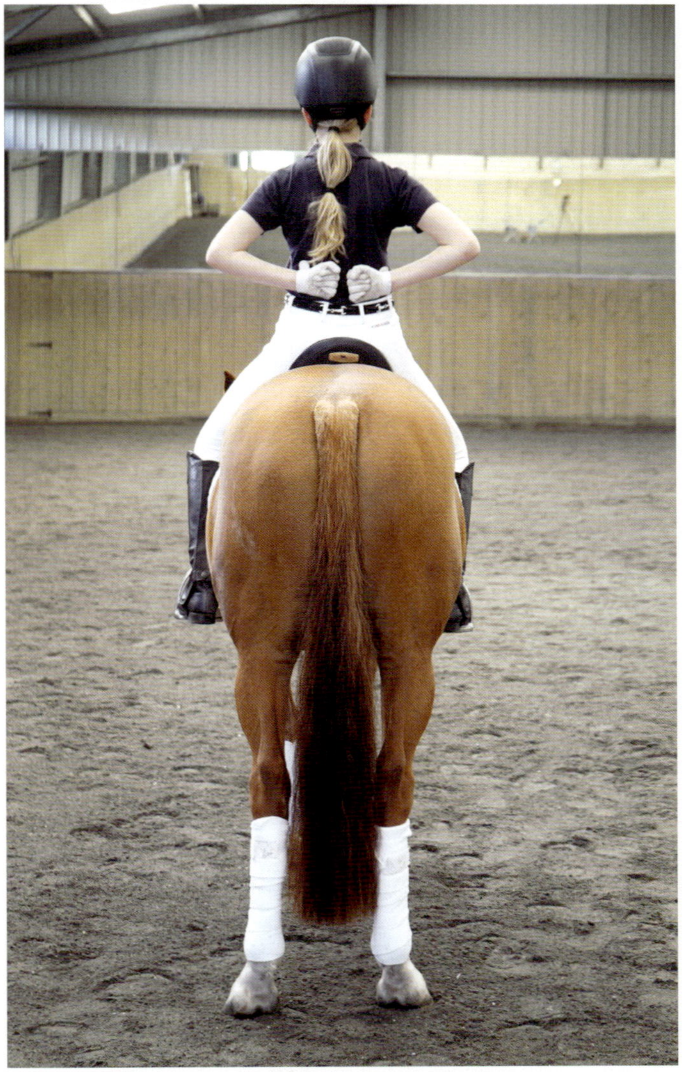

Abb. 9.13: Der Quadratus Lumborum liegt unter den Händen der Reiterin. Er ist der Muskel, der am tiefsten hinter ihren Eingeweiden liegt (siehe auch Abb. 5.13, Seite 110).

außen vom Zaun fällt, haben Sie nur Zugriff auf die oberflächliche Rückenlinie.

3. Setzen Sie sich auf einen harten Stuhl, wobei beide Gesäßknochen gerade nach unten zeigen, und schieben Sie sich sehr leicht von Ihren Füßen zurück. Denken Sie daran, das vordere Dreieck Ihres Beckenbodens nach hinten zu verlängern. Lassen Sie es länger werden, während Sie nach dem Muskel suchen, der seine Hinterkante bildet und Ihre Gesäßknochen verbindet. Wir werden dies den »querverlaufenden Muskel« nennen und nicht den »oberflächlichen transversalen Perinealmuskel!«
4. Können Sie den Muskel nun fühlen? Falls nicht, stellen Sie ihn sich vor. Nehmen Sie sich Zeit, damit dieser Muskel, zuerst auf einem Stuhl und später im Sattel, immer klarer wird.
5. Können Sie den QL senkrecht über diesen Muskel stapeln? Dies kann dazu führen, dass es sich anfühlt, als säßen Sie leicht im Hohlkreuz – stellen Sie sich seitlich vor einen großen Spiegel, um dies zu überprüfen. Denken Sie daran, dass die neutrale Wirbelsäule die Position ist, in der die Kurven Ihrer Wirbelsäule ausgeglichen sind, nicht die Position, in der Ihre gesamte Wirbelsäule gerade ist.
6. Sie haben den QL direkt über die hinterste Linie Ihrer Unterseite gelegt, die Ihnen eine wirklich feste Sitzfläche bietet.
7. Die Stabilität, die Sie beim Aussitzen gewinnen, wenn der QL über den »querverlaufenden Muskeln« gestapelt wird, ist enorm. Ich habe die Erfahrung gemacht, dass dies die allgemeine Stärke vieler Reiterinnen sehr verbessert hat. Ihre Fähigkeit, sowohl im Trab als auch im Galopp »beim« Pferd zu bleiben und Ihre Hände dabei nach vorne zu drücken, hat sich ebenfalls zum Positiven verändert.

Hartnäckige Probleme des mittleren Rückens und der Hüfte

Wenn die Probleme um Ihren mittleren Rücken und Ihrer Hüftgelenke hartnäckig bleiben, liegt Ihre größte Hoffnung in Physiotherapie oder Rehabilitationsübungen, die den Psoas und das Zwerchfell dazu animieren »loszulassen«. Diese Rumpfmuskeln benötigen selten Widerstandstraining, das sich beispielsweise auf Brust- und Rückenmuskulatur positiv auswirkt – stattdessen sind es das Gleichgewicht zwischen links und rechts, ein gleichmäßiger Tonus im ganzen Muskel und steuerbarer Einsatz, die den Unterschied im Reiten oder anderen Sportarten ausmachen.

Die Resultate könnten Ihr Leben verändern und Sie vielleicht sogar vor größeren Eingriffen wie einem Hüftersatz im späteren Leben bewahren! Leichtes Dehnen kann ebenfalls helfen; die Kriegerpositionen im Yoga (der Ausfallschritt in der Leichtathletik) sprechen den Psoas-Muskel an, doch um wirklich den gewünschten Effekt zu erzielen, sollten die Dehnübungen mit so großer Aufmerksamkeit und Präzision durchgeführt werden, wie sie nur wenige erreichen. Angesichts der Tiefe und Verborgenheit der TFL und der Tatsache, dass die äußeren Muskeln die meisten ihrer Funktionen (außer der Atmung) ersetzen können, ist es schwieriger als bei jeder anderen Linie, die Funktionalität der TFL zu verbessern. Die Vorteile sind jedoch enorm.

DAS ZWERCHFELL ALS ZWEI QUADRATE

Der Psoas Major und Minor und auch der QL greifen alle in die Rückseite des Zwerchfells, das einer der stärksten Muskeln im Körper ist. Erinnern Sie sich wieder an die Vorstellung der altmodischen Briefklammer, mit dem Zwerchfell als Kopf und den Psoas-Muskeln als Beinen. Wenn der Kopf der Klammer sehr asymmetrisch ist, beeinflusst dies die ganze Oberkörper-Box.

Diese Asymmetrie wird sich fast sicher darin widerspiegeln, wie Ihr Becken auf das Pferd trifft!

In der nächsten Übung stellen wir uns das Zwerchfell als eine flache Oberfläche vor, auch wenn es eigentlich wie eine Kuppel geformt ist.

1. Stellen Sie sich Ihren Oberkörper wie ein dreidimensionales großes »H« vor, mit einer vertikalen Vorder- und Rückseite und dem Zwerchfell als horizontaler Verbindung, die sie zusammenfügt.
2. Wenn Sie »beide Bretter dran« haben (siehe Seite 108), stellen Sie sich Ihr Zwerchfell in jedem äußeren Drittel als Quadrat vor (siehe Abb. 9.14). Das Zwerchfell hat eine zentrale Sehne, die von der Rückseite nach vorne verläuft, stellen Sie sich also vor, dass diese das (viel schmalere) mittlere Drittel Ihres Oberkörpers ausfüllt.
3. Stellen Sie sich jedes äußere Zwerchfell-Quadrat als ein kleines Trampolin vor. In Wirklichkeit ist Ihr Zwerchfell rund um Ihren Brustkorb verbunden, doch führen Sie sich vor Augen, wie die wichtigsten Federn das kleine Trampolin an jeder Ecke befestigen – an der Vorder- und Rückseite der Bretter und an den vorderen und hinteren Ecken Ihrer Oberkörper-Box (siehe Abb. 9.14).
4. Können Sie sich ein Bild von diesen Feder machen? Sind manche von ihnen nicht verbunden und lassen Teile des Zwerchfells durchhängen und weniger aktiv sein? Stellen Sie sich vor, dass Sie das kleine Trampolin auseinanderziehen, um es an den Federn am Gestell zu befestigen. Wie viele Federn müssen erneut verbunden werden? Und wo sind die Verbindungen am besten fühlbar?

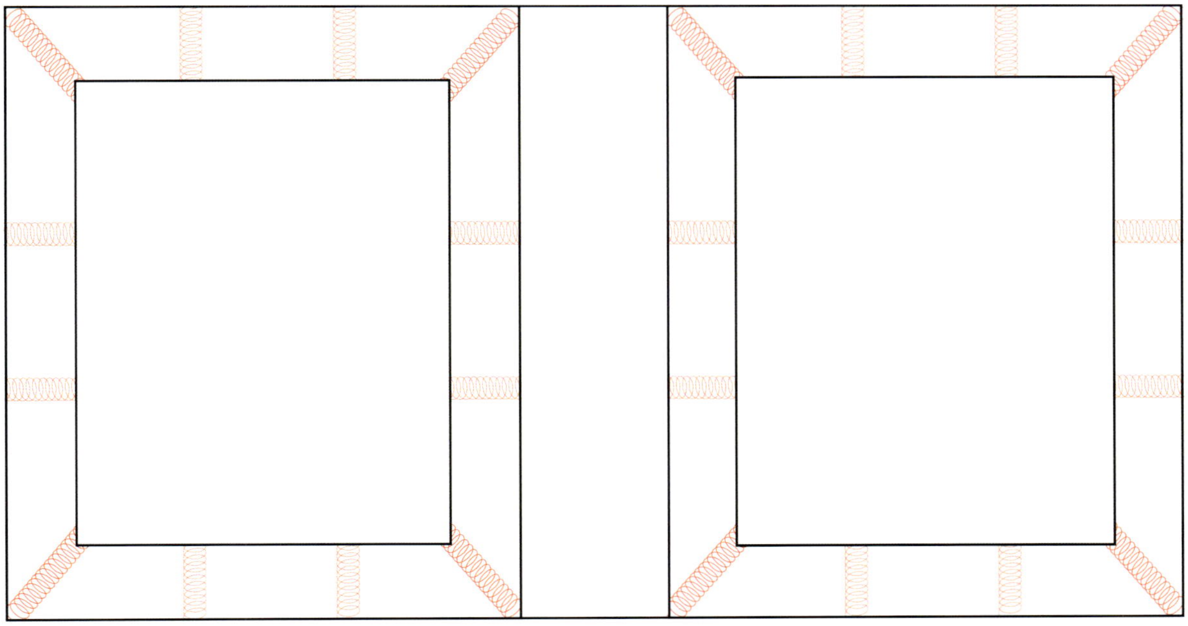

Abb. 9.14: Die Vierecke des Zwerchfells sind geformt wie zwei kleine Trampoline, die an jeder Ecke mit starken Federn verbunden sind. Zwischen beiden Vierecken befindet sich das mittlere Drittel.

5. Hängt Ihr Zwerchfell durch? Dabei ist es auf einer Seite weder vorne noch hinten gut befestigt. Wenn dies auf einer Seite passieren würde, welche wäre das? Können Sie Ihr Zwerchfell wieder ausgleichen und die Federn erneut anbringen? Ihr Beckenboden könnte ähnlich »durchhängen« – hängt Ihr Pferd auch in der gleichen Art durch?
6. Wenn Sie diese beiden Oberflächen in sich ausgleichen können, werden Sie es auch beim Pferd schaffen. Strecken Sie beide Arme nach oben und atmen Sie tief ein – Sie werden fühlen können, wo das Zwerchfell nicht verbunden ist.
7. Stellen Sie sich vor, die Oberfläche Ihres Zwerchfells und Beckenbodens wären die Flügel eines Doppeldeckers und Ihr mittleres Drittel der Körper des Flugzeugs. Können Sie Ihre »Flügel« auf eine Ebene bringen?

Am subtilsten fallen Reiterinnen nicht nur durch Verzerrungen der Frontal- und Rückenlinien in die Fallgrube (siehe Seite 86), sondern auch durch eine »durchhängende« Hinterseite des Zwerchfells. Je instabiler das Pferd hinter dem Sattel ist, desto weniger Unterstützung haben das Zwerchfell, der QL und Ihr gesamter Rücken. Wenn Sie nicht Ihr »gut gesponnenes Netz« nutzen können, um Ihr Pferd auch »neu zu spannen«, wird alles hinter dem querverlaufenden Muskel »durchhängen«.

1. Ist die Hinterseite des Zwerchfells »eingehakt« und auf der gleichen Ebene wie die Vorderseite, oder hängt es tiefer und hängt mehr durch? Fühlen Sie es weniger?
2. Können Sie dafür sorgen, dass Ihr Zwerchfell sich stärker und ausgeglichener anfühlt? Es kann sein, dass Sie hieran Schritt für Schritt arbeiten müssen. Beginnen Sie damit, sich eine horizontale Verbindung zwischen Ihrer Vorderseite, unter Ihren Rippen, mit Ihrer Rückseite vorzustellen
3. Können Sie diese Linie immer weiter verlängern, so dass sie auf die horizontale Oberfläche trifft, die auf der Hinterseite Ihrer unteren Rippen beginnt?
4. Wenn Ihr Zwerchfell fester und ausgeglichener wird, haben Sie eine gute Chance, den Rücken Ihres Pferdes zu verändern, so dass er auch ausgeglichener und stärker wird und sich unter und hinter dem Sattel mehr »ausfüllt«. Dies wird es leichter machen, den QL über den querliegenden Muskel, der Ihre Gesäßknochen verbindet, zu stapeln.

DIE TIEFE FRONTALLINIE ÜBER DEM ZWERCHFELL

Wir haben das hintere Muskelseptum Ihres Oberschenkels an der Stelle verlassen, an der es an Ihren Knochenästen, dem Beckenboden und Steißbein ansetzt. Von dort aus verläuft es nach oben über ein Band, das an der Vorderseite Ihrer Wirbelsäule entlang läuft (das vordere Längsband) und hinter Lunge und Herz zu Ihrem Hals (siehe Abb. 9.1, Seite 189). Dieser Zweig der TFL liegt am weitesten hinten und beinhaltet auch Muskeln, die zu jeder Seite Ihrer Halswirbel liegen. Diese Muskeln verbinden sich mit Ihrem Atlas, dem ersten Wirbel in Ihrem Nacken. Wir werden noch mehr über diese Muskeln im Hals reden, die Musculus longus colli heißen (die langen Muskeln im Hals), wenn wir darüber sprechen, wie die Reiterin die TFL des Pferdes beeinflussen kann.

Die obere mittlere Spur der TFL ist eine Fortsetzung der Psoas-Muskeln, die sich mit dem QL und der Rückseite des Zwerchfells verbindet und die Zuglinie in die zentrale Sehne des Zwerchfells zieht. Diese verläuft von der Wirbelsäule bis zu den höchsten Spitzen der Kuppeln und verbindet sich mit der Membran, die Ihr Brustbein mit Ihrer Wirbelsäule verbindet, Ihren Brustkorb teilt und die rechte und linke Lunge trennt.

Der Herzbeutel (in dem Ihr Herz liegt), liegt in dieser Membran und ruht so effektiv auf der zentralen Sehne, dass Ihr mittleres Drittel Ihr Herz beinhaltet und jedes äußere Drittel einen Lungenflügel. Also umläuft die mittlere Spur der TFL Ihr Herz und beherbergt die vielen Schläuche in und um das Herz und die Lunge. Wo das alles umgebende Fasziennetz die Oberseite Ihrer Lungen erreicht, verbindet es sich über den »Punkt in Ihren Brustmuskeln« mit den Faszien der tiefen vorderen Armlinie (siehe Abb. 7.2, Seite 137).

Dies bedeutet, wenn Sie eher Zugang zu den tiefen als zu den oberflächlichen vorderen Armlinien (Daumen oben drauf!) bekommen und Sie eine gut funktionierende TFL haben, dann verbinden sich Ihre Arme direkt mit der Kraft, die über das Zwerchfell und das Fasziennetz rund um Herz und Lunge von Ihrer Rückseite zu Ihrer Vorderseite übertragen wird. Myers nennt die tiefen vorderen Armlinien »den Ausdruck der TFL in den Armen«.[3] Es ist ein wunderbares Gefühl, wenn diese Verbindung zu Ihrer Fähigkeit beiträgt, Ihre Arme ruhig zu halten und Ihre Hände nach vorne zu drücken (was bereits durch die Funtkionallinien und die seitlichen Linien verbessert wurde, da diese auch durch die »Punkte in Ihren Brustmuskeln« laufen)!

Die vorderste Spur der TFL findet ihren Weg direkt über das Zwerchfell zu ihrem Ansatz an der Innenseite des Brustbeinbodens und setzt sich unterhalb dieses Knochens bis zu Ihrem Hals fort, wo sie vor den hinteren Spuren liegt. Indem Sie Ihr Zwerchfell zusätzlich zum Bolzen in Ihrem Becken (siehe Übung auf Seite 72) und Ihren Armschellen (siehe Übung auf Seite 146) einsetzen, können Sie nun auf allen drei Ebenen Ihres Oberkörpers Kraft von Ihrem Rücken nach vorne übertragen.

1. Können Sie die Kraft auf einer Seite Ihres Körpers weniger gut von hinten nach vorne übertragen? Dies wird höchstwahrscheinlich die Seite sein, in die sich Ihr Körper rotiert und auf der Sie stärker dazu neigen, am Zügel zu ziehen. Ihr Muster muss aber nicht unbedingt mit einer Rotation in Verbindung stehen; es kann auch sein, dass diese Seite Ihres Oberkörpers nur hinter der anderen zurückbleibt und »wabbeliger« ist.
2. Bringen Sie auf dem Stuhl und auf dem Pferd »beide Bretter dran« (siehe Seite 108) und stellen Sie sich die Linie vor, die sie von Ihrer Rückseite zu Ihrer Vorderseite formen und die durch Ihr Zwerchfell und Ihr Inneres läuft.
3. Auf Ihrer schwierigeren Seite versuchen Sie, dass Ihre TFL sich bis über die Kuppeln des Zwerchfells erstreckt. Stellen Sie sich vor, wie Sie die letzte Ecke eines Bettlakens mit Gummizug über die Ecke einer (wie eine Kuppel geformte) Matratze ziehen.
4. Legen Sie Zeige- und Mittelfinger entweder knapp unter Ihre Kniekehle (wenn Sie sitzen) oder auf den Vorderzwiesel der gleichen Seite, wenn Sie reiten. Jetzt ziehen Sie und denken Sie währenddessen an das Bettlaken. Können Sie fühlen, wie sich diese Seite ausdehnt und stärkt? Dies kann Ihnen auch helfen, den QL auf dieser Seite »auf dem Zaun« zu halten. Drücken Sie auf dieser Seite gegen den Hinterzwiesel des Sattels, um ihn anzuspannen (siehe Abb. 3.15 (b), Seite 71).
5. Zuvor haben wir eine Rotation angewendet, um den Oberkörper zu korrigieren (erinnern Sie sich an den Eisläufer von Abb. 8.11, Seite 181). Jetzt drehen Sie sich gegen einen Widerstand, was eine Scherkraft

erzeugt. Das ist grundsätzlich stärker. Es ist auch wichtig zu erkennen, dass es egal ist, welche Seite Ihres Oberkörpers in der Scherbewegung vorne ist – Ihre Spieße zeigen immer an der Tangente des Zirkels, auf dem Sie gerade reiten, entlang (siehe Abb. 9.15).

6. Im Trab ist der Energiefluss über Ihr Zwerchfell konstant und nicht pulsierend. Je mehr Sie sich darüber im Klaren sind, desto effektiver werden Sie die Kräfte der Bewegung des Pferdes anpassen können. Überprüfen Sie immer wieder Ihre schwächere Seite.
7. Wenn die Pferde, die Sie reiten, dazu neigen, zum Trab durchzuparieren, anstatt im Galopp zu bleiben, ist dieser zentrale Teil Ihrer TFL beteiligt. Stellen Sie sich jeden Galoppsprung wie einen Delfinsprung vor. Sie müssen mit ihm springen, und Sie tun dies über die Energie, die über Ihr Zwerchfell auf der Spur der TFL läuft. Wenn das Pferd zum Trab durchpariert,

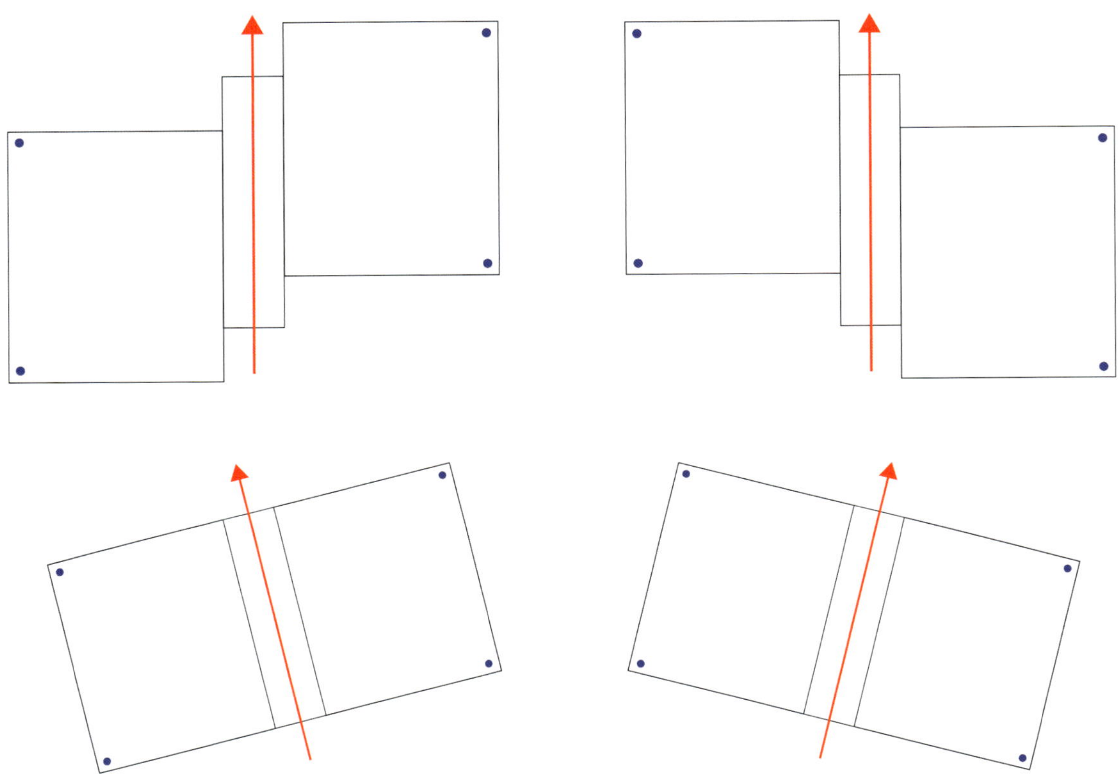

Abb. 9.15: Um den Oberkörper auf einer Seite nach vorne zu bringen, gibt es zwei Optionen, jedoch mit einem signifikanten Unterschied. Man kann den Oberkörper drehen, oder ihn durch Scherkraft nach vorne bringen. Letzteres bringt eins der äußeren Drittel vor das mittlere Drittel, welches dann vor dem bleibenden Drittel steht. Achten Sie darauf, dass Ihre »Spieße«, wenn Sie Scherkraft benutzen, um Ihren Oberkörper zu korrigieren, wie in Abb. 5.7 auf Seite 103 gezeigt, immer nach vorne zeigen und nicht in den oder außerhalb des Zirkels. Wenn Sie Ihr natürliches Muster somit umkehren können, bringt dies einen großen Fortschritt für Ihren Sitz und Ihre Lenkung.

ist die Energie auf der Rückseite Ihres Zwerchfells steckengeblieben. Hier kann Ihre Energie leicht »eingefroren« werden, vor allem, wenn Sie überrascht werden.

Diese Linie der TFL verbindet sich teilweise auch mit Ihrem Zungenbein – der Knochen, der unter Ihrem Kinn kurz über ihrem Kehlkopf schwebt – und von dort aus mit Ihrem Kiefer und dem Schläfenbein an der Seite Ihres Schädels. Das Zungenbein ist am Schlucken beteiligt und liegt an der Wurzel Ihrer Zunge. Somit bildet die TFL eine Zuglinie, die Ihre Zunge mit Ihren Zehen verbindet!

Nicht nur Pferde machen komische Sachen mit ihren Zungen, (ihr Zungenbein ist sehr unterschiedlich zu unserem); auch Sie erwischen sich vielleicht dabei, komische Verrenkungen mit Ihrer Zunge zu machen, wenn Sie reiten. Die Zunge ist der am weitesten vorn liegende (und redegewandteste) Muskel der TFL, und ihre Verrenkungen können die Quelle oder das Ergebnis von Problemen irgendwo auf der ganzen Linie sein. Die Zunge zu und darüber hinaus auch den Kiefer und den Hals zu entspannen kann beim Reiten und anderen Sportarten, die große Konzentration erfordern, deutlich helfen, Probleme zu lösen.

Erinnern Sie sich trotzdem auch daran, dass Sie Ihre Zunge gegen Ihre Backenzähne gepresst haben, um eine Seite Ihres Oberkörpers mehr »auszufüllen« (siehe Abb. 5.16, Seite 115) und Ihr Zwerchfell und Ihren Psoas-Muskel auf dieser Seite zu aktivieren. Dies hat den Druck in der Seite Ihres Oberkörpers erhöht und zeigt, dass Entspannung nicht immer die richtige Antwort ist!

VERBINDUNGSELEMENTE UND TRENNSTÜCKE

Die TFL umfasst, wie beschrieben, die Faszien rund um Ihre Lunge, Ihr Herz und die Bauchorgane. Dies bedeutet, dass Sie quasi Verbindungen von allen Punkten innerhalb Ihrer Oberkörper-Box erfinden können, was es Ihnen erlaubt, die Schwachstellen zu stützen. Dies macht die TFL zu viel mehr als nur einem Muskelkorsett – ihre Funktion hängt auch vom sogenannten Turgor (Druck) der Organe ab. Zellen sind wie Wasserbomben, und hoher innerer Turgor hilft Ihren Organen, das Innere Ihrer Oberkörper-Box zu halten. Ein verwelktes Salatblatt hat seinen Turgor verloren und Ihnen wird es ohne verwelkte Organe in Ihrem Oberkörper besser gehen!

Wenn irgendein Teil Ihrer Oberkörper-Box weich wird, ein wenig wackelt oder sich mit dem Rest der Box nicht mehr verbunden fühlt, können Sie es wieder befestigen, indem Sie es mit einem anderen stabileren Teil verbinden. Stellen Sie sich diese Verbindungen wie Tragbalken in einem modernen Gebäude vor, die verschiedene Winkel haben und sich auf verschiedenen Ebenen verbinden. Wenn zwei Teile miteinander verbunden werden müssen, stellen Sie sich ein »Verbindungsstück« vor. Wenn ein Teil von einem anderen ferngehalten werden muss, stellen Sie sich ein »Trennstück« vor.

Diese erlauben dann eine Kraftübertragung auf Strecken, die vorher unerreichbar waren. Abbildung 9.16 zeigt das Modell der Oberkörper-Box, das ich verwende, um einige meiner liebsten Verbindungs- und Trennstücke zu illustrieren. Machen Sie sich klar, dass Sie, wenn Sie keine Kraft von hinten nach vorne übertragen können, auch die Hinterhand und den Lendenbereich des Pferdes nicht mit seiner Vorhand verbinden können! Es ist traurig aber wahr, dass die Körper der meisten Reiterinnen durch die Bewegung des Pferdes wackeln und sich verformen, was bedeutet, dass sie wiederum diese Kräfte umleiten, auflösen und sie abstumpfen, statt sie beim Reiten richtig einzusetzen.

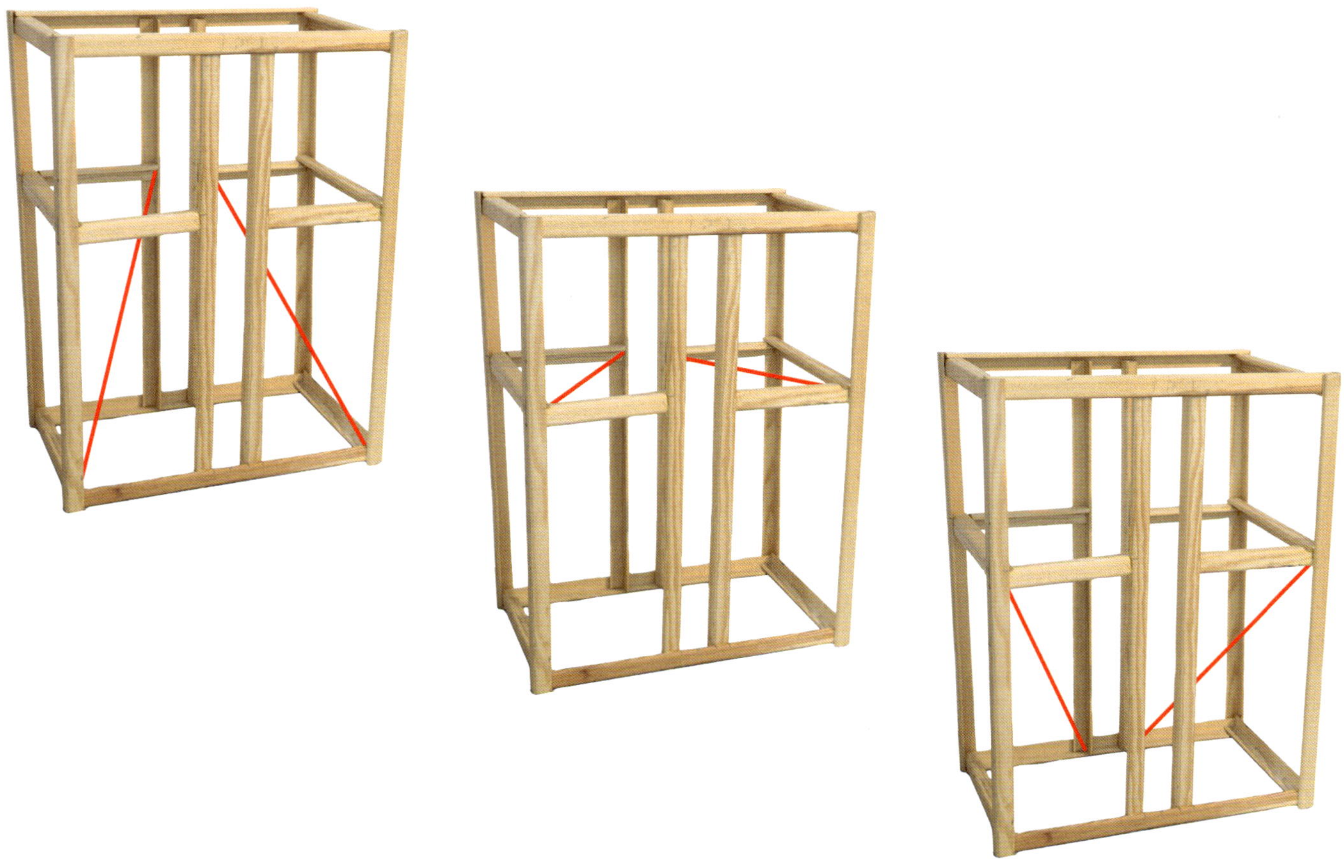

Abb. 9.16: Einige mögliche Verbindungsstücke und Trennstücke in der »Box« Ihres Oberkörpers.

DER MUSKELFÄCHER

Es gibt nur eine Muskelgruppe, die wir in unserer kompletten Abhandlung noch nicht besprochen haben. Das liegt daran, dass sie sich einer Einteilung in die anatomischen Bahnen widersetzt. Ihre Fasern laufen horizontal über die Rückseite des Beckens, und während ihre Faszien in der Nähe der Gesäßknochen definitiv mit der TFL übereinstimmen, bricht diese Änderung der Richtung der Muskel-»Körner« die üblichen Regeln der anatomischen Bahnen. Es passt aber trotzdem immer noch am besten, sie als Zweig der TFL zu betrachten, und diese Muskelgruppe bildet zusammen mit anderen Muskeln einen Fächer um das Hüftgelenk herum (siehe Abb. 9.17).

Es gibt sechs dieser kleinen, aber wichtigen Muskeln auf jeder Seite des Kreuzbeins. Vielleicht haben Sie schon mal vom Piriformis gehört, dem obersten Muskel, der oft in Verbindung mit Schmerzen am Ischias steht und, wenn er schlecht ausgerichtet ist, Menschen großes Leid bringt. (Allerdings würde sich ein kluger Physiotherapeut auf den entsprechenden Muskel auf der anderen Seite konzentrieren, da der schmerzfreie meistens seinem armen, sich beschwerenden Partner »die Decke geklaut« hat.)

Der unterste Muskel dieser Gruppe (der Quadratus Femoris) verläuft von der Außenseite Ihres Gesäßknochens zu Ihrem Trochanter Major (siehe Abb. 5.2, Seite 93), direkt unter dem unteren Teil Ihres Gluteus Maximus. Die Form des männlichen Beckens führt dazu, dass er auf natürliche Art ein Teil der Sitzfläche des Mannes wird. Die meisten Frauen müssen das Sitzen wie unten beschrieben erst erlernen, was ihre Fähigkeit, den Rücken des Pferdes zu organisieren, enorm verbessert.

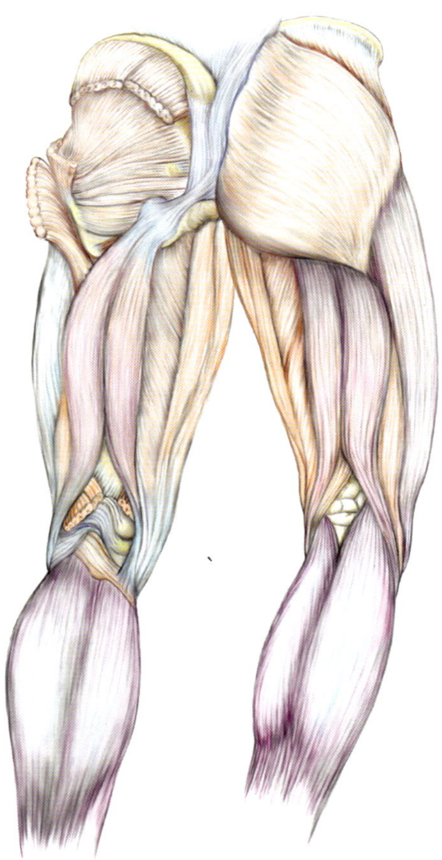

Abb. 9.17: Der Muskelfächer ist hier unter dem weggeschnittenen Gesäßmuskel auf der linken Seite sichtbar. Einige sind auch von der Seite sichtbar, wie in Abb. 9.1 Seite 189.

1. Üben Sie dies erst auf einem Stuhl und dann auf dem Pferd. Nehmen Sie das Fleisch an der Seite Ihres Gesäßes und ziehen Sie es zur Seite heraus. Ihre Gesäßknochen kommen weiter auseinander und Sie treten deutlich in Kontakt mit der Oberfläche, auf der Sie sitzen. Die Diamantenform Ihres Beckenbodens ist ebenfalls in die Breite gezogen.
2. Stellen Sie sich vor, auf jeder Seite um die Form herum zu zeichnen, die ein nennenswertes Gewicht trägt. Ergibt das zwei gleiche Kreise?
3. Nehmen Sie nun das Fleisch an der Seite Ihres Gesäßes und stopfen Sie es unter sich. Ihre Oberschenkel soll ein deutlicheres »V« formen, während Sie dies tun.
4. Sind Ihre Gesäßknochen klarer oder weniger klar zu spüren als zuvor? Sind sie näher zusammen oder weiter auseinandergestellt? Wie verhält sich die Form Ihrer Sitzfläche in den beiden Positionen? Stellen Sie sich vor, Sie könnten auf jeder Seite eine Linie um das Gebiet ziehen, das ein nennenswertes Gewicht trägt. Wo liegt der Unterschied? Was ist mit der Diamantenform des Beckenbodens passiert?
5. Wiederholen Sie dies einige Male und vergleichen Sie dabei äußerst genau.
6. Wenn Ihr Fleisch unter Sie geschoben ist, sind Ihre Gesäßknochen näher aneinander und weniger klar spürbar. Sie sitzen auf einer größeren Oberfläche außerhalb Ihrer Gesäßknochen. Sie werden vielleicht sogar Ihren Trochanter Minor auf dem Stuhl fühlen.
7. Im Idealfall liegt der Quadratus Femoris, der Muskel, der die Unterseite des Fächers bildet, indem er die Gesäßknochen mit dem Trochanter Major verbindet, auf jeder Seite quer über der langen Rückenmuskulatur des Pferdes, wie in Abb. 5.8, Seite 105.

8. Fangen Sie nicht an, hieran auf dem Pferd zu arbeiten, bis Sie bereit sind, das Aussitzen anzugehen und die oberflächliche Frontal- und Rückenlinie des Pferdes so gut organisiert haben, dass ein gutes Aussitzen durchführbar ist. Wenn Sie antraben, spüren Sie Ihre Unterseite: Bleiben Ihre Gesäßknochen auf dem Sattel oder hüpfen Sie in Ihrem Fleisch auf und ab? Wenn das Letztere eintritt, bleibt Ihre Reithose vielleicht dort wo sie hingehören, aber trotzdem leiden Sie unter dem »Schwammigen-Gesäß-Syndrom«. (Entschuldigen Sie!)
9. Bevor Sie antraben, schieben Sie Ihr Fleisch auf jeder Seite nach innen unter sich. (Nehmen Sie nicht das Fleisch von hinten.) Denken Sie daran, sich von Ihren Schultern, Ellenbogen und Rippen nach unten auf die Oberfläche zu ziehen. Wie viele Trabtritte braucht es, um Ihre Gesäßknochen und Ihr Fleisch aus dieser Position zu bringen?
10. Schieben Sie das Fleisch wieder unter sich und beginnen Sie erneut.
11. Seien Sie bereit, dies mehrmals zu wiederholen, auch wenn Sie nach ein paar Trabtritten wieder durchparieren müssen.

Ich habe viele Leute gesehen, die dachten, sie würden es niemals schaffen, und denen es dann gelang, diese Art des Sitzens für immer längere Zeit bei immer stärkerem Trab aufrecht zu erhalten. Ihre Geduld und Ihr Fleiß werden mit viel mehr Effizienz belohnt; wenn Sie das »Rauschen-zu-Signal-Verhältnis« in Ihrem Sitz verringern, gewinnen Sie ein viel deutlicheres Gefühl für sich!

DIE TIEFE FRONTALLINIE DES PFERDES

Die dänischen Forscherinnen Vibeke Sødring Elrønd und Rikke Schultz haben zum Zeitpunkt dieser Abfassung noch nicht offiziell ihre Ergebnisse über die TFL beim Pferd veröffentlicht, aber festgestellt, dass sie weitgehend wie beim Menschen verläuft, mit dem Vorbehalt (wie bei den anderen Linien), dass das Pferd in Hüftbeugung lebt und wir überwiegend in Hüftstreckung (allerdings nicht beim Reiten).

Die TFL läuft die innere Naht des Hinterbeins des Pferdes hinauf und verbindet die langen Beugesehnen über die Adduktoren mit den Gesäßknochen und dem Becken (siehe Abb. 9.18). Die Verbindung mit dem Psoas-Muskel ist stark, so dass schlechte Hufschmiede einen Winkel am Hinterhuf hinterlassen können, der zum Buckeln führt und insbesondere Galoppübergänge negativ beeinflusst. Die Psoas-Muskeln des Pferdes werden irritiert, wenn es zu weit über das Ende seines überlangen »Zehennagels« treten muss.

Erfahrene Physiotherapeuten können direkt am menschlichen Psoas arbeiten und ihre Finger durch oberflächlichere Schichten des Bauches gleiten lassen. Bei Pferden erreichen sie ihn nur indirekt, indem sie an der inneren Oberschenkelmuskulatur arbeiten. Wenn das Pferd seinen Kopf tiefer hält als seinen Widerrist, und dabei einen Schritt nach hinten macht, streckt es seinen Psoas – tut es das nur zögerlich, kann es bedeuten, dass es hier eingeschränkt ist.

So wie unsere Psoas- und Iliacusmuskeln in unserem Becken liegen, liegen die des Pferdes unter seinem Becken (das eine viel flachere Form hat als unseres). Der Iliopsoas-Komplex ermöglicht es ihm, das Gelenk zwischen seiner Lendenwirbelsäule und seinem Becken zu beugen, seine Kruppe zu senken und seine Hinterhand mehr unter sich zu bringen.

Nachdem es gelernt hat, seinen Widerrist und seinen Brustkorb zwischen seinen Schulterblättern nach oben zu ziehen und sich »wie ein Turner auf einem Schwebebalken« zu bewegen (siehe Seite 180), fügt die TFL die Fähigkeit hinzu, »seine Lenden aufzurollen«. Dies ist das nächste Werkzeug in seiner »Werkzeugkiste«.

Wie auch bei uns verbinden sich seine Psoas-Muskeln mit seinem Zwerchfell. Die Veterinärwissenschaftlerin Rikke Schultz glaubt, dass Einschränkungen im Zwerchfell sowohl bei Tieren als auch bei Menschen viele Probleme verursachen, die deutlich zu selten diagnostiziert werden. Es steht mehr auf dem Spiel als nur eine gute Atmung: Sind die verschiedenen Schläuche (z. B. Aorta, Speiseröhre und der Vagusnerv) verengt, ist das

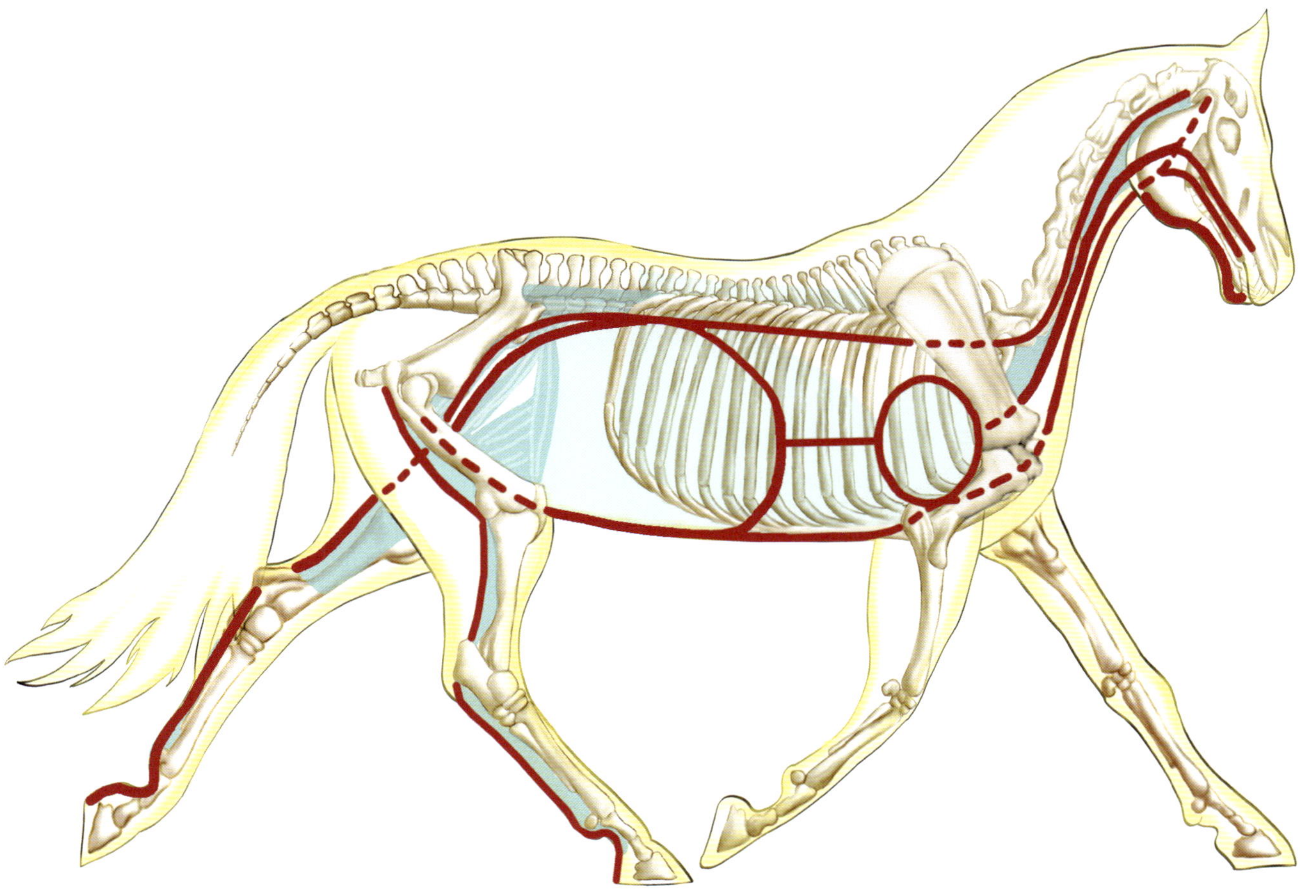

Abb. 9.18: Die tiefe Frontallinie beim Pferd verbindet seine hinteren Hufe mit seinem Schädel, seiner Zunge und seinem Zungenbein. In seinem Oberkörper hat die TFL drei Spuren, genau wie in unserem Körper. Sie verläuft unter seiner Wirbelsäule und über seiner Bauchwand, und jede dieser Spuren läuft weiter durch seinen Hals und Schädel. Die mittlere Spur beinhaltet seinen Psoas-Komplex und die Organe seiner Bauchhöhle, also sein Zwerchfell, sein Herz, seine Lunge, seine Luftröhre und seine Speiseröhre und setzt sich dann auf dem Weg zu seinem Gaumen fort. In der traditionellen Vorstellung des »Ringes der Muskeln« würden die Rippenhaltermuskeln, die die erste Rippe mit den Halswirbeln verbinden, den Ring in seiner Brust schließen.

Wohlbefinden des gesamten Organismus beeinträchtigt. Dies kann bei einer Ankaufsuntersuchung meist nicht entdeckt werden!

Unsere vertikale Haltung bedeutet, dass unser Herz auf unserem Zwerchfell ruht, aber das des Pferdes ruht auf seinem Brustbein, was den Verlauf des mittleren Zweiges des TFL leicht verändert. Von seinem Zwerchfell verläuft die TFL durch die Membran, die seine Lungen trennt, und durch die Tasche, die sein Herz umgibt. Sie setzt dann über die Luftröhre und Speiseröhre an der Schädelbasis und am Gaumen an. Der ventrale (Bauch-) Zweig der TFL verläuft entlang der Bauchwand durch die sehr starke Faszie, die die Eingeweide und die Lunge stützt. Einige Trainer bezweifeln, dass die Bauchmuskeln des Pferdes stark genug sind, um als »Bogensehne« zu wirken, um den Rückenbogen anzuheben (siehe Seite 84). Doch die TFL fügt eine weitere Schicht zur Kraft des Bauches hinzu. Sie setzt sich entlang der Unterseite seines Halses über Muskeln fort, die am Zungenbein, der Zunge und der Unterseite seines Kinns ansetzen. Das Zungenbein selbst reicht von unterhalb seiner Zunge bis knapp unter sein Ohr. Das Zungenbein beim Menschen ist viel kleiner und hat keine solche Befestigung. (Stattdessen schwebt es direkt vor unserem Kehlkopf.)

Wie bei uns verbindet die TFL des Pferdes letztendlich seine Zunge und sein Zungenbein mit seinem hinteren »Zeh«. Bemerkenswerterweise wird, wenn man ein Gebiss in das Maul eines toten Pferdes legt und einen Druck nach unten ausübt, sein Hinterbein in seiner Bewegung eingeschränkt![4] Für uns als Reiterinnen sollte das ernüchternd sein. Vielleicht weniger überraschend (jetzt, wo wir so weit gekommen sind!) ist, dass, wenn Ihr Pferd seine Zunge an der Seite herausstreckt, seine Probleme weit tiefer liegen können als bei seinen Zähnen oder seinem Kiefer (und begleitenden Gebissproblemen). Stattdessen können sie ihren Ursprung weiter hinten in Einschränkungen der TFL haben, die Sie wahrscheinlich nie vermuten würden. Während einige Pferde ihre Zunge als Teil ihres Ausweichmusters heraushängen lassen und wieder hineinnehmen, wenn sie gut arbeiten, haben andere Pferde das umgekehrte Muster. Jeder Fall ist eine Folge der Art und Weise, wie gute Arbeit die TFL aktiviert.

KÖRPERMITTE ZUR KÖRPERMITTE?

Die große Frage ist: Können Sie als Reiterin Ihre Körpermitte so benutzen, dass Sie die Körpermitte Ihres Pferdes beeinflussen können? Elitereiterinnen schaffen dies ohne Zweifel. Ich hoffe, ich habe Ihnen im Laufe des Buches gezeigt, dass Sie diese Fähigkeit lernen können. Die Schlüsselelemente sind, dass Sie (a) stillsitzen können, (b) sich der Kraftübertragung der Bewegung des Pferdes anpassen können und (am wichtigsten) (c) dass Sie Ihre Aufmerksamkeit über Ihr Inneres auf das Innere des Pferdes projizieren, indem Sie sich Muskeln vorstellen, die tief in seinem Torso und Hals liegen.

VERBINDUNG ZU DEN PSOAS-MUSKELN DES PFERDES AUFNEHMEN

1. Die Psoas-Muskeln des Pferdes sind mit seinem Zwerchfell verbunden, welches unter dem hinteren Dreieck Ihres Beckenbodens liegt, wenn Sie reiten. Die Psoas-Muskeln verlaufen diagonal nach hinten und unten, ohne sein Becken eigentlich zu berühren, und setzen kurz unter seinem Hüftgelenk am Oberschenkelknochen an.
2. Stellen Sie sich eine Verbindung von der Unterseite Ihrer Oberkörper-Box zu diesen Muskeln vor. Diese

würde es Ihnen ermöglichen, seine Oberschenkelknochen nach oben zu ziehen und sein Becken und seine Hinterbeine unter es zu bringen.

3. Während das obige wahrscheinlich das stärkste Beispiel dafür ist, können Sie sich auch vorstellen, dass Schnüre an Ihren vorderen Sehnen befestigt sind (siehe Abb. 3.20, Seite 79), die diagonal nach hinten und nach unten verlaufen, um an den Hinterbeinen des Pferdes zu ziehen, oder Schnüre von Ihrer oberen Brust, die durch Sie hindurchgehen und zu einem Pessoa-Gurt um seine Hinterhand werden. Alternativ könnten diese Schnüre auch diagonal an Ihren Seiten entlanglaufen, wie die Riemen eines Rucksacks, und sich um seine Hinterhand erstrecken. Von Ihrem unteren Rücken könnten Sie einige Schnüre mit den Lenden des Pferdes verbinden und sie zu sich hochziehen.
4. Werden Sie erfinderisch! Idealer Muskeleinsatz gemeinsam mit Ihrer Fähigkeit, eine Verbindung zu visualisieren, erweckt die Schnüre – oder die Zuglinien, die sie repräsentieren – zum Leben. Sie sind nicht nur Phantasievorstellungen! Die zugrundeliegende Idee ist, dass Sie einen Teil Ihres Oberkörpers mit einem anderen Teil und dann mit einer Stelle des Pferdes verbinden.
5. Stellen Sie sich vor, dass Ihr Pferd einen Knopf am Ansatz seines Halses hat, in etwa da, wo der Ring eines Martingals hängen würde. Können Sie sich vorstellen, dass zwei Schnüre von dort durch den Körper des Pferdes verlaufen, durch den Punkt kurz über und knapp hinter Ihrem Schambein, und dann weiter durch Ihre Rückseite und sich dann mit den zwei Punkten fast am oberen Rand Ihres Beckens verbinden? Ziehen Sie den Ansatz seines Halses zu sich, oder zieht das Pferd Ihren unteren Rücken nach vorne?

DER »RING DER MUSKELN« UND DER LONGUS COLLI

Normalerweise haben wir die Vorstellung, dass der Hals des Pferdes von seiner Oberlinie herabhängt (die oberflächliche Rückenlinie), aber er wird auch unterhalb der Halswirbelsäule durch den dritten (dorsalen oder hinteren) Zweig der TFL unterstützt, der vom Schweif zum Schädel direkt unter seiner Wirbelsäule und über sein unteres Längsband verläuft. Dies spiegelt die TFL bei uns wider. Wie bei uns liegt der Musculus longus colli auf jeder Seite des Bandes, beginnend unter den Wirbeln seines Brustkorbs in Richtung der Vorderseite des Beckenbodens. Der Longus colli bringt die TFL von hier zum Atlas, dem ersten Halswirbel.

Am Ursprung des Pferdehalses liegen, genau wie bei uns, die Rippenhaltermuskeln an der Außenseite des Longus colli. Sie verbinden seine erste Rippe auf jeder Seite mit dem mittleren Halswirbel. Zusammen bilden diese Muskeln eine Schlinge unter den unteren Halswirbeln, so dass sie, wenn sie in Kontakt treten, den Halsursprung anheben (siehe Abb. 9.18, Seite 215).

Dr. Deb Bennet glaubt, dass sie für das, was sie die »Nacken-Teleskop-Bewegung« nennt, von entscheidender Bedeutung sind, durch die der Hals aus dem Widerrist herausgestreckt und gebogen wird.[5] Sie schließt sie in den sagenhaften »Ring der Muskeln« ein, der die Haltung des Pferdes beeinflusst. Wie traditionell beschrieben, umfasst dieser Ring einen Teil der oberflächlichen Rücken- und Frontallinien und auch Teile der TFL. Aber da man sich in verschiedenen Lagen bewegt, bricht dieses Schema die Regeln der anatomischen Bahnen, und ich schlage vor, den Ring zu überprüfen und ihn so anzupassen, dass er vollständig innerhalb der tiefsten Ebene von Muskel und Faszie funktioniert.

Machen Sie sich bewusst, dass wir auf unserem Weg zu diesem Punkt zwei andere oberflächlichere Ringe entdeckt haben. Die oberflächliche Rückenlinie und oberflächliche Frontallinie bilden einen Ring von den Hinterhufen zu den Kaumuskeln des Kiefers (siehe Abb. 4.3, Seite 84), und die Funktionallinien bilden diagonale Ringe zwischen den gegenüberliegenden Kniescheiben und Ellenbogen (siehe Abb. 6.5, Seite 132). Die TFL bildet auch einen Ring aus tiefen Myofaszien, die sich wie der Ring der oberflächlichen Frontal- und Rückenlinie im Kieferbereich schließt.

Der traditionelle Muskelring schließt sich im allgemeinen Verständnis in der Brust des Pferdes, indem er von den Bauchmuskeln entlang des Brustbeins zur ersten Rippe und somit zu den Rippenhaltermuskeln übergeht. Aus unserem Verständnis der TFL würden wir die tiefe Faszie des Bauches durch die Bauchmuskeln und die Faszie über dem Brustbein durch das Brustbein selbst ersetzen.

Dieser traditionelle Ring ist eine verlockende Idee, die die Versammlung wirklich erleichtern würde. Leider unterstützen die Ergebnisse der Sektionen von Veterinärwissenschaftlern dies nicht. Es ist jedoch immer noch wahr, dass, wenn das Pferd seinen Rippenhaltermuskeln und Longus Colli anspannt, seine erste Rippe zu seinen Nackenwirbeln hochgezogen wird und sein Hals von unten gestützt wird. Seine Selbsthaltung wird die des archetypischen Dressurpferdes mit einer schönen Längung und Biegung im Hals.

Sie werden also nicht den Hals Ihres Pferdes mit Ihren Händen oben halten müssen, da Sie Ihre Oberschenkel und Ihren Beckenboden benutzen, um Ihrem Pferd zu sagen, dass es seinen Hals selber hochhalten soll! Darüber hinaus senkt sein Psoas-Muskel seine Kruppe und bringt die Hinterhand unter seinen Körper, was dann seinen Widerrist nach oben befördert. Dies bedeutet, dass sein Widerrist von oben, von unten und von seiner Muskelschlinge angehoben wird!

1. Stellen Sie sich Longus colli-Muskeln vor, wie sie die Halswirbel unterstützen. Durch diese Gedanken werden Sie vielleicht Ihren Beckenboden, Ihre Oberschenkel und Ihre Vorderseite anders organisieren.
2. Seien Sie bereit für ein neues Gefühl der »Präsenz« am Ende des Zügels – fein, aber deutlich wahrnehmbar. Es passiert vielen Reiterinnen, dass ihr Pferd zu leicht wird, indem es hinter die Senkrechte kommt. Es ist ein ganz anderes Gefühl, wenn es anfängt, den Kontakt zum Zügel zu suchen, während sein Hals sein eigenes Gewicht trägt und sich an den Kontakt herandehnt.

DAS »LAUFBAND«

Eine allgemeinere Betrachtungsweise der Körpermitte des Pferdes ist wie folgt. Denken Sie an ein Flugzeug, das horizontal im Torso Ihres Pferdes liegt, ungefähr in Höhe Ihrer Knie, oder etwas darunter, wenn Sie eine kleine Reiterin sind. Verändern Sie die Form in ein Laufband in Pferdeform, das sich von den Gesäßknochen und der Hinterhand des Pferdes bis zu seiner Brust und der Wurzel seines Halses erstreckt: Konzentrieren Sie sich jetzt darauf, wie es an seiner Oberseite nach vorne rollt – und dann auch wieder nach hinten unter sich bis zur Hinterhand zurückrollt.

1. Läuft das Laufband die ganze Strecke von seiner Hinterhand bis zu seiner Brust oder stoppt die eine Seite schon früher? Läuft es ohne Ruckeln nach vorne? Fühlt es sich auf beiden Seiten gleich an? Wenn nicht, können Sie dies verändern?
2. Stellen Sie sich vor, dass das Laufband bei der Parade vom Trab in den Schritt geschmeidig langsamer wird.
3. Wenden Sie dieses Prinzip bei jedem Übergang an und sehen Sie, ob dies Ihnen hilft, ihn geschmeidi-

ger zu reiten und der Versuchung zu widerstehen, alle typischen Fehler von Seite 145 zu machen.

4. Möglicherweise können Sie Ihr Pferd versammeln, indem Sie sich vorstellen, dass das vordere Ende des Laufbandes um ein paar Grad angehoben wird.

Ihrer Kreativität und Effektivität sind keine Grenzen gesetzt, wenn Sie einmal herausgefunden haben, wie Ihre Absicht durch Gedankenkraft eine Idee zum Leben erwecken kann. Aber das ist nur möglich, wenn Sie gut stabilisiert sind und Sie es sind, die die Fäden Ihres Pferdes organisieren, anstatt zuzulassen, dass das Pferd Sie durcheinanderbringt. Wenn Sie so weit gekommen sind, dass Sie und Ihr Pferd Ihre tiefen Frontallinien aktivieren, werden Sie beide ein wundervolles Körperbewusstsein, bemerkenswerte Konzentration und beeindruckende Tensegrität haben. Der wunderbare Tanz im »einheitlichen Gleichgewicht« ist eine Fähigkeit, die man lernt und auch ein Geschenk, das man erhält.

Kapitel 9 Fußnoten:

1. Myers, Thomas, *Anatomy Trains*, 3rd edn, Edinburgh, Churchill Livingstone (2014), p.185
2. Myers, Thomas, *Anatomy Trains*, 3rd edn, Edinburgh, Churchill Livingstone (2014)
3. Myers, Thomas, *Anatomy Trains*, 3rd edn, Edinburgh, Churchill Livingstone (2014), p.196
4. Sharon May Davis loves to demonstrate this in her dissection classes.
5. www.equinestudies.org/ring_revisited_2008/ring_of_muscles_2008_pdf.pdf

REITEN ALS LANGZEITPROJEKT

Die Vorschläge in diesem Buch bauen Schritt für Schritt aufeinander auf, ausgehend von der grundlegenden Ausrichtung, die durch den Ausgleich der oberflächlichen Frontal- und Rückenlinien entsteht. Ich hoffe, Sie konnten die magische Erfahrung machen und entdecken, wie die Anpassung dieser Linien in Ihrem eigenen Körper Ihnen die Fähigkeit verleiht, diese auch bei Ihrem Pferd anzugleichen. Je besser Sie werden, desto weitreichender werden diese Verbesserungen sein, doch das Verhältnis dieser Linien untereinander muss regelmäßig überprüft werden. Die meisten von uns verlieren es leicht.

Danach haben wir begonnen, die Seitenlinien zu beiden Seiten beider »Lebewesen« auszugleichen. Die Asymmetrien von Mensch und Pferd tragen sehr oft zueinander bei und der reiterliche Instinkt, am inneren Zügel zu ziehen, erschwert die Arbeit an ihnen. Das Pferd wendet instinktiv ab, indem es nach innen fällt, doch unsere menschlichen Instinkte – unterstützt durch die Fliehkräfte auf dem Zirkel – bringen in den meisten Partnerschaften die größten Probleme mit sich. Die Antwort wird deutlicher, wenn die Seitenlinien auf beiden Seiten ausgeglichener werden und wenn der Reiter lernt, den Widerrist des Pferdes zu lenken und nicht seine Nase.

Zusammen bilden die Linien an der Vorderseite, auf dem Rücken und an den Seiten die äußere Hülle bei Pferd und Reiter. Die »X« der Funktionallinien bringen dem Oberkörper und den Beinen mehr Stabilität, und wir haben auch gesehen, wie ihre Befestigung am gegenüberliegenden Becken und Schenkel die Armlinien stabilisiert. Diese sind auch mit den Seitenlinien, den Spirallinien und der tiefen Frontallinie verbunden, was maßgeblich dafür ist, wie sich die Arme selbst bewegen. Um die Hände nach vorne zu drücken, braucht es auch die Fähigkeit, die Kräfte des Pferdes auszugleichen, genauso wie Sie die Kräfte eines Hüpfballs ausgleichen würden. Das alles bestätigt, was die meisten von uns aus Erfahrung schon wissen: Die Kontrolle und Position der Arme hängt von mehr ab als nur von den Armen selbst!

Die Spirallinien und die tiefe Frontallinie bergen auch die Antworten für weitere Schwierigkeiten des guten Sitzes und dafür, die Fähigkeiten zu entwickeln, die Bewegungen und den Körper des Pferdes zu formen. Die Spirallinien setzen auf die Fähigkeit der Reiterin, ihre eigenen »doppelten gelben Linien« und die des Pferdes auszurichten, und diese neue Stufe des Könnens entschlüsselt die Geheimnisse der Biegung. Die Reiterin hat schon entdeckt, wie ihre »Bretter« die Mittellinie des Pferdes steuern können und den Bewegungsraum des Widerrists einschränken. Jetzt liefern ihr ihre »Bewehrungsstäbe« weitere Möglichkeiten, alle Ecken der Oberkörper-Box zu stabilisieren und Kräfte in die Richtung ihrer Wahl durch beide Körper zu leiten. »Mit dem inneren Bein zum äußeren Zügel« bekommt jetzt eine neue Auslegung und einen neuen Wert.

Elitereitern gelingt es, eine tiefe Verbindung von Körpermitte zu Körpermitte mit ihren Pferden zu schaffen, doch leider formen die meisten Reiterinnen bei ihren Pferden ein Aussehen und ein Bewegungsmuster, das weit vom Ideal entfernt ist. Alle myofaszialen Linien können uns zur Lösung führen, und viele unserer Probleme können überwunden werden, wenn man das in diesem Buch gezeigte Modell einsetzt. Indem wir uns selbst verändern, lernen wir, auch unser Pferd zu verändern und gleichen so die myofaszialen Linien des Pferd-Reiter-Systems aus.

Unsere größte Einschränkung ist »Gehirnkapazität« oder mentale Rechenkraft. Das Bewusstsein ist ein stumpfes Werkzeug, aber es ist alles, was wir haben. Es wurde nachgewiesen, dass es Multitasking eigentlich nicht gibt, Ihre einzige Wahl ist es also, eine begrenzte Anzahl von Auslösern immer wieder durchzugehen und sie wieder und wieder zu überprüfen. Wenn einige von ihnen automatisiert werden, wird dadurch Gehirnkapazität frei und Sie können weitere Dinge angehen. Sie sollten davon ausgehen, dass Sie unter all den Ideen in diesem Buch immer nur ein paar zur gleichen Zeit bearbeiten können. Der Trick besteht darin, die richtigen paar zur richtigen Zeit zu finden!

Dieser Lernprozess braucht unweigerlich Zeit, Einsatz, Entschlossenheit und Konzentration – er ist ein Spiegelbild des Erlernens einer Kampfkunst. Doch die wenigsten Menschen haben dieses Bild vom Reiten – denn es sieht ja so einfach aus! Ältere Reiter, die schon als Kinder und Jugendliche »nach Gefühl« geritten sind, kehren zum Reiten zurück, nachdem sie Kinder bekommen haben – und merken, dass dieser Ansatz für sie nicht mehr funktioniert. Um sich sicher und effektiv zu fühlen, brauchen sie Fähigkeiten (und natürlich ist es besser, diese Fähigkeiten im jungen Alter zu erwerben). Doch nur wenige Menschen lernen Unterrichtsmethoden kennen, die stark genug darin sind, die Macht der Gewohnheit, den Zug der myofaszialen Linien und das instinktive Misstrauen der Reiterinnen gegen alles, was sich komisch anfühlt, zu besiegen.

Ein kleiner Teil der Reiterinnen, die ich kennengelernt habe, haben es erstaunlich gut geschafft, sich selbst mit Hilfe meiner Bücher, DVDs und Webinare das Reiten beizubringen. Das ist eine großartige Leistung, und dieses Buch – mit den anderen Quellen, die es begleiten – macht es einfacher möglich. Ich unterschätze diese Aufgabe nicht, doch ich weiß auch, dass jede Reise dann am besten gelingt, wenn man eine verlässliche Landkarte der Gegend hat.

Reiten macht dann am meisten Freude, wenn es zu einem stetigen Lernprozess wird, und es kann ein ganzes Leben lang faszinierend bleiben. Den Körper zu einer stabilen, anpassungsfähigen Tensegritätsstruktur zu formen, die Kräfte überträgt, ist ein Prozess, den man immer weiter fortsetzen kann. Ihr Einfluss wird immer größer und präziser, und wenn Sie das Training Ihres Pferdes auf die Grundlagen einer guten Biomechanik aufbauen, werden Ihre Absicht für das Pferd viel eindeutiger. Mit weniger »Rauschen« und mehr bedeutungsvollen Signalen können Sie beide Ihre Wahrnehmung und Ihr Körpergefühl entwickeln. Der Ertrag dieser Arbeit kann sich in Turnierplatzierungen zeigen oder auch nicht, doch in jedem Fall zeigt er sich in den vielen kleinen und tiefen Erkenntnissen, die sich immer weiter aufbauen, während Ihre Fähigkeiten wachsen. Sie können Ihr Leben über alle Maßen bereichern, sowohl auf dem Pferd als auch darüber hinaus.

Möge die Macht (von hinten nach vorne) mit Ihnen sein!

GLOSSAR – DIE LINIEN

Das Folgende ist eine Zusammenfassung der Abkürzungen, die im Verlauf des Textes für die verschiedenen Linien im Körper benutzt worden. Sie sind in der Reihenfolge der Kapitel, in dem sie als erstes verwendet wurden, aufgelistet.

KAPITEL 3:

Oberflächliche Rückenlinie .... ORL
Oberflächliche Frontallinie .... OFL

KAPITEL 5:

Laterallinie LL
Tiefe Frontallinie .... TFL
Oberflächliche Seitenlinie .... OSL

KAPITEL 6:

Funktionslinie .... FL
Funktionale Rückenlinie .... BFL
Funktionale Frontallinie .... FFL
Ipsilaterale Funktionslinie .... IFL

KAPITEL 7:

Armlinien .... AL
Tiefe Armlinie .... TAL
Tiefe vordere Armlinie .... TVAL
Tiefe hintere Armlinie .... THAL
Oberflächliche Armlinie .... OAL
Oberflächliche vordere Armlinie .... OVAL
Oberflächliche hintere Armlinie .... OHAL
Die Vordergliedzuglinie
(Die vordere Armlinie des Pferdes) .... VGZL
Vordergliedrückzuglinie
(Die hintere Armlinie des Pferdes) .... VGRL

KAPITEL 8:

Spirallinien .... SL

KAPITEL 9:

Tiefe Frontallinie .... TFL
Musculus quadratus lumborum
(Muskelgruppe) .... MQL

WEITERE INFOS IM INTERNET

Dieses Buch ist nur einer der Wege, auf denen ich mein Wissen über die Reiterbiomechanik mit Ihnen teile. Wenn Sie lesen, hören, sehen und machen, wird Ihr Lernen stark bereichert und theoretisches Wissen kann viel leichter praktisch umgesetzt werden. Die Webseite **www.riderbiomechanics.co.uk** enthält kurze Videos der Übungen in diesem Buch, die mit einem Passwort zugänglich sind, das Sie auf den Seiten finden werden. **www.dressagetraining.tv** beinhaltet längere Webinare, die zeigen, wie Reiterinnen auf verschiedenen Niveaus lernen und ihre Fähigkeiten demonstrieren. Hier werden auch Veranstaltungen für ein größeres Publikum gezeigt. Meine vorherigen Bücher und DVDs erklären zu einem Großteil dasselbe Material, aber beziehen sich weniger auf das Gewebe in unserem Körper. Diese finden Sie auf **www.mary-wanless.com**. Hier gibt es auch Informationen über meine Lehrgänge in England und Amerika. Außerdem finden Sie eine Liste von akkreditierten Trainern auf der ganzen Welt. Tauchen Sie in alle Dimensionen dieser Lernerfahrung ein, es wird sich in jeder Hinsicht für Sie lohnen.

WEITERE BÜCHER VON MARY WANLESS

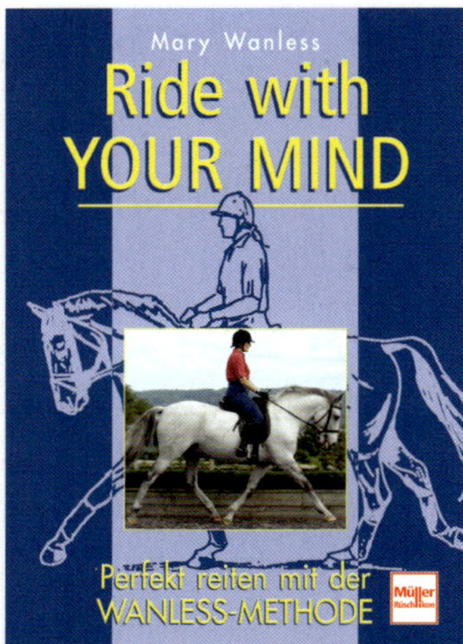

Mit diesem Buch erhalten die Leser einen unglaublichen Schlüssel für erfolgreiches Reiten. Mary Wanless ist weit über englische Grenzen bekannt für ihre neuartige und höchst erfolgreiche Methode, die Elemente aus Tai chi, Massage und Tanz vereint. Damit liefert sie Reitern eine optimale Basis, um einen unabhängigen Sitz in allen Gangarten zu erlernen. In diesem Buch erhalten selbst fortgeschrittene Reiter in zehn Kapiteln Lösungen für unterschiedlichste Probleme, die beim Reiten entstehen. Eine unentbehrliche Anleitung für alle, die ihren Reitstil verbessern wollen.

224 Seiten, 139 Bilder, 59 Strichzeichnungen
Format 170 x 240 mm
ISBN 978-3-275-01663-1
€ 24,90 / € (A) 25,60

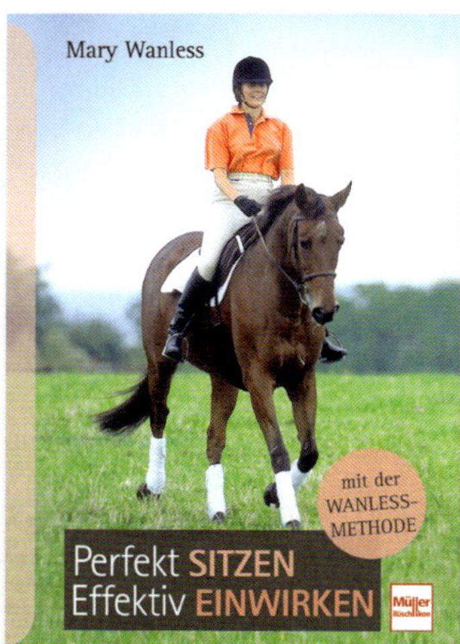

Ob man reiten lernen oder tief sitzende Haltungsfehler beseitigen möchte – mit der Wanless-Methode erreicht man sein Ziel: locker, aber sicher im Sattel sitzen, geschmeidig mitgehen und gefühlvoll, aber effektiv einwirken. Mary Wanless hat für dieses Buch ihre bewährten Lernmethoden vereinfacht und gibt dem Leser Tipps, wie aus dem Durchschnittsreiter ein Könner im Sattel wird.

144 Seiten, 65 Strichzeichnungen
Format 170 x 240 mm
ISBN 978-3-275-02088-1
€ 19,95 / € (A) 20,60